经济管理类课程教材·投资系列

兼并与收购

（第二版）

主　编　任淮秀

中国人民大学出版社
·北京·

总　序

投资是一种相对独立的社会经济活动，是社会和经济发展的基本推动力之一。投资对促进经济增长的重要性在西方传统经济学中早有论述，现代西方经济学中的投资理论更是在不断更新发展。迄今为止，散见于国内外出版的各种书籍中关于投资的定义就有数十种之多。由于人们所处的社会环境和经济发展阶段的不同，以及各自所研究的领域和思考问题的角度不同，各种关于投资的定义存在诸多分歧。从这个角度可以看出，投资在学界引起的争议和在现实生活中所扮演的角色是多么的重要。

从不同的角度和以不同的标准对投资进行分类，可以发现投资涉及的经济活动和交易行为在社会再生产中是多方面的，几乎遍布所有的生产活动。按投资主体分，通常可以分为个人投资、企业投资、政府投资和外国投资，其中个人投资和企业投资合称民间投资，与政府投资相对应；按投资的性质分，可以分为固定资产投资与流动资产投资；按投资的方向分，可以分为生产性投资和非生产性投资，也可以分为第一产业投资、第二产业投资和第三产业投资；按融资手段和目的分，可以分为直接投资和间接投资；按投资的对象分，可以分为实业投资、金融投资（证券投资）和产权投资；按投资的时间期限分，可以分为短期投资、中期投资和长期投资等等。不同的分类对考察投资的实际经济效益、改进投资策略和促进投资发展具有重要的现实意义。

在中国，投资活动对社会和经济的发展起着重要的推动作用。自新中国成立以来，投资建设对国民经济体系的建立和完善、人民生活水平的提高和综合国力的增强一直都起着关键性作用。特别是改革开放以后，全社会固定资产投资更是迅猛增长，2003 年中国全社会固定资产投资为 42 643.42 亿元，比 2002 年同期增长 28.4%，2003 年全年资金来源合计为 45 801.79 亿元，比 2002 年同期增长 34.7%，利用外资总额为 2 176.60 亿元，其中外商直接投资额为 1 593.85 亿元，比 2002 年同期增长 33.5%。2003 年外国对华直接投资达 527 亿美元，成为世界上吸引外资最多的国家。投资活动的快速增长为国民经济保持高速、稳定的增长提供了坚实的基础，在投资活动的带动下，2003 年 GDP 实现了 9.1%的增长速度。

2004 年国务院先后颁发了《国务院关于推进资本市场改革开放和稳定发展的若干意见》和《国务院关于投资体制改革的决定》，针对我国资本市场发展的现状、存在的问题提出了具有战略意义的指导意见，并且从深化投资体制改革、促进投资健康发展的角度出发，进一步规范政府投资、鼓励企业自主投资，以此促进经济的发展。

政府的鼓励和经济的发展使得投资活动的发展日新月异，而这也对既要掌握深厚的理论功底又要有比较丰富的实践经验的投资人才提出了更高的要求。回顾改革开放以来我国投资改革走过的历程，可以发现：虽然我国在投资领域进行了一系列改革，基本形成了投资主体多元化、资金来源多渠道、投资方式多样化、项目建设市场化的新格局，但一些深层次的矛盾和问题还没有得到根本解决。例如，企业的投资决策权没有完全落实，市场配置资源的基础性作用尚未得到充分发挥，特别是高素质、高水准的投资人员一直处于紧缺当中。从国家宏观角度出发，政府投资决策的科学化、民主化水平需要投资水平的进一步提高，投资的宏观调控和监管的有效性增强需要投资人才的高水平操作；从企业微观角度出发，发现经济发展过程中的投资机会，评估、判断这些机会并做出科学的决策需要投资人才的全方位考察和分析。这一切都离不开高素质投资人才的培养和教育，社会对投资人才的需求处于不断上升的过程中。随着中国经济与世界经济的交往和融合越来越密切、频繁，外国直接投资数额不断增大；同时，中国企业对外投资也在逐渐增加，跨国型投资人才的需求将会越来越大。

与此同时，投资活动的快速扩张也需要投资理论的正确指导和不断更新。投资学科作为一门独立的社会经济学科，其研究的范围日趋广泛、研究的内容极其丰富。概括地说，投资活动的主要任务就在于研究和揭示投资领域中各种经济规律的作用和表现形式；阐明按照客观规律管理投资活动的原理和方法；探索投资改革与创新的途径与模式。从这一基本目标出发，投资学科研究的主要内容应该包括：投资的功能与管理体制；投资的筹集与资金的融通；投资分配与客观投资决策；投资运用与微观投资决策；投资实施与效益的评估；投资的宏观调控等等。当前，投资实务的发展使我们面临的理论问题主要有：如何确定政府对企业投资的管理制度，按照“谁投资、谁决策、谁收益、谁承担风险”的原则，落实企业投资自主权；怎样合理界定政府投资职能，提高投资决策的科学化、民主化水平，建立投资决策责任追究制度；怎样进一步拓宽项目融资渠道，发展多种融资方式；怎样培育规范的投资中介服务组织，加强行业自律，促进公平竞争；如何健全投资宏观调控体系，改进调控方式，完善调控手段；如何加快投资领域的立法进程；如何加强投资监管，维护规范的投资和建设市场秩序；如何帮助企业寻求最佳的投资机会，以最低的成本融取资金等等。这些理论内容随着投资活动的发展而不断深入，同时，投资活动的发展也对理论研究的深入和发展提出了更高、更为迫切的要求。

投资人才需求的扩大和投资学科理论研究的深入给投资学教材的发展提出了更严峻的挑战。正是在这一背景下，我们组织编写了投资系列教材。这套教材紧密结合当前投资发展的现实情况，充分考虑投资发展的最新态势和动向；力求从理论上高屋建瓴，进行创新探索，从实务上寻求最快融入实践的操作方法，以实例进行模拟训练，提高实际操作能力。在写作方法上，力求规范分析和实证分析相结合；在内容上，既充分吸收国外最新的理论研究成果，同时又紧跟国内改革的实践，认真总结改革实践的经验，力争做到体系完备、内容丰富。

这套教材不仅适用于高校投资学相关专业的教学，同时，对于从事投资事业的专业人士和从事投资研究的专家、学者也是不可多得的参考用书。我们希望同行、专家、学者和广大读者对这套教材提出宝贵意见和建议，我们将不断完善，使之为促进中国投资事业的发展做出更大的贡献。

任淮秀

第二版前言

近年来，随着中国企业扩张步伐的不断加快以及对各类资源的需求日益增大，中国企业参与并购的数量和金额开始进入世界前列。自 2008 年金融危机后，中国企业的并购活动得到了类似日本的规模化提升、政府倡导、产业结构变化三种力量的同时推进，美国并购历史上五个发展阶段的并购特点正在中国同步出现。作为新兴经济体的中国，企业并购的特点呈现出跨越性与多样性，并且引起了社会各界的广泛关注。

为了更好地反映近年来并购领域的新变化和新发展，这次修订主要做了以下几个方面的调整：

首先，我们更新了案例。根据教材的特征和结构安排，紧密结合最近几年并购领域发生的有影响案例的性质和发展过程，我们对原文中的部分案例做了修订和更新。

其次，对原教材中的一些数据进行了更新，使得读者能够接触到最新的并购数据。通过数字变化，读者可以感受和了解并购的发展趋势。

再次，对最近几年国家出台的相关法律法规做了介绍。随着并购活动越来越频繁，并购双方对法律法规的认知需求更加迫切，新版教材对最近几年修订的法律法规以及新颁布的法律法规都做了相应的介绍和说明。

最后，新版教材对最近几年并购领域出现的一些新动向和新特征做了比较详细的介绍，特别是对中外并购的比较分析更加深入，内容更加全面。

本书修订工作由任淮秀教授主持，并设计了修订框架和原则。本教材的具体分工如下：任淮秀编写第一章、第二章、第五章、第九章和第十一章；浙江大学城市学院汪涛编写第四章、第十三章；胡小俊编写第三章、第十二章；陈颖健编写第八章、第十章；颜晓佳编写第六章、第十四章；董钢编写第七章、第十五章。全书由任淮秀通读定稿。

并购事业的发展日新月异，并购活动层出不穷，虽然我们对此进行了密切关注，但由于水平有限，对于本书中的不足之处，敬请各位专家、学者和广大读者批评指正。

任淮秀

2011 年 7 月于中国人民大学

第一版前言

并购是一种因企业股权或资产发生交易而导致企业合并或企业兼并的商业行为。面对经济全球化，为了减少竞争对手、扩大市场占有率，并购已经成为跨国企业和集团在短时期内完成资本集中积累，形成大规模生产和销售网络，或快速地进入新的经营行业与领域并迅速取得一定规模效益的最好途径。企业并购不仅是实现企业改造、产权重组、产业结构和产品结构调整的重要方式，更是实现企业资源在社会范围内重新有效配置的重要手段。如果说企业转换经营机制主要是通过企业内部改革来解决，那么企业结构调整则主要通过企业并购来完成。随着经济全球竞争的加剧，通过并购做大、做强企业，以赢得生存、谋求发展，将成为各国企业的必然选择。

进入 20 世纪 90 年代以来，经济全球化的趋势明显加快，各国之间的经贸联系日益紧密，与此同时，以欧盟、北美自由贸易区和东盟为代表的区域经济一体化的影响日益显现。在这一背景下，并购真正成为了全球性经济行为。近几年发生的全球并购事件的规模和影响比以前扩大了很多，比如德国戴姆勒公司收购美国的克莱斯勒汽车公司，美国福特汽车公司收购瑞典的沃尔沃汽车公司，英国石油公司收购美国阿莫科石油公司，菲律宾黎刹水泥公司和印度尼西亚锦石水泥厂合并等等。在这些跨国并购的事件中，跨国公司起着强有力的推动作用。跨国公司内在的追求利润的动机，使得它们不断开拓新的市场，而广大发展中国家存在着巨大的市场空间，并购为跨国公司迅速进入新市场、抢占战略制高点提供了一个便捷的渠道；外在的强大竞争压力使得跨国公司不得不通过并购提高自身的竞争实力，以便在全球激烈的竞争中求得生存和发展。另外，在经济全球化飞速发展的今天，跨国公司的客户遍及全球，他们要求跨国公司为其提供便捷、及时的服务，而通过并购当地企业实现本土化，是跨国公司满足客户需求的重要方式。

全球并购发展的一个重要趋势是并购领域的变化。以前的并购主要集中在传统工业领域，如今高新技术行业、新兴行业和金融业的并购重组成为热点。其中，2000 年美国在线并购老牌娱乐公司时代—华纳，涉及金额 1 830 亿美元，充分显现了新经济的魅力。全球金融业并购浪潮也是此起彼伏，1995 年美国第一联合银行与美国第一保险银行合并；两个月以后，美国当时排名第四的化学银行和排名第六的大通—曼哈顿银行合并，组建的新大通银行的资产高达 2 970 亿美元；日本东京银行和三菱银行合并组建“东京三菱银行”，其储蓄总额达 530 000 亿日元；1998 年 4 月，花旗银行与旅行者集团宣布合并，合并金额达 800 亿美元；此后，美国国民银行与美洲银行的合并，日本第一劝业银行、富士银行和兴业银行的合并，德意志银行与德累斯顿银行的合并，大通银行与 J.P. 摩根的合并等，无不显示出金融业正日益成为全球并购中的重要角色。

在国内，近年的并购活动日趋活跃，各种并购事项常见于报端。据测算，中国的并购额在过去的 5 年里以每年 70%的速度增长。中国已经成为亚洲乃至世界上引人注目的并购市场，影响力也是与日俱增。根据经合组织的统计资料，2003 年中国共发生并购 1 504 例，总金额为 284 亿美元，而 2003 年全球并购总金额为 13 000 亿美元，中国并购金额占全球并购总金额的比例不断上升。这从一个侧面表明了中国并购市场日益成为世界投资者关注的重点。

与此同时，中国企业也走出国门积极参与跨国并购。《中共中央关于制定国民经济和社会发展第十个五年计划的建议》也提出了“适应跨国投资发展趋势，积极探索采用收购、兼并、投资基金和证券投资等多种方式利用中长期国外投资”的大政方针，这为外资并购国内企业特别是作为经济排头兵的上市公司提供了政策导向，使外资并购成为外资企业和资本进入中国资本市场的先锋，成为中国证券市场国际化的重要标志。在国家鼓励“走出去”的战略指导下，中国企业的海外并购也日趋活跃。截至 2002 年 6 月，中国在境外投资设立的非金融类经营机构达 6 700 多家，根据经合组织统计资料显示，1995 年从中国内地流出的并购资金为 9 900 万美元，而到了 1997 年，这一金额为 28.80 亿美元。虽然直到近几年中国内地流出的并购资金的总金额也只有十几亿美元，但它向世界表明了中国企业走向国际舞台，利用国内、国外两种资源，占领国内、国外两个市场的坚定决心。

全书分 3 篇，共 15 章。第一章到第三章为基础篇，主要是从并购的概念、类型和发展趋势开始，给读者一个概述性的介绍。继而讲到并购的理论基础和历史沿革。第四章到第十一章为实务篇，先从并购的动因开始，详细分析了并购发生的各种原因，然后从目标公司选择、价值评估、融资与支付、整合、监管与法律、会计与税收以及反并购等几个方面进行了具体的阐述，使读者能够完全清楚地掌握并购发生的过程和应该注意的相关问题。第十二章到第十五章为专题篇，分别对国有企业并购、上市公司并购、跨国并购和 MBO 进行了专题分析，详细介绍了这四个方面的并购情况，不仅使读者能够掌握深刻的理论知识和操作性强的实务知识，同时还从具体行业和领域的并购实例出发，详细介绍并购的全部过程，使读者能够更全面地理解并购发生的内在原因和实质。

本书由任淮秀主编，各章的编写人员有：任淮秀编写第一章、第五章、第九章和第十一章；汪涛编写第二章、第四章、第十三章；董钢编写第七章、第十五章；陈颖健编写第八章、第十章；胡小俊编写第三章、第十二章；颜晓佳编写第六章、第十四章。全书由任淮秀通读定稿。

由于时间紧迫和水平有限，书中不足之处，恳请读者批评指正。

任淮秀

2004 年 7 月于中国人民大学

目　录

第一部分　基础篇

第二部分　实务篇

第三部分　专题篇

第一部分

基 础 篇

第一章

并购概述

第一节　并购的概念

并购（merger & acquisition，M&A）是指企业间的兼并与收购，这两者在概念上既有密切的联系又有各自的特点，人们常常将其连在一起使用，简称并购。

一、兼并

兼并（mergers）通常是指一个企业吞并其他企业或者两个及以上企业的合并行为。通常说来，人们对兼并与合并的概念不加区分，均称为兼并。但在理论概念上，兼并与合并存在着一些区别：

兼并是指物体或者权利之间的融合或相互吸收。通常说来，参与融合或相互吸收的某一方在价值或重要性上要弱于另一方。在这种情况下，融合或相互吸收之后，较不重要的一方不再独立存在。兼并在公司法上是指一个公司被另一个公司所吸收，后者保留其名称及独立性并获取前者的财产、责任、特权和其他权利，而前者将不再保留法人地位，《中华人民共和国公司法》（以下简称《公司法》）将其定义为吸收合并。

合并（consolidation）是指两个或两个以上的公司依照法律程序，以一定的方式重新组合，重组后原来的公司都不再继续保持各自的法人地位，而是重新组成一个新的公司。例如，A公司与B公司合并成为C公司后，A、B两公司都失去各自的法人地位，而成为C公司的一部分。我国《公司法》将其定义为新设合并。

二、收购

收购（acquisitions）是指一家公司（出价者或者收购方）购买另一家公司（目标公司或被收购方）的大部分资产或证券，其目的通常是重组被收购公司的经营。

收购可以分成收购资产和收购股份（股权）两种方式。收购资产是指收购方收购目标企业的全部或者部分资产；收购股份是指收购方收购目标企业的全部或者部分股权，并使目标企业成为其全资子公司或控股子公司。如果收购方是被收购公司的管理人员或经理层，则称为管理者收购（management buyout，MBO），其通常采用大量借债的方式获取收购所需的资金，这是杠杆收购（leveraged buyout，LBO）的一种形式。

三、相关概念

在日常生活中，我们还会经常看到以下几个相关概念，为了便于读者理解，我们在此进行简要介绍。

（一）接管

接管（takeover）是指在并购过程中一方完全取得另一方的控制权和经营权。取得控制权往往通过吸纳、受让或者公开收购目标公司的股份达一定比例来实现，而取得经营权则需通过控制目标公司的股东大会并改组其管理层来实现。《香港公司收购及合并守则》（中文本）将 takeover 译为“收购”。本书为了体现收购方对目标公司的控制，将其称为接管。

（二）上市公司收购

根据我国《上市公司收购管理办法》，上市公司收购是指收购人通过在证券交易所的股份转让活动持有一个上市公司的股份达到一定比例、通过证券交易所股份转让活动以外的其他合法途径控制一个上市公司的股份达到一定程度，导致其获得或者可能获得对该公司的实际控制权的行为。收购人可以通过协议收购、要约收购或者证券交易所的集中竞价交易方式进行上市公司收购，以获得对一个上市公司的实际控制权。

（三）要约收购

要约收购（tender offer）又称公开收购或者标购，是指收购人为取得目标公司股权，向目标公司所有的股票持有人发出收购要约，收购该公司股份。这种要约有时会附有要约人所能接受股价的最高价格与最低价格，通常是以报纸、广告或统一邮件等形式向目标公司的所有股东发出。要约收购的目的在于获取目标公司的控制权。

根据我国《上市公司收购管理办法》，收购人持有、控制一个上市公司的股份达到该公司已发行股份的百分之三十时，应当在该事实发生的次日向中国证监会报送上市公司收购报告书，同时抄报上市公司所在地的中国证监会派出机构，抄送证券交易所，通知被收购公司，并予以公告。未按照该办法的规定履行报告、公告义务的，收购人不得继续增持股份或者增加控制；除按照规定可以申请豁免的情况外，收购人继续增持股份或者增加控制的，应当以要约收购方式向该公司的所有股东发出收购其所持有的全部股份的要约；以要约收购方式进行上市公司收购的，收购人应当向中国证监会报送要约收购报告书，同时抄报上市公司所在地的中国证监会派出机构，抄送证券交易所，通知被收购公司，并对要约收购报告书摘要做出提示性公告。

（四）协议收购和集中竞价收购

我国针对上市公司的股权收购可以通过协议收购和集中竞价收购两种方式进行。协议收购是收购方与目标公司的部分或全部股东通过协商的方法达成股权转让协议，从而控制目标公司。这是一种不需要向所有股东公开表示收购意图的收购方式。目前，我国的协议收购主要应用于国有股、法人股的交易和转让。

集中竞价收购是指收购者通过证券交易所的集中竞价交易系统，向不确定的股东购买目标公司股份的收购方式。《中华人民共和国证券法》（以下简称《证券法》）第八十六条规定："通过证券交易所的证券交易，投资者持有或者通过协议、其他安排与他人共同持有一个上市公司已发行的股份达到百分之五时，应当在该事实发生之日起三日内，向国务院证券监督管理机构、证券交易所做出书面报告，通知该上市公司，并予以公告；在上述期限内，不得再行买卖该上市公司的股票。""投资者持有或者通过协议、其他安排与他人共同持有一个上市公司已发行的股份达到百分之五后，其所持该上市公司已发行的股份比例每增加或者减少百分之五，应当依照前款规定进行报告和公告。在报告期限内和做出报告、公告后二日内，不得再行买卖该上市公司的股票。"

需要注意的是，要约收购与协议收购和集中竞价收购不同，除可以申请豁免的情况外，如果要约收购中的收购人希望继续增持股份或者增加控制的，要向该公司的所有股东发出收购其所持全部股份的要约。

（五）委托书收购

委托书收购是指收购者通过大量征集股东委托书的方式，代理股东出席股东大会并行使表决权，以通过改组董事会等决议的方式实现收购目标公司的收购方式。在西方发达国家操作实务中，征集委托书一般采取：①与股东直接接触；②向证券经纪商、银行征求；③通过媒体广告的方式征求；④取得专业委托书征求公司的协助等方式。

委托书收购具有程序简便、成本低的优点，收购方通过它往往可以争取到宝贵的时间和一次股东大会的控制权。然而，若收购方本身不具有持股优势，则收购方与被收购方之间将进行反复的较量。因为在一次股东大会上取得的控制权，并不意味着取得了目标公司的最终控制权，其对手也可以提议召开临时股东大会再将失去的控制权重新夺回。而委托书收购的频繁使用和轮番提议召开临时股东大会，不仅达不到收购的目的，还容易沦为公司经营权争夺的工具，干扰公司的正常运作，所以它是一把双刃剑。因此，一些法制较为完善的国家均对委托书收购进行了缜密立法，在允许其存在的同时对其进行了严格的规范限制。

委托书收购在我国台湾地区曾非常盛行，台湾地区的“公司法”、“证券交易法”均对此做了规定，并专门制定了《公开发行公司出席股东会使用委托书管理规则》。根据该规则，征求人的资格须为持股30万股以上，并在股东名册记载时间持续6个月以上的股东；征求人代理的股数不得超过其本身持有的股数。可见，中国台湾对委托书收购的法律及政策规定是相当严格的。

我国《公司法》和《上市公司章程指引》等法律政策的规定，为在我国实行委托书收购提供了法律依据。《公司法》规定，股东可以委托代理人出席股东大会，代理人应当向公司提交股东授权委托书，并在授权范围内行使表决权。《上市公司章程指引》规定，股东可以亲自出席股东大会，也可以委托代理人出席和表决。但是，目前的法律法规对委托书收购的规范仍显不足，在对委托代理表决权的限制、委托书征集过程的不正当交易、违反委托书管理规范的法律责任等方面，现有法律尚未做出相应规定。

案例1.1

委托书收购——从通百惠征集委托书看胜利股份股权之争

2000年中国证券市场上演了第一例委托书收购案，主要涉及广州通百惠通过征集股东委托书的形式争夺胜利股份的控制权。下面，我们进行具体介绍：

胜利股份于1994年5月由山东省胜利集团公司（以下简称胜利集团）作为独家发起人正式设立，经中国证监会批准，1996年5月19日向社会公开发行1 050万股公众股，并于7月3日在深圳证券交易所挂牌上市。公司主营塑胶管道、精细化工（农药）、化工产品和成品油的批发零售。自正式创立开始，公司发展迅速，1995—1999年总资产增长了4倍多，主营业务收入增长了3倍多，平均净资产收益率达到16%。胜利股份上市后送红股三次，配股两次，转增股本两次。截至1999年12月31日，公司总股本达到2.178亿股，其中流通股占47.52%。

引发股权变动的原因来自原第一大股东山东胜利集团所持国家股的冻结。1999年12月10日，冻结股份被公开拍卖。在拍卖过程中，广州市通百惠服务有限公司（以下简称通百惠）从4家竞拍者中脱颖而出，以每股1.06元的价格购得3 000万股，从而以占总股本13.77%的股份成为公司第一大股东。通百惠成立于1997年7月，注册资本5 400万元，其经营范围涉及企业经营咨询、财务咨询等各种服务项目，并管理着多个网站。作为新的第一大股东，通百惠对于胜利股份的控制权志在必得。然而，这一努力遭到了以原管理层为代表的山东胜邦企业有限公司（成立于1997年4月3日，注册资本9 000万元，主要进行实业投资及咨询服务）的抵制，从而引发了一场控制权之争。

2000年3月3日，胜利股份披露，公司原第四大股东山东胜邦企业有限公司（以下简称山东胜邦）通过受让山东省广告公司、山东省文化实业总公司、山东省国有资产管理有限公司等股东所持有的部分转配股，其持股比例从原来的6.98%上升为15.34%，取代通百惠成为胜利股份的第一大股东。时间距通百惠公告其成为胜利股份的大股东仅一个月左右，且包含春节假期在内，山东胜邦的快速反击动作显现出了股权争夺的苗头。

2000年3月4日，胜利股份发布公告称，公司董事会经审议后一致同意对通百惠推荐的两名董事、一名监事候选人不予提名，通百惠则表示将在胜利股份的股东大会上提出新的提案。3月15日，山东胜邦与通百惠同时发布增持公告，山东胜邦称已协议受让东营市银厦工程有限公司所持胜利股份法人股146.25万股，买入胜利股份流通股289.35万股，山东胜邦共持有占胜利股份总股本17.35%的股份。通百惠声称已通过拍卖取得胜利集团持有的630万股胜利股份，通百惠共持有占胜利股份总股本16.66%的股份。山东胜邦胜出0.69%的股份，双方均志在必得。

胜利股份1999年年度股东大会将于2000年3月30日召开，双方均希望能在股东大会上掌握主动权。从表面上看，山东胜邦拥有持股的微弱优势，且有一些关联法人持股，但通百惠则在媒体上广做宣传，以当时最炙手可热的网络概念作为旗帜，号召中小股东参加股东大会并支持自己。由于短时间内再进行股权受让交易不具有可操作性，而且从二级市场上购买股票也将付出巨大代价，因此可以说此时双方旗鼓相当、胜负难料，唯一的变数便是广大中小投资者的支持倾向。

2000年3月17日，通百惠通过媒体呼吁3月23日登记在册的胜利股份的股东积极参加3月30日召开的股东大会，“强烈希望每一个股东（特别是中小股东）能投票参与决定胜利股份的未来”，同时通百惠表示，凡股权登记日3月23日登记在册的股东，均可到所在营业部打印股票余额，加盖营业部公章，填好授权书后，委托通百惠代为在股东大会上进行表决，即通百惠进行委托书收购。

3月24日，胜利股份股东大会股权登记日的第二天，通百惠发布公告，提出推选董事、监事候选人提案和修改胜利股份公司章程的提案，将胜利股份的经营范围增加“软件开发、互联网业务、电子商务平台”的内容。对于赞成其提案而不能参加股东大会的股东，希望其委托通百惠行使表决权。公告还披露了信利律师事务所对于本次委托书收购出具的法律意见书。

3月28日，胜利股份发布董事会公告，将通百惠上述董事、监事候选人提案列为临时提案。鉴于有两份董事、监事候选人提案，这与公司章程“关于公司董事、监事提名采取等额选举的方式”矛盾，因此董事会提出了一个新选举办法。根据新选举办法，股东大会先对两个候选人提案进行表决，获多数票的提案提交本次股东大会再表决，获少数票的提案不再提交股东大会表决。

2000年3月30日下午，胜利股份1999年年度股东大会在济南珍珠泉宾馆如期召开，参会股东及代理人共108人，代表股本数占公司总股本的72.11%。其中，通百惠征集到委托书1 500份，委托股权近3 200万股，有效委托股权2 625.778 1万股。

股东大会对年度董监事工作报告、财务决算报告、利润分配等议案均表决通过，而对于最关键的“关于第三届董事会、监事会选举办法的提案”，则因同意票的股数仅占参会股东所代表表决权的49.32%未获通过。在此，2 625.778 1万股股权通过授权委托书的形式发挥了举足轻重的作用。

通百惠认为，在本次股东大会上他们已达到了目的，而胜利股份的董事会却决定股东大会暂时休会，第二天（即3月31日）下午继续进行。在第二天继续召开的股东大会上，董事会提出“关于第三届董事会、监事会选举办法（修正案）”，通百惠则表明态度，认为“关于第三届董事会、监事会选举办法（修正案）”违反了公司章程，而且本次股东大会已经结束，不应再继续进行，接着他们离场，不再参加表决。

通百惠离场后，股东大会继续进行，大会表决结果是“关于第三届董事会、监事会选举办法（修正案）”获得通过，而11名董事候选人中仅6名获半数通过，其中通百惠无一人当选。根据胜利股份章程规定，缺额应在两个月内召开临时股东大会补选。4月7日通百惠发布公告，向给予他们支持的胜利股份广大投资者致以深深的谢意，对所有对此活动给予关注和引导的管理层、新闻媒体致以衷心的感谢。到此为止，胜利股份的股权之争和委托书收购告一段落。

在该委托书收购案例中，通百惠通过竞拍，以极其低廉的价格获取了胜利股份的股权，并通过媒体、网络的大力宣传，以炙手可热的网络概念寻求广大中小股东的认同，征集到大量委托书并发挥了重要作用。此外，通过这次委托书收购，通百惠服务公司瞬间声名鹊起，企业无形资产的增加就不是金钱所能衡量的了。

但是，如果股权之争旷日持久地进行下去，最终的受害者将是上市公司和中小投资者，甚至会葬送一个有良好发展前景的上市公司。在胜利股份的股权之争中，我们大致可以看到国际资本市场上风起云涌的并购大战雏形。在这场股权争夺战中，股权拍卖、协议转让、委托书收购等并购技巧一一亮相。更重要的是，我们在此看到了中国企业家的胆识和智慧、投资银行的专业精神以及证券监管部门的引导与支持，这对中国证券市场的发展无疑是一件好事。

说明：根据中国证券报网站（www.cs.com.cn）等相关资料整理。

第二节　并购的类型

在波澜壮阔的企业并购史上，并购大师们创造了纷繁复杂的并购案例，但是透过现象看本质，我们可以按照一定的划分方法将其归纳起来，分成横向并购、纵向并购和混合并购；现金并购、股票并购和混合并购；善意并购和敌意并购等几类，下面分别介绍。

一、按照并购企业与目标企业从事业务的关联程度分类

按照并购企业与目标企业从事业务的关联程度不同，可以将并购分成横向并购、纵向并购和混合并购三类。

（一）横向并购

横向并购是指生产同类（或同种）商品或服务的企业之间的并购，它一般涉及在同种商业活动中进行经营和竞争的两家企业。比如，1987年美国汽车公司（American Motors）被克莱斯勒（Chrysler）汽车公司收购，便属于横向并购。

横向并购可以迅速扩大生产规模，在更大范围内和更高层次上实现专业分工协作，采用更先进的技术、设备，提高产品质量，统筹安排原料采购和产品销售，节约费用、降低成本、实现规模经济，提高企业的竞争力。与此同时，横向并购减少了一个行业内企业的数量，对竞争有潜在的副作用，它更容易导致垄断的出现。因此，世界各国一般要对横向

并购进行反垄断审查。

横向并购是在19世纪后期至20世纪初期最早出现的并购形式，它为资本主义的社会化大生产和资本集中提供了物质基础。横向并购是全球企业第一次并购浪潮中的主要形式。

（二）纵向并购

纵向并购是指在生产、经营环节相互衔接、紧密联系的企业间，或具有纵向协作关系的企业间的并购。比如，石油行业内的原油开采、石油精炼、化工与石油制品的销售企业之间的并购就属于纵向并购。

纵向并购分为前向并购和后向并购。前向并购是指对其产品的下游加工流程方向的并购，如石化企业对石油制品销售企业的并购；后向并购是指对其产品的上游加工流程方向的并购，如石化企业对原油开采企业的并购。

纵向并购以企业内部交易代替市场交易，这样可以有效节约成本（如运输成本、采购成本、企业产品销售成本、广告宣传费用以及企业间交流、协调的成本等），使生产、销售及反馈的信息可以在企业内部流动，进而改进生产、促进销售、提高经济效益。纵向并购是20世纪20年代全球企业第二次并购浪潮的主要形式。

（三）混合并购

混合并购是指从事不相关业务类型经营的企业间的并购。比如，1976年美国著名零售商业公司蒙哥马利-沃德公司被美孚石油公司吞并，便被人们认为属于混合并购。混合并购主要可以分成三种类型。

1. 产品扩张型并购

产品扩张型并购是指在产品生产技术或工艺相似的企业间的并购，其目的是利用本身的技术优势来扩大产品门类、拓宽企业的生产线，这种并购又称同心圆式并购。比如，轿车生产企业并购运输卡车或者客车生产企业，由于其生产工艺技术的近似性，便可认为是产品扩张型并购。

2. 市场扩张型并购

市场扩张型并购是指在具有相同产品销售市场的企业之间的并购，其目的是利用自身或目标企业的市场优势来扩大销售额。比如，白酒生产企业并购啤酒生产企业，因为它们面对的是同一个酒类消费市场，并购后可以利用自身或对方的销售网络销售产品，从而扩大了市场范围、增加了销售额。

3. 纯粹混合并购

纯粹混合并购是指在产品、市场都没有关联的企业间的并购。比如，2002年北大方正集团公司以2.295亿元的现金收购浙江证券51%的股权，成为其合法的绝对控股股东。由于北大方正集团与浙江证券在产品、市场等方面均无关联，故可称为纯粹混合并购。

二、按照并购的支付方式分类

按照并购的支付方式，可以将并购分成现金并购、股票并购和混合并购三类。

（一）现金并购

现金并购是指以现金作为支付方式进行的并购。具体来讲，可以分成现金购买资产

(cash for assets) 和现金购买股份 (cash for stock) 两种。

现金购买资产是指并购方以现金购买目标公司的全部或者部分资产，将其并入并购方或者对目标企业实施经营管理控制权；现金购买股份是指并购方以现金的形式购买目标公司的全部或部分股份，达到控制目标公司的目的。

(二) 股票并购

股票并购是指以股票作为支付方式进行的并购。具体来讲，可以分成股票购买资产(stock for assets) 和股票交换股票，即换股并购 (stock for stock)。

股票购买资产是指并购方以自身的股票或股权来交换目标公司的全部或者部分资产的并购方式；股票交换股票，或称为换股并购，是指并购方用自身的股票或者股权来交换目标公司的股票或者股权。在这一过程中，如何确定一个合理的换股比率是关键所在。

(三) 混合并购

混合并购是指将现金、股票或者其他支付工具（如认股权证、可转换债券、优先股等）混合在一起作为支付手段进行的并购。在现代的并购中，一般都要支付一定数量的现金给目标公司的股东，然后再辅以其他各种支付手段。随着金融创新的发展，各种支付手段也层出不穷、不断创新。具体到某特定并购案例的支付方式，还是要具体问题具体分析。

三、按照并购方进行并购的不同态度分类

按照并购方进行并购的不同态度，还可以将并购分成善意并购和敌意并购。善意并购 (friendly M&A) 是指并购方开出合理的并购价格，与目标公司股东和经营者协商并购条件，并在征得其理解与配合之后进行的并购。协议收购多为善意收购。敌意并购 (hostile M&A) 是指并购方在事先未取得目标公司股东或经营管理者同意或配合的情况下，不顾被收购方的意愿而强行收购目标企业，夺取其控制权的并购行为。敌意并购往往会遭到目标公司反并购措施的阻碍。对于各种反并购的措施，我们将在以后的章节予以介绍。

在我国，由于受到经济体制的影响，并购往往带有政府主导的色彩，加之我国证券市场上国有股权占重要部分，协议并购、无偿划拨等成为常见的并购形式，它们一般属于善意并购。但随着我国社会主义市场经济的建立、证券市场的不断完善与发展、各项制度的逐渐规范，敌意并购逐渐多了起来，从最初的宝延风波到 2000 年的胜利股份股权争夺战，都从一个侧面反映了市场的力量在并购中的不断增强。

案例 1.2

美国银行 500 亿美元收购美林证券

2008 年 9 月 13 日，美国银行 (Bank of America Corp.) 董事长兼首席执行官肯尼思·刘易斯 (Kenneth Lewis) 正在公司位于北卡罗来纳州夏洛特 (Charlotte) 的总部思考一项潜在收购的可能性，被收购方是美国第四大投行雷曼兄弟 (LEH)。但第二天，刘

易斯就有了新的收购目标。

当天早晨，他接到约翰·塞恩（John Thain）的电话，这位美林公司（Merrill Lynch &Co.）首席执行官邀请他当日下午前往纽约。

9月15日上午8点，刘易斯和塞恩并肩站到媒体面前，正式宣布美国银行收购美林。在接受现场媒体采访时，刘易斯称：14日下午与塞恩商谈的短短一个小时，便决定了这笔高达500亿美元的交易。

至此，已有94年历史的美林不复存在。同一天，158岁的雷曼兄弟向法院申请破产保护。

一、为什么是美国银行？

"美国银行一直想在零售经纪业当上老大，这能解释为什么此次同时对雷曼兄弟和美林表现出如此高的收购热情。"投资公司 Peter S. Cohan & Associates 总裁彼得·科汉（Peter Cohan）在接受本报采访时表示。

15日美股开盘前，美国银行和美林公布了具体协议。

在这笔总价约500亿美元的交易中，美国银行将以每0.859 5股普通股换取美林1股普通股，并以上周五的收盘价为基准，折合收购价29美元/股。这次交易还需要得到政府主管机构的批准和两家公司股东的表决通过，预计有望在2009年第一季度完成。

刘易斯看来，在次贷危机中飘摇的美林无疑给自己带来了投资良机。

美国银行在一份声明中表示，合并有助于公司在2012年底前节省70亿美元的税前开支，亦可在2010年底前促进合并后公司盈利的增长；将增强公司的实力，同时帮助公司产生新的能力，特别是在美国以外地区。

并购完成后，美国银行将如愿掌控美国规模最大的经纪人团队，美林在全球范围内约有16 690名经纪顾问，管理约1.6万亿美元的零售客户资产——刘易斯称其为公司"王冠上的宝石"。

此外，美国银行将接收美林所持的45%贝莱德（Black Rock）公司股份，并将其管理的5 890亿美元的资产注入贝莱德所管理的1.4兆亿美元的资产中。借此机会，美国银行将成为全球最大的资产管理集团。

"我们一直想发展多领域业务和国际市场，原本这可能要花费几十年的时间和数不清的金钱，但这次合并一下子就解决了问题。这实在是一个不可思议的交易，我非常喜欢。"15日，刘易斯在新闻发布会现场毫不掩饰自己的得意。

在华尔街分析师眼中，美国银行的这笔买卖还算划算。

29美元/股的收购价，虽然比美林上周五的收盘价溢价70%，但仅为52周最高股价的1/3——美林在2007年9月创下78.66美元/股的纪录。花旗集团9月12日发布的分析报告显示，美林公司的价值至少在40美元/股左右。

"对比40美元/股的市场预期，在这笔交易中，美国银行认为美林应该值29元/股，将其负债估值为11美元/股。"彼得·科汉分析称。

二、美林活路：自我救赎

相比雷曼兄弟，美林的资产负债表同样难看。

美林7月17日发布的二季报显示，当季公司净亏损47亿美元；而2007年同期的公司净利润达 21 亿美元。据《华尔街日报》统计，美林的资产负债规模为 9 000 亿美元，甚至超过雷曼兄弟的 6 000 亿美元。

但最终，破产的只有雷曼。其原因在于："雷曼一直敝帚自珍地等待救赎，最终因股价太低而失败。在这个时候，华尔街的结论是，雷曼的负债大于其资产价值，如果没有政府的帮助，没有人可以负担得起这些负债。但最后，政府决定不出手援助。"彼得·科汉认为。

雷曼也曾接触过不少意向机构，但直至破产，没有一例交易达成协议。

2008 年 8 月，韩国产业银行曾出价 60 亿美元收购雷曼部分资产，但在出价和资产价值估算上意见不一致，最终谈判没有成功。此后，日本野村控股、KKR、凯雷资本均对雷曼旗下的优质资产管理公司 Neuberger Berman 表现出兴趣，但依旧没达成协议。《华尔街日报》曾揭露，福尔德过度执著于一手创下的 Neuberger Berman，在公司情况危急时仍不舍得卖出。

与雷曼的消极等待相比，美林从大半年前就开始了自我救赎。

2007 年 10 月，美林前任首席执行官斯坦利·奥尼尔（Stanley O' Neal）成为次贷危机中第一批离任的华尔街银行主管。12 月，前纽约证券交易所首席执行官约翰·塞恩继任，当月便安排以新加坡淡马锡控股（Temasek Holdings）牵头的投资者向美林注资 60 多亿美元。

2008 年 7 月，塞恩更以 2.2 折的跳楼价，将美林持有的票面价值 306 亿美元的担保债务凭证（CDO）仅以 67 亿美元转让给美国 Lone Star Funds 旗下机构。同时，美林还宣布完成出售所持有的价值 44.25 亿美元的彭博股权及预计出售的约 35 亿美元的金融数据服务股份，借此获得约 80 亿美元的融资。

可惜在这些举措后，美林仍然难逃出售命运。

幸运的是，美林最后找到了以大手笔收购出名的美国银行。2008 年 1 月，后者斥资 40 亿美元收购受危机困扰的全国金融公司（Countrywide Financial Corp.），继而成为全美最大的按揭机构。

"美国银行为什么要这样做？刘易斯总是喜欢尽其所能买最大的东西，所以他肯定会收购美林。因为拿下美林，你就是金融领域的霸主。"新泽西州 NAB Research LLC 的分析师南希·布什（Nancy Bush）对《华尔街日报》表示。

周一，美国银行（BAC）下挫 21.31%，报 26.55 美元/股，反映出市场对这笔收购的不安。

"美国银行的野心压倒了谨慎，他的同行担心美林的巨额负债可能会让他们失望。美国银行也许犯了一个错误，如果它继续等上一两周，或许将以更低的价格拿下美林。但最终，对收购的渴望使其害怕错过机会，在同行还在观望时率先出手。"彼得·科汉表示。

资料来源：《美国银行 500 亿美元收购美林证券》，搜狐财经网，http：//www.cmbc.com.cn/news/gb _ jrzx/2008－9/18/09 _ 44 _ 59 _ 337.shtml，2008—09—18。

第三节　并购的特征与发展趋势

纵观并购百年历史，并购的数量与日俱增，并购的规模也日渐膨胀，动辄便达数百亿、上千亿美元。根据OECD统计资料，2010年全球经济在经济危机后逐步复苏，在这一背景下，全球经济资源通过并购等形式实现了新一轮的优化配置。2010年全球并购交易总量为1.171 9万笔，比2009年增加21.3%，而并购总额达2.09万亿美元，比2009年提高22.7%，但仍低于2005—2008年并购交易最活跃时期。

尽管并购总额有所增加，但2010年全球并购市场中超过100亿美元的大规模并购交易额占全部并购总额的比例进一步下降，由2009年的29.7%下滑至2010年的15.3%，而2008年这一比例高达30.8%。20亿～100亿美元规模并购交易的并购额占比明显提高，从2009年占并购总额的27.7%增加至2010年的33.7%。

经济复苏强劲令新兴市场国家在2010年的并购交易总额达到创纪录的5 572亿美元，比2009年大幅增长58.4%，而此前的最高纪录是2007年的4 993亿美元。此外，新兴市场国家并购交易总额占全球并购交易总额的比例进一步上升，2010年新兴市场国家并购交易总额占全球并购交易总额的26.7%，而2009年这一比例为20.7%。研究并购的特征与发展趋势使我们能够把握并购的脉搏，进一步加深对并购的理解。

一、并购受经济周期变动的影响

观察并购的历史可以看到，全球五次并购浪潮总是与经济的周期性波动相伴。并购浪潮总是萌芽于经济萧条阶段，成长于经济复苏阶段，并伴随着经济的不断增长在经济繁荣阶段达到并购的最高潮。在经济步入衰退阶段后，并购虽然时有发生，但明显不如经济繁荣阶段为多，并逐渐走向衰退。

经济周期是指经济活动不断地波动或起伏，产生一种周期性的涨落循环。经济周期表现为国民生产总值或国内生产总值的周期性变动，也表现为就业量和失业量的周期性变动。每个经济周期的过程都不完全一样，每一个经济周期的起伏程度相差甚大，但它们都有一个共同规律，即每一个经济周期都可以划分为四个阶段，每一个阶段的经济活动特点也大致相同。这四个阶段是谷底（或称为萧条）、复苏（或称为扩张）、波峰（或称为繁荣、景气）和衰退（或称为危机）。

（一）并购的起步阶段

并购的起步阶段（start up）始于经济萧条期，它是经济周期的最底部。在这一时期，经济增长停滞、劳动失业率高、公众消费水平下降、企业生产能力大量闲置、存货积压、利润低落甚至亏损、企业不愿冒新投资的风险。但是，这一阶段的股价较低，企业的市场价值一般会出现低估，因而并购成本也较低。一些先知先觉的企业家，根据自己对未来的判断以及自身企业的战略发展需要，先于经济复苏进行并购，抢占先机。

（二）并购的增长阶段

并购的增长阶段（growth）处于经济的复苏或扩张阶段，该阶段是经济周期通过了最低点以后的缓慢爬升。促使经济复苏的因素是多种多样的，例如大批机器经过多年磨损需要更新、存货减少需要补充等。随着企业生产和投资的增加，就业、收入、消费支出和利润都随之增加，经济前景看好，投资的乐观主义代替了萧条时的悲观主义，企业开始憧憬美好的未来。在良好的经济和投资环境刺激下，企业的并购欲望开始进一步增强，并购的数量开始增加，规模也逐渐扩大。比如20世纪90年代兴起的新一轮全球并购浪潮，就与经济全球化进程的加快、知识经济时代的到来以及因此所带来的新一轮经济强劲增长是分不开的。

（三）并购的成熟阶段

并购的成熟阶段（maturity）或者称为并购的高潮阶段，一般随着经济的不断增长，在经济达到高峰时达到并购的高潮阶段。在经济的繁荣阶段，企业家对未来一片乐观，不断扩大投资，资本市场上也是一片繁荣景象，股价高企，投资者蜂拥而至。在经济繁荣的激励下，企业的并购欲望空前高涨，企业并购此起彼伏，并购规模日益膨胀，不断出现巨额并购。比如20世纪90年代后期，在新经济的推动下，美国经济不断强劲增长，股票市场一片繁荣，股指屡创新高，并购活动也达到顶峰，巨额并购层出不穷。1998年4月，花旗银行与旅行者集团宣布合并，合并金额达800亿美元；2000年1月10日，美国在线与时代—华纳宣布联姻，以1 830亿美元的兼并交易创造了世界之最。

（四）并购的衰退阶段

并购的衰退阶段（decline）是指在并购达到高潮后，随着经济的衰退，并购也逐渐走向衰退。在经济的衰退阶段，市场需求萎缩、生产和就业下降、家庭收入减少、利润也随着下降、企业经营出现困难，在繁荣时期经济情况看好时进行的投资，现在已变得无利可图，投资急剧降至最低水平，大量生产能力闲置。在此阶段，虽然由于经济不景气使得并购成本降低，因而并购活动依然时有发生，但总体的经济环境已不适合进行大规模的并购活动，内部扩张和理性投资成为主导投资理念。比如，美国经济在连续创下了110多个月的强劲增长之后，从2000年下半年起，增长速度急剧放慢，经济骤然滑坡——2000年第四季度的增长率仅为1.4%，大大低于第一季度和第二季度的4.8%和5.6%。纳斯达克指数不断暴跌，IT业的高技术产品订单大幅度下降，网络泡沫破灭，高科技产业受挫。仅一年左右的时间，股市下滑使美国人的财富损失达到了5.2万亿美元，企业利润大幅下降，各大公司竞相裁员，这极大地打击了消费者的信心。企业债台高筑，破产公司不断增加。在这种情况下，美国乃至全球并购总体上的下降，也就成了当前世界经济形势的必然反映。美国市场并购交易总额由2009年的6 951亿美元小幅增加2.8%至2010年的7 143亿美元，但美国市场并购总额占全球并购总额的比例进一步萎缩，由2009年的40.8%下滑至2010年的34.2%。

二、并购受产品或行业生命周期变动的影响

前面介绍的受经济周期影响的并购主要是从并购的总体上观察，但具体到某一行

业、某一企业，情况就更为复杂了，下面将从产品或行业生命周期的角度观察并购有何特点。

通常说来，一个产品或行业都要经历从成长到衰退的发展演变过程，即自己特定的生命周期。一般可将产品或行业的生命周期划分为四个阶段：开发阶段（或称幼稚期）、成长阶段、成熟阶段和衰退阶段。对处于生命周期不同发展阶段的产品或行业来说，其并购有着各自不同的特点。

（一）开发阶段

开发阶段（the development stage）又称幼稚期，在这一阶段，产品或行业大多刚刚诞生，只有为数不多的公司，这些公司投入的研究与开发费用往往较高，而销售收入较低（大众对其产品缺乏了解），财务上普遍亏损。这些公司经常因财务困难而破产。

在这一阶段，新生的企业可能会将自己卖给外部成熟行业或衰退行业中的大型企业。因此，这些企业可以较容易地进入新的成长性好的行业，这会导致混合并购等形式的并购；处于开发阶段的小企业，可能会对未来发展非常有信心，它们不愿意将企业以现在的价格出卖，而是想通过努力经营将企业发展壮大。因此，它们会在有关方面的资金支持下进行一系列的横向兼并，从而迅速积聚起大量的资源，使企业快速做大。

（二）成长阶段

在成长阶段（the growth stage），新兴行业的一小部分公司随着技术的完善和成本的降低，逐渐发展壮大。在成长阶段，新行业的产品被大众认知，新行业逐渐繁荣起来。由于市场前景看好，一些新的投资逐渐加入，行业内出现竞争的局面，这种情况将持续十年或数十年。在这一时期，企业的收入和利润都呈高速增长态势；同时，企业破产和被兼并的比例较高。在成长阶段的后期，由于市场上的厂商数量在大幅度下降之后开始稳定下来，因而产品销售增长减缓，行业逐步进入成熟期。

（三）成熟阶段

成熟阶段（the maturity stage）是一段相对较长的时间。在此期间，由于少数厂商垄断市场，而且势均力敌，因而厂商间的竞争从价格手段转向非价格手段。销售的增长速度开始放慢，行业利润维持在一个较高水平并相对稳定。

在这一阶段实施的并购，主要是为了实现生产经营、销售、研发等方面的规模经济和降低有关成本、增强自身的竞争实力而进行的。另外，一些规模较大的企业也会从企业长远发展的角度出发，进行一些战略性的并购。

（四）衰退阶段

衰退阶段（the decline stage）出现在较长时间的稳定期后。由于新产品的出现或需求的变化，产品需求、销售额和利润开始下滑，整个行业开始步入衰退，厂商开始向新的有利可图的领域发展。

在这一阶段会产生较大的并购压力，比如企业为了生存而不得不实行横向并购，为了提高效率和利润率而进行纵向并购。处于衰退阶段的大企业，由于不用对自身的传统业务进行再投资，虽然利润开始下降，但仍有足够的现金流进行并购。它们可能会对混合并购中的产品扩张型并购，即所谓“同心圆式并购”有着浓厚的兴趣，因为这可以充分利用它们现有的资源，如生产线及相应的技术经验、优秀的管理能力等。

三、全球并购浪潮持续高涨，跨国并购规模持续扩大

自2000年以来国际并购的新发展和出现的新动向，实质上是全球一体化程度加深、国际竞争加剧、技术进步加快而带来的一次跨国重组和结构调整浪潮，并且反过来促进了全球一体化、国际竞争和技术进步。从并购的分布来看，呈现出以下几方面的特点。

（一）发达国家的跨国并购总量占绝大部分

发达国家的跨国并购总量主要由欧盟和美国组成。欧盟的跨国并购资本输出量逐渐下降，而资本流入量则没有明显趋势。美国的资本输出量逐渐增加，资本流入量在2000—2002年呈下降趋势，在2002—2005年呈增加趋势；但欧盟和美国是净资本输出国。2000—2005年，发达国家跨国并购资本输出量所占比例总体上呈下降趋势，通常在86.5%～95%之间波动，平均为90.62%。其中，欧盟所占比例从70%下降到43.3%，平均为53.5%；美国所占比例从17.4%增加到37.9%，平均为27.2%。而发达国家跨国并购资本流入量占比从93.6%下降到83%，平均为86.2%。其中，欧盟所占比例为56.5%～37%，平均为47.2%；美国所占比例为38.2%～24.2%，平均为29.9%。2006年，由于采矿业的几笔交易，使北美的跨国并购几乎翻倍；在欧洲，英国是最主要的收购目标国，西班牙成为主要的收购国。

（二）发展中经济体和转型经济体的跨国并购上升较快

（1）发展中经济体和转型经济体的跨国并购总量相对较小，但基本上呈上升趋势。1987—2005年，发展中经济体和转型经济体的跨国并购资本占全球并购资本的比例从4%上升到13%，并购交易数量从5%上升到17%。跨国并购资本输出量占全球总输出量的比例，从2000年的4.23%上升到2005年的12.5%，跨国并购总资本流入量占全球总流入量的比例从2000年的6.16%上升到2005年的16.5%，均上涨了1倍多。2005年，跨国并购交易总额达到900亿美元，2006年达到1 408亿美元。

（2）在发展中经济体和转型经济体的跨国并购中，亚洲地区和拉丁美洲地区占了大部分。2000—2005年，亚洲地区跨国并购资本输出量占发展中经济体和转型经济体总跨国并购输出量的比例为45.4%～59.7%，平均为51%；跨国并购资本流入量的占比为31.3%～53.9%，平均为41.9%。资本输出量占很大比例是因为东亚、南亚和东南亚地区跨国并购资本输出量占跨国并购资本输出总量的绝大部分。2000—2005年，该地区占发展中经济体和转型经济体总跨国并购输出量的比例为39.1%～54.7%，平均为46.1%；总跨国并购流入量占比为29.9%～50.2%，平均为40.1%。2000—2005年，拉丁美洲地区跨国并购资本输出量占发展中经济体和转型经济体总跨国并购输出量的比例为36.9%～49.17%，平均为41.7%；跨国并购流入量的占比为64.1%～30.1%，平均为46.5%。

从2006—2007年的跨国并购来看，新兴跨国公司将在发达国家市场、发展中经济体和转型经济体市场与老牌公司针锋相对，展开激烈的竞争，这已引起世界各地决策者的

注意。

（三）亚洲地区的跨国并购持续增加

与以往来自欧美发达经济体的企业并购占全球并购规模绝大部分相比，近年来，由于内部经济高速增长和企业国际竞争力的迅速提高，以亚洲、拉丁美洲为代表的新兴经济体企业正在成为全球并购市场的重要力量。例如在 2007 年前 9 个月中，不包括日本在内的亚洲企业在美国市场并购案的金额达到 161 亿美元，超过 2006 年的 39 亿美元和 2005 年的 18 亿美元；在美国并购的交易数量也达到了 75 宗，而 2006 年全年的交易总数为 78 宗。

亚洲，尤其是东亚、南亚、东南亚地区跨国并购的增长是一个亮点，跨国并购总额在 2005 年达 450 亿美元，几乎是 2004 年的 2 倍。2006 年上半年的跨国并购购买量和出售量分别比 2005 年同期增长 40％和 26％。中国、印度尼西亚、新加坡、韩国、印度占据了跨国并购售出中的大部分份额。同时，亚洲跨国公司针对美国和欧洲的特大跨国并购交易不断增加。东亚、南亚、东南亚地区对外跨国并购的增长主要集中在石油、采矿等初级产品方面，尤其是以中国和印度为代表。

（四）服务业跨国并购比重较大

从全球来看，服务业跨国并购交易额在跨国并购总额中占据支配地位。近年来的一个新现象就是跨国并购中制造业的份额急剧下降，与 2004 年相比，2005 年制造业的出售份额在跨国并购中下降了 4 个百分点，而以石油行业为主的初级产品部门的跨国并购出售额增长了 5 倍。在服务业跨国并购中，发展中经济体和转型经济体的增长尤其迅速。2006 年金属矿业公司跨国并购近 600 亿美元，创历史纪录。例如，2006 年巴西淡水河谷公司以 172 亿加元收购加拿大镍矿生产企业英可公司；2006 年 8 月古德金矿公司以 86 亿美元收购格拉米斯金矿公司，成为世界第三大金矿公司。自 2007 年以来，在自然资源方面的并购金额进一步扩大，2007 年 10 月仅英国力拓集团收购加拿大铝业就达到 381 亿美元，并组建了世界上最大的铝业公司。

在初级产品方面，近年来出现的一个趋势是：以中国、印度为代表的发展中国家正加大对石油、矿产等资源类产品的对外并购力度，而黎巴嫩、叙利亚、科威特、沙特阿拉伯、阿联酋等西亚国家间的跨国并购力度也在加大。发达国家正在加大对高速增长的发展中国家的金融业、房地产业和主要制造业的跨国并购力度。

四、中国并购方兴未艾，影响力与日俱增

近年来，中国企业间的并购活动越来越多，影响也越来越大。下面将重点介绍 2010 年中国并购市场上的各种表现。

2010 年中国并购市场趋于活跃，中国企业宣布并购交易案例 2 771 起，环比上升 13.80％；披露交易额 1 772.1 亿美元，环比上升 35.87％。无论是案例数量还是披露的交易金额，2010 年中国的并购交易规模都呈明显上升趋势。

2010 年中国企业完成并购交易案例数量为 1 798 起，环比上升 6.14％；披露金额 82.02 亿美元，环比上升 62.57％，见图 1—1。自 2007 年以来，中国企业完成并购交易

案例数量及披露交易金额呈显著上升趋势。2010 年完成并购交易的案例涉及 20 个行业，其中制造业、能源行业、房地产业的并购案例数量分列前三位，分别为 382 起、258 起和 229 起，分别占并购案例总数量的 21%、14%和 13%，见图 1—2。

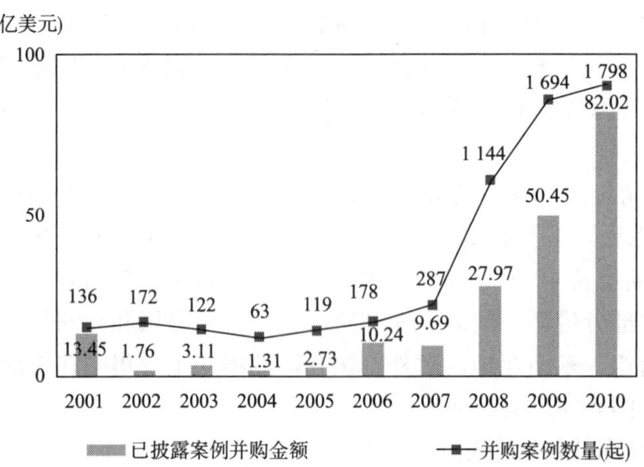

图 1—1　2001—2010 年中国企业并购交易完成规模比较

资料来源：www.ChinaVenture.com.cn，2011—01。

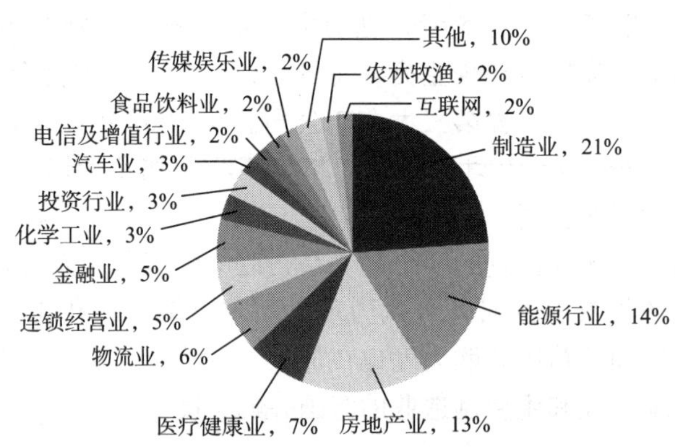

图 1—2　2010 年中国企业并购交易完成数量按行业分布

资料来源：www.ChinaVenture.com.cn，2011—01。

2010 年，中国企业出境完成并购交易案例数量 55 起，环比增长了 7.8%；披露金额 294.19 亿美元，环比上升 2.91%，2010 年中国企业出境并购共涉及 15 个行业，见表 1—1。从中国并购市场出境并购完成数量（按行业分布）看，能源行业、制造业、IT 居前三位，交易案例分别为 15 起、11 起、7 起案例，占比分别为 27%、20%、13%；从出境完成并购交易金额上看，能源行业依然是跨境并购中涉及金额最大的行业，以 230.71 亿美元居各行业首位，占本年度出境并购案例总量的 79%。

表 1—1　　2010 年中国并购市场出境并购交易规模

行业	案例数量	已披露金额案例数量	已披露案例并购金额（百万美元）	平均并购金额（百万美元）
能源行业	15	10	23 071.39	2 307.14
汽车业	4	2	2 241.97	1 120.99
制造业	11	8	1 766.97	220.87
食品饮料业	3	2	1 458.59	729.30
金融业	1	1	585.64	585.64
互联网	2	1	115.00	115.00
农林牧渔	1	1	97.45	97.45
旅游业	1	1	35.83	35.83
传媒娱乐业	1	1	25.00	25.00
IT	7	4	16.93	4.23
连锁经营业	1	1	2.33	2.33
医疗健康业	1	1	1.76	1.76
电信及增值行业	2	1	0.13	0.13
物流业	2	0	0.00	0.00
研究咨询业	3	0	0.00	0.00
总计	55	34	29 418.98	865.26

资料来源：www.ChinaVenture.com.cn，2011—01。

2010 年，中国并购市场入境并购交易案例完成数量 30 起，环比增长 57.89%；披露金额 23.91 亿美元，环比上升 109.37%，见表 1—2。2010 年中国并购市场入境并购共涉及 13 个行业。从中国并购市场入境并购交易完成数量（按行业分布）看，制造业、金融业、食品饮料业以 7 起、4 起、3 起案例分别占比 23%、13%、10%。从入境并购交易完成金额（按行业分布）看，医疗健康业以 13.63 亿美元居各行业交易完成金额之首，占比 57%。

表 1—2　　2010 年中国并购市场入境并购交易规模

行业	案例数量	已披露金额案例数量	已披露案例并购金额（百万美元）	平均并购金额（百万美元）
医疗健康业	4	4	1 362.50	340.65
食品饮料业	3	3	573.72	191.24
金融业	4	3	262.96	87.65
能源行业	1	1	95.62	95.62

续前表

行业	案例数量	已披露金额案例数量	已披露案例并购金额（百万美元）	平均并购金额（百万美元）
物流业	4	3	71.72	23.91
制造业	7	3	23.91	7.97
传媒娱乐业	1	0	0.00	0.00
电信及增值行业	1	0	0.00	0.00
互联网	1	0	0.00	0.00
化学工业	1	0	0.00	0.00
教育业	1	0	0.00	0.00
连锁经营业	1	0	0.00	0.00
汽车业	1	0	0.00	0.00
总计	30	17	2 390.52	140.62

资料来源：www.ChinaVenture.com.cn，2011—01。

2010年，中国企业境内完成并购交易案例数量取得显著增长，境内并购完成案例数量达1 713起，环比增长31.16%；披露金额达502.12亿美元，环比增长23.87%，见表1—3。从2010年中国企业境内完成并购交易数量上看，制造业、能源行业、房地产业分别以411起、258起、234起案例居前三位，占比分别为24%、15%和14%；从境内完成并购交易金额上看，金融业、能源行业、房地产业分别以110.01亿美元、91.7亿美元、72.72亿美元分列前三位，占比分别为22%、18%和14%。

表1—3　　2010年中国并购市场境内并购交易规模

行业	案例数量	已披露金额案例数量	已披露案例并购金额（百万美元）	平均并购金额（百万美元）
金融业	76	66	11 001.04	166.68
能源行业	258	216	9 170.32	42.46
房地产业	234	215	7 272.24	33.82
制造业	411	351	6 190.19	17.64
物流业	90	77	3 698.75	48.04
传媒娱乐业	25	21	2 819.27	134.25
医疗健康业	111	101	2 275.35	22.53
IT	85	73	1 837.60	25.17
食品饮料业	33	25	1 553.33	62.13
汽车业	42	36	1 036.61	28.79
投资行业	51	45	975.27	21.67

续前表

行业	案例数量	已披露金额案例数量	已披露案例并购金额（百万美元）	平均并购金额（百万美元）
连锁经营业	91	83	966.26	11.64
化学工业	55	47	717.85	15.27
电信及增值行业	34	28	177.94	6.36
农林牧渔	32	28	162.99	5.82
互联网	26	19	124.50	6.55
旅游业	21	18	108.13	6.01
家居建材业	10	8	58.14	7.27
研究咨询业	16	12	44.68	3.72
教育业	12	9	21.53	2.39
总计	1 713	1 478	50 211.99	33.97

资料来源：www.ChinaVenture.com.cn，2011—01。

2010年，在VC/PE背景下完成的并购交易案例数量和披露金额大幅上升，并达到近10年的最高值。2010年共披露17起案例，同比上升70%；披露金额60.91亿美元，同比上升392.3%。

案例1.3

吉利收购沃尔沃案例分析

2010年3月28日，浙江吉利控股集团有限公司宣布已与福特汽车签署最终股权收购协议，获得沃尔沃轿车公司100%的股权以及相关资产（包括知识产权）。吉利集团将以18亿美元收购沃尔沃轿车。

一、基本情况介绍

吉利是中国汽车行业十强企业，1997年进入轿车领域，资产总值超过140亿元。吉利曾连续四年进入中国汽车行业十强，被评为首批国家“创新型企业”和首批“国家汽车整车出口基地企业”。

沃尔沃，英文名为Volvo，瑞典著名汽车品牌，该品牌汽车是目前世界上最安全的汽车。沃尔沃汽车公司是北欧最大的汽车企业，也是瑞典最大的工业企业集团、世界20大汽车公司之一。沃尔沃汽车公司创立于1927年，于1999年被福特公司以64亿美元收购。然而，10年过去了，沃尔沃并没有给福特带来预期中的利润，其销售额不断下滑。

二、吉利收购沃尔沃的原因分析

1. 吉利战略转型对技术和品牌的诉求

吉利从2007年开始就提出了战略转型：不打价格战，而是将核心竞争力从成本优势重新定位为技术优势和品质服务。吉利这样说也这样做了，而且成效显著。

2010 年 3 月 10 日，在北京召开的并购沃尔沃轿车协议签署媒体见面会上，吉利总裁李书福指出："在知识产权的内容上，我们是斤斤计较的。"一语道破吉利垂涎沃尔沃技术的天机。作为国际化的品牌，沃尔沃的知识产权和先进技术是毋庸置疑的，谁收购了沃尔沃，谁就会得到一大笔技术财富，它的先进技术、安全性能和节能环保特点正是吉利实现战略转型最需要的。

一直以来，吉利汽车在价格和品牌上都给人以"草根"的印象，成本和价格一方面为吉利带来了丰厚利润，另一方面又使吉利的品牌无法更上一层楼，没有可以打出去的牌子的确是个棘手的问题。依目前的形势看，吉利虽有三大品牌，但缺乏一锤定音的顶级豪华品牌，沃尔沃正好可以补上这个空缺，有了沃尔沃，吉利在行业内的品牌竞争地位无疑会大大提升。

2. 民营企业走出去的一种方式

吉利是民营企业，打入国际市场非常困难，但只有进入了欧美发达国家市场，才能越做越强。吉利需要打入国际市场的"通行证"，而收购品牌无疑是捷径。所以，代表品牌市场的沃尔沃就毫无疑问地成了吉利走出中国的桥梁。

3. 学习系统的市场营销规模

沃尔沃通过体育营销和大成本的营销让自己的品牌和"绅士精神、挑战极限、高尚生活"紧密地联系在一起，锁定了追求生活质量、关注安全和环境并且又不爱张扬的用户群体。能够近距离地学一学外资品牌的营销策略，对吉利以及中国自主品牌的车企来说，都是未来走向世界的前提。

4. 李书福个人性格因素

英特尔公司的拯救者格鲁夫曾经有句著名格言："只有偏执狂才能生存。"在诸多方面，李书福有点像所谓的"偏执狂"。收购沃尔沃的难度不言而喻，但对敢赌、敢拼、敢挑战的李书福来说，这是值得冒险的。

李书福的个人魅力贯穿于整个收购过程，这是吉利收购成功的支柱。对汽车梦的无比坚持，使其在数次遭到福特拒绝时并未放弃。尤其是面对沃尔沃工会的刁难时，"I love you"的回答和承诺不转移工厂，打动了可谓剽悍的沃尔沃工会。

为确保收购成功，李书福曾表态，除了主业汽车和培养研发团队的学校外，其他产业全都可以清理掉。正是这种破釜沉舟的决心，使吉利最终成功收购了沃尔沃。

三、福特出售沃尔沃的原因分析

1. 战略性出售：发展福特品牌

为应对 2006 年福特创下的有史以来最严重亏损（约 127 亿美元），福特决定缩减规模，主要发展福特品牌，并提出口号"一个福特，一个团队"。

2007 年，福特以 8.5 亿美元的价格将阿斯顿·马丁出售给英国的一个投资集团。2008 年，福特以 23 亿美元的价格将捷豹、路虎打包出售给印度的塔塔集团。同年，福特将其持有的 20%的马自达股份出售，持股降低至 13.4%。可见，出售沃尔沃是迟早的事。

2. 经济压力：沃尔沃成为烫手的山芋

沃尔沃轿车在被福特收购后的销售额在过去数年一直下滑，自 2005 年至今更是连续 5 年亏损，每年的亏损额均在 10 亿美元以上，2008 年金融危机使沃尔沃亏损加剧。同时，

福特汽车出现巨额亏损，

福特自己身处险境还拿着沃尔沃这个烫手的山芋，当然急于丢给别人。

综合以上两点可知：福特出售手下企业是必然的，而被出售的企业是沃尔沃主要因为它的亏损。

3. 继续持有风险更高。

国际上，金融风暴尚未走远，主要汽车市场近年来都呈萎缩态势，未来即使企稳可期，但是回升乏力，在这样的国际环境中，福特确实没必要继续持有沃尔沃。

4. 沃尔沃的历史使命已完成

沃尔沃最大的卖点是安全技术和环保技术。现在，沃尔沃的平台已经和福特的平台完全融合在一起，对福特而言，沃尔沃的历史使命已经完成，没必要再保留。

四、福特选择吉利的原因

1. 吉利的尊重

福特是美国汽车及底特律工业尊严的捍卫者，吉利收购后的整合运营方案最大限度地满足了福特的要求：对沃尔沃内部，保留沃尔沃单独的运作体系，吉利不干涉沃尔沃的运营管理，高管团队给予保留，对工会承诺不转移工厂和不裁员。李书福一直承诺要为沃尔沃保留更多独立，这种尊重让福特对吉利产生了极大的好感，对收购的成功起了不可估量的作用。

2. 福特担心技术为竞争对手所用

福特和沃尔沃拥有大量共享技术和专利，由于担心技术为竞争对手所用，因此福特并不热衷于将沃尔沃出售给大型汽车集团，以免增强对手竞争实力。从而吉利得以凭借不对福特构成威胁的优势收购沃尔沃。

3. 看中中国市场

吉利背后的中国市场的确是块诱人的蛋糕，沃尔沃认识到要走出困境，眼下最大的机遇就是借助中国市场，但中国有个政策：海外并购都要在发改委备案，不允许自相残杀。所以，沃尔沃如果要选择中国，就只能选择吉利。

五、吉利并购沃尔沃案例的意义

吉利并购沃尔沃有以下几个意义：一是可以帮助中国自主品牌汽车企业尽快走向国际市场；二是可以嫁接国际知名品牌为我所用；三是可以彰显中国汽车产业的实力。

作为与奔驰、宝马、奥迪齐名的国际豪华汽车品牌，沃尔沃的品牌价值和技术含量远远超过萨博。已有82年历史的沃尔沃是欧洲著名的豪华汽车品牌，被誉为“世界上最安全的汽车”。在汽车安全和节能环保方面，有许多独家研发的先进技术和专利。

近年来，尽管沃尔沃的经营陷入困境，销量一路下滑，但仍是一家净资产超过15亿美元、具备造血和持续发展能力的跨国汽车公司。仅沃尔沃的品牌价值就接近100亿美元，还拥有4 000名高素质的研发人才队伍与体系能力，拥有低碳发展能力，可满足欧Ⅵ排放法规的10款整车和3款发动机，年产汽车能力近60万辆。

从当事双方签署的协议来看，吉利不仅收购了沃尔沃的全部股权，买到了沃尔沃的核心技术、专利等知识产权和制造设施，还获得了沃尔沃在全球的经销渠道。

中国汽车技术研究中心首席专家黄永和认为，这次海外并购可以提升中国汽车产业在本土市场的竞争力，为自主创新提供原始技术依据，实现技术跨越，并为中国汽车产业“走出去”提供现成的通道，迅速提升中国汽车及零部件在欧、美、日市场的比例，解决中国汽车产业自主创新所面临的知识产权问题，实现登陆发达国家汽车市场零的突破，从根本上改变中国汽车产业的国际形象。

资料来源：根据新浪网（www.sina.com.cn）和《中国证券报》（www.cs.com.cn）等相关报道资料整理。

【本章小结】

本章作为基础部分，主要分成三部分：并购的概念、并购的类型和并购的特征与发展趋势。首先，我们介绍了并购的相关概念，包括兼并、收购、接管、上市公司收购、要约收购、协议收购和委托书收购等等。我们之所以将并购的有关概念单列一节，是因为只有掌握好基本概念才能为以后章节的学习打下坚实的基础。

接下来，我们主要介绍了并购的几种主要类型：按照并购企业与目标企业所从事业务的关联程度可分为横向并购、纵向并购和混合并购；按照并购支付方式可分为现金并购、股票并购和混合并购；按照并购方进行并购态度的不同可分为善意并购和敌意并购。这一部分要重点介绍了并购的不同类型及其特点。

最后，我们主要介绍了并购随经济周期波动的特征，我们将并购分成起步、增长、成熟、衰退几个阶段，并分别描述了它们与经济周期的关系。我们还论述了并购受产品或行业生命周期变动的影响，将产品或行业生命周期分成开发、成长、成熟和衰退四个阶段，并论述了各阶段与并购的关系。接下来，我们提到全球并购与跨国并购的发展趋势以及并购在中国的发展情况。本部分重点介绍了并购受周期性因素的影响这一重要特征，以及全球并购和中国并购的有关特点及趋势。

【本章要点】

- 并购的概念
- 并购的类型
- 并购与经济周期的关系
- 并购与产品或行业周期的关系
- 并购的特征与发展趋势

【本章关键术语】

并购　　兼并　　收购　　接管

上市公司收购	横向并购	纵向并购	混合并购
要约收购	善意并购	敌意并购	协议收购
委托书收购			

【本章思考题】

1. 根据自己的理解阐述并购的含义，并简要叙述并购的类型及各自的特点。
2. 请思考经济周期与并购之间的关系。
3. 请简要叙述产品或行业生命周期对并购的影响。
4. 并购有哪些特征，未来有什么样的发展趋势?

第二章 并购理论基础

兼并收购理论的发展与实务的发生是紧密联系的。以频繁发生的大规模兼并收购狂潮为背景，经济学家从多个角度对企业的并购活动加以解释，进而形成了多种理论。这些理论从多个角度和方面分析说明了企业并购的动力、方法、过程、形式以及效果。

第一节 资本集中理论

资本集中理论主要来源于马克思。在马克思写作《资本论》的时候，资本主义世界还不存在大规模的并购活动。但是，马克思通过对资本主义生产方式产生和发展规律的深入分析，抓住了资本集中这一重大问题，并且建立了资本集中理论。马克思的资本集中理论是最早能够解释或者说明企业并购的理论基础，正是在这一理论基础上，随着市场经济活动的广泛开展，后来的经济学家才得以不断加以总结，提出更多更新的并购理论。马克思的资本集中理论主要包括两大部分的内容，即资本集中的原因与资本集中的机制。

一、资本集中的原因

关于资本集中的原因，在马克思之前，斯密和李嘉图就曾经研究过这一问题。斯密在《国富论》中，李嘉图在《政治经济学原理》中都曾对此做过多次论述。至于资本集中问题，马克思是最早对此进行深入分析的理论家。在马克思之后，其他一些马克思主义理论家，如希法亭、布哈林以及列宁等，均对资本集中现象进行了进一步的研究，并做出了一些新的理论概括。

要探究资本集中的原因，首先应清楚资本积累和资本集中之间的区别和联系，马克思对此曾有一段著名的论述，他指出：资本积累是指由圆形运动变为螺旋形运动的再生产所引起的资产的逐渐增大，同仅仅要求改变社会资本各组成部分的量的组合集中比较起来，是一个极缓慢的过程。假如必须让某些单个资本增长到能够修建铁路的程度，那么恐怕直到今天世界上还没有铁路。但是，资本集中通过股份公司转瞬之间就把这件事情完成了。在这里，资本集中是指个别资本通过现有资本的相互结合而引起的量的增大，资本积累则是指剩余价值的资本化。需要特别注意的是，马克思把股份公司的筹资过程也看做资本集中的过程。

促成资本集中的根本原因就在于资本对剩余价值和利润的追逐。马克思分析了资本追逐更大利润的两种基本形式：绝对剩余价值生产和相对剩余价值生产。也就是说，资本为了追逐更大利润，或者要扩大生产规模，或者要提高劳动生产率，从而降低劳动成本。其实，这就是所谓的规模经济。马克思特别强调了分工和规模经济在资本集中过程中的意义。他认为，内部分工的工人数量越庞大，应用机器的规模越大，生产费用缩减相对地就越迅速，劳动就更有效率。分工必然要引起进一步的分工；机器的采用必然要引起机器的更广泛采用；大规模的生产必然要引起更大规模的生产。可见，为现代经济学的前沿所高度重视的分工和规模报酬的递增问题，在马克思这里有相当深刻的论述。

马克思通过研究得出结论：工人集中协作能够节省不变资本，从而降低费用，提高劳动生产率。他的分析如下：工人的集中和大规模的协作，从一方面来看会节省不变资本。同样，一些建筑物、取暖设备和照明设备等用于大规模生产所花的费用，比用于小规模生产相对来说要少一些。动力机器和工作机器也是这样，它们的价值虽然绝对地说是增加了，但与不断扩大的生产相比，相对地说却是减少了。一个资本在生产部门内实现的节约，首先是并且直接是劳动的节约，即本部门内工人有偿劳动的减少；而上面所说的那种节约，却是最经济的办法，也就是在一定的生产规模上，用最少的费用来实现对别人无偿劳动最大限度的占有。不仅工人的集中能够降低费用，而且生产资本的集中也能够降低费用，不过它的前提条件是劳动的集中和社会结合。马克思指出：生产资本的集中，可以节省各种建筑物，这不仅指真正的工厂，而且也指仓库等等。燃料、照明等的支出也是如此，而其他生产条件，不管由多少人利用，仍然保持不变。但是，这种由生产资料的集中及其大规模应用而产生的全部节约，是以工人的聚集和共同工作，即劳动的社会结合这一重要条件为前提的。

资本对剩余价值和利润的追求，有绝对剩余价值生产和相对剩余价值生产两种方式，这就要求扩大生产规模，由此引起资本集中。因此，对于剩余价值和利润的追求，是资本集中最原始的原因。在此基础上，马克思还具体分析了提高劳动生产率、降低劳动成本对资本集中所产生的影响。马克思认为，资本集中的更进一步原因就在于分工、规模经济以及规模报酬递增。在这里，马克思虽然没有直接用“规模经济”和“规模报酬递增”之类的词汇，但其所要表达的思想和观点却是非常明确的。

二、资本集中的机制

资本集中的机制是指单个资本是通过什么方式形成大规模资本的。马克思认为，资本集中的机制包括竞争机制、公司制度、信用制度和股票市场制度四个方面。在马克思资本集中理论中，他关于资本集中机制的论述有最直接的指导意义。

马克思经过研究发现：竞争斗争是通过使商品便宜来进行的。在其他条件不变时，商品的便宜取决于劳动生产率，而劳动生产率又取决于生产规模。因此，较大的资本战胜较小的资本。竞争的结果总是许多较小资本家的垮台，他们的资本一部分转入胜利者手中，一部分归于消灭。除此之外，一种崭新的力量——信用事业，随着资本主义生产方式的出现而形成起来，并逐步壮大，最后变成一个实现资本集中的庞大社会机构。

马克思不仅强调了市场经济中竞争机制对劳动生产率，进而对生产规模和资本集中的决定作用，同时还特别强调了信用制度对实现资本集中的重要意义。

对股份公司制度的出现，马克思也给予了极大的关注，他认为股份资本是对私人资本的扬弃。这种扬弃的实质在于，建立在社会生产方式的基础上并以生产资料和劳动的社会集中为前提的资本，直接取得了社会资本的形式，而与私人企业相对应。所以，这是作为私人财产的资本在资本主义生产方式本身范围内的扬弃。因此，资本和劳动的社会集中既是股份公司产生的前提，同时股份公司的出现，又为资本集中提供了重要机制。尤其是股份公司和资本市场制度使得资本的流动和重组成了一件成本低且很方便的事情，因为资本市场除了表现为借贷市场外，还表现为一切有息证券市场，如国债市场和股票市场。另外，国内市场又分为本国股票、本国债券等市场和外国债券、外国股票等市场。更为重要的是，证券交易所的出现能把所有完全闲置或半闲置的资本动员起来，把它们吸引过去，迅速集中到少数人手中；通过此办法为工业提供支持资本，实现了工业的振兴。当然，在这里，我们绝不应把这种振兴和商业繁荣混为一谈。马克思对股票在一国范围内，甚至在国际范围内流通的论述是明确清晰的，他指出：有价证券可以变换，可以买卖。这实际上就是一种流通的观念，这种流通甚至可以通过股票买卖的形式在国外市场上进行。

因为发达国家的信用制度和资本市场相对完善，因此其股份公司拥有筹资成本低和筹资能力强的优势，这就使其在资本集中的时候，不受现有财力的限制。只要一个股份公司有好的经营状况和盈利前景，为了进行兼并活动，可以通过发行股票和债券的办法来筹措所需的资金，甚至可以通过直接发行股票的办法来支付被兼并公司的股东。这一点被马克思之后几十年甚至上百年的公司兼并事实所证实。

不仅如此，马克思还分析了所有权与经营权相分离以及所有者和经理人相分离的可能情况，这为分析所有权和经营权的矛盾以及经理人在经理人市场中的行为与选择开辟了一条道路。马克思认为，股份公司制度发展的趋势就是使这种管理劳动作为一种职能逐渐与自有资本或借入资本的所有权相分离，从而实际执行职能的资本家转化为单纯的所有者，即单纯的货币资本家。

由此可见，马克思关于资本集中机制的理论是完整的、强有力的。马克思之后的学者可以在马克思奠定的理论基础上继续做深入的理论探讨。即使从今天看来，这个由商品市场和经理人市场所形成的竞争制度、股份公司制度、金融信用制度和股票市场制度等几个方面所形成的整体，也的确是资本得以流动、重组乃至集中的最重要机制。①

第二节　交易费用理论

产权经济学认为，经济学所研究的基本问题是资源稀缺性对不同主体利益的影响，以及由此带来的利益主体之间的利益冲突。因为不同的主体所面对的环境具有不确定性，而且信息的获取也不是免费的，所以通过市场进行交易是要支付交易费用的。只要存在交易费用，产权制度就会对资源配置效率产生影响。产权经济学认为，市场和企业都是资源配置的重要机制和组织形式，任何组织形式的安排都需要费用。因此，为了确定资源配置的最佳方式，就必须考虑到交易费用。产权的本质就在于通过明确界定交易的初始状态，力图降低社会内部交易费用的水平，从而增进社会经济体系的效率。产权经济学主要研究如何通过界定、变更和安排产权的结构，从而降低交易费用，使资源配置效率达到最佳。

一、交易费用与企业

经典的微观经济学理论有一个隐含的基本假定，就是市场的交易是没有成本的，也就是交易费用为零。事实并非如此。最先将交易费用（transaction cost）概念引入经济学分析的是经济学家科斯，他在1937年发表的《企业的性质》一文中，把交易费用作为一个影响社会资源配置效率的内生约束变量来描述，他认为：交易费用是市场运行价格机制的成本，是为了完成交易而发生的成本，主要包括搜寻价格信息的成本和在交易中讨价还价的成本。他解释了企业存在的原因，认为企业和市场是两种可以相互替代的资源配置机制和方式，交易费用决定了企业的存在，是界定企业和市场的唯一变量，企业通过将市场交易内部化而减少交易费用。

科斯认为交易费用与产权制度之间存在着十分密切的关系，他在1960年发表的《社会成本问题》一文中首次提出：假设交易费用为零，资源配置的效率结果与产权制度的安排是没有关系的。这就是说，只要交易费用为零，不论产权配置给交易的哪一方，市场机制通过交易双方协商交易的途径都可以达到同样的最佳效率。这就是著名的科斯定理，该定理的现实含义为：在交易费用为正的情况下，产权制度的界定或安排就会对资源配置的

① 参见许崇正：《中国企业并购与资本市场发展》，北京，中国经济出版社，2002。

效率发生作用。

因此，企业的存在实际上是对交易费用的节省，这种节省主要表现为时间和信息费用的节省。

1. 时间的节省

企业的出现，首先节约了劳动时间，这来源于企业生产的社会化性质。从历史上看，当较多的不同种工人在同一工厂中联合在一起，为生产同一种商品而协作劳动时，直接生产过程就采取了社会结合的形式，从而形成了近代社会化生产的微观基础单位——企业。企业生产就是直接生产过程社会化的历史起点。这种社会化的性质主要表现在两个方面：①劳动过程的规模扩大带来了内部分工，单个工人的独立劳动成为互相联系的社会劳动的一部分，劳动的物资条件成为共同使用的生产条件，各种投入要素在统一的安排之下有效结合起来。②每个企业只生产一种或者几种具有使用价值的商品，因而它们的劳动过程和要素集合总是具体的，有着特定加工对象和技术方式的劳动过程和要素集合，作为一个不可分割的整体处于社会分工体系内，与其他企业产生了分工上的互补和关联。这种分工使企业的技术选择和劳动组合专门化，成为劳动时间节约的源泉。总之，在企业出现之前，单纯在市场上进行个人交易，费用会很大，经济系统的效率会很低。而企业的出现，不仅降低了交易费用，还提高了经济系统的效率。

2. 信息费用的节省

在现实中，信息结构是复杂的、千差万别的，获取信息也是需要成本的。信息成本就是获取真实信息的代价，它直接影响到资源配置的效率。企业依靠纵向的行政权力指导和分配资源。从信息渠道的多寡来说，这种方式有其自身的优势。当市场的不确定性和信息的取得变得困难时，企业的比较优势就格外突出。

既然通过组织可以减少交易成本，从而减少生产成本，为什么生产不可以用一个大企业来进行呢？这是因为有组织成本的存在。科斯解释了企业规模的扩大和缩小与效率的关系。企业规模的扩大是企业家用以代替价格机制来协调交易的组织行为的扩大，而企业规模的缩小则是这种组织行为的缩小。企业的合理规模是由边际（即新增企业间的）交易成本与企业内部组织成本的均衡所决定。这是因为企业组织规模的扩大一方面减少了企业在公开市场上活动的有关交易成本，但另一方面也增加了组织追加内部活动的成本。企业规模的边界处于边际组织成本与边际交易成本相等的那一点上。只有企业增加的管理费用和监督费用小于它能够减少的市场交易费用时，企业这种组织形式才会替代单纯的市场交换。

二、企业并购与交易费用效应

交易费用经济学的贡献就在于运用交易成本的概念成功地解释了企业形成的原因和企业的界限。交易费用经济学的分析方法为现代组织结构的演变提供了非常有力的解释，企业并购也得到了合理的推断和证实。其实，这包括两个方面的问题：企业并购是自组织创新和企业并购能够产生交易费用效应。

（一）企业并购是自组织创新①②

为什么企业并购或企业产权转让合并能够使要素组合存量得到流动和优化重组？最根本的原因在于企业并购或企业产权转让合并是一种企业自组织调整现象，属于企业自身的组织创新。

我们知道，经济增长和发展过程本质上属于非均衡的资源配置运动。因为在经济增长过程中，资本积累、技术进步、市场结构和政府政策等内生和外生的变化不仅在数量、时间上是不连续的、跳跃的，而且对不同产业和企业来说，它们的发生和影响在分布上也是不均衡的。这一切使得资源存量的组合结构及其状态的非均衡格局成为正常状态。问题是在非均衡状态的形成和发展过程中，企业组织扮演了什么样的角色？它们的活动怎样引起了非均衡，又怎样适应非均衡？

对于这个问题，熊彼特的“创新理论”提供了一部分解释，其观点认为：所谓创新就是建立一种新的生产函数，也就是把一种从来没有过的关于生产要素和生产条件的新组合引入生产体系。

“创新理论”给我们的启发思想在于：①一切创新活动都是以企业为单位进行的，并且是以个别企业重新组合生产要素为实现形式的。②企业并购或产权转让合并属于资源存量的重新配置，这是组织创新，其意义在于通过产权集中实现要素存量的优化重组，即用现有生产要素和生产条件的“新组合”来“建立一种新的生产函数”。企业并购或转让产权的必然性来源于重新配置存量资源的必然性。

一方面，对于企业产权所有者来说，其转让企业产权的动机：一是使所有权收入最大化；二是避免继续保留原有的财产形式或产权所可能加大的风险。产权转让市场提供了分散或转移风险的途径。产权转让首先使企业所有者通过将实物资产的产权转化为货币资产的产权而达到了资本保值的目的，或者至少可以减少资本由于企业亏损而继续贬值的损失。当他们再将货币资本转化为实物资本，在另一种用途上进行旨在使资本增值的投资时，又达到了资本增值的目的。可见，企业并购造成的产权流动形成了一种使所有权在经济上得到充分实现的机制。

另一方面，对于企业产权的购买者来说，只有当可支配的货币资本用来购买企业所能带来的收益比直接投资新建一个企业更大时，或带来同等收益能使投资更小时，他才会购买企业产权。这也意味着企业产权流向其最高收益点。

因此，企业并购属于资源存量的重新配置活动，这种活动本身就包含着通过重新配置资源而使其效率（收益）提高的内在逻辑。

（二）企业并购的交易费用效应

企业并购活动不仅给交易双方带来收益，而且其最大功效之一就是交易费用节约。在此，我们把企业通过并购活动而引起的交易费用节约称为企业并购的交易费用效应。

传统的微观经济理论虽然为并购的理论分析提供了强有力的工具，但它是不完全的，其主要的缺陷在于：旨在垄断和寡头的先入为主的假设，阻止了更为细致地探讨并购背后的经济力量；它把企业视为追求利润最大化的投入产出模式，没有仔细讨论企业内部组织

---

①② 参见许崇正：《中国企业并购与资本市场发展》，北京，中国经济出版社，2002。

结构、决策者行为对企业行为和绩效的影响。

交易费用经济学着重关注经济制度运行的费用，特别是应对不确定性经济条件的费用，它把企业的基本经营活动看做合约，合约是交易费用经济学的基本分析单位。交易费用经济学把市场、企业看做协调复杂经济活动的不同组织形式，这是一种比较体制分析法。企业并购实质是某种企业组织对市场的替代，是为了减少经营活动的交易费用，是对不确定性条件的一种反应。交易费用经济学强调在不同经济条件下合约的选择，它为产业组织的产生、发展、变化提供了统一的解释，也为企业并购理论提供了统一的概念框架。

企业通过并购节约交易费用，具体表现在以下几个方面：

(1) 企业通过对研究与开发的投入获得产品——知识。在市场存在信息不对称和外部性的情况下，知识的市场价值难以实现，即便得以实现，也要付出高昂的谈判成本和监督成本。此时，我们可以通过并购使专门的知识在同一企业内运用，达到节约交易费用的目的。

(2) 企业的商誉为无形资产，其运用也会遇到外部性问题。因为某一商标使用者降低其产品质量，可以获得成本下降的大部分好处，而商誉损失则由所有商标使用者共同承担。解决这一问题的办法有两种：一是增加监督，保证合同规定的产品最低质量，但此举会使监督成本大大增加；二是通过并购将商标使用者变为企业内部成员。作为内部成员，降低质量只会承受损失而得不到好处和收益，这样就消除了机会主义的动机。

(3) 有些企业的生产需要投入大量的中间产品，而这些中间产品市场常常存在供给的不确定性、质量难以控制和机会主义行为等问题。此时，企业可以通过合约固定交易条件，但这种合约会约束企业自身的适应能力。当这一矛盾难以解决时，通过并购将合作者变为内部机构，就可以防止这一问题的出现。

(4) 一些生产企业为了开拓市场，需要大量的促销投资，由于这种投资用于某企业的某一产品，因而会有很强的资产专用性。同时，销售企业会有很显著的规模经济，这在一定程度上形成了进入壁垒，可以限制竞争者加入，从而形成市场中的垄断问题。当市场中存在垄断问题时，一旦投入较强的专用性资本，就要承担对方违约所造成的巨大损失。为了减少这种损失风险，就要付出高额的谈判成本和监督成本。当这种成本高到一定程度时，并购就成为最佳的选择。

(5) 企业通过并购形成规模庞大的组织，使组织内部的职能相分离，形成一个以管理为基础的内部市场体系。一般认为，用企业内的行政指令来协调内部组织活动所需要的管理成本较市场运作的交易成本要低。

第三节　效率理论[①]

效率理论认为，并购和其他形式的资产重组活动有着潜在的社会效益。它们通常包含了管理层业绩的提高或某种形式的协同效应。该理论为通过对商业经营活动重新进行组

① 参见许崇正：《中国企业并购与资本市场发展》，北京，中国经济出版社，2002。

合，就有可能获得正的投资净现值提供了一个坚实的理论基础。效率理论有很多的分支理论，每一个理论都可以用来解释某些特定类型的并购活动。

一、差别效率理论

并购的最一般理论是差别效率理论。通俗地说，就是如果A公司的管理层比B公司的管理层更有效率，在A公司收购B公司之后，B公司的效率便提高到A公司的水平，效率通过并购得到提高，而且整个经济的效率水平将由于此类并购活动得到提高。

差别效率理论的一个难点在于，如果把问题引向极端，将会得出这样的结论：在整个经济中，实际上是整个世界上只有一个企业时，其管理效率将会得到最大化。显而易见，在这一结果实现之前便会出现公司内部协调和管理能力的限制等方面的问题。

此理论表明，不管怎么定义，现实中总存在着效率低于平均水平或者没有充分发挥其经营潜力的企业。该理论还进一步说明了从事相似经营活动的企业最有可能成为潜在的收购者。

差别效率理论可以更严格地加以阐述，称为管理协同假说。如果一家公司有一个高效率的管理队伍，其能力超过公司日常的管理需要，该公司就可以通过收购一家管理绩效较低的公司来使其额外的管理资源得到充分利用。

对于利用过剩的管理资源来进行收购的公司而言，如果它可以无条件地释放其过剩资源的话，不一定要进行并购。然而，如果管理层是一个整体并且受不可分性或规模经济的制约，那么解雇剩余的人力资源将是不可行的。给定这一条件并假设因为行业需求状况的限制，导致企业在其自身行业内进行扩张是不可能的，那么收购企业仍可通过进入被收购的相关行业来利用其过剩的管理能力。但是，若收购企业不具有被收购企业所在行业的相关知识，那么进入其他行业就不一定是有利可图的。因此，公司将力图通过收购一个有必需组织资本的企业来解决困难，以利用自身过剩的管理能力。

低管理效率或业绩不佳的企业可以通过直接雇用管理人员或与外部管理者签订合同来增加管理投入，以改善自身的管理业绩。直接雇用管理者可能是不充分的，因为这无法保证在一个相关阶段内的组织机构能有一个有效的管理队伍。而订立契约的解决办法一般不宜采用，因为管理公司要求对企业专属知识进行投资，而企业对这种专属资产所积累的准租金的占用将导致公司对管理层的“所有权”。而且，如果有效的管理层需要大量的管理人才，那么规模较小、业绩不佳的公司就难以达到这一要求。

在上述情况下，两公司的并购将有协同效应，因为它把被收购公司的非管理性组织资本与收购公司过剩的管理资本结合在一起。

二、无效率的管理者理论

无效率的管理者理论与上面的差别效率理论有很大的联系。从某种意义上说，无效率的管理者只是指未能充分发挥其经营潜力，而另一管理团队可能会更有效地对该领域内的资产进行管理。或者从纯粹的意义上说，无效率的管理者仅仅是指不称职的管理者，几乎任何人都可以做得更多。这就为混合兼并提供了理论基础。在差别效率理论中，收购公司的管理方力图补足被收购公司的管理人员，并且在被收购公司的特定业务活动方面具有经验。因此，差别效率理论更可能是横向并购的理论基础，而与其相对，无效率的管理者理论有可能为从事不相关业务的公司间并购活动提供了基础。

但是，这一理论中有下面几点需要注意：

（1）该理论假设被收购企业的所有者无法更换他们自己的管理者，因此必须通过代价高昂的并购来更换无效率的管理者。法马在其关于管理者市场的论文中对该理论提出了质疑："……在曼尼（1965，1967）的方法中，对管理的控制主要依赖于代价高昂的外部接管机制，这令人难以接受。拥有分散证券所有权的大公司之所以存在，可以用一个基本的模型加以解释。在这一模型中，对管理者的基本纪律约束来源于管理者市场，该市场可以是公司内部的，也可以是公司外部的，并具有旨在提高公司经营效率的完整的内外部监督手段的帮助。同时，也包括了提供最后措施的外部接管市场。"

认为并购活动通常是最后措施的看法似乎也并不具有说服力。应该注意曼尼（1965）作为这一理论的初创者，暗示了为公司控制而进行的并购活动主要是横向并购和在收购公司的管理层较熟悉被收购公司活动环境的情况下所进行的纵向并购。该理论的支持者可能会争辩，并购并不仅仅意味着所有者无力更换不称职的管理者，还可能是由于市场上有能力管理者的稀缺，因为与其他公司合并就可以提供必要的管理人才供给。如果真是如此，那么该理论与差别效率理论就几乎无法区分了。

（2）如果替换不称职的管理人员是并购活动的唯一动因，那么把被收购的公司作为一个子公司来经营就足够了，收购公司没有必要与其合并。我们经常能够看到，在不称职的管理人员变换之后，如果并购后企业的经营只有花费而无收益的话，那么并购的公司还是会解体。然而，实际上大多数的并购并非如此。

（3）从该理论中应该得出这样的预测：并购后被收购企业的管理者将被替换。但经验表明，事实并非如此，至少在混合兼并中不是这样。在对 28 家混合兼并企业的研究报告中，林奇推断这些企业试图收购那些拥有可留用优秀管理者的企业。一个在相对较短的期限内进行了多项并购活动的企业，如果只使用其自身的管理资源或者将被收购公司的管理者免职后雇用新的管理者，那么它将会面临无法对新公司进行有效管理的困难。上述调查中的结论与该预测相一致。因此，若更换不称职的管理者是主要动机的话，那么并购活动就不可能集中于少数几家进行多项收购的企业，也就无法看到像 20 世纪 60 年代那样的混合企业迅速涌现的现象了。

三、经营协同效应理论

经营协同效应或经营经济（operating economy）可以通过提供横向、纵向或混合兼并来获得。建立在经营协同效应基础上的理论假定在行业中存在规模经济，并且在合并之前，公司的经营活动水平达不到实现规模经济的潜在要求。

规模经济由于不可分性而产生，例如人员、设备、企业的一般管理费用等，当其平摊到较多的产出中时，就可以提高企业的利润率。因此在制造业中，对厂房及设备的大量投资产生了典型的规模经济。将公司与一家业已存在的组织机构兼并的一个潜在问题是，如何把该组织中好的部分同本公司各部门结合与协调起来，从而去除那些不需要的部分。

在生产、科研、市场营销或财务方面的管理经济有时是指在特定管理职能方面的经济。有人认为，规模经济可以在一般的管理活动（如公司的规划和控制职能）中获得。即使是中等规模的企业至少也需要一个最小数目的办公人员，因此有规划和控制才能的公司工作人员就可能在一定程度上未被充分利用。当并购后的公司恰好达到需要增加工作人员的规模时，将会使收购公司原有的人员得到充分利用，同时也避免了增加人员的必要性。

另一个可获得经营经济的领域是纵向联合。将同行业中处于不同发展阶段的公司联合在一起，可能会在不同的水平间获得更有效的协同效应。其理由是，通过纵向联合可以避免相关的联络费用和各种形式的交易费用。

四、多角化理论①

作为并购效率理论中的一种，多角化理论有别于股份持有者证券组合的多样化理论。由于股东可以在资本市场上将投资分散于各类产业，从而分散风险。因此，公司进行多角化经营和扩张并不是出于为股东利益着想。

在所有权和经营权相分离的情况下，公司管理层甚至其他员工将面临较大风险——如果公司的单一经营有可能陷于困境的话。由于他们不能像公司股东一样可在资本市场上分散风险，只有靠多角化经营才能分散投资回报的风险和降低来自单一经营的风险。另外，公司内部的长期员工由于具有特殊的专业知识，其潜在的生产力必优于新进的员工，为了将这种人力资本保留在组织内部，公司可以通过多角化经营来增加职员的升迁机会和工作的安全感。此外，如果公司原本具有商誉、客户群体或是供应商等无形资产时，多角化经营可以使此类资源得到充分的利用。虽然多角化经营未必一定通过并购来实现，它还可以通过内部的成长而达成，但时间往往是重要因素，而通过收购其他公司可迅速达到多角化扩张的目的。

五、财务协同效应

20 世纪 60 年代，混合公司的涌现使人们对管理协同效应假说在纯粹混合兼并中的适用性产生了怀疑。一个原因是公司的管理能力不会增长得很快，因而难以在很短的几年内进行旨在提高公司管理效率的多项收购。这种对于公司发展的限制在对公司组织资本和最优发展规模的讨论中是显而易见的。另一个原因是大多数混合企业主要在不同的领域进行并购，而管理协同主要与从事相同业务的公司间并购活动有关，因为后者更容易将管理能力延续下来或管理能力的延续只在该种情况下存在。

在经验证明方面，马克汉姆的报告表明：在大多数情况下，资本性支出计划的管理职能在混合兼并后重新置于公司总部的手中，而其他方面的管理能力却很少如此。

---

① 参见韩峰：《入世后的企业并购》，北京，中国社会出版社，2002。

粗略的观察也表明了在许多并购活动中应该存在管理协同效应以外的其他协同效应。例如在20世纪70年代末和80年代初，其他行业内的公司对大矿业公司的并购活动就无法用管理协同效应来解释。另一个例子是1978年以来对电视电缆行业内几家大公司的收购活动。这些被收购的公司难道都是低效管理的吗？同样地，这一行业的显著特征是资本高度密集且在70年代末的资本市场上相对其他股票的需求前景被重新看好。

在纯粹的混合兼并活动出现的同时，一些相关的书籍中还出现了许多有关混合兼并财务理论方面的主张，其中最重要的看法可能是建立在内外部资金分离的基础上。与外部融资相联系的高额交易费用以及股利方面的差别、税收待遇，可以通过并购使公司从边际利润率较低的生产活动向边际利润率较高的生产活动转移，从而构成提高公司资本分配效率的条件，同时也为混合企业的存在提供了理论基础。1970年，韦斯顿和威廉姆森对这个问题进行了详细的论述："如果……存在收益留存的偏差，并且由于按来源对现金流量进行分配构成了严重的投资约束的话，以不同行业间混合的形式组织起来的经济系统就要优于专业化的经济体系。后者的资金特征将导致频繁地延误对市场信号的反应或者专门地对投资进行分配。而与其相对，在混合企业经济系统中，现金流量不管来源于何处，都不会被产生这些资金的部门自动留存，而是以收益前景为基础进行分配。混合企业在这方面相当于一个小型的资本市场；它把通常属于资本市场的资金供给职能内部化——该种职能在鲍莫尔（1965）对传统机制的分析中被发现是有缺陷的。"

前面经验上的发现为这种内部资金效应提供了依据。1973年，尼尔森和梅里切尔发现，当收购公司的现金流量较大而被收购公司的现金流量较小时，支付给被收购公司的作为兼并收益近似值的溢价也较高。这意味着资本从收购公司所在行业向被收购公司所在行业的重新调配。该投资理论还表明，内部现金流量至少还会影响到公司的投资率。因此，如果成长性行业中预期外的投资机会相继被相互竞争的企业捕捉到，一个公司对该行业的总投资就可能与其内部资金的数量有关。这一论点与1958年多里森伯利强调的理论一致。

财务协同理论与1973年马克汉姆在报告中的经验证明一致，他对30起大型收购活动的抽样调查表明，在收购活动后的3年内，对被收购公司经营活动的新资本性支出为收购前相同时间内资本支出的220％。这一迹象表明投资机会得到了提高。

六、价值低估理论

一些研究将收购动机归因于目标企业价值的低估。价值低估的第一种可能是由于管理层无法使公司的经营潜力得以充分发挥。因此，这也是无效率管理者理论的一个方面。第二种可能是收购者具有内部消息，他们如何获得内部消息可能是根据具体情况不同而变化，但如果竞价者有一般市场上没有的消息时，他们就会给股票一个高于一般市场价格的估价。

价值低估理论的另一个方面是资产的市场价值与其重置成本间的差异。20世纪70年代末，公司收购计划增加的一个常被讨论的原因是进入新的产品市场领域可以通过公司间的买卖协议来完成。通货膨胀对经济有着双重的冲击。由于包括通货膨胀在内的各种可能原因，全球股票价格在20世纪70年代一直处于低迷状态，直到1982年后半期随着通货膨胀的下降和商业前景的改善，股价才开始逐渐回升。通货膨胀第二个方面的冲击是导致资产的当前重置成本较之历史账面成本大幅度提高。这两个方面的影响导致了 Q 比例的下降。（Q 比例是公司股票的市场价值与代表这些资产的重置价值间的比例。）

20 世纪 70 年代末至 80 年代初，Q 比例在 0.5～0.6 间徘徊。如果一家公司想要增加生产特定产品的能力，它可以通过购买一家生产此类产品的公司达到这一目标，而不用从头做起，因为前者更便宜一些。如果 A 公司力图增加其生产能力，这一活动意味着它的 Q 比例要大于 1。但如果同行业其他公司的 Q 比例低于 1，那么 A 公司通过购买其他公司来增加生产能力就是非常有效的。例如，如果 Q 比例为 0.6 且在收购中在市场价值下支付的溢价为 50%，可以得出收购价格为 0.6 乘以 1.5，即 0.9。这意味着平均收购价格仍比收购资产的当前重置成本低 10%。这一潜在的好处在近几年 Q 比例较低时，可以为价值低估理论的有效性提供一个广阔的基础。

即使出于这种考虑，价值低估理论也同无效率的管理者理论与差别效率理论没有太大的区别。为什么一个企业要在公司资产普遍低于其重置成本时增加生产能力呢？这必然是因为收购企业要比一般企业更有效率或至少要比被收购企业更有效率。因此，价值低估理论不可能单独存在，它必须要有效率方面的基本理论。

第四节　代理理论[①]

詹森和梅克林提出的代理问题是在经理人员只拥有公司少部分股权的情况下产生的，在股权分散的大公司中，一般的个人股东要花费一定数额的资源去监督经理的行为。从根本上讲，代理问题是由于经理与所有者之间的合约不可能无成本地签订和执行而产生的。在这里，经理被认为是决策或控制的代理人，而所有者则被认为是风险承担者。代理成本主要有以下几个方面：所有者与代理人订立契约的成本；限定代理人执行最佳或次佳决定所需要的额外成本；剩余亏损，即由代理人的决策与使委托的福利最大化的决策之间的差距而导致委托人所承受的福利损失。当然，剩余亏损也有可能是由于完全执行合约的成本超过收益而引起的。

并购活动在代理问题存在的情况下，有以下几种解释。

一、并购是为了降低代理成本

1983 年，法马和詹森认为，公司代理人问题可由适当的组织程序来解决。在企业所有权和控制权相分离的情况下，将企业的决策管理（如提议与执行）与决策控制（如批准与监督）分开，能限制决策代理人侵蚀股东利益的可能性。股东在保留决定董事会成员、并购与新股发行权利的同时，将其剩余控制职能交由董事会执行。

---

① 参见韩峰：《入世后的企业并购》，北京，中国社会出版社，2002。

二、经理论

这一理论认为公司所有权和控制权分离以后，企业不再遵循利润最大化原则，而是选择能使企业稳定和发展的决策。1969 年，穆勒认为，经理具有很强的增大公司的欲望。他假设，经理的报酬是公司规模的函数，经理有动机为了让公司规模扩大而接受较低的投资利润率，并借并购来增加收入和提高职业保障程度。马科斯、威廉姆森等认为，经理的主要目标是公司的发展。他们还认为，已经接受这种增长最大化的思想且发展迅速的公司最易卷入公司并购中。1980 年，福斯发现，并购公司的经理在并购后的两年里平均收入增加了 33%，而在没有并购活动发生的公司里，经理的平均收入只增加了 20%。1975 年，马科斯和惠廷顿发现，公司规模是影响经理收入的主要因素。1977 年，辛格和米克斯对合并后企业利润状况的研究表明，合并后的企业利润一般都下降。这一证据表明企业合并注重的是企业的长远发展，而不太注重企业的利润状况，甚至会牺牲短期利润。

三、骄傲假说

1986 年，罗尔的研究表明，并购者在评估目标公司时，往往会因为骄傲而太过乐观，尽管接管并不具有价值，管理者并不会从经验和学习中获得教训，而自信其判断是正确的。因此，接管没有好处。骄傲理论可以提供另一种思考方向，但如果将所有的并购原因归于骄傲理论，则其前提假设是将资本市场视为强式效率市场。但在实际的经济体系中，强式效率市场是很难存在的，所以骄傲理论只能解释部分的并购现象。

四、自由现金流量说

这一理论源于代理问题。所谓的自由现金流量，是指在公司已有的现金流量中，扣除再投资于本公司中可盈利项目的开支后所剩下的现金流量。1986 年，詹森的研究表明，自由现金流量有利于减少公司所有者和经营者之间的冲突。他还认为，如果企业是有效率的，并且希望股价最大化，那么这部分现金流量就应该派发给股东。自由现金流量的派发将会减少经理控制下的资源规模，并相应缩小经理的权利，这样可以减少待遇成本。当经理并不将这些现金流量派发给股东，而是投资于回报率较低的项目时，或是大举并购别的企业、扩大企业规模时，那么更高的代理成本就会出现。詹森还认为，由于（适度的）负债必须在未来支付现金，这比让经理人答应发放现金股利来得有效，而且更易于降低代理成本。他还强调，对那些业已面临低速度成长且规模逐渐萎缩，但仍有大规模现金流量的公司，控制其财务上的资本结构是最重要的。此时，并购的含义是公司借并购活动适当提高负债比例，这可以减少代理成本，从而增加公司价值。

第五节 其他理论[①]

解释企业并购的理论还有很多，其中比较著名的有市场势力理论、财富重新分配理论、信息信号理论和避税考虑理论。

一、市场势力理论

市场势力理论的核心观点是，增大企业规模将会增大企业势力。在这个问题上，许多人认为并购的一个重要动因是为了增大企业的市场份额，但他们并不清楚增大市场份额是如何取得协同效应的。如果增大市场份额仅仅意味着企业变大，这就是前面阐述的规模经济问题。事实上，增大市场份额是指增大企业相对于同一产业中其他公司的规模。

关于市场势力问题，存在两种意见相反的看法。一种意见认为，增大企业的市场份额会导致企业的合谋和垄断，并购的收益正是这样产生的。因此，在美国等发达的市场经济国家，政府通常会制定一系列的法律法规来反对垄断、保护竞争。另一种意见则认为，在集中度高的产业中的大企业之间，竞争变得越来越激烈了，因为关于价格、产量、产品类型、产品质量与服务等方面的决策所涉及的层次复杂，简单的合谋是不可能的。这两种相反的意见表明，关于市场势力的理论，目前尚有许多问题还没得到解决。

二、财富重新分配理论

在并购理论中，另一个探讨的主题是认为并购活动只是财富的重新分配。当并购消息宣布后，由于各投资人掌握的信息不完全或对信息的看法不一致，就会导致股东对股票价值的不同判断，从而引起并购公司和目标公司的股价波动。这种价格波动并非源于公司经营状况的好坏，而是源于财富的转移。并购公司和目标公司间的财富转移使目标公司的市盈率变动，投资人往往以并购公司的市盈率重估目标公司的价值，引起目标公司股价的上涨。同理，并购公司的股价也因此而上涨；反之，则相反变化。

并购活动的财富转移曾经引起一些争论。有人认为财富的转移可能是并购公司和目标公司股东间的财富转移；有人认为可能是债权人财富转移给股东；甚至有人认为是劳工和消费者财富的转移。1986 年，麦克丹尼尔对上述争论做了实证研究，其结果显示，并购所创造的资本利润不是源于债权持有人，即使以负债方式并购而增加负债比例，债权持有人也没有受到什么负面影响。关于这一问题的争论尚无定论。

---

① 参见韩峰：《入世后的企业并购》，北京，中国社会出版社，2002。

三、信息信号理论

当目标公司被收购时，证券市场将重新评估公司的价值，这一理论可分为两种：

（1）股票收购传递目标公司被低估的信息，而使其价值重新被评估，对于目标公司并不需要采取任何行动，就能有重新评价的产生，这称为“待价而沽”。

（2）收购事宜宣布或协商将表达某种信息，目标公司的管理者应从事更有效率的经营活动。

1977年罗斯将信息信号理论应用于公司资本结构上，认为公司内部经理人拥有内部经营管理信息，因而与外部投资人产生信息不对称。当信息不对称产生时：①公司的投资决策经由公司资本结构传递到市场；②经理报酬取决于资本结构信息的真伪时，公司有最适合的资本结构产生。将信息信号理论应用于公司收购后，当目标公司被进行股票收购时，这一信息表明目标公司隐藏有未被发现的价值，或是未来将有更高的现金流量。

四、避税考虑理论

该理论以避税来解释企业并购的动机，尤其是公司合并的动机。当公司有过多账面盈余时，通过合并另一公司可以减低赋税支出。如果政府主动以赋税减免的方式鼓励公司合并，则公司所得的好处将更大。而有些公司由于缺乏成长的机会，又有大量的盈余存在，所以在面对高额的赋税时，就会以并购的方式使原来的营业税转化为支付证券所得税，达到一时的避税效果，然后在未来的适当时机再将公司出售。

【本章小结】

以频繁发生的大规模兼并收购狂潮为背景，经济学家从多种角度对企业的并购活动加以解释，进而形成了多种理论。这些理论从多个角度和方面分析说明了企业并购现象。

对并购进行解释的理论主要有资本集中理论、交易费用理论、效率理论、代理理论和其他理论。每一种理论都是从一个角度进行深入分析，揭示规模不断壮大的并购现象背后的根本动因和目的，以及预示可能带来的影响和冲击。

马克思的资本集中理论是最早的能够解释或者说明企业并购的理论基础，正是在这一理论基础上，随着市场经济活动的广泛开展，后来的经济学家才能不断思考、总结、提炼，提出更多更新的理论。

交易费用理论主要是从产权经济学的角度对并购进行说明和解释。产权的本质就在于通过确定和实施规章与约定，力图降低社会内部交易费用的水平，从而增进社会经济体系的效率。产权经济学研究的就是如何通过界定、变更和安排产权的结构，从而降低交易费用，使资源配置效率达到最佳。

效率理论认为并购和其他形式的资产重组活动有潜在的社会效益，它们通常包含了管理层业绩的提高或某种形式的协同效应。该理论为通过对商业经营活动重新进行组合，可以创造正的投资净现值提供了一个坚实的理论基础。效率理论有很多分支理论，其中包括差别效率理论、无效率的管理者理论、经营协同效应理论、多角化理论、财务协同效应、价值低估理论，每一种理论都可能用来解释某些特定类型的并购活动。

代理问题是由于经理与所有者之间的合约不可能无成本地签订和执行而产生的。代理理论就是要解决在这样的情况下，如何通过并购来减少代理成本。

在其他解释企业并购的理论中，比较著名的有市场势力理论、财富重新分配理论、信息信号理论和避税考虑理论。这些理论都有各自独到的地方，但都需要不断地经受实践的考验。

【本章要点】

● 大规模并购背后必然要求有强大的理论支持

● 马克思的资本集中理论是最早解释企业并购的理论，主要有两大部分的内容，即资本集中的原因与资本集中的机制

● 促成资本集中的根本原因就在于资本对剩余价值和利润的追逐

● 资本集中的机制包括竞争机制、公司制度、信用制度和股票市场制度四个方面

● 交易费用是市场运行价格机制的成本，主要包括搜寻价格信息的成本和在交易中讨价还价的成本

● 企业的存在实际上是对交易费用的节省，这种节省主要表现为时间和信息费用的节省

● 企业并购是自组织创新，企业并购能够产生交易费用效应

● 并购的最一般理论是差别效率理论。通俗地说，就是如果 A 公司的管理层比 B 公司的管理层更有效率，在 A 公司收购 B 公司之后，B 公司的效率便提高到 A 公司的水平，效率通过并购得到提高，而且整个经济的效率水平将由于此类并购活动得到提高

● 经营协同效应或经营经济可以通过提供横向、纵向或混合兼并来获得。建立在经营协同效应基础上的理论假定在行业中存在规模经济，并且在合并之前，公司的经营活动水平达不到实现规模经济的潜在要求

● 财务协同效应理论意味着资本从收购公司所在行业向被收购公司所在行业的重新调配。该投资理论还表明，内部现金流量至少还会影响到公司的投资率

● 价值低估理论将收购动机归因于目标企业价值的低估。价值低估理论不可能单独存在，它必须要有效率方面的基本理论

● 代理理论是为了说明很多企业并购是源于减少代理成本

● 市场势力理论的核心观点是，增大企业规模将会增大企业势力

● 财富重新分配理论认为，并购活动只是财富的重新分配

● 信息信号理论认为，公司内部经理人拥有内部经营管理信息，因而与外部投资人产生信息不对称

● 避税考虑理论以避税来解释企业并购的动机

【本章关键术语】

资本集中	资本积累	交易费用	交易费用效应
差别效率理论	经营协同效应	财务协同效应	多角化理论
价值低估理论	代理理论	市场势力理论	财富重新分配理论
避税考虑理论			

【本章思考题】

1. 简述马克思资本集中理论。
2. 简述交易费用效应理论。
3. 简述效率理论，并对其中的几个子理论进行比较分析。
4. 简述代理理论。
5. 简述市场势力理论，并与规模经济理论进行比较分析。

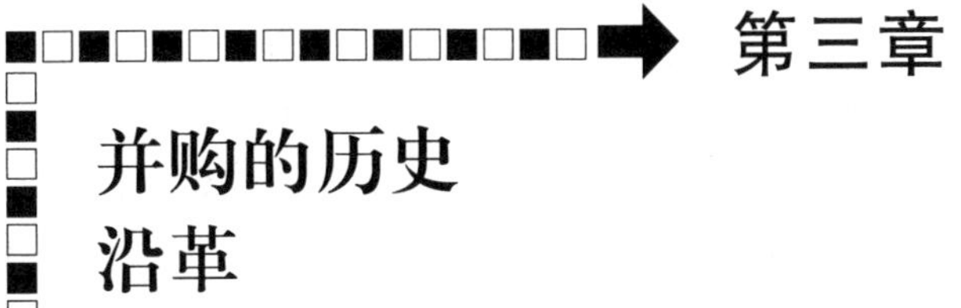

第三章 并购的历史沿革

第一节　五次全球并购浪潮的特点

全球并购浪潮开始于19世纪末的美国，至今已一百多年。在此期间，全球企业掀起过五次大规模的并购浪潮，并购对美国经济乃至世界经济的发展做出了巨大的贡献。五次全球并购浪潮呈现出以下特点。

一、规模不断扩大、频繁程度不断上升

第一次并购浪潮是从1897年到1903年，共发生了2 864起并购，其中仅1898—1903年就有2 653家企业被并购，涉及资产总额63亿美元。第二次并购浪潮是从1926年到1930年，发生了4 600起并购。从1919年到1930年，被并购企业1.2万家，涉及制造业、采矿业、公共事业、银行业。第三次并购浪潮中，美国在1960—1970年间共发生2 598起并购，其中工业企业占一半多。1968年资产在1 000万美元以上的被并购公司达173家，同年被并购企业资产额为125.5亿美元。第四次并购浪潮规模空前，涉及所有西方发达国家。1984—1990年间，美国企业并购数平均每年为3 686起。1987年，美国企业

的并购价值达 2 252 亿美元，是该年美国最大的 533 家公司新发行股票价值 238 亿美元的近 10 倍。1994 年以美国公司为对象的并购价值达 3 360 亿美元，1995 年美国企业并购价值达 4 500 亿美元[①]，1996 年美国企业并购价值达 6 588 亿美元。1997 年美国企业并购价值达 8 230 亿美元，比 1996 年增长 26.3%。[②] 西方其他国家的企业并购数量也大幅增长。第五次并购浪潮更为激烈，同时存在经常性的大规模资产存量流动。

在最近几年的跨国并购活动中，特大并购的数量和规模持续增加，其中发展中经济体和转型经济体的增长迅速。2006 年全球特大并购多达 172 笔（金额在 10 亿美元以上），占跨国并购交易总额的约 2/3，是 2004 年的近 3 倍，在数量上也达到 2004 年的近 2.5 倍，平均每次并购金额超过 35 亿美元。特别是 2006 年以来，由于国际大型矿产资源公司的并购加剧，并购规模更加大型化。例如，2006 年加拿大巴力克黄金公司以 104 亿美元收购了该国第二大黄金生产企业普莱斯多姆；米塔尔与阿塞洛于卢森堡达成协议，组建年产量超亿吨的钢铁巨无霸阿塞洛—米塔尔公司，交易金额达 350 亿美元；2007 年 9 月，巴西淡水河谷（CVRD）以 158 亿美元收购了加拿大国际镍业公司（INCO）等。

二、方式逐渐升级

在第一次并购浪潮中，以扩大企业规模为直接目的的横向并购为主要方式，包括大多数的横向并购和某些行业的合并。第二次并购浪潮的主要方式为纵向并购，包括横向并购和纵向并购，即从垄断局面向寡头垄断转移的过程。第三次并购浪潮的企业并购方式朝着混合并购为主的方向发展，进入企业集团时期，不同行业的公司进行并购。第四次并购浪潮则以公司侵入者为特征，通常使用垃圾债券市场为交易融资。这种债券融资也用于其他相关的金融交易。20 世纪 80 年代末，垃圾债券市场崩溃、经济衰退，并购的狂热程度得以终结。企业并购方式趋向多样化，即横向并购、纵向并购和混合并购三种方式互补，以达到最大优势。第五次并购浪潮以超过 80 年代的大型交易为特征，这个时期的交易与前四次并购浪潮有极大的区别，多数并购涉及策略型并购——公司寻求扩展到新市场或利用可能的合作。第五次并购浪潮使企业向一体化经营发展，不少企业把同行业中最具竞争性的对手作为并购对象，进行高级的横向强强联合。

在并购方式中，特大跨国并购通过股份互换完成的次数呈上升趋势。在跨国并购中，特大跨国并购一般通过股份互换来实现：一是可减少现金支付；二是可以对资本利得延迟交税。从 1989 年到 2005 年，随着跨国并购总量的增加，通过股份互换完成的交易在增加，股份互换从 1989 年的 10%左右增加到 2005 年的 17%左右。例如，在 2007 年的“欧洲银行财团并购荷兰银行事件”中，由苏格兰皇家银行（RBS）、西班牙国际银行（SBP）和比利时与荷兰合资的富通银行（FORB）组成的财团以 711 亿欧元（956 亿美元）的天价击败竞争对手巴克莱银行，成功收购了荷兰银行。在欧洲银行财团的收购方案中，股份支付的比例相当高。

---

① 参见周家雷：《试论当代西方的企业并购》，载《社会科学家》，1998(1)。

② 参见张芝年：《国际企业兼并的特点》，载《经济日报》，1997-12-18。

三、并购的主体变化，范围扩大

在第一次并购浪潮期间，企业并购主要是中小企业合并为少数大垄断企业。第二次并购浪潮主要是大垄断企业并购中小企业。这两次并购浪潮主要是国家内部并购、内部垄断。第三次并购浪潮主要是大型企业之间的并购，相对较小的公司并购较大的公司成为普遍现象，出现企业集团。在第四次并购浪潮中，仍有大量的小企业并购大企业现象，敌意并购起重要作用。同时，跨国并购成为这次并购浪潮的重要特征。第五次并购浪潮以超强并购为特征，也有敌意并购和更为战略性的并购。银行业和电信业成为并购的主要行业。

在并购主体中，参与跨国并购的集合投资基金逐渐增多。近年来并购猛增的一个新因素是集合投资基金的跨国并购增多，主要是私人股权投资基金等。进入 21 世纪，前所未有的低利率和金融一体化因素刺激着私人股权投资基金从事大规模的跨国并购，在 2006 年达到 1 580 亿美元，占跨国并购总值的近 20%，高于 20 世纪 90 年代末和 2000 年的峰值。其中，并购资产值的 10%和交易数量的 30%产生在发展中国家，尤其是亚洲各国。

四、金融市场作用增大

在第一次并购浪潮中，投资银行提供了并购所需的资金，同时充当并购协调人从中获利，四分之一的并购由它们完成。在第二次并购浪潮中，产业资本与银行资本相融合，从而产生了金融资本。在第三次并购浪潮中，银行间并购使银行资本更加集中。在第四次并购浪潮中，以借贷资金为主的杠杆并购在美国企业并购中发展迅猛。美国的企业并购案无一例外都有投资银行参与。在第五次并购浪潮期间，特别是 1995 年为国际银行业的并购年，全球银行业日益向大型化、综合化方向发展。

五、并购行业呈现多元化趋势

自 2006 年以来，全球许多行业都发生了规模逾百亿美元的并购交易，资源开发、金融、电信、房地产等领域一直是资金流向比较集中的部门。在 2007 年上半年全球十大并购交易案件中，有 4 件发生在资源领域。其中，力拓和加拿大铝业公司的并购就达 380 亿美元。另外，金融领域一直在全球并购资金的产业流向中占有很高的比重。2007 年，全球银行业并购额便达到创纪录的 3 700 亿美元。其中，仅苏格兰皇家银行牵头组成的财团收购荷兰银行一宗，就超过 1 000 亿美元，成为世界银行业有史以来最大的并购案。除了金融、资源领域外，传媒、钢铁等行业的并购同样如火如荼。例如在传媒行业，默多克新闻集团以 50 亿美元收购道琼斯，谷歌以 31 亿美元并购 Double Click 以及诺基亚以 81 亿美元吞并 Navteq 等，都成为 2007 年该领域格外醒目的并购案件。

第二节　美国的五次并购浪潮

美国是世界并购浪潮的发源地，也是全球并购活动的中心。因此，美国的并购历史具有非常典型的意义。下面，我们就以美国为例介绍世界并购发展的历史。美国的市场经济从自由竞争到资本垄断，再到混合经济，已经历了100多年的发展。在此期间，美国经济先后发生了五次企业并购浪潮。

一、第一次并购浪潮：以大公司横向并购为特征的规模重组

美国第一次并购浪潮发生在自由竞争资本主义向垄断资本主义过渡阶段。19世纪末至20世纪初，随着生产力的发展和生产社会化程度的提高，单个资本的积聚已无法满足社会化大生产的需要，因此出现了资本积聚和资本集中，企业并购作为资本集中的重要方式应运而生。第一次并购浪潮发生的另一个重要历史背景是，1893年美国发生了一次严重的经济危机。迄今为止，美国历史上发生过五次企业并购浪潮。相应地，大公司出现了五次大规模的资产重组，有642家银行倒闭，38 000家企业破产，156条铁路（占当时全国铁路网的3/4以上）宣告破产。危机后出现了经济复苏[①]，加上1898年的美国与西班牙战争以及侵占殖民地，这些因素刺激了美国经济的发展，企业合并和垄断化的发展空前加速，出现了第一次并购浪潮。

第一次并购浪潮的主要特征是：以扩大企业规模为直接目的的横向并购（即生产同类产品企业之间的并购）成为第一次并购浪潮的主要形式。这是因为伴随着市场日趋成熟化，企业规模分散、盲目竞争问题十分突出，大公司开始追求规模效益，以适应过度竞争产品的价格战和成本战。因此，从很多方面看，第一次并购浪潮是诸次并购浪潮中最重要的一次。作为第一次并购浪潮的重要结果，是家族企业开始向现代股份公司演变，各种“全美国”字头的公司纷纷兴起，造就了像美国钢铁公司、全美烟草公司、阿纳康达铜业公司、杜邦公司、艾利斯—查默斯公司、美国糖业公司、美国橡胶公司等现代大型股份公司。大公司的出现使美国工业具备了现代工业结构，完成了工业集中化过程。100家最大公司控制了全美40%的工业资本。

案例3.1

美国钢铁公司的重组

美国钢铁公司最初是由卡内基钢铁公司和联邦钢铁公司合并而成。卡内基钢铁公司是由美国钢铁大王卡内基于1872年创办的。1872年，卡内基投资35万美元在匹兹堡南建起了一个现代化的钢铁工厂。卡内基是最早将成本会计制度运用于自己的钢铁工厂内，以

---

① 参见李肃、周放生等：《美国五次企业兼并浪潮及启示》，载《管理世界》，1998(3)。

便降低成本、取得最大利润。根据成本分析，卡内基又进一步改进了生产管理。当时，钢铁业同行们实行的生产方法是各干一种不同的工序，诸如冶炼、锻轧、切割、铸造等，从而使各种工序分散在各个工厂，这极不利于管理。为了便于统一协调，卡内基实行钢铁生产全部工序的“一条龙”工作法。除此之外，卡内基还使他的钢铁生产实现从采购原料、建起平炉和炼炉，到开发新产品、拓展销售渠道的一体化发展。由于上述原因，卡内基钢铁厂的生产效益大大提高。1872 年，其工厂第一吨钢的生产成本是 56 美元，到 1900 年降为 11.5 美元，年利润达到 4 000 万美元。1899 年，卡内基钢铁公司吞并了当地的钢铁公司。

1898 年，美西战争爆发，为了适应铁路、军火工业发展的需要，美国对钢铁的需求量猛增。当时控制全美铁路的“华尔街大佬”——摩根立刻意识到美国已步入需要大量钢铁的时代，发展钢铁业前途无量，因而开始把目光投向钢铁。他利用融资手段将自己的高层管理人员安插到伊利钢铁公司和明尼苏达钢铁公司，从而控制了这两家钢铁公司的实权。但是，与卡内基的钢铁公司相比，这两家公司只不过是中小企业而已，摩根并不满足于此。在他向卡内基发起进攻前，1898 年摩根首先合并了美国中西部的一系列中小钢铁公司，成立了联邦钢铁公司，同时拉拢了国家钢管公司和美国钢网公司。

由此，摩根开始向卡内基发起进攻。他采取的第一个步骤是使联邦钢铁公司的关系企业及摩根所属的全部铁路一齐取消对卡内基钢铁企业的订货，但这似乎并没有难倒卡内基。卡内基很清楚自己在美国钢铁业中所占的市场份额，钢铁市场没有了卡内基，会使许多相关企业因此蒙受损失。摩根很快意识到了这一点，于是他改为采取第二个步骤。摩根告诉卡内基：“美国的钢铁业必须合并，是否合并贝斯列赫姆钢铁公司，我还在考虑中，但合并卡内基钢铁公司则是绝对必要的。”摩根甚至威胁说：“如果卡内基拒绝的话，我就找贝斯列赫姆。”卡内基清楚地意识到，如果摩根和贝斯列赫姆联合起来，势必对自己不利。在权衡了利弊之后，卡内基同意合并，但条件是不要合并后新公司的股票，而要具有黄金保障的新公司债券，并且要以 1∶1.5 的比率兑换，即 1 美元卡内基钢铁公司的价额兑换 1.5 美元新公司债，从而使卡内基的资产从 2 亿多美元一下子增加到近 4 亿美元，翻了一番。这一数字超过了美国当时的国防预算。

1901 年，摩根又制定了一个野心勃勃的计划：为什么不能让美国几百家独立的小厂置于一个公司的控制之下，从而取得垄断利益呢？1901 年 3 月 3 日，摩根发表了一个震惊华尔街的声明。该声明以广告的形式告诉联邦钢铁公司、全国钢铁公司、全国钢管公司、美国钢铁和金属线公司、美国马口铁公司、美国钢箍公司以及美国钢板公司的股东们，这些公司所公开发行并出售的证券都将归新成立的美国钢铁公司所有。新公司将以证券偿还被合并公司的股东，而且施以重偿。因此，摩根用换股的形式成功地收购了全美 3/5 的钢铁企业，从而组建了美国钢铁公司（U. S. Steel Company）。据统计，1901 年美国钢铁公司的产量占美国市场销售量的 95%。此后，美国钢铁公司像一只巨蟒又吞下了大湖钢铁公司，并先后吞并了 50 多个独立的黑色冶金公司及有关部门。1982 年，美国钢铁公司不惜血本，以 65 亿美元的巨款买下了美国第十七大石油公司——马拉松石油公司。由此可见，第一次并购浪潮是以美国钢铁公司为代表的大公司的规模重组，目的是改变分散经营所带来的过度竞争问题。

二、第二次并购浪潮：以大公司为主导的产业重组

第二次并购浪潮发生于 20 世纪 20 年代。美国经济在经历了 1920—1921 年的经济危机之后，进入了相对稳定的发展时期，出现了新的工业高涨。许多新兴产业，如运输工具、化学、电机行业迅速增长。美国工业生产指数（以 1923—1925 年为 100），1920 年为 87，1921 年为 67，1929 年增长到 119。到 1929 年，美国工业生产的增长超过了第一次世界大战和战后初期高涨的年代。[①] 正是在 20 年代经济景气时期发生了第二次并购浪潮，20 年代也是美国经济过热期，大量资金涌入股市，极度旺盛的证券需求使企业并购活动蓬勃发展。在第二次并购浪潮中，被并购企业 12 000 家，涉及公用事业、银行、制造业和采矿业。其中，在 1928—1929 年高峰期间，被并购公司达 2 300 家。

第二次并购浪潮的显著特征是：大公司的纵向并购成为企业并购的主要形式。这是因为《反垄断法》的出台迫使大公司并存竞争，以扩大公司规模为主要目的横向并购受到《反垄断法》的限制。另外，在股票市场的带动下，中小企业间的并购活动异常活跃。但尽管如此，大公司的纵向产业重组仍是第二次企业并购浪潮的主流。

案例 3.2

美国通用汽车公司的重组

通用汽车公司（General Motors Corporation）是由美国企业家威廉·杜兰特（Williame Durant）于 1908 年 9 月将美国 20 多家汽车公司合并后成立的。

1920 年开始的战后经济危机沉重地打击了一直在拼命扩大生产规模的通用汽车公司——大批的成品汽车堆积在库房里，占用的资金额高达 8 490 万美元。通用汽车公司的股票价格因此大幅下跌，当年 7 月暴跌到 20.5 美元/股的新低点。曾允诺负责稳定通用汽车公司股票市价的摩根公司此时却没有很好地履行自己用 1 000 万美元来稳定股市的诺言，仅让它领导的银行辛迪加投入 200 万美元，因而未能阻止通用汽车公司股票的下跌趋势。为了维持通用汽车公司的股票市价，杜兰特将所有能够获得的资金全部用来收购抛向市场的通用汽车公司股票。当资金耗尽时，他竟然以自己持有的通用汽车公司股票为抵押向银行贷款，但最终仍未能止住公司股票下跌，杜兰特本人反而因此陷入濒于破产的境地。到 1920 年 11 月，他已欠下了近 3 000 万美元的贷款债务。1921 年 11 月 18 日，由于筹集不到第二天股市开盘前急需的 94 万美元，杜兰特被迫通知公司两家最大的股东 J. P. 摩根公司和杜邦公司，要求摩根公司按照当天股市的收盘价，即 12 美元/股的价格，收购自己持有的 110 万股通用汽车公司股票。但是，最终收购价格仅为每股 9.5 美元，远低于当时的市价。在皮埃尔和摩根公司的合作安排下，摩根公司发行了 3 500 万美元的证券，以此买下了杜兰特拥有的通用汽车公司的全部股份和债务，从而使杜邦公司拥有的通用汽

① Federal Trade Commission, "Current Trends in Mergers Activity: Mergers and Acquisitions", March/April, 1997.

车公司的股份达到了该公司全部普通股的35.8%。杜兰特从此永远地离开了他创办的通用汽车公司。

1920年12月，皮埃尔·杜邦就任通用汽车公司新任总经理，并集公司董事长和总经理于一身。皮埃尔·杜邦的就任标志着杜邦家族和杜邦公司完全控制了通用汽车公司的经营和管理。皮埃尔担任通用汽车公司董事长兼总经理以后，立即依靠艾尔弗雷德·斯隆(Alfred Sloan)等一批年轻的管理人员，对通用汽车公司的管理方式和管理机构进行了深入的改革。通用汽车公司由此也进入了一个大规模重组的时代。这场改革从1921年一直持续到1924年。斯隆首先分析了通用汽车公司的根本性弊病，指出它的管理机构非常不健全，领导决策权完全集中在少数高级领导人手中，他们事无巨细、大包大揽，终日陷于事务堆中，无暇考虑大政方针，并且限制了各级工作人员的积极性和主动性，造成公司各部门失去控制的局面。斯隆认为，大公司较为完善的组织管理体制，应以集中管理和分散经营两者之间的协调为基础，只有在这两种显然相互冲突的原则之间取得平衡，把两者的优点结合起来，才可能获得最好的效果。由此他得出结论，通用汽车公司应采取“分散经营，协调控制”的组织管理体制。

1921年1月，斯隆改组通用汽车公司的计划开始推行。斯隆这项计划的具体内容是把公司的任务分成两类：决策任务和执行任务。决策任务由公司董事会来担任，它和过去一样设立两个委员会，即财务委员会和执行委员会。财务委员会继续对公司财务及财务人员实行总控制，执行委员会则保持它对公司业务经营活动的全面控制，建立直线指挥部门的组织体制。斯隆把直线领导部门分成公司部总管理处（或总公司）、各事业部（过去称分公司）、各工厂三级，总管理处由“总执行经理”领导，下面分成四个事业部，即汽车、零件、配件、杂品，分别由“事业总部执行经理”来监管。此外，在各级还建立了必要的“职能部门”，以便一方面当顾问、做后勤，另一方面在其职能范围内参加日常管理活动。通用汽车公司组织管理体制的特点，是政策制定与行政管理分开，分散经营与协调控制相结合。公司经营方针政策的制定和控制是集中的，方针政策的执行却是分散的。在分散经营、协调控制的管理体制下，公司的各个经营部门是公司的基层执行单位，是利润中心，整个公司的生产经营活动是在各经营部门的分工协作下分散完成的。但是，各经营部门的分散经营活动又是在总管理处的总裁、部门执行经理以及各职能部门的协调控制下进行的，以便使各个经营部门能按照整个公司的总目标进行协调一致的活动。这种组织管理体制至少有以下几个显著优点：一是各经营部门是根据专业化协作原则进行分工且分散经营的，这不仅有利于组织大批量生产、提高工作效率，而且还能增大各方面的灵活性，有利于发挥各部门的积极性。二是公司总管理处对各经营部门进行协调控制，可以使分散经营的各经营部门能更加有效、更加协调地为整个公司利益服务。三是领导部门摆脱了日常行政管理事务，可以成为强有力的决策机构。四是由于各经营部门对其所辖单位拥有全部权力并负全部责任，不仅可以及时而正确地评估各级管理人员的业绩，而且有利于管理人才的培养。

斯隆在通用汽车公司创造了一个多“部门结构”的同时，还使通用汽车公司的产品系列纵向延伸，从最高档的凯迪拉克牌，到别克牌、奥克兰牌、奥兹莫比尔牌，最后到雪佛兰牌，形成斯隆所订的“价格金字塔”。其中，凯迪拉克厂的产品价格最高而产量最小，排金字塔的顶层，雪佛兰的产品价格最低而产量最大，排金字塔的底层。这是通用汽车公司20世纪20年代初的产品阵容。此后有所改变，1925年增加了庞蒂亚克牌，以填补雪佛兰和奥兹莫比尔中间的缺口，奥克兰被淘汰了，增加了拉萨利，后来它也被淘汰了。因此，通用汽车公司的产品有五种不同的档次，人们可以根据自己的消费能力购买不同档次的汽车。

1924年，斯隆接替皮埃尔担任通用汽车公司总裁职务，直到1956年退休。20世纪20年代也是通用汽车公司大规模资产重组的时代。从皮埃尔·杜邦成为公司董事长，杜兰特夺回了总经理职务起，通用汽车公司就进入了一个明显扩张的时期，开始了以扩大生产规模为核心的大规模资产重组。1916年，杜兰特和拉斯科布等人发起创立了联合汽车公司，该公司将原先通用汽车公司生产零配件的独立厂商代顿工程化学公司、雷米电气公司、海厄特滚柱轴承公司、哈里森冷却器公司、新发展制造公司等7家公司悉数收购到手。1918年，通用汽车公司通过换股和支付现金两种方式并举，并购了联合汽车公司。同年，通用汽车公司还购买了加拿大的雪佛兰汽车公司和加拿大的别克汽车生产厂家——麦克劳林汽车公司的资产，并增购了斯克里普斯车座公司的股票。同时，它还购买了两家拖拉机制造公司。1919年，通用汽车公司在底特律建起了当时世界上最大的办公大楼，同时又收购了几家汽车零配件生产厂家以及瓜地亚冷冻机公司，并且组建了一家通用汽车票据承兑公司。同年，通用汽车公司还出资2 800万美元购买了当时美国最大的制造汽车车身的生产厂家——费希尔公司60%的股份，并以股权委托的形式与费希尔兄弟共同分享对这家公司的控制权。1926年，通用汽车公司通过谈判，成功的以通用汽车公司的股票作为支付手段，买下了费希尔车身公司其余40%的股份，从而将该公司全部股份收购到手。1925年，通用汽车公司将其卡车生产部门的资产转移到了一个新组建的厂家——黄色卡车长途公共汽车制造公司中。从生产和管理上看，此举是为了集中公司的力量从事小轿车的生产。从法律角度上，它显然含有分散资产以避免联邦反托拉斯部门追究的意味。1925年，通用汽车公司分别以2 573 251美元和3 336 200美元的价格并购了英国的伏克斯豪尔公司和德国亚当·奥佩尔公司。1931年，通用汽车公司与利比-欧文斯-福特玻璃公司达成协议，以950万美元的价格将收购费希尔公司所得到的国民平板玻璃公司出售给后者。同时，后者承担起向通用汽车公司优惠提供其玻璃产品的责任。管理结构的改组和大规模的资产重组使通用汽车公司获得迅速发展。通用汽车公司的产品在国内汽车市场的占有率从1923年的12%发展到1956年的53%，1977年又上升到56%。到1927年，通用汽车公司的销售额和盈利名次超过福特汽车公司，成为美国最大的汽车企业。从1931年起，它在小轿车生产领域开始居于领先地位。从1936年起，它又在卡车生产领域占据了第一的位置。在大轿车生产领域，它不断地把竞争对手排除出去，保持了持续领先的地位。到50年代中期，通用汽车公司的销售总额达到120亿美元，资产净值超过50亿美元，每年的税后纯利超过10亿美元。人们把通用汽车公司20年代的产业重组视为企业管理史上的一次伟大革命。

三、第三次并购浪潮：以跨国公司为特征的品牌重组

第三次并购浪潮发生在第二次世界大战后的20世纪50年代—60年代。第二次世界

大战以后，美国成为世界霸主，美国经济发展到顶点，大公司实力得到充分扩展，全球性市场为跨国公司扩张奠定了基础。战后，在科技进步和经济危机频繁发生的条件下，传统的制造业受到日益增长的国际竞争的影响，出现了第三次并购浪潮。这次并购浪潮的规模之大是空前的。据统计，1960—1970 年间共发生 25 598 起并购，其中工业企业占一半多一点。1953—1968 年，工业中的并购资产数量占全部工业资产的 21%。①

第三次并购浪潮的特征是：混合并购（即跨行业并购）、多元产业发展取代了横向并购和纵向并购，成为企业并购的主流，出现了企业多元化发展的趋势；由于并购是跨国界并购，因此产生了跨国公司，出现了产业发展国际化趋势；企业的全球性发展靠品牌效应，跨国公司的市场空间膨胀，使其向多元化发展和进行多角化并购，进行全方位的品牌竞争。据统计，1926—1930 年（第二次并购浪潮）期间，横向并购占全部并购次数的 67.6%，混合并购只占 27.6%。到 1966—1968 年间，横向并购只占 7.7%，而混合并购则占 81.6%。②

案例 3.3

可口可乐公司的品牌重组

1886 年，在美国佐治亚州的亚特兰大市，有一名叫潘伯顿的药剂师用古柯叶和可拉果作原料，配制成一种深褐色饮料，它就是最原始的可口可乐。潘伯顿成为了可口可乐的发明者。但是，可口可乐在潘伯顿手里并没有得到发展，可口可乐是在一名叫做艾萨·坎德勒的商人手中真正发展起来的。艾萨当时看准了可口可乐可以赚大钱，就不断地收购别人的股份。到 1886 年，他连自己岳父的股权也买下了，全部股权归他一人所有，连同可口可乐的秘密配方。他成立了艾萨·坎德勒公司，开始着手用可口可乐赚钱。艾萨用游说等方式，说服一些人为他的事业投资。他用借鸡生蛋的方法，筹集到了可观的资金用于发展生产。后来，为了扩大销售量，艾萨逐渐把可口可乐从一种药用饮料向纯粹饮品靠近，销售额果然不断上升，艾萨财源滚滚。

后来，可口可乐被一个叫伍德拉夫的人以 250 万美元的价格购买。1923 年，伍德拉夫的儿子罗伯特·伍德拉夫接手了可口可乐公司。在罗伯特的管理下，可口可乐公司有了很大的起色。在短短的几年里，可口可乐股票从 65 美元上涨到 200 美元，就是在股市大崩盘的“黑色星期五”，可口可乐股票也没有掉下来。30 年代美国经济大萧条，很多企业都没有挨过那个时期，但可口可乐好像没有遇到多大困难。可口可乐公司花费大量的宣传费用来做广告，广告费用常常超过利润的一半。在罗伯特之后，可口可乐又换了几任总裁。到古斯坦担任总裁时，他对可口可乐公司进行了大胆的改组。其中一个重要举措是，在可口可乐总公司下面又建立了一个公司，总公司只向下属公司高价卖出可口可乐原浆，由下属公司与瓶装商打交道。这样，古斯坦就把可口可乐公司变成了可口可乐集团。这样一来，他为总公司成功地卸掉了沉重的债务包袱，并分担到分公司身上。总公司形象的改

① Raymond Vernon, *Storm over the Multinationals*, Harvard University Press, 1997, pp. 60-67.

② Raymond Vernon, *Storm over the Multinationals*, Harvard University Press, 1997, pp. 70-74.

变，有力地促使可口可乐股票上涨。不仅如此，古斯坦还以当时市价两倍的价格（2.5 亿美元）买下了哥伦比亚电影公司，他希望在人们的心目中更高地建立可口可乐形象。为了扩大可口可乐品牌的影响，可口可乐公司进行了大规模的广告宣传。可口可乐初期的发展主要得益于这些广告，如果没有这些广告，可口可乐不会有今天。1900 年可口可乐的广告费用超过百万，1912 年已突破了千万大关。可口可乐自认为是最会做广告的公司，它利用各种小事物做广告，如温度计、日历、碟子、火柴盒和记事本，连棒球上也有可口可乐的商标，还有可口可乐口香糖和可口可乐雪茄烟。除此之外，可口可乐公司还制作有关可口可乐的流行歌曲。

人们曾把对可口可乐的认识分为以下几个阶段：第一阶段是人们把可口可乐作为药水来喝。对可口可乐认识的第二阶段是把它当做一种饮料。对可口可乐认识的第三阶段是把它作为一种美国文化，向美国生活的各个方面渗透，最终成为美国饮食文化的三大象征之一，即棒球、热狗和可口可乐。到了第四阶段，可口可乐人发现，他们产品的背后应该是爱与和平。在这个时候，可口可乐已经完全抛开了一个具体产品与美国生活的关系，而是深入到人类精神之中。只有到了这个时候，可口可乐才成为了真正的可口可乐，它就像爱与和平的使者，带着可口可乐诚挚的问候，走遍了全世界。一种产品如果能升华到这种程度，是没法不成为名牌的，也是没法不打遍天下的。

如今，就是没有喝过可口可乐的人，也知道可口可乐这个名字。因为可口可乐的市场占有量太大了，世界上 220 多个国家和地区，每天要喝下 2 亿多瓶可口可乐。20 世纪 60 年代，可口可乐公司陆续并购、购进了其他一些企业的股权，逐步向多种经营业务发展。1960 年购进了密纽特·梅德冷冻果汁公司。1961 年又购进了邓根食品公司（主要经营咖啡业）及其他一些企业。可口可乐公司在拥有上述如此成功的品牌效应之后，从 60 年代起开始了大规模的品牌重组。它利用可口可乐品牌效应向多元化经营发展，进行多角化并购，展开了全方位品牌竞争。随着多种经营业务的不断发展，可口可乐公司不再单纯从事软饮料及其他食品的生产，而且还从事其他工业生产活动。例如，可口可乐公司 1970 年购进了化学溶液公司，从而开始水净化系统的业务；1977 年又购进了普莱斯托产品公司，增加了塑料薄膜包装材料的生产业务。特别是在 1977 年购进了泰勒酿酒公司后，公司业务突飞猛进，一跃成为美国第五大酒商。在 70 年代，该公司陆续买进了各国多家瓶装厂，为其产品行销全球奠定了稳固基础。可口可乐公司的品牌重组除了向工业领域扩展外，还向文化娱乐业、体育事业以及社会公用事业进行延伸。1985 年，可口可乐公司在戈伊祖艾塔担任总裁时，买下了使者通信公司的全部产权，它是主要的电视节目制作公司之一。不到一年，即 1986 年春天，它又买下了默芜·格里芬制作公司。华尔街受到戈伊祖艾塔一系列举动的震动。同样的可口可乐股票在戈伊祖艾塔出任主席的那天以 29 美元的价格出售，而在 5 年之后要卖到 100 美元以上。

四、第四次并购浪潮：以金融机构为杠杆的机制重组

第四次并购浪潮始于 20 世纪 70 年代中期，延续了整个 80 年代，其中以 1985 年为最高潮。第四次并购浪潮发生在 1973 年石油危机之后。1973 年底，与其他工业国一样，美

国进入了严重的经济困难时期。石油输出国组织禁运石油后，石油出口价格上涨了三倍。随后，出现了自 30 年代大萧条以来最严重的衰退。1973 年，美国国民生产总值下降 2.1%，工业生产下降 0.6%。1973 年危机持续一段时间后，美国经济进入萧条和复苏阶段。从 1975 年起，企业并购活动逐渐上升。第四次并购浪潮发生的另一个经济背景是，70 年代后期，在新的科技革命的推动下，新兴技术迅速产业化，并排挤传统产业。与此同时，国际竞争加剧，美国经济因贸易赤字扩大而逐渐走下坡路，制造业萧条。为摆脱困境，美国企业兴起了第四次并购浪潮。此外，这一时期金融市场的发展日益完善，金融工具不断创新。金融市场的发展对企业并购起了重大的推动作用。1976—1981 年的并购交易额分别为 200 亿美元、219 亿美元、342 亿美元、435 亿美元、443 亿美元和 826 亿美元。此次并购浪潮在 1984—1985 年达到高潮，1984 年、1985 年的并购交易额分别高达 1 222亿美元和 1 796 亿美元。这次并购浪潮规模空前，大大超过了前三次并购浪潮。1978 年以前，10 亿美元以上的大型并购案十分罕见。自 1979 年开始，此类交易逐渐增多——1984 年达到 18 起，1985 年 36 起，1988 年 45 起。1985 年，通用电气公司以 62.8 亿美元并购了美国无线电公司，创美国企业并购史上的新纪录。[①]

此次并购浪潮的特征是：混合并购所占的比重急剧下降，并购的对象主要转向与本行业有关的行业；多元产业发展的公司将非主导产业分割转让，以提高主导产业的资产质量；经营者内部人控制大公司问题出现，造成大企业的惯性和惰性，各种基金等金融机构的发展，要求对大公司进行改组与改造；伴随着资本市场的发展、金融手段的创新，出现了杠杆收购方式，即举债收购。通过发行一种高风险、高回报的债券，使得小企业得以并购大企业，即所谓“小鱼吃大鱼”现象；以小吃大的并购多以股东革命的面目出现，这是美国企业的一次机制变革。此次并购浪潮虽然伴随着大量的金融投机，但也孕育和完善了产业重组的金融工具。

案例 3.4

美国潘特里公司收购露华浓化妆品公司

露华浓化妆品公司是美国最大的保健用品和美容化妆品公司之一，净资产 10 亿美元，营业收入稳定。20 世纪 70 年代，露华浓公司创始人查尔斯·赖弗逊聘请伯杰·赖克担任露华浓公司的总裁，4 年内曾将公司营业额增加了 1.5 倍。但到了 80 年代中期，露华浓的业绩有所下降，股价徘徊在 30 美元左右。分析家认为，露华浓公司股价低于拍卖资产的实际价值。因此，露华浓公司引起了企业并购者的极大兴趣。

1985 年，一家名不见经传、资产仅为 1.5 亿美元的经营超级市场的潘特里公司总裁佩尔曼宣布有意收购露华浓公司。伯杰·赖克断然拒绝佩尔曼的收购建议，他认为潘特里公司企图收购露华浓公司，简直是痴人说梦。但事实做出了相反的回答。首先，佩尔曼宣布拟以每股 47.50 美元的价格收购当时仅为 30 美元/股的露华浓公司股票，并声称收购后将只保留美容化妆品部，而将其他的部门全部卖掉，卖价估计可达 19 亿美元，正好相

① Rock，Sikora，*The Mergers & Acquisitions Handbook*，Second Edition，MegrawHill，Inc，1994.

当于收购露华浓公司的价格。这等于是让佩尔曼白得了露华浓公司的美容化妆品部。露华浓公司企图挫败佩尔曼，采取了一系列防御措施：一是用每股57.5美元的价格收购了1 000万股自己公司的股票，相当于总发行量的四分之一。二是与纽约一家专门收购企业的投资集团福斯特曼·立特尔公司达成以56美元/股的代价出售公司股票的协议。协议还规定，万一有第三者以高价竞争而使福斯特曼公司买不成露华浓公司股票的话，福斯特曼公司有权在第三者控股达到40%时以一亿美元的代价买下露华浓公司的两个分公司，成为露华浓公司的“白衣骑士”。但佩尔曼有垃圾债券大王米尔肯撑腰，同样不甘示弱。诉讼控告露华浓公司与福斯特曼公司达成协议，没有给股东以公平的机会就确定了公司的买主，因而损害了股东的利益。法院判佩尔曼胜诉，宣布原协议无效。福斯特曼公司被迫把收购价格提高到57.25美元/股。最后，佩尔曼以58美元/股的价格购买了露华浓公司，伯杰·赖克被迫离职。收购2个月后，佩尔曼把露华浓公司的两个部门以10亿美元的代价卖掉，完成了“垃圾债券”的循环过程。潘特里公司收购露华浓公司是一起典型的杠杆收购案例。

五、第五次并购浪潮：以“强强联合”为特征的功能重组

第五次并购浪潮始于1994年。20世纪90年代初，美国经济摇摆不定，无力摆脱衰退。由于紧缩银根的原因，导致金融市场疲软，企业的并购与收购也进入低谷。1991年，企业并购1 877起，交易额为692亿美元，为90年代最低点。但从1993年起，美国经济开始复苏和回升，这为要求变革的美国大公司提供了巨大的市场机会，企业并购活动又呈现出明显的上升势头。另外，进入90年代后，随着高新技术应用的日益普遍和信息革命的到来，为适应信息技术迅速发展的新形势，美国政府1996年初推出《新电信法》，取消了实行60多年的各种限制，对电信业在一定程度上放开经营，允许长、短途电话公司和有线电视公司进入彼此领域经营，这一举措引起了电信业的连环并购。与此同时，世界经济一体化的步伐加快，特别是冷战结束以后，跨国公司易于转移生产场所，资本的国际化、跨国经营趋势更为明显，从而推动企业通过并购集中资本，加强国际竞争力。1994年后，企业并购高潮再起。1994年美国企业并购交易额达3 419亿美元，1995年美国企业并购数量为9 152起，涉及金额5 190亿美元，均创历史最高纪录。1996年企业并购愈演愈烈，并购案达10 200起，全年并购金额达6 588亿美元①，再度刷新了上一年刚创下的两项历史最高纪录。

第五次并购浪潮的典型特征是：经过第四次并购浪潮的专业化重组，美国产业的发展面临着功能性重组的新要求。同时，为适应国际竞争的需要，大公司必须进行大规模的功能互补型重组。为此，第五次并购浪潮出现了企业规模大、产业特征强、换股方式多的特征。同时，在并购形式多样化的基础上出现了引人注目的强强合并。1995年，迪士尼公司宣布以190亿美元巨资收购美国广播公司（ABC)。同年，西屋电气公司宣布以54亿美元并购哥伦比亚广播公司（CBS)。1996年底，波音公司以换股方式并购麦道公司，并购

① 参见《美国统计摘要（1997)》，1999-01-07。

金额达 133 亿美元。[①]

进入 21 世纪后，美国的并购活动呈现出跨国公司联合行动的局面。以美国公司对我国部分行业龙头企业的并购为例，既有跨国公司的单独行动，也有跨国公司间的合作行动。在具体操作过程中，既有跨国公司之间的合作，也有与投资公司或基金的相互配合。有时，一家跨国公司会联合几家公司进行竞购。例如，2005 年在美国凯雷投资集团收购徐工集团时，事实上包括美国凯雷投资集团、美国国际集团（AIG）和 J. P. 摩根等公司。该集团以 3.75 亿美元收购徐工集团 85%的股权。实际上，美国凯雷投资集团作为一个风险投资机构的意图，是把所收购的股份再转卖给卡特彼勒公司。

案例 3.5

1997 年 2 月 5 日公布的摩根士丹利—迪恩威特合并案

此次合并案创造了一个总市值达 210 亿美元的新型投资银行，其规模堪称华尔街之最。更重要的是，此次合并是一种高层次的投资银行与零售证券经纪行破天荒的结合，它将从根本上改变华尔街文化。根据历史传统，美国华尔街上的大多数投资银行按照战略结构和服务取向分为两大类：一类是专门为大机构、大公司服务的投资银行；另一类是专门为个体投资者服务的证券经纪行。摩根士丹利（Morgan Stanley）、高盛（Goldman Sachs）、雷曼兄弟（Leman Brothers）、所罗门兄弟（Salomon Brothers）等公司均属于前者。而此番与摩根士丹利“联姻”的迪恩威特（Dean Witter，Discover & AMP）则属于后者。在历史上，摩根士丹利曾是美国著名大银行 J. P. 摩根银行的一翼。30 年代美国经济大萧条以后，按照《格拉斯-斯蒂格尔法案》（Glass-Sheagall Act）实行投资银行与商业银行分离，摩根士丹利于 1935 年正式成为独立公司。此后，它一直在美国投资银行界处于领先地位，为国际上的蓝筹股公司和机构客户进行资产经营、外汇买卖、公司融资、证券发行等全方位金融服务。截至 2008 年，摩根士丹利在 37 个国家设有超过 1 200 家办事处，雇员总数为 9 200 多人。2010 年，摩根士丹利的总资产约 8 077 亿美元，净利润约 47 亿美元，所管理的客户资产超过 1.6 万亿美元。作为上市公司，摩根士丹利在合并前的总市值为 88 亿美元；合并后，截至 2010 年终，摩根士丹利的总市值已超过 400 亿美元。

迪恩威特曾属于美国一家经营百货连锁店的大公司——西尔斯·罗伯克公司，至 1993 年才成为独立上市公司。十多年来，迪恩威特专门为普通老百姓服务，最终发展起了成功的、以散户为中心的证券经纪网络。作为经纪行，迪恩威特并非等闲之辈，它合并前的总市值达 130 亿美元。迪恩威特全资拥有 361 处分部和 8 500 名专职经纪人，在美国排名第三。不仅如此，从 1985 年起，迪恩威特还推出了一种名为“发现”（discover）的信用卡，而且经营极为成功，总发行量达到 3 900 万张，居美国各类信用卡之首；1996 年的信用总额为 344 亿美元，在美国排名第三。

在华尔街，摩根士丹利和迪恩威特所代表的两大阵营被人们比喻为“大脑”与“肌

---

① 参见郭吴新等：《90 年代美国经济》，太原，山西经济出版社，2000。

肉”。“大脑”就是那些蓝筹股投资银行，它们提供战略性建议，为大公司客户发债、发股，一次交易赚几百万美元，在资本市场上呼风唤雨；而“肌肉”则是下辖众多零售经纪人的证券行，它们卖债、卖基金，为成百上千万散户服务，靠小笔交易获取利润。或许外行会以为“大脑”与“肌肉”的结合顺理成章，但在过去的近30年中，投资类银行的这种战略分工已经相当固化。此番摩根士丹利与迪恩威特合并案使这种状况大大改变了。摩根士丹利与迪恩威特合并案最初是由摩根士丹利主动提出来的。自从1993年迪恩威特脱离西尔斯·罗伯克公司之后，摩根士丹利就开始考虑与迪恩威特联手。经过协商谈判，在双方董事会通过合并决定后，摩根士丹利与迪恩威特于1997年2月5日联合召开了新闻发布会，正式公布合并消息。此次两大公司合并，在一些关键问题上是这样确定的：

新公司名称——摩根士丹利—迪恩威特发展有限公司。

股权安排——摩根士丹利股东拥有新公司45%的股份，迪恩威特股东拥有55%的股份。

交易方式——股权置换。根据当前股市价格，每股摩根士丹利股份换1.65股迪恩威特股份。

职位安排——迪恩威特主席兼首席执行官普塞尔担任新公司主席兼首席执行官。摩根士丹利总裁约翰·马克担任新公司总裁和首席操作官。摩根士丹利主席费舍尔担任新公司董事局执行委员会主席。

董事局构成——新公司董事局将由14人组成，双方各占7人。

两大公司合并后，新公司市值213.49亿美元，1996年的税前收入31.17亿美元，个人投资客户320万人，分支机构409家（361家证券交易部），分散在38个国家，资产经营总额达2 710亿美元。摩根士丹利—迪恩威特合并案表明，国际金融服务业已进入史无前例的集中与聚合的新时期。用摩根士丹利总裁马克的话来说，一个公司要想在21世纪掌握自身的命运，必须在全部业务中拥有市场领先地位，平衡自身收入流，获得广泛的客户，而且以全球性姿态出现在资本的供应者与需求者面前。用普塞尔的话来说，新公司将把摩根士丹利的投资银行和机构交易优势与迪恩威特的零售网络与资产征集功能相结合。此番合并不仅使新公司在规模上成为美国投资银行经济中独一无二的巨人，而且成为一家拥有强大机构和散户业务的功能齐全的“双翼”投资银行。由此可见，摩根士丹利与迪恩威特合并案是一起典型的着眼于未来竞争而进行的功能互补型的战略重组。

【本章小结】

本章主要介绍了全球并购浪潮100多年的发展历程以及各次并购浪潮的典型特征。迄今为止，全球企业并购活动总共经历了五次大的浪潮，每次并购浪潮都对世界经济的发展起到了巨大的推动作用。与此同时，随着世界经济发展模式的不断变化，并购浪潮的规模不断扩大，方式逐渐高级，并购的主体也不断变化及扩大，并且越来越依靠金融市场。

世界并购浪潮始于美国，美国也一直是世界并购活动的中心，所以本章以美国为例详细介绍了五次并购浪潮发展的主要特征和典型案例。第一次并购浪潮是以大公司横向并购为特征的规模重组，其主要特征是：以扩大企业规模为直接目的的横向并购（即生产同类产品企业之间并购）成为第一次并购浪潮的主要形式。第二次并购浪潮是以大公司为主导的产业重组，其主要特征是：大公司的纵向并购成为企业并购的主要形式。第三次并购浪潮是以跨国公司为特征的品牌重组，其主要特征是：混合并购（即跨行业并购、多元产业发展）取代了横向并购和纵向并购，成为企业并购的主流，出现了企业多元化发展和产业发展国际化的趋势。第四次并购浪潮是以金融机构为杠杆的机制重组，其主要特征是：伴随着资本市场的发展和金融手段的创新，出现了杠杆收购方式（即举债收购），通过发行一种高风险、高回报的债券，使得小企业得以并购大企业，这是美国企业的一次机制变革。第五次并购浪潮是以“强强联合”为特征的功能重组，其主要特征是：企业规模大、产业特征强、换股方式多。同时，在并购形式多样化的基础上出现了引人注目的强强合并。

【本章要点】

- 全球并购浪潮的发展历程
- 历次并购浪潮的主要特征及典型案例

【本章关键术语】

全球并购浪潮	横向并购	纵向并购
混合并购	杠杆收购	

【本章思考题】

1. 并购浪潮的发展与世界经济发展是不是一种相辅相成的关系？并购类型及规模的转变是由哪些因素决定的？

2. 全球并购活动有什么发展规律？其发展前景是什么？

3. 历次并购浪潮的主要特征是什么？以此作对照，说明我国目前的企业并购处在什么样的位置？你认为我国的企业并购应主要采取哪些形式？

第二部分

实　务　篇

第四章 动因分析

第一节　并购动因的综合分析

一、追求利润的动机

在市场经济中，一个企业的所有经济活动必然是一个追逐利润的过程。企业生产、生存的根本原因就是谋取最大化的利润，这也是其生产的目的，在资本主义社会尤其如此。追求利润最大化是西方企业家从事生产经营活动的根本宗旨，企业并购作为一种商品经济活动也不例外，它最初产生的动力就来源于资本家追求利润最大化的动机。由于通过企业并购可以提高经济规模、增加产品产量、获得更多的利润，因此企业家总是想方设法地利用企业并购的途径来获得更大的利益。投资银行家受高额佣金的诱使，也在极力促使企业并购的成功。因此，利润最大化的生产动机刺激了企业并购的不断产生和发展。

二、竞争压力的动机

企业并购的另一个动力来源于竞争的巨大压力。有市场就会存在竞争，市场越是活跃的地方和地区，竞争就越发激烈，这几乎是市场经济中一条铁的法则。尽管竞争的形式多种多样，尤其是随着市场经济的不断发展，竞争的激烈程度和各种手段方式也发生了巨大的变化，但从根本上讲，竞争还是单位成本的竞争。哪一家厂商产品的单位成本低，它就会获得比其他企业更多的利润，从而在市场上站住脚，占有更多的市场份额，打败对手。当然，竞争的前提是其产品适销对路。除此之外，还有其他方面的综合因素影响竞争的展开。

为了在激烈的竞争中占据优势位置、取得控制权，企业除了要不断地增强自身能力外，最常用的竞争策略就是并购。

以上两点仅仅是西方企业并购的原始动力。在现实的经济生活中，并购的原始动力又是以各种不同的具体形态表现出来的。也就是说，企业并不仅仅由于某一种原因进行并购，实际的并购过程是一个多因素的综合平衡过程。西方学者认为，主要有四个方面的因素影响西方企业的并购活动：①经营协同效应；②财务协同效应；③市场份额效应；④企业发展动机。

第二节　并购动因的详细分析

一、经营协同效应分析

经营协同效应主要是指并购给企业生产经营活动在效率方面带来的积极变化以及效率提高所产生的效益，用数学公式表示就是 $1+1>2$ 的效应。并购后，企业的总体效益要大于两个独立核算企业效益的算术和。

企业并购对企业效率的最明显作用，表现为规模经济效益的取得。规模经济又可分为工厂规模经济和企业规模经济这两个层次。

规模经济的第一个层次是工厂规模经济。并购对工厂规模经济带来的好处是：①企业可以通过并购对工厂的资产进行补充和调整，达到最佳经济规模的要求，使工厂保持尽可能低的生产成本。②并购还能使企业在保持整体产品结构的情况下，在各个工厂中实现产品的单一化生产，避免由于产品品种的转换所带来的生产时间浪费，而且集中在一个工厂中大量进行单一品种生产，可以达到专业化生产的要求。③在某些场合下，企业并购又能解决由于专业化所带来的一系列问题。现代化大生产由于科学技术的发展，在很多生产领域中要求实行连续化生产。在这些部门中，各生产流程之间的密切配合有着极其重要的意义。企业通过并购，特别是纵向并购，可以有效地解决由于专业化引起的各生产流程的分离，将它们纳入同一工厂中，可以减少生产过程中的环节间隔，降低操作成本、运输成本，充分利用生产能力。

规模经济的另一个层次是企业规模经济。通过并购将许多工厂置于同一企业领导之下，可以带来一定程度的规模经济。这主要表现在：①节省管理费用。由于中、高层管理费用将在更多数量的产品中分摊，单位产品的管理费用可以大大减少。②多数企业可以对不同顾客和市场进行专门化生产的服务，更好地满足他们的不同需要。而这些不同的产品和服务可以利用同一销售渠道来推销，利用相同技术来生产，达到节约营销费用的效果。

③可以集中足够的经费用于研究、发展、设计和生产工艺改进等方面，迅速推出新产品，采用新技术。④企业规模的相对扩大，使得企业的直接筹资和借贷都比较容易，它有充足的财务能力采用各种新发明、新设备、新技术，以适应环境和宏观经济的变化。

二、财务协同效应分析

财务协同效应主要是指并购给企业在财务方面带来的种种效益，这种效益的取得不是由于效率的提高而引起的，而是由于税法、会计处理惯例以及证券交易等内在规定的作用而产生的一种纯金钱上的效益，主要表现在以下两个方面。

（一）通过并购实现合理避税的目的

税法对个人和企业的财务决策有着重大的影响。不同类型的资产所征收的税率是不同的，股息收入和利息收入、营业收益和资本收益的税率有很大区别。由于这种区别，企业能够采取某些财务处理方法达到合理避税的目的。在西方现有税法下，税收对并购的刺激作用主要有两种，一种与并购的形式无关，另一种则与并购的形式紧密相关。

（1）企业可以利用税法中亏损递延条款来达到合理避税目的。所谓亏损递延是指，如果某公司在一年中出现了亏损，该企业不但可以免付当年的所得税，它的亏损还可以向后递延，以抵消以后几年的盈余，企业根据抵消后的盈余交纳所得税。因此，如果企业在一年中严重亏损，或该企业连续几年不曾盈利，当该企业拥有相当数量的累积亏损时，这家企业往往会被考虑作为并购对象，或者该企业考虑并购一盈利企业，以充分利用它在纳税方面的优势。

当企业 A 并购企业 B 时，如果企业 A 不是用现金购买企业 B 的股票，而是把企业 B 的股票按一定比率换为企业 A 的股票，那么在整个过程中，由于企业 B 的股东既未收到现金，也未实现资本收益，所以这一过程是免税的。通过这种并购方式，在不纳税的情况下，企业实现了资产的流动和转移，资产所有者实现了追加投资和资产多样化的目的。在美国 1963 年至 1968 年的并购浪潮中，大约有 85%的大型并购活动采用这种并购方式。

（2）买方企业不是将被并购企业的股票直接转换为新的股票，而是先将它们转换为可转换债券，过一段时间后再将它们转化为普通股票。此举在税法上有两点好处：①企业付给这些债券的利息是预先从收入中减去的，税额由扣除利息后的盈余乘以税率决定，可以少缴纳所得税。②企业可以保留这些债券的资本收益，直到这些债券转化为普通股票为止。由于资本收益的延期偿付，企业可以少付资本收益税。

（二）预期效应对并购的巨大刺激作用

财务协同效应的另一重要部分是预期效应。预期效应是指由于并购使股票市场对企业股票的评价发生了改变，从而对股票价格产生的影响。预期效应对企业并购有重大影响，它是股票投机的一大基础，而股票投机又刺激了并购的发生。在西方市场经济中，企业进行一切活动的根本目的是增加股东的收益，而股东收益的大小在很大程度上取决于股票价格的高低。虽然企业的股票价格受很多因素影响，但主要还是取决于对企业未来现金流量的判断，这一流量只能依据企业过去的表现做出大致的估计。因此，证券市场往往把市盈率，即价格—收益比率（price-earnings ratio，*PE*）作为一个对企业未来的估计指标，该指标综合反映了市场对企业各方面的主观评价。企业在 t 时刻的股票价格等于它在 t 时刻的每股收益与 PE 比率的乘积。

在外界环境相对平静的情况下，一个企业在短时间内 PE 比率不会有太大变动。只有在企业的盈利率或盈利增长率有很大提高的情况下，PE 比率才会有所提高。因此，股票价格在短时间内一般不会有较大波动。当企业 A 并购企业 B 时，由于并购方的企业规模往往较大，所以企业 A 的 PE 比率通常被用做并购后企业的 PE 比率。当企业 B 的 PE 比率低于企业 A 的 PE 比率，但每股收益高于企业 A 的每股收益时，说明市场由于种种原因对企业 B 的评价偏低。并购后，企业 A 平均了企业 B 的每股收益，使并购后的每股收益有可能上升，从而引起 PE 比率的上升，造成企业 A 和企业 B 的股票价格上升。

一个企业（特别是那些处于并购浪潮中的企业）可以通过不断并购那些有着较低 PE 比率，但有较高每股收益的企业，使企业的每股收益不断上升，直到由于合适的并购对象越来越少，或者为了并购必须与其他企业进行激烈竞争，造成并购成本不断上升而最终无利可图为止。预期效应的刺激作用在美国 1965 年至 1968 年的并购热潮中表现得非常显著，在绝大部分的并购活动中，并购方的 PE 比率一般都大大超过被并购方。

在西方，由于预期效应的作用，企业并购往往伴随着强烈的股价波动，因此造成了极好的投机机会。所谓内幕交易（insider trading，insider dealing）就是掌握了并购内幕信息的企业或个人，预先购入并购方或被并购方的股票，待并购完成后，按并购后的价格将股票售出，从而获得巨大利益。这种情况与称为风险营利（risk benefit）交易的行为虽然是如出一辙，但由于后者是一种正常的商业行为，因而是常见的和允许的；而前者是一种利用事先的信息从事的经营活动，因而是违法的、不允许的。但在股票市场上，这种对投机利益的追求反过来又极大地刺激了企业并购。

三、市场份额效应分析

市场份额是指企业的产品在市场上所占的份额，也就是企业对市场的控制能力。企业市场份额的不断扩大，可以使企业获得某种形式的垄断，这种垄断既能带来垄断利润又能保持一定的竞争优势。因此，这方面的原因对并购活动有很强的吸引力。企业并购的三种基本形式（横向并购、纵向并购和混合并购）都能提高企业的市场势力，但它们的影响方式有很大的不同。

（一）横向并购的影响

横向并购有两个明显的效果：实现规模经济和提高行业集中度。横向并购对市场势力的影响主要是通过行业集中进行的，通过行业集中，企业市场势力得到扩大。横向并购对行业结构的影响主要有以下三个方面。

1. 减少竞争者的数量，改善行业的结构

当行业内竞争者数量较多而且处于势均力敌的情况下，行业内所有企业由于激烈的竞争，只能保持最低的利润水平。通过并购，使行业相对集中，行业由一家或几家控制时，能有效地降低竞争的激烈程度，使行业内所有企业保持较高利润率。

2. 解决行业整体生产能力扩大速度和市场扩大速度不一致的矛盾

在规模经济支配下，企业不得不大量增加生产能力才能提高生产效率，但企业扩大生产能力往往与市场需求的增加不一致，从而破坏供求平衡关系，使行业面临生产能力过剩。实行企业并购，使行业内部企业得到相对集中，既能实现规模经济的要求，又能避免生产能力的盲目增加。

3. 降低行业的退出壁垒

由于某些行业（如钢铁、冶金行业）的资产具有高度的专业性，并且固定资产占较大比例，因而这些行业中的企业很难退出这一经营领域，只能顽强地维持下去，致使行业内过剩的生产能力无法减少，整个行业的平均利润保持在较低水平上。通过并购和被并购，行业可以调整其内部结构，将低效和陈旧的生产设备淘汰，解决退出成本过高的问题，达到稳定供求关系、稳定价格的目的。

横向并购通过改善行业结构，使并购后的企业增强了对市场的控制力，并在很多情况下形成垄断，从而降低了整个社会经济的运行效率。因此，对横向并购的管制一直是各种反托拉斯法的重点。

（二）纵向并购的影响

纵向并购是企业将关键性的投入—产出关系纳入企业控制范围，以行政手段而不是市场手段处理一些业务，以达到提高企业对市场控制能力的一种方法。它主要通过对原料和销售渠道以及用户的控制来实现这一目的。纵向并购使企业明显提高了同供应商和买主的讨价还价能力。企业主要通过迫使供应商降低价格来同供应商进行竞争，通过迫使买主接受较高的价格来同买主进行竞争。这种讨价还价的能力主要是由买卖双方的行业结构以及它们之间的相对重要性所决定。企业通过纵向并购降低了供应商和买主的重要性，特别是当纵向并购同行业集中趋势相结合时，能极大地提高企业的讨价还价能力。

纵向并购往往导致“连锁”效应。一个控制了大量关键原料或销售渠道的企业，可以通过对原料和销售渠道的控制，有力地控制竞争对手的活动。因此，即使纵向一体化不存在明显的经济效益，为防止被竞争对手所控制，当一家企业率先实行纵向并购时，其余企业出于防卫的目的，也必须考虑实行纵向一体化。

（三）混合并购的影响

从表面上看，很难看出混合并购对市场势力有何明显影响。混合并购对市场势力的影响，多数是以隐蔽的方式来实现的。在多数情况下，企业通过混合并购进入的，往往是与它们原有产品相关的经营领域。在这些领域中，它们使用与主要产品一致的原料、技术、管理规律或销售渠道。这方面规模的扩大，使企业对原有供应商和销售渠道的控制加强了，从而提高了它们对主要产品市场的控制。另一种更为隐蔽的方式是：企业通过混合并购增加了企业的绝对规模，使企业拥有相对充足的财力，与原市场或新市场的竞争者进行价格战，采用低于成本的定价方法迫使竞争者退出某一领域，达到独占或垄断某一领域的目的。由于巨型混合一体化企业涉足很多领域，从而对其他相关领域中的企业形成了强大的竞争威胁，使一般的企业不敢对它的主要产品市场进行挑战，以免引起报复，结果造成这些行业竞争强度的降低。

虽然以上三种形式的并购都可以增加企业对市场的控制能力，但比较而言，横向并购的效果最为明显，纵向并购次之，而混合并购的作用是间接的。企业市场势力的扩大有可能引起垄断，因此各国反托拉斯法对出于垄断目的的并购活动都加以严格的管制，问题是有时很难确切地分清楚企业通过并购就是为了达到垄断。并购的各种结果和效应往往是混合交织在一起的。

四、企业发展动机分析

在竞争性经济条件下，企业只有不断发展才能保持和增强它在市场中的相对地位，才能够生存下去。因此，企业有很强的发展欲望，但同时又不能盲目地扩张，要注意保持一定的发展速度。在这种情况下，企业可以运用两种基本方式进行发展：①通过内部投资新建方式扩大生产能力；②通过并购获得行业内原有生产能力。比较而言，并购往往是效率比较高的方法，主要原因有以下几个方面。

（一）并购有效地降低了进入新行业的壁垒

企业进入新行业的壁垒主要有下面几种：①企业在进入一个新的领域时，面临着现有企业的激烈反应，若以小规模方式进入，将会面临成本劣势。②产品差异使用户从一种产品转向购买新进入者的产品时，必须支付高额转置成本，使新企业难以占领市场。③资金限制。某些资本密集型行业要求巨额投资，企业进入新领域时，存在较大风险，使企业在筹资方面有一定困难。④由于原有企业与销售渠道之间长期密切的关系，企业要进入新市场时必须打破原有企业对销售渠道的控制，才能获得有效可靠的销售渠道。⑤新企业还可能面临其他一系列不利因素。例如，原企业拥有专门的生产技术、取得原料的有利途径、有利的地理位置、累积的经验、政府的优惠政策等。

当企业试图进入新的生产领域时，它可以通过在新行业中投资新建的方式，也可以通过并购的方式来实现。在运用投资新建的方式时，企业还必须考虑由于新增生产能力对行业供求平衡的影响。如果新增生产能力很大，行业内部将可能出现过剩的生产能力，从而引发价格战。在运用并购方式时，进入壁垒可以大幅度降低。由于并购并没有给行业增添新的生产能力，短期内行业内部的竞争结构保持不变，所以引起价格战或报复的可能性就大大减小了。

日本自行车企业就成功利用这种战略，在 20 世纪 70 年代中期打入美国自行车市场，并在 20 世纪 70 年代末完全占领了这一市场。随着国际贸易的发展，国与国之间的竞争日益加剧，各种国家、地区壁垒相应地不断加强。在这种情况下，并购就成了占领和反占领某一地区市场的有力武器。德国的西门子公司为了阻止日本进入西欧的计算机市场，不惜花费巨资并购了一系列的西欧计算机软件和硬件公司。而日本企业为了能在欧盟中进行自由贸易，也在英、法、德等国进行了大规模的并购活动，试图解决关税壁垒和贸易摩擦带来的一系列问题。

（二）并购大幅度降低了企业发展的风险和成本

投资新建的方法并不仅仅涉及增加新的生产能力，企业还要花费大量的时间和财力获取稳定的原料来源，寻找合适的销售渠道，开拓和争夺市场。因此，这种方法涉及更多的不确定性，而且相应的风险较大，资金市场所要求的风险成本较高。在并购情况下，企业可以利用原有企业的原料来源、销售渠道和已占有的市场，资金市场对原有企业也有一定了解，可以大幅度减少发展过程中的不确定性，降低风险和成本。

下面以菲利普·莫里斯公司的成长来说明这类动机。菲利普·莫里斯公司在20世纪50年代还只是美国六大烟草公司中最小的一个，该公司经过一系列的探索和努力之后，终于成功地制造出崭新的淳厚浓香口味的“万宝路”香烟，并首次在男性香烟上加上过滤嘴，同时非常成功地运用广告塑造了“万宝路”香烟粗犷的西部男子汉形象。到20世纪70年代末，它的销量已跃升为全美第一。随着企业战略的转移，该公司逐步进入食品行业，于1969年并购了米勒·布鲁因（Miller Brewing）啤酒公司。该啤酒公司同菲利普·莫里斯公司在某些方面非常相似，它们都面临一个逐渐衰退的市场，都是生产大众消费品，竞争者之间的产品质量都差不多。根据这些情况，菲利普·莫里斯公司推出了“低热量啤酒”。菲利普·莫里斯公司在1987年并购了生产“麦氏咖啡”的通用食品公司（General Foods Corp.），随后推出“低脂肪食品”。该公司充分利用了它在生产“万宝路”香烟中获得的经验和在市场营销方面的专长。它首先根据市场的发展，占领某一个区别于竞争者的细分市场，并运用有效的广告宣传使消费者接受这些产品，然后再向市场的其余部分渗透和发展。很快，菲利普·莫里斯公司的“低热量啤酒”和“低脂肪食品”都被消费者普遍接受。

菲利普·莫里斯公司在食品行业取得了相当大的成功后，1988年，它又以130亿美元的巨资并购了卡夫食品公司（Kraft），以弥补通用食品公司在产品品种上的不足，同时利用卡夫公司的包装、食品保鲜专长和通用食品公司良好的分销渠道，大幅度地降低销售费用，使菲利普·莫里斯公司成为仅次于雀巢公司的世界第二大包装食品公司。

（三）并购充分利用了经验—成本曲线效应

运用并购发展的另一巨大优势是取得经验—成本曲线效应。在很多行业中，当企业在生产经营中的经验不断得到积累时，就可以观察到一种单位成本不断下降的趋势。成本的下降主要是由于工人的作业方法和操作熟练程度的提高、专用设备和技术的应用、对市场分布和市场规律的逐步了解、生产过程作业成本和管理费用降低等原因。这种成本随经营经验下降的现象对一些劳动力素质要求较高的企业最有好处。这些企业里的工人必须从事难度较大、相对复杂的生产作业。经验的积累可以大幅提高工人的劳动熟练程度，使经验—成本曲线效应格外显著。由于经验固有的特点，企业无法通过复制、聘请对方企业雇员、购置新技术或新设备等手段来取得这种经验，这就使拥有经验的企业具有了成本上的竞争优势。采用投资新建方法进入某一新的经营领域时，新企业由于不具备经验优势，其成本必然高于原有企业（除非新企业在技术、效率方面有重大突破）。新企业为了获得经验并与原有企业保持均势成本，必须承担由于价格低于成本或接近成本而引起的巨额投资亏损。

企业通过并购发展时，不但获得了原有企业的生产能力和各种资产，还获得了原有企业的经验，经验—成本曲线效应对混合并购具有特别重要的作用。混合并购经常涉及那些新的经营领域，在这些领域中，经验往往是一种有效的进入壁垒。通过混合并购，混合一体化企业的各部分可以实行经验分享，形成一种有力的竞争优势。

（四）并购能获得科学技术上的竞争优势

科学技术在经济发展中起着越来越重要的作用。企业在成本、质量上的竞争往往转化为科学技术上的竞争。企业常常为了取得生产技术或产品技术上的优势而进行并购活动。日本汽车业战胜美国汽车业的一个重要原因是：日本的汽车制造企业广泛采用机器人进行生产，这样不但降低了成本，而且提高了质量。面对日本的有力攻击，1982 年美国通用汽车公司（GM）新任总裁罗杰斯上任后，明确提出了高科技的赶超战略。他对通用公司进行了一系列的调整和重组，使通用公司从一些领域中退出，同时并购了一系列高科技企业。这些并购活动既围绕着通用公司的核心产品——汽车的生产，又在一系列高科技领域中占有主导地位。通过并购，通用公司成功地实现了全面计算机化和机器人的生产自动化。同时，通用公司已成为美国最大的电子器件和国防产品生产厂商，并在人工智能以及机器人的研究和制造上处于世界领先地位，成为美国最重要的计算机软件设计和计算机服务企业。这些技术在汽车生产中的全面运用，极大地缩短了同日本汽车厂商的差距，生产一辆小汽车的成本差距从近 200 美元下降到 40 美元左右，平均质量疵点从 17 个下降到 7～8 个。由此可以看出，并购带来的技术领先优势给企业的长远发展注入了活力。

虽然并购是一种更有效率的发展方法，但它也存在很大的局限性。从社会角度看，并购并没有新增生产能力，社会生产能力的增加只有靠内部投资才能实现。在大多数情况下，企业很难找到一个完全合适的并购对象，这也许是限制并购发展的主要原因。在某些行业中，由于技术和设备变化很快，经验—成本曲线效应不明显，企业只有通过内部投资的方法才能赶上生产技术的最新发展。当企业进行的是依靠世界技术的创新性发展，或首次采用某种生产新方法时，也只能依靠内部投资来建设。因此，企业并购不能完全代替内部投资的方法，只是在某些情况下，它能够提高企业在发展方面的效率。

【本章小结】

总的说来，并购有利于企业的综合发展。首先，相对于企业自身以固定投资来实现扩大再生产而言，收购兼并其他企业的方式要便捷得多。它可以缩短建设周期，迅速扩大企业规模，获取规模效应；可以迅速获得熟悉该领域的经营管理人才和技术人才；可以扩大市场占有率，保持和加强竞争优势。其次，并购有利于调整企业结构。通过优势企业对劣势企业的并购，可以使一些效益差、管理差的企业被淘汰，使一些有产品、技术和市场前景，但管理落后的企业因重组而获得新生，从而使企业结构得到合理的调整。最后，并购有利于调整产业结构。通过并购，可以使企业资产存量不断得以流动和重组，使企业能够根据市场需求变化以及科学技术的发展，迅速退出或进入某一行业，及时实现结构转换。

企业并购的原因是多方面的，既有综合的因素，又有具体细节。从综合方面来看，主要有两个方面的因素：追求利润和竞争压力；从具体的方面来看，主要有五个方面的因素：追求经营协同效应、追求财务协同效应、追求企业发展、追求市场份额和追求战略发展。任何并购活动的开展都是这几个方面的原因在实践中的体现。

【本章要点】

● 企业并购的原因应该从综合方面和具体方面进行分析，综合方面主要包括两点，具体方面主要包括四点

● 企业并购的原始动因是追求利润和迫于竞争压力

● 利润最大化的生产动机刺激企业并购的不断产生和发展

● 经营协同效应主要是指并购给企业生产经营活动在效率方面带来的变化以及效率的提高所产生的效益

● 财务协同效应主要是指并购给企业在财务方面带来的种种效益

● 企业并购的战略目标是赢得尽可能长的企业生命周期

【本章关键术语】

并购动因	竞争压力	经营协同效应
财务协同效应	发展动机	市场份额

【本章思考题】

1. 企业并购的原始动因有哪些？
2. 为什么追求利润和迎接挑战对企业并购是最重要的？
3. 企业并购的具体原因有哪些？
4. 企业并购中的经营协同效应和财务协同效应对企业的发展有什么样的不同意义？
5. 简述横向并购、纵向并购和混合并购对企业增加市场份额的不同影响。
6. 简述并购在企业战略发展过程中的重要意义。

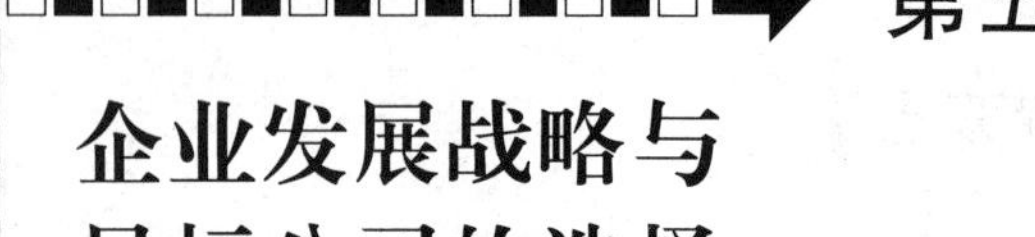

第五章

企业发展战略与目标公司的选择

企业在发展过程中，既可以选择内部增长的发展方式，也可以通过并购其他企业来实现发展。具体选择何种方式，取决于企业的经营环境和发展战略。在企业确定了要实施并购以后，首先要选择目标公司，而目标公司的选择必须结合企业的发展战略。

第一节　企业发展战略

一、三种基本的竞争战略[①]

(一) 总成本领先战略

总成本领先战略就是通过建立起高效的规模较大的生产设施，最大限度地控制成本与费用，从而取得低成本的竞争优势。采用成本领先战略的企业通常要求具有较高的市场份额，与原材料供应商和产品分销商保持良好关系，同时产品的设计要便于批量生产。

① 参见（美）迈克尔·波特：《竞争战略》，北京，华夏出版社，1997。

（二）差别化战略

差别化战略是将产品或服务差别化，树立起一些全产业范围中具有独特性的东西。实现差别化战略可以有许多方式：设计名牌形象，独特的技术、性能，营销和售后服务方面的独特性等等。推行差别化战略有时会与争取占有更大市场份额的活动相矛盾，与提高市场份额不可兼顾。差别化战略是否成功，取决于顾客是否愿意为此支付额外的费用，有时即使顾客了解了公司的独特优点，也并不是所有顾客都愿意为此支付较高的价格。

（三）专一化战略

专一化战略是主攻某个特殊的顾客群或某一地区市场。与差别化战略一样，专一化战略也可以具有许多形式。与低成本和差别化战略在全产业范围内实现的目标不同，专一化战略是为某特殊目标服务而建立的。这一战略的前提是：公司业务的专一化能够更好地为某狭窄的目标服务，从而超过在较广阔范围内竞争的对手。这样做的结果是公司或者通过满足特殊对象的需要而实现了差别化，或者在为这一对象服务时实现了低成本，或者二者兼得。采用专一化战略可以获得较高的利润率，但常常意味着放弃较大的市场份额。

二、企业发展战略的制定和实施的一般步骤

（一）战略分析

战略分析就是通过分析企业所处的环境来确定影响企业发展的关键因素和企业的相对竞争地位，包括三个方面：

（1）确定企业的使命和目标。它们是企业战略制定和评估的依据。

（2）分析企业的外部环境。战略分析要了解企业所处的环境（包括宏观、微观环境）正在发生哪些变化，这些变化对企业的影响如何，是给企业带来更多的机会还是更多的威胁？

（3）分析企业的内部条件。战略分析还要了解企业相对竞争地位以及与企业有关的利益相关者的期望，并分析在战略的制定、评价和实施过程中，这些利益相关者会有哪些反应，这些反应又会对企业产生怎样的影响？

（二）战略选择

战略选择就是战略的制定、评价和选择，包括：

（1）制定战略备选方案。

（2）评估战略备选方案，包括战略的风险收益分析、战略的可行性分析等。评估的标准有很多，企业可以根据具体情况进行选择。通常需要考虑选择的战略是否能够发挥企业的优势、克服劣势，是否能够利用机会、减小威胁。另外，选择的战略能否被企业利益相关者所接受，因为管理层和利益相关者的期望在很大程度上影响着战略的选择。

（3）选择战略，即最终的战略决策。

（4）制定具体的战略政策和计划。

（三）战略实施

战略实施就是将战略转化为实际行动，主要涉及：如何在企业内部各部门和各层次间分配及使用现有的资源；为了实现企业目标，还需要获得哪些外部资源，需要对组织结构做哪些调整；如何处理可能出现的利益再分配与企业文化的适应问题等等。

（四）战略评价和调整

战略评价就是通过评价企业的经营业绩，审视战略的科学性和有效性。战略调整就是根据企业的发展状况，及时对所制定的战略进行调整，以保证战略对企业经营管理进行指导的有效性。

三、企业发展战略的基本类型

（一）市场渗透战略

市场渗透战略是指由现有产品和现有市场组织而产生的战略，是通过改变销售渠道、增加产品功能、降低售价、增大广告宣传费用和促销费用，力图扩大市场占有率和增大销售额的企业成长战略。例如美国可口可乐公司，它以单一产品向市场进行多年渗透，取得了很大的经营成果。

（二）市场开发战略

市场开发战略是由现有产品和新市场组合而产生的战略。它是通过开发现有产品的新顾客层或新的地域市场，从而扩大销售量的企业成长战略。市场发展可以分为区域性发展、国内市场发展和国际市场发展等。日本松下公司曾将国内已饱和的老型号彩色电视机推向国外市场，以维持其增长速度，就是市场开发战略的一例。

（三）产品开发战略

产品开发战略是由开发新产品和企业现有市场组合而产生的战略，即对现有市场投放新产品或改进的产品，以图扩大市场占有率和增加销售额的企业成长战略。从一定意义上说，这一战略是企业发展战略的核心。因为对企业来说，市场毕竟是不可控制的因素，而产品的开发是企业可以努力做到的可控制因素。日本丰田汽车公司不断推出新车型，保持其国内占有率第一的地位就是产品开发战略的范例。

（四）多元化战略

多元化战略是指企业的产品、市场或服务类型在保持原有经营领域的同时，进入新的经营领域，使企业同时涉及多个经营领域的一种经营战略。为了达到这个战略目标，企业必须要以新技术开发、新产品研究和开发等为推进力，并预先积累足够的经营资源。因此，企业在实行多元化战略时，必须充分分析企业自身的能力。一个成功的多元化战略可以为企业带来美好的前景，如日本战后的经济发展在很大程度上是由于成功地实施了多元化战略。但事实也说明，如果多元化战略决策不当或实施不力，不仅会导致新业务的失败，还会影响到已有的事业，殃及整个企业的前途。

（五）撤退战略

撤退战略是指企业将某产品从原有市场中撤退的战略。它是企业的一种战略转移，也是企业资源再分配的一种战略行动。

四、企业并购中多元化战略的选择与实施

多元化战略是被许多成功企业采取过或正在实施的发展战略。但近年来国内外一些企

业多元化经营的失败，给这种战略蒙上了一层阴影，使许多企业对多元化发展模式抱有戒心。有人认为，多元化经营已不合时宜，企业都应该在单一经营中谋求相对优势和发展。对于企业是否要采取多元化战略以及如何实施多元化战略，是大企业（特别是寻求规模扩张的大企业）经营中一个非常重要的问题。下面从多元化战略的正、负面效应着手，进而分析如何实施多元化战略。

（一）企业并购中多元化战略的正、负面效应

1. 多元化战略的正面效应

（1）企业并购中正确选择多元化战略可以降低企业经营风险。多元化战略的选择能否分散和降低企业的经营风险，主要取决于两个因素：

第一，企业面临的风险的类别。一般来说，企业面临的风险可以划分为两大类：一类是系统性风险，也称市场风险，即由于某些因素的存在而给所有产业或行业带来损失的可能性；另一类是非系统性风险，或称特定风险，它是由于某些因素的存在而造成的对某些产业或行业损失的可能性。无论是对于证券投资还是对于产业投资，我们所能分散的只是非系统性风险，而系统性风险是无法分散掉的。因此，企业的多元化经营战略只有面对非系统性风险时才可能奏效。

第二，多元化经营的资产组合方案。多元化经营的成功与否，在很大程度上取决于其资产组合方案。在各种资产之间存在三种基本关系，即完全正相关、完全负相关以及介于两者之间的既不完全正相关也不完全负相关的关系。对于完全正相关的两种资产，其报酬将一起上升或下降，因而这两种资产的组合不能抵消任何风险。对于完全负相关的两类资产，一种资产报酬的下降会引起另一种资产报酬的等额上升，因而这两种资产的组合可以完全抵消风险。而介于两者之间的不完全正相关也不完全负相关的两种资产，则视其相关程度大小。只要各种资产之间不存在完全的正相关关系，其资产组合的风险总会减少的。

可见，企业分散非系统性风险的一个有效方法就是多元化经营，从而使企业某些方面的资产遭受损失时，可以用其他方面的资产收益去弥补。企业的多元化经营往往会遇到自有资金不足的困难，为解决这一困难，企业跨行业并购是一个较为有利的选择。

（2）企业并购中的多元化扩张是企业寻求新的经济增长点的有效手段，也能有效降低企业进入新行业的壁垒。伴随中国由卖方市场向买方市场的转变，企业之间的竞争日益激烈，许多企业所面对的原有经营市场已趋于饱和。与此同时，一些新兴的产业正蓬勃崛起。在这种情况下，进入利润率较高的新兴行业成为许多企业的选择。不过，进入一个新行业有许多壁垒，如资金壁垒、技术壁垒等。降低企业进入新行业壁垒的有效办法就是通过并购实现多元化经营。通过并购可以即时利用对方现成的设备、厂房、土地等资源投入生产，而且可以利用原企业所具有的销售渠道、市场份额，大大降低进入新行业的成本和风险。

（3）企业并购中的多元化战略有利于产业结构调整。在经济发展过程中，存在着产业由朝阳产业向夕阳产业转变直至被淘汰出局的过程。在我国，由于长期“大而全”、“小而全”的低水平重复建设，致使产业结构矛盾尤为突出。许多地区的产业结构趋同，许多行业的产品生产能力远远超过市场容量。这一方面要求同行业企业之间进行并购整合，另一方面需要一些企业转向多元化发展。这方面最典型的就是酒类产业。近年来，白酒的年消费量递减，众多原本只生产白酒的企业为寻求出路，开始尝试多元化发展，相继投产葡萄酒，如孔府家酒、古井贡酒等企业。可见，并购中的多元化战略是企业进行产业结构调整时比较乐于选择的方式。

（4）企业并购中的多元化战略有利于形成实力强大的企业集团和知名品牌，提高国际竞争力。伴随着我国改革开放的进程，越来越多的国际性大企业正迅速进入我国市场，我国的企业正面临着日益强大的竞争对手。为增强国际竞争力，构建跨地区、跨行业、跨部门的企业集团已成为中国企业发展的必然选择。跨行业并购是构建企业集团的有效手段。通过多元化并购，可以拓宽企业的经营领域、扩大经营空间、壮大企业规模，也可以把早就应该退出相关领域的小企业迅速淘汰出去，使资本适度积聚与集中。并购中的多元化战略也能使某些企业的品牌优势更有效地发挥出来。

2. 多元化战略的负面效应

（1）多元化战略可能会分散企业的经济实力。实行多元化经营，会使企业在经营对象上有较大的选择余地，因而很难像专业化经营的企业那样，专注于开发某项新技术、研制新产品、开拓新市场，从而在与专业化经营企业的竞争中处于不利地位，更严重的则陷入新产品市场打不进去、原有市场又被攻克的尴尬处境。另外，在多元化经营条件下，企业为了满足扩张需要，需要从金融机构大量借入资金，这有可能成为企业今后发展的沉重负担。

（2）多元化战略可能会形成少数大企业垄断多个行业及垄断企业之间恶性竞争的局面，从而使中小企业面临生存危机。它造成的恶果包括：一是少数企业集团垄断了多个产业、行业的资金、技术、市场、人才等，使其他企业难以进入，从而遏制了竞争。从长期来看，对这些产业、行业的技术进步不利，也会对消费者利益造成损害。二是少数具有垄断性的大企业集团为了自身的垄断地位进行恶性竞争，到头来两败俱伤。典型的案例如近几年国内家电行业的价格大战。三是少数大企业集团的多元化扩张使各领域的中小企业生存困难。广大中小企业是社会经济发展的重要组成部分和吸收社会就业的主力军，中小企业的经营困境增加了社会就业的不稳定性，这是大企业多元化扩张的一个间接危害。

（二）如何实施多元化战略

多元化战略是企业谋求发展的需要，但其策划和实施是一项复杂的系统工程，它的成功既需要企业家高瞻远瞩，也离不开各方面资源的有效匹配。成功地实施多元化战略，应注意以下三个方面。

1. 企业要有正确的多元化的动机和目的

多元化的动机应该是为了谋求企业的进一步发展，从而实现企业价值最大化。这样才能减少多元化决策的盲目性，使企业多元化的投资决策能够符合各方面的利益。有些企业管理者的多元化决策表面上看是在谋求企业的进一步发展，是在追求企业利润的最大化，但其本质是追求自我意志的实现。这些管理者可能在以前的经营中取得了一些成绩，因而在潜意识深处产生了自我膨胀的感觉，对自己的能力产生了不切实际的想法，认为自己无所不能，可以在各个领域内都取得成功。在这种心理状态的驱使下，当某些领域出现有吸引力的市场机会时，他们便会不顾实际情况而进入该领域。企业缺乏约束机制的现状又使他们的决策往往能够顺利实施，这种情况最容易发生在民营企业家身上。有些民营企业家在最初的市场经济浪潮中，凭借与国有企业相比更加灵活的经营机制在一些市场缝隙中获得了一定的成功，他们对取得这种成功的环境因素没有正确的认识，过分夸大了个人的作用，因此在市场环境已经发生了根本变化时很容易基于追求自我实现的意识而做出错误的决策。

多元化应该是为了将企业进一步做强，而不是单纯地为了做大。多元化是为了谋求企业的进一步发展，而这种发展的结果是要增强企业的竞争能力，增加企业的经济效益。多元化的目的将影响到企业多元化战略的制定，关系到企业多元化的成败。有些企业管理者将规模经济等同于经济规模，认为只要企业规模大了就能实现规模经济，这是一种误解。规模经济是指适度规模、有效规模，不是越大越好。盲目地追求规模上的大是多元化进程中最容易发生的失误。

2. 选好多元化的时机

多元化是企业发展到一定阶段必然产生的欲望。在企业初创时期，由于规模小实力弱，扩张欲望不大。企业在这个时期都会把有限的资源集中于单一业务上，以便形成在某一领域的相对优势。随着企业在单一业务上的发展成功，它的扩张欲望伴随着扩张能力一起成长，于是就面临是否实施多元化的选择。

选择多元化的时机，要综合考虑拟进入产业的发展态势及企业核心竞争力这两个因素。一般来说，伴随着经济的快速增长，产业结构会发生剧烈的变化。如果企业能够把握产业变化的趋势，顺应产业演变的规律，抢先进入新兴产业，则企业的前景将是美好的。根据产品生命周期理论，企业应选择在产品的导入期或成长期前期进入该产业，因为此时的市场吸引力最大，比如高的投资回报率、低的进入障碍、较为宽松的市场竞争环境等。但是，即使某个产业具有一定的规模和发展特征，也具有结构吸引力，但企业能否进入该产业进行多元化经营，还需要将产业机会与企业的整体目标结合起来进行综合考虑。如果该产业机会不能推动企业完成整体目标，影响企业核心竞争力的培育，则企业不得不放弃多元化经营。如果产业机会符合公司的整体目标，企业还必须考虑是否具备介入该产业所必需的技术资源和竞争力。如果企业缺乏必要的能力，无法在市场上创造某种形式的优势地位，就不应贸然进入。

3. 熟悉企业要进入的领域，确立在新进入领域中的竞争优势

多元化很重要的一个风险来源就是经营者对自己所要进入的领域一无所知，而获得新领域知识的途径有两个：一是通过实实在在地加入新领域，了解新领域的变数特性。这种方式包含着较大的风险，因为它事实上已经在实施多元化了。二是市场开发式学习。也就是说，通过将现有产品引入新市场，了解市场的信息，获得对新市场的感觉。

多元化是在做强了所经营领域的业务基础上进行的。有些企业搞多元化是抱着“东方不亮西方亮”的想法，原来的业务不行了，就去谋求在新领域内的发展扩张。实践证明，这种打算往往都会落空。企业应该在原来领域成功的基础上，进一步开展多元化经营活动。如果连最初的业务都没做好，就缺乏进行多元化的基础，也很难在多元化的过程中取得成功。因此，企业在实施多元化战略时，应注重与原有领域在市场、技术、营销等方面存在关联的领域，而不应贸然开展无关联多元化。企业在相关联的领域中搞多元化，能够利用原来成功的管理经验、营销力量和技术优势等，协调各领域内的经营活动，从而有助

于确立竞争优势、降低多元化成本、减轻多元化风险。企业进行无关联多元化，即进入一个不太熟悉的行业，可能会增加企业经营的风险，可能使高层管理者难以做出明智的决策。

五、以企业的核心竞争力为中心实施并购

（一）企业的“核心竞争力”战略

企业实施并购战略并不是盲目地追求规模扩张，企业兼并成功的关键因素在于企业核心能力。因此，实施并购要紧紧围绕企业的核心竞争力进行选择。

所谓核心竞争力，是指提供企业在特定经营中的竞争能力和竞争优势基础的多方面技能、互补性资产和运行机制的有机融合，是不同技术系统、管理系统及技能的有机组合，是识别和提供竞争优势的知识体系。一个企业的核心竞争力可以集中体现在一个技术上，也可体现为市场方面的某种特殊知识和能力，还可以体现为对某种稀缺资源的垄断力或拥有较高知名度的品牌及其代表的独特企业形象。核心竞争力是所有能力中最核心、最根本的部分，它可以通过向外辐射，作用于其他各种能力，影响其他能力的发挥和效果，是企业获得长期稳定竞争优势的基础。依托或围绕核心竞争力的扩张，是竞争优势的延伸或移植，而非创造。

1. 核心竞争力的基本特征

（1）价值优越性。核心竞争力应当有利于企业效率的提高，能够使企业在创造价值和降低成本方面具有一定程度的竞争优势。同时，核心竞争力应当能为用户提供根本性好处或效用。

（2）资源集中性。建立和提高核心竞争力的基本思想就是将企业的资源集中于少数关键的领域，以使自己在这些领域建立优势。这些领域包括：顾客认为重要的领域；在价值链上最重要的领域；易于扩展或者发挥的领域；自己可以控制的领域。关键领域的选择会因行业的不同而有所差别，但从一般意义上说，营销、研发、渠道和服务是最重要的。

（3）整体性。核心竞争力不是来自有形的资源，而是来自无形的资源；不是来自一种产品或技术的拥有，而是来自多种知识的综合；不是来自企业外部，而是植根于企业的内部组织与文化。它是企业不断学习、获得知识、共享知识与运用知识而形成的整合知识和技能。

（4）独特性。核心竞争力是企业独特的竞争能力，应当不易被竞争对手所模仿。它包括三个方面：独特的专利技术与独特的产品；独特的销售策略和足够大的市场份额；独特的技术创新和开发能力。一个企业如果具有第一方面的能力，它就是一个在市场竞争中有生存条件的企业；如果同时还具备了第二方面的能力，就可能成为一个优秀企业；如果三方面能力兼备的话，就可能成为长盛不衰的企业。

（5）延展性。核心竞争力应当通过其发散作用，为企业衍生新的系列产品或服务提供强大动力。

2. 我国企业的核心竞争力战略

长期以来，我国的企业，特别是创业型中小企业主要靠寻找和获得独特能力的办法来

提升自己的竞争能力。其方法包括：

（1）获得体制上的独特资源。

（2）获得某些独特的自然资源。

（3）利用权势去保护和抢占那些本不占有独占性的资源。

这些办法主要是寻求政府的保护，从政府手中拿到特许经营权或获得某种不可再生的资源，通过体制获得别人没有的独特能力和先天资源。这些办法具有一定的阶段性，随着市场经济的发展，这些独特性会越来越少。

在更加开放的市场上，企业竞争力的提升越来越多地依赖于组合生产要素所形成的独特能力，包括降低成本、产品创新、组织创新等。同样的生产要素和人才在不同的企业会产生不同的效果。企业各级领导者组合生产要素的能力和创新能力是企业竞争力重要的源泉。

提升企业竞争力有一个最基本的前提，就是要参与竞争。当前中国的体制改革在加快，市场发育也在加快，企业所面临的是一个开放的、日益扩大的、越来越强调公平竞争的市场，所以要想通过对自然垄断因素和政府特惠政策的获取来提高竞争力已经不合时宜，只有通过竞争才能提升自己的竞争力。

（二）并购战略的实施

（1）围绕核心竞争力，确定并购的目标。制定统一和具有指导性的收购目标，可以协调所有的并购活动，并保证最后的并购效果。同时，可以为所有的管理决策指明方向，还可以作为标准，用来衡量实际的绩效。

（2）围绕并购目标，分析企业的竞争环境。竞争环境既包括企业外部市场环境，也包括企业的内部环境。分析外部市场环境就是要分析企业在市场中的地位，寻找合适的并购机会和并购对象；分析内部环境就是要识别企业的核心能力，识别核心能力是制定并购计划的基础，在识别核心能力和发现并购机会的基础上，进一步确定目标企业。

（3）围绕已确立的并购目标，制定并购计划。通过计划，明确并购的指导思想、基本原则、主要任务、并购重点和组织措施。企业管理层必须依托战略发展的结构及企业长远成长的目标，通过缜密的分析、科学的论证，紧紧围绕核心竞争力，对并购战略做出规划。

（4）围绕制定的并购计划，对并购目标采取有效的措施进行并购。

（5）围绕目标价值的实现，抓好并购后的整合。并购后的整合是增强核心竞争力的关键，因为企业并购后的整合是购并双方战略性资源和能力的转移和运用，也是实现并购价值创造的重要保证。并购企业只有经过对目标企业的优势资源和能力进行整合，才能创造出更大的价值。

第二节　选择目标公司的一般过程

如果根据企业的发展战略，选择了外部增长的方式，接下来就要选择并购的目标公司。选择目标公司有四个步骤：企业自身评估、选择与审查目标公司、价值评估、并购的可行性分析。

一、企业自身评估

（一）分析企业现状

选择目标公司首先要对企业的经营环境和经营现状进行分析与评价，具体包括企业的财务状况、经营管理、人事组织、市场占有率等，为预测企业未来的经营状况、评估企业的价值提供数据，奠定基础。

（二）评估企业自身价值

评估企业的自身价值与一般的企业价值评估所采用的方法大致相同，多采用现金流折现的方法，即通过分析企业的历史业绩，预测未来的经营状况、现金流量和加权平均资本成本，将未来现金流折现。确定本企业的价值是企业实施并购的基础，企业要据此评价并购对企业价值的影响，以选择并购对象。

二、选择与审查并购目标

（一）选择并购的行业

在了解了企业的经营现状、评估了企业的自身价值之后，需要判断企业的未来发展方向，以选择欲实施并购的行业。如果企业所处的行业竞争激烈，很难实现预期的增长，那么可以考虑实施混合并购，即并购一家不同行业的企业；如果企业对现有的原材料采购或者产品分销不满意，可以考虑实施纵向并购，即进入上下游行业；如果企业在本行业中有竞争优势，产品销售供不应求，企业可以进行横向并购，并购同行业的企业以扩大生产规模、提高效益。

行业分析主要包括以下几个方面：一是行业的结构分析，需要了解按规模划分的公司数量、行业的集中度、行业的地区分布和一体化程度；二是行业的增长情况分析，该行业位于产品生命周期的哪一个阶段，未来的成长性如何，影响增长的因素主要有哪些；三是要分析行业的竞争状况，该行业的主要竞争对手是哪些，它们的竞争战略和竞争优势是什么，来自其他行业的竞争（即替代产品的情况）和行业的进入壁垒如何，本公司的进入对行业竞争和其他企业的影响；四是要分析该行业的主要客户和供应商，它们在行业中的地位如何，是否存在对生产企业有决定力量的少数客户和供应商，潜在客户与供应商的情况如何，供应商或客户是否有向前一体化或向后一体化的趋势；五是要分析政府、法律对该行业的影响和制约情况。

（二）选择目标公司

确定了企业想要实施并购的行业，接下来就要在该行业中选择合适的并购对象。选择并购目标没有固定的标准，企业可以根据自己的经营状况和发展目标制定相应的选择标准。通常需要考虑以下一些因素：一是并购对象的财务状况，包括变现能力、盈利能力、运营效率以及负债状况；二是核心技术与研发能力，包括技术的周期与可替代性、技术的先进性、技术开发和保护情况、研发人员的创新能力和研发资金的投入状况；三是企业的管理体系，包括公司治理结构、高层管理人员的能力以及企业文化；四是企业在行业中的地位，包括市场占有率、企业形象，与政府、客户和主要供应商的关系等等。标准制定得越详细，找到的目标公司就越适合。但是，如果标准制定得过于详细，就会失去很多好机会。在实务中，并购者可以聘请投资银行或其他咨询机构来制定恰当的选择标准。

（三）审查目标公司

并购者选中目标公司以后，还要进行必要的审查，以核实目标企业的实际情况。审查可以自己进行，也可以聘请专业的机构进行。审查的主要内容包括财务报表的真实性、营运状况、税收和法律因素等等。

三、价值评估

价值评估是企业并购中很关键也很复杂的一个环节，能否找到恰当的交易价格是并购能否成功的重要因素。价值评估包含三个方面的内容：评估目标企业的价值、评估协同效应、评估并购后联合企业的价值。

（一）评估目标企业的价值

对目标企业的评估价值是制定支付价格的主要依据。一般情况下，目标企业不会接受低于其自身价值的价格，并购方必须支付的价格为目标企业的价值加上一部分溢价，溢价部分的多少则视具体情况而定。评估目标企业通常采用现金流折现的方法，但在某些情况下，也可以使用可比公司分析等方法。价值评估的具体方法将在第六章中详细介绍。

（二）评估协同效应

恰当地评估并购带来的协同效应，一方面可对并购后联合企业的未来经营、盈利状况进行合理地预测，以更好地评估并购后联合企业的价值；另一方面，联合企业的价值评估越合理、越准确，就可以得出越准确的协同效应价值，两者相辅相成，评估协同效应在整个并购评估中占有举足轻重的地位。

获得协同效应是企业实施并购的主要目的，当协同效应大于零时，企业才有并购的必要。协同效应的多少是决定并购成败的关键，对协同效应评价不当是并购中常犯的错误，有些并购者对并购过于乐观，支付了很高的溢价，最终导致并购的失败。对协同效应进行估价是很困难的，并购者并购目标企业后，不仅目标企业的价值在并购方的控制和影响下会发生变化，并购者自身的价值也会由于并购行为而产生变化，协同效应对并购双方都将产生影响。

（三）评估并购后联合企业的价值

在对协同效应进行恰当分析和评估的基础上，可以更合理地预计并购后的联合企业经营状况，并评估其价值。而用联合企业的价值减去并购前双方各自的价值，又可以得出协同效应的数值，将两者进行分析验证，就可以确定协同效应的最终结果。在制定支付价格时，协同效应就是溢价的上限，超出这个范围，只能放弃并购。

四、并购的可行性分析

对目标企业、并购企业以及并购后的联合企业价值进行了恰当的评估以后，接下来就要进行并购的可行性分析。假设三者的价值分别是 V_A、V_B、$V(A+B)$，企业 B 并购企业 A 所支付的价格为 P，则并购必须满足以下两个条件：

(1) $V(A+B)>V_A+V_B$，即并购后联合企业的价值要大于并购前双方价值之和。也就是说，并购必须产生正的协同效应，这是并购可行的基本条件；否则，并购对双方就没有任何意义。

(2) $V(A+B)-(V_A+V_B)>P-V_B$。前者是并购的协同效应，后者是并购方支付的并购溢价。也就是说，并购带来的协同效应必须大于并购方支付的溢价。一般情况下，购买价格要大于目标企业的价值，即 $P-V_B>0$，否则目标企业不会同意出售，而且并购的溢价可能很高时对方才愿意出售。但是，并购的溢价不能超过并购所能带来的协同效应。否则，并购者支付的溢价过高，很可能增加负债，导致财务风险增加，而并购后的协同效应无法弥补，那么并购者将处于十分不利的地位。因此，在实际并购中，一定要注意合理地估计可能产生的协同效应，避免因为过分高估协同效应而出价过高。

对并购者来说，协同效应与支付溢价的差额越大，并购的潜在收益越大。并购者应当充分利用谈判技巧，尽可能降低购买价格，并购者支付的溢价越少，并购的收益就越大。

【本章小结】

本章介绍了企业发展战略的相关知识以及选择并购目标的基本过程。

企业是否采取并购作为发展方式，取决于企业的经营环境和发展战略。企业实施并购应当以企业的核心竞争力为中心，不应贸然开展无关联多元化。企业的并购目标必须结合企业发展战略来进行选择。

企业有五种基本的发展战略：市场渗透战略、市场开发战略、产品开发战略、多元化战略、撤退战略。

成功地实施多元化战略，企业要有正确的多元化动机和目的，选好多元化的时机，熟悉企业要进入的领域，确立在新进入领域中的竞争优势。企业实施并购战略并不是盲目地追求规模扩张。企业兼并成功的关键因素在于企业的核心竞争力。因此，实施并购要紧紧围绕企业的核心竞争力进行选择。

选择目标公司的一般过程包括企业自身评估、选择与审查并购目标、价值评估和并购的可行性分析。

【本章要点】

- 企业发展战略的制定和实施的一般步骤
- 选择目标公司的一般过程
- 企业发展战略的基本类型
- 企业并购中多元化战略的选择与实施

- 以企业的核心竞争力为中心实施并购
- 选择目标公司的一般过程
- 并购的可行性分析

【本章关键术语】

企业发展战略	多元化战略	核心竞争力
目标公司	协同效应	

【本章思考题】

1. 企业有哪几种基本的发展战略？每种战略的目的是什么？
2. 多元化战略有哪些正面效应和负面效应？实施多元化战略应考虑哪些因素？
3. 如何以企业的核心竞争力为中心实施并购？
4. 在选择与审查并购目标的过程中应当考虑哪些因素？

第六章 价值评估

确定目标企业的价值是并购中十分重要的环节，能否找到恰当的交易价格是并购成功与否的关键。对目标企业进行价值评估，既是一门科学，又是一门艺术。对目标企业进行价值评估的科学性在于，它是依据有关的财务理论与模型提出的，而它的艺术性则在于其参数选择取决于评估者的经验与判断。评估目标企业价值的方法有多种，而每种方法往往强调某一方面，适用于某一种情况；在确定价格时，我们需要针对具体情况，选择合适的方法。

第一节　企业价值评估概述

一、企业价值评估与资产评估

资产评估是对企业某项或某几项资产的价值进行评估，是一种局部的和静态的评估。而企业价值评估是一种对企业资产综合体进行的整体的动态价值评估。企业的价值，或者说购买价格，不能简单地通过各单项经公允评估后的资产价值之和减去负债来计算，因为人们买卖企业或兼并的目的是为了通过经营这个企业来获取收益。

二、企业价值的决定因素

目标企业的评估价值等于目标企业并购前的独立价值与并购企业希望并购后增加的价值之和。目标企业价值的增加来源于目标企业经营的改善、对并购企业的整合效果和对目标企业资产的处置收益。目标公司的价值取决于三个因素：一是目标公司资产的现时重置成本；二是资产的效用，即满足收购者某种需要的使用价值；三是资产的预期获利能力和在市场上的稀缺程度。资产的成本越高，需求效用越大，获利能力越强，企业价值越高；反之，企业价值越低。

三、企业价值评估的方法分类

企业价值评估的方法很多，按照不同的分类标准可以分为很多种类。

1. 理论上的分类

从理论上讲，估值方法可分为内在价值法和相对价值法。内在价值法就是对未来现金流量按风险因子——贴现率折现后得到的未来现金流量的现值，它是目前成熟市场使用的主流方法；相对价值法则是通过市场上的可类比公司的价值定位，确定相应的一个“交易性”乘数指标来对公司进行估值，这个乘数指标可以是市盈率、市净率、市销率等不同的指标，它的基本前提是可以找到可类比公司，该类方法在新兴市场比较流行和实用。

2. 实践中的分类

实践中，评估方法的分类更多。

按企业是否持续经营为基本假设前提可分为两大类，即内在价值法和清算价值法。其中，内在价值法又可细分为成本法（历史成本法、现行市价法、重置成本法）、市场法（市盈率法、市净率法等）、收益法（现金流贴现法、剩余利润贴现法、红利贴现法、EVA 法等），而清算价值法类似于成本法，但要略低于重置成本法的估值。

按企业估值方法的计算特点，可以把企业估值方法分为以下五类：①资产负债表估值法，包括账面价值方法、调整账面价值法、清算价值法、重置价值法和市净率法；②损益表估值法，包括多因素分析法、市盈率分析法；③综合估值法，即商誉估值法；④现金流量折现法，包括自由现金流折现法、股权现金流折现法、红利折现法等；⑤价值创造法，包括 EVA 法、经济利润法、现金价值增加法。

本章介绍企业价值评估中最常用的三种方法：现金流量折现法、市场法、成本法。

第二节　现金流量折现法

现金流量（DCF）折现法是一种最基本的价值评估方法，在投资项目评估、证券估价以及企业并购估价中有着广泛的应用。相对于其他的价值评估方法，现金流量折现法更为成熟，结果也更为准确，因而在实务中应用最广。

一、现金流量折现法的基本原理

现金流量折现法是将目标企业未来一段时期内的一系列预期现金流量以某一折现率折现，得到的现值即为目标企业的价值。再将得到的现值与该企业的初期现金投资（即并购支出）相比较。如果该现值大于投资额，即净现值大于0，则这一定价对并购方是有利的；如果净现值小于0，对并购方来说，一般是不可接受的。

二、运用现金流量折现法评估企业价值的基本步骤

（一）分析历史绩效

对公司历史绩效进行分析，其主要目的就是要彻底了解公司过去的绩效，这可以为判定和评价今后绩效的预测提供一个视角，为预测未来的现金流做准备。历史绩效分析主要是对公司的历史会计报表进行分析，重点在于公司的关键驱动因素。

（二）确定预测期间

在预测企业未来的现金流时，通常会人为确定一个预测期间，在预测期后的现金流就不再估计。这样做的原因在于，预测的期间越长，准确性就越差。期间的长短取决于企业的行业背景、管理部门的政策、并购的环境等，通常为5～10年。

（三）预测未来的现金流

在企业价值评估中使用的现金流量是指公司所产生的现金流量在扣除库存、厂房设备等资产所需的投入及缴纳税金后的部分，即自由现金流量。

1. 自由现金流量的含义

公司作为企业的一种组织形式，设立的资本来源有两部分：一部分是股权投资者（股东）对企业的投入，即权益资本；另一部分是来自债权人的债务资本。公司产生的现金流量在扣除库存、厂房设备等资产所需的投入及缴纳税金后的余额才属于股东和债权人，用公式可表示为：

$$\begin{matrix}\text{自由现金}\\\text{流量}\end{matrix}=\left(\begin{matrix}\text{税后净营业}\\\text{利润}\end{matrix}+\begin{matrix}\text{折旧}\\\text{及摊销}\end{matrix}\right)-\left(\begin{matrix}\text{资本}\\\text{支出}\end{matrix}+\begin{matrix}\text{营运资本}\\\text{增加}\end{matrix}\right) \tag{6—1}$$

需要注意的是，利息费用尽管作为费用从收入中扣除，但它是属于债权人的自由现金流量。因此，只有在计算股权自由现金流量时才扣除利息费用，而在计算公司自由现金流量时则不能扣除。

2. 自由现金流量的计算

(1) 税后净营业利润。税后净营业利润是指扣除所得税后的营业利润，也就是扣税之后的息税前利润（earning before interest and tax，EBIT)。

$$\text{税后净营业利润}=\text{息税前利润}\times(1-\text{所得税率}) \tag{6—2}$$

这里的营业利润是由持续经营活动产生的收益，不包括企业从非经营性项目中取得的

非经常性收益。我国股份有限公司利润表中的非经营性项目，是指非经常发生的、计入损益的、重大的交易和事项产生的损益，包括出售、处置部门和被投资单位、自然灾害发生的损失等。其中，出售被投资单位产生的损益在投资收益中反映，出售固定资产发生的损益在营业外收支项目内反映等。在我国上市公司利润表中，非经常性收益还包括临时性获得的补贴收入、新股申购冻结资金利息、合并价差摊销等。

$$\text{息税前利润}=\text{主营业务收入}-\text{主营业务成本}\times\left(1-\text{折扣和折让}\right)-\text{营业税金及附加}-\text{管理费用}-\text{营业费用} \tag{6—3}$$

主营业务收入、主营业务成本（减去折扣和折让）、营业税金及附加、管理费用、营业费用均可在利润表中查到。

（2）折旧和摊销。企业用现金购买固定资产，固定资产的价值在使用中逐步减少，减少的价值额称为折旧费。利润是根据收入减全部费用来计算的。折旧不是本期的现金支出，而是本期的费用，因此折旧可以看做现金的另一种来源。摊销是指无形资产、待摊费用等的摊销。与折旧一样，它们不是当期的现金支出，却从当期的收入中作为费用扣除，同样也应看做一种现金的来源。

（3）资本支出。由于固定资产的价值在使用过程中逐渐减少，要维持公司正常运转就必须进行物业、厂房、设备等资产方面的再投入。此外，企业要成长，就要求不断更新设备、技术和工艺，也就是要投入更多的物质资源。因此，股东通常不能将公司产生的现金流量全部提取，而必须将其中一部分或全部用于再投资。

资本支出是指公司为维持正常经营或扩大经营规模而在物业、厂房、设备等资产方面的再投入。具体地讲，它包括在固定资产、无形资产、长期待摊费用（包括租入固定资产改良支出、固定资产大修理支出等）及其他资产上的新增支出。

在计算自由现金流量时使用的资本支出是指资本净支出，即资本支出中扣除了折旧和无形资产及长期待摊费用摊销的部分。

（4）营运资本的增加。企业营业收入的增加往往伴随着库存、应收款项的增加。此外，因为库存、应收款项的增加而占用的资金不能用做他途，所以它的变化会影响公司的现金流量。营运资本等于流动资产与流动负债的差额，营运资本的变化反映了库存、应收/应付项目的增减。

3. 预测现金流量时应该注意的问题

由于公司的价值是由未来的现金流量决定的，而不是历史的现金流量，因此现金流量折现模型应用的前提假设是能够对公司未来的现金流量进行较为准确的预测。预测一个公司未来的现金流量，除了要对有关财务理论有深刻的理解外，还需要对企业有深入的了解，包括对公司行业、战略、管理、产品和客户等各个方面的深入理解，它涉及对公司未来成功与否的判断，其中评估者个人的经验和判断起到十分重要的作用。

在进行现金流量的预测时应该注意：一是销售预测是现金流量预测的最关键步骤；二是销售预测应该与公司的以往表现和行业的历史情况相符合；三是销售预测和依赖于销售的某些项目的预测应该有内在的一致性；四是现金流预测中反映的通货膨胀率必须与贴现

率中隐含的通货膨胀率相同；五是利用敏感性分析找出对于现金流量预测影响最大的假设，并对这些假设进行更严格的检验。

（四）选择合适的折现率

选择适当的折现率是指将未来预测期内的预期收益换算成现值的比率，有时也称资金成本率。由于折现率的细小变化都会对评估结果产生重大影响。因此我们必须非常谨慎地选择与确定折现率。

既然折现率是一种投资报酬率，那么采用哪种投资报酬率作为折现率比较好呢？目前，具有代表性的投资报酬率有：①银行利率，一般是指短期银行存款利率，它代表了最一般的投资报酬率。②无风险利率，一般是指政府发行的长期债券利率，这是比较稳定的利率。③行业平均投资报酬率。在选择投资报酬率作为折现率时，除了要考虑投资报酬率，还要考虑投资风险以及通货膨胀率。因此，不能简单地将投资报酬率直接作为折现率，而应该在投资报酬率的基础上做适当的调整，从而测算出适当的折现率。通常说来，有两种测算方法。

1. 加权平均资本成本模型（WACC）方法

由于并购企业用于投资被并购企业的资本一般既有自有资本也有举债，所以这种投资的资本成本是两者的加权平均，用公式可表示为：

$$WACC=W_e\times K_e+(1-W_e)\times K_d\times(1-T) \tag{6—4}$$

式中，$WACC$ 为企业的加权平均资本成本；W_e 为股本资本占企业总资本的比率；K_e 为股本资本成本；$(1-W_e)$ 为长期负债占企业总资本的比率；K_d 为税前长期负债资本成本；T 为企业所得税率。

由于长期负债产生的利息在会计处理上是作为财务费用，并在税前列支，所以长期负债资本成本能抵交所得税，故在计算长期负债资本成本时应乘以 $(1-T)$。而企业支付股利要在交纳所得税以后，所以股本资本成本不能抵交所得税。在企业并购中，通常分别以并购企业与被并购企业的资本成本来估算被并购企业的价值，并作为协商价格的基础。

上式中，K_e 可采用资本资产定价模式（CAPM）求得，其计算公式为：

$$K_e=K_f+(K_m-K_f)\times\beta \tag{6—5}$$

式中，K_f 为无风险利率，一般为国债利率；K_m 为市场投资组合的预期报酬率；β 为市场风险系数，可以通过回归分析得到，也可以得自证券公司每年提供的各上市公司 β 系数。

2. 累加法

累加法是根据影响折现率的若干因素，在无风险报酬率的基础上，加上被并购企业及所在行业的各种风险因素所要求的风险报酬率，计算出合适的被并购企业的折现率。在存在通货膨胀的情况下，还应考虑通货膨胀率的因素，其计算公式为：

$$\text{折现率}=\text{无风险报酬率}+\text{风险报酬率} \tag{6—6}$$

使用累加法确定被并购企业的折现率，应注意风险报酬率一定要与被并购企业及所在行业的各种风险相适应。人为地扩大或缩小风险报酬率都会严重影响被并购企业价值评估的准确性。同时，还要注意保持折现率与收益额口径一致。

（五）计算目标企业的价值

目标企业的价值等于确定预测期内现金流量的折现值之和加上“终值”的现值，其计算公式为：

$$V=\sum_{t=1}^{n}\frac{CF_t}{(1+i)^t}+\frac{TV}{(1+i)^n} \tag{6—7}$$

式中，V 为目标企业价值；CF_t 为确定预测期内第 t 年的现金流量；i 为折现率；TV 为预测期末的终值；n 为确定的预测期。

三、对现金流量折现法的评价

与相对价值法必须选择具有可比性的公司相比，由于现金流量折现模型的预测效果取决于现金流量的预测结果和折现率选择的准确度，因此其最大优点是适用面广，既可评估上市公司也可评估非上市公司，而不必选择可比公司。

现金流量折现法的最大缺点是，它对现金流的增长率（包括增长率和增长期两方面内容）和现金流的预期折现率两大因素的依赖过大，两大指标的微小变化都会导致评估值的巨大变化。特别地，折现率的估值具有很大的不确定性。由于必须对许多有关市场、产品、定价、竞争、管理、经济状况、利率的情况做假定，而且所得出的数值有一个可信度的问题。因此，对模型中主要变量的确定应采取定量分析与定性分析相结合的方法，减少模型变量的主观性和不确定性，由此可提高现金流量模型应用的可操作性。可以预计，随着我国资本市场的不断成熟和完善，现金流量折现模型在企业价值评估中将得到广泛的应用。

第三节　市场法

市场法又称相对价值法，其理论基础是类似的资产应该具有类似的价值。应用该类方法需要确定两个指标：一是价值指标 V；二是与价值有关的可观测变量 X。对于可比资产而言，V 和 X 都要具备；对于评估对象而言，只需获得可观测变量的数值 X 即可。相对价值法的基本公式为：

$$\frac{V(\text{目标公司})}{X(\text{目标公司})}=\frac{V(\text{可比公司})}{X(\text{可比公司})} \tag{6—8}$$

相对价值法的关键是选择合适的可比公司和与价值相匹配的交易乘数，通常选择的交易乘数是对公司价值而言很重要的变量指标，如盈利、现金流、账面价值或销售收入等作为估值的指标。市场法中应用最普遍的是市盈率法。本节仅介绍市盈率法，其他方法（如市净率法和市销率法等方法）的应用类似于市盈率法。

一、市盈率法的基本原理

市盈率（价格/收益比率）也称市盈乘数，反映了公司按有关折现率计算的盈利能力的现值，它的数学表达是 P/E。根据市盈率计算并购价格的公式为：

$$并购价格=\frac{P}{E}\times 目标企业的税前或税后收益 \tag{6—9}$$

企业的息税前收益 $EBIT$ 或税后纯利的数字可以从它的损益表中得到。$EBIT$ 是不考虑融资和财务结构时的公司盈利能力，而税后纯利则将包括融资和财务结构在内的所有流动因素都考虑了。

企业市盈率的高低主要取决于企业的预期增长率。实际上，企业的市盈率就是用风险因素调整后得到的预期增长率的一个替代值。企业并购中运用的市盈率经常是一段时期（大约 3～5 年）市盈率的平均值（对新建企业难以使用过去的平均值，但可以用它计算新建企业当前的或者预期的收益）。这种方法比较适合那些经营状况稳定的企业，此时平均市盈率的说服力较强。

二、应用市盈率模型评估的步骤

1. 检查、调整目标企业近期的利润业绩

考虑所用的会计政策，必要时，可以调整目标企业已公布的会计报表，以便使其与并购企业的政策一致。例如，当目标企业已经投资于开发时，并购企业就可以注销所有的研究与开发费用，从而将夸张的报表利润降下来。

2. 确定价值评估使用的收益指标

（1）静态市盈率，一般为近期的税后利润。考虑到经营的波动性，尤其是经营活动具有明显周期性的企业，采用最近三年税后利润的平均值作为估价收益指标更为适当。

（2）动态市盈率，即使用并购后目标企业的预期税后收益，注重被并购后的收益状况。如果并购企业在管理方面有很强的优势，假设目标企业在有效的管理下也能获得与并购企业一样的资本收益率，那么据此计算出的税后利润作为估计收益指标，可能对企业并购决策更具指导意义。

3. 选择标准市盈率

通常有如下几种可选的市盈率：市场的市盈率、与目标企业具有可比性的企业市盈率或目标企业所处行业的平均市盈率。

在选择可比企业时，通常根据以下两个标准：一是行业标准；二是财务标准。要尽量选择与被评估企业地位类似的企业，可以通过财务指标和财务结构分析对企业可比性进行判断。确定企业价值可比指标时，要遵循一个原则，即可比指标要与企业的价值直接相关。通常选用三个财务指标，即息税前利润、净现金流量和销售收入。其中，净现金流量和息税前利润是最主要的候选指标，因为企业的净现金流量和息税前利润直接反映了企业的盈利能力，而且与企业价值直接相关。此外，可比企业和目标企业必须在未来的风险和成长性方面具有可比性，而不仅仅是历史数据。在实际运用中，通常要依据预期的结果对上述标准加以调整，因为我们难以完全准确地把握市盈率和风险、成长性之间的关系。

4. 计算目标企业的价值

$$企业的价值=收益指标\times标准市盈率 \tag{6—10}$$

三、对市场法的评价

利用市场法估算目标企业的价值，最大的优点是克服了现金流折现法存在的对输入参数的过度依赖；从投资的角度看，它提供了整个市场目前对公司价值的评估信息，包括整体市场、行业和行业内单个公司的估值信息；此外，该方法和理论都相对简单，特别适于对新兴不成熟市场的价值评估。

该方法的最大缺点是，它虽然提供了目前市场对价值的评估信息，但没有提供目前价值评估的合理程度，即目前市场的估值是否合理？如果市场本身高估，我们得出的价值是否合理就无法准确判断。由于价值判断标准本身存在差异，再加上其他一些特殊的原因，这种合理的估值就更难判断。因此，对于该方法的应用而言，关键在于满足两个前提条件：一是可以找到比较好的可比公司，它们在行业、规模、风险等方面具有类似的特点；二是整个市场的状况不是处于极端状况，即明显高估或明显低估。

就我国市场而言，市场的特殊性决定了相对价值法仍是目前应用最多、适用性较强的方法。这是由我国市场的特点决定的：一是因为新兴市场在总体上不规范，财务信息披露不完全或虚假，因此现金流折现的财务模型很难建立，现金流折现法需要的参数很难得到；二是我国经济处于大调整和大变动阶段，企业的变化很大，其未来现金流和增长率的变化也很大，很难准确地估计；三是我国的企业大多处于成长期，派发股利较少，股利现金流贴现法根本不适用。

第四节　以资产价值为基础的成本法

资产价值法就是对目标企业的资产进行估价，从而确定目标企业价值的方法。这种方法的关键是选择合适的资产价值标准。目前，资产价值法主要有账面价值法、市场价值法和清算价格法。

一、账面价值法

账面价值法是根据传统会计核算中账面记载的净资产确定并购价格的方法。会计意义上的账面价值是一个反映特定时点企业的会计核算价值的确定数字。该方法的好处在于，它是按通用会计原则计算出的，比较客观，而且取值方便。

账面价值法的不足之处在于，它是一种静态估价方法，既不考虑资产的市价，也不考虑资产的收益。实际中，有三方面的原因使账面价值往往与市场价值存在较大的偏离：一是通货膨胀的存在使一项资产的价值不等于它的历史价值减折旧；二是技术进步使某些资产在寿命终结前已经过时和贬值；三是由于组织资本的存在使得多种资产的组合会超过相应各单项资产价值之和。因此，这种方法主要适用于简单的并购中，主要针对账面价值与市场价值偏离不大的非上市企业。

基于上述原因，在实际应用中，评估者往往需要对账面价值法进行适当的调整，常用的方法是重置成本法，即利用经过价格指数调整的重置成本取代资产的账面净值。重置成本法解决了上述的第一个问题，但无法解决技术进步和组织资本带来的问题。

二、市场价值法

市场价值法是利用证券市场上证券的市场价格为基础来确定目标企业价值的方法。市场价值是依据公平竞争原则，在市场均衡条件下形成的，因此相对科学合理。但市场投资者购买的是流动性高的少量股权，并且通过市场获取收益。而对于并购企业来说，它们着眼于通过管理获取收益，不享有流动性和灵活性。因此，在使用此法时，要注意该特点对目标企业评估价值的影响。此方法主要适用于完善的市场体系中上市公司的并购。

对于非上市公司来说，它们可以采用同业市值比较的方法。该方法是通过同行业比较，观察与并购对象相似的企业的市场价值，从而决定并购对象的价格。在同类企业的比较中，要考虑目标企业的行业、规模、财务结构等方面的情况与可比较的部分进行合理的组合，然后用这些可比较部分的价格来判断目标企业的相对价格。投资银行家常常用这种方式列出长长的单子，对各种交易加以比较，然后向买方和卖方提出建议。

三、清算价格法

清算价格法是通过估算目标企业的净清算收入来确定并购价格的方法。企业的净清算收入是通过估算出售企业所有的部门和全部固定资产所得到的收入，再扣除企业的应付债务后所得到的收入。这一估算的基础是对企业的不动产价值（包括工厂、财产和设备、各种自然资源或储备等）进行估算。

清算价格法是在目标企业作为一个整体已经丧失增值能力情况下的估价方法，估算所得到的是目标企业的可能变现价格。此方法主要适用于陷入困境的企业价值评估。

第五节　高新技术企业的价值评估
——价值评估的应用之一

一、高新技术企业价值评估中的新问题①

（1）一部分高新技术公司（包括大部分网络公司）在最初的几年一般都没有盈利或盈利很少，主要是因为吸引客户的营销成本很高。如果营业收益剧增却没有盈利，那么市盈率（P/E）方法就不适用。也有分析者建议，使用客户增长倍数以及点击率等作为衡量指标，但将这些可观测指标转化为价值指标的方法，并不能找到充足的经济理由。

（2）大部分新成立的高新技术公司缺乏历史数据，在对未来经营的预测和推断上缺乏有说服力的依据。

（3）对于我国高新技术企业的情况来说，目前缺乏可比公司。这是因为，一方面由于高新技术的千差万别，一般很难找到行业、技术、规模、环境及市场都类似的可比公司。另一方面，我国的高新技术产业尚未真正形成，公司的数量、规模有限，而且真正的高新技术企业上市公司极少，所以进行全面比较的条件还不成熟。而评估师们除了运用历史数据外通常还要利用可比公司的信息，如果缺乏这方面的信息，就会给评估增加更多的难度。

二、问题的解决

虽然大部分高新技术企业在评估价值时会出现以上难点，但评估师们还是能够采用具体情况具体分析的办法去处理和解决这些问题。对于目前仍是负盈利的公司，评估师可以采用盈利正常化、预测收入与利润率以及降低财务杠杆等几种办法。对于无经营历史或无比较对象的公司，评估师可以采用公司历史经营数据与可比公司的同步数据相互替代的方法。这些处理方法运用的关键是对被评估公司的具体分析。

（1）在处理公司负盈利的情况时，关键是要弄清楚企业为什么亏损。

1）如果公司亏损是由一些短暂的无规律的影响因素所致，如突然不可预测的汇率改变或其他原因的一次性亏损，则应该采用盈利正常化的办法。对于那些周期性较明显的公司的评估来说，应用这个修正的方法也是比较恰当的。至于如何使盈利正常化，取决于评估公司的具体情况。如果公司历史较长且规模没有多大的变化，则历史的平均盈利水平可以作为正常化的盈利水平；如果公司历史较长而规模已有变化，则可以用平均利润率来计算正常的盈利水平；如果历史数据十分有限，同行业的盈利水平也在不断变化，则可用行业的平均回报率或利润率来计算正常化的盈利水平。

---

① 参见王忠波：《高科技企业估值的理论与方法研究》，载《上海证券报》，2001-11-14。

2）如果评估公司的亏损是由长期的经营问题而不是全行业的问题所导致的，那么评估时就应采用预测收入的办法。因为公司的盈利可能是负的，但收入不可能为负。然后，调节营业利润率，常用以下两个标准：一是公司未来预期的可持续营业利润率，要注意考虑收入的增长情况；二是行业平均利润率。

3）如果亏损是由财务结构问题导致的，比如过多的债务或是公司因为要进行重大的基础设施投资而导致一个较长的无利时期。在这种情况下，公司未来还有相当长的一段时期财务费用会很高，可能面临较长时间的亏损。此时，公司的亏损不能归结于利润率太低或资本回报率太少，而是由于公司负债过多。

评估这类公司时，我们应调节其财务杠杆比率。首先，确定公司的最佳负债水平，这可以通过传统的资本成本分析或是看一看行业的平均水平。其次，在未来一段时期后将负债水平调节到行业的平均水平。调节方法包括：一是推迟资本性支出，把折旧来的现金用于支付债务，这个方法会对公司的未来增长有影响；二是用公司收入的快速增长来推动公司价值上升，让负债增长得更慢，则负债比例可以降低；三是出让股权、收回借贷，这种方法使用得较少，仅适用于因债务负担过重而濒临破产的公司。

（2）对于那些历史财务数据很少或很少有可比公司的企业来说，评估时要充分利用两种数据的相互替代性。也就是说，在评估一家成立不久的公司时，尽量利用同行业类似公司的资料；而评估一家无可比对象的公司时，尽量利用自身的历史数据。两者的数据可以相互补充。当然，如果极个别公司既无历史又无可比对象时，我们另当别论。

在采用可比公司的数据时，比较公司的参数并不是唯一的标准，还有三个方面的考虑：第一，业务上的类同性，有些公司虽然属于同一行业但从未生产过同一市场的产品，这肯定无法比较。第二，比较公司信息的丰富程度以及公司的稳定性。比如，汽车行业的公司数远远少于互联网公司，但前者可利用的信息却多于后者。第三，要考虑可比公司是否处于其生命周期的不同阶段。最好的情况是，有处于不同阶段的大量可比公司，这样就可以看到企业在发展不同阶段的情况。如果可比公司均处于高增长阶段，那么就没有高增长结束后成熟时期的参数。

三、实物期权理论在高新技术企业价值评估中的应用[①]

（一）实物期权产生的背景

投资可分为实物（项目）投资与金融投资。长期以来，对实物投资的基本评价方法是现金流折现法（DCF 法）。DCF 法最早是用在债券的估价中，由于债券的未来收益现金流是已知的，并且折现率也能较客观地计算出来，因此该方法能够较精确地为债券定价。此后，人们将它用于对企业的投资项目和企业价值进行估价。这一应用的前提是项目或企业经营持续稳定，未来现金流可预期。用 DCF 法进行企业的项目评估时，往往隐含两个不切实际的假设：企业决策不能延迟而且只能选择投资或不投资；同时，项目在未来不会做

① 参见廖理、汪毅慧：《实物期权理论与企业价值评估》，载《数量经济技术经济研究》，2001(3)。

任何调整。实际上，很多项目不仅可以决定投资或不投资，还可以推迟投资或分步投资，即便是决定投资的项目在未来也还是有一定调整空间的。这些假设使DCF法在评价实物投资中忽略了许多重要的现实影响因素（诸如投资项目未来的不确定性、信息不对称等），因而在评价具有经营灵活性或战略成长性的项目投资决策中，就会导致这些项目价值的低估，甚至导致错误的决策。

（二）实物期权介绍

期权是一种选择权，它赋予合约持有者在某一时期内，以事先确定的价格买进或卖出一定数量标的资产的权利。为此，期权的购买方要支付一定的费用，即期权费。

实物期权是相对于金融期权来说的，如果今天的一项投资赋予决策者在未来进行进一步投资的权利而不是义务，那么这项投资就含有实物期权，即企业对投资的选择权。实物期权的概念可以对照金融期权来理解，实物期权的执行价格就是投资项目的成本，实物期权标的资产的市场价格对应于投资项目未来所能产生的现金流，到期时间为距最后决策点的时间。实物期权可分为三类，即增长期权、延迟期权和放弃期权。

1. 增长期权

增长期权是指企业通过预先投资作为先决条件，获得未来成长的机会（如新产品、新市场、新流程、新的商业模式等），并拥有在未来一段时间内进行某项经济活动的权利。根据增长期权的特点，可以具体分为三种情况：

（1）扩大规模增长期权，是指在项目已经开始运作后，如果市场情况比期望的要好，投资者可以进一步扩大投资或加速对资源的利用。

（2）转换增长期权，是指第一代产品或技术的介入为转向下一代产品或技术提供了条件，是看涨期权和看跌期权的组合，企业一方面可以放弃、收缩现有的投资活动，另一方面可以通过其他方式实施扩张。

（3）范围拓展增长期权，是指在一个行业或一种商业模式上的投资，可以使公司非常方便地转入另一个行业或商业模式。

2. 延迟期权

延迟期权是指赋予公司推迟一段时间对项目进行投资的权利，通常是受到专利或许可证保护的项目。延迟期权使得决策者在推迟的这段时间里可以观察市场的变化，当市场情况变得对自己有利时再进行投资；如果（许可证或专利）保护到期时市场情况仍未好转，公司可以放弃该项目。此时，延迟期权相当于美式看涨期权。

3. 放弃期权

放弃期权是指在市场环境变差时提前结束项目、退出生产，并将设备等资产在市场上出售的权利。这种实物期权相当于美式看跌期权，可以将项目出售的价值作为执行价格，项目本身的现值为标的物的市场价格。放弃期权可以分为三类：

（1）缩小规模期权，是指如果新信息改变了期望的效益，则部分收缩或关闭项目。

（2）转向期权，是指当获得新的信息时，放弃原来的项目而转向效益更好的投资领域。

（3）范围收缩期权，是指当一个项目没有进一步发展的潜力时，缩小其运作范围或放弃项目运作。

（三）高新技术企业中的实物期权

相对于传统企业，高新技术企业的经营前景具有更大的不确定性，因而在决策上拥有较多的选择权。在评估一家高新技术企业的价值时，对其发展前景，尤其是该企业拥有什么样的机会和选择权的分析论证，是影响评估结果的关键。高新技术企业所包含的实物期权是非常复杂的，根据高科技企业实物期权的来源，可以将其分为以下几类。

1. 专有技术与专利权中的实物期权

高新技术企业的主要资产包括了未来可能给投资者带来超额利润的专有技术和专利权等无形资产，其潜在价值大，评估难度也很大。专利权允许公司有开发和制造某种产品的权利，只有当预期产品销售的现金流超过开发成本时，公司才会使用此项专利进行生产。因此，专利权可认为是产品的看涨期权，产品本身为标的资产。

2. 研究开发中的实物期权

一般来说，高新技术企业的研发费用占销售收入的比例较高，而研究与开发含有的实物期权决定着企业未来的发展前景。在此，科技创新与美式期权有相似之处，研发费用类似于期权的期权费，科研成果投入使用所发生的投资相当于买入期权的执行价格，使用这项技术所获得的收益相当于期权标的资产的价格。与美式买入期权类似，科技成果也可以在其商业寿命结束前的任何时间追加投资。高科技产品的开发具有增强企业竞争和扩张能力的期权特征，这些期权的执行将影响竞争格局，导致市场结构和产品价格的变化。

3. 高新技术的产业特点所产生的实物期权

由于高科技企业的高风险性，使高科技企业包含多种类型的实物期权。例如，由于高科技产业的特点，高科技企业包含着增长期权。从长期来看，企业现在投入的资本可能就是为了占有更大的市场份额，申请注册某项专利或者保持进入某个新市场的潜力。增长期权的初始投资可以减少未来的生产成本，从而相对于没有增长期权的竞争对手来说，它能以更低的价格进行扩张，这种战略优势的获得导致了市场份额的扩大，从而增强了企业的市场竞争力。因此，企业的价值可以表述为现有资产现金流量的折现值与企业所有增长期权的价值之和。

（四）实物期权应用中的问题

实物期权的方法虽然能对企业的价值提出另一种解释，而且近年来也受到了研究人员和实业界的广泛关注，但在实际应用中（尤其是用来做量化分析时），实物期权的方法还存在较大的问题。首先，期权的概念本身就比较新，很多企业的决策者对此不熟悉甚至一无所知，而实物期权的概念就更难以理解了，因此用实物期权估算出的项目或企业的价值往往让他们难以接受；其次，从技术上看，期权定价本身用到了一些高深的数学知识，很多人难以理解；此外，将期权定价的方法用于对实物期权进行估价，在方法的适用性上也存在一些问题，因此计算出来的价值可信度必然大打折扣。

目前，实物期权在实业界的应用主要还是从定性的角度为企业的投资决策提供了一种分析思路，包括对企业投资项目的决策和企业战略的规划等；另外，它也为投资者提供了一种分析企业（尤其是处于新经济中的高新技术企业）价值的方法，可以帮助人们识别出有增长潜力的公司。实物期权的引入大大提高了财务管理的灵活性，成为目前公司财务领域的一个很热门的研究方向，但它的前景如何不仅取决于理论界的研究进展，还取决于经济模式的变化、市场观念的变化等。

第六节　上市公司“壳”资源价值评估——价值评估的应用之二[①]

一、上市公司“壳”资源的形成

“壳”资源是指上市公司的上市交易资格，拥有“壳”资源的上市公司称为“壳”公司。所谓买“壳”上市，就是一家优势企业通过收购债权、控股、直接投资、购买股票等收购手段以取得被收购方（上市公司）的所有权、经营权及上市地位。目前，我国的买“壳”、借“壳”一般都通过二级市场购并或者通过国家股、法人股的协议转让进行。

“壳”公司并不一定是一种资源，只有当“壳”公司具备了资源的一般特性——收益性和稀缺性时，才成为一种资源，这是以一定的制度安排为前提的。如果一种制度安排给证券市场进入者带来高昂的寻租成本，使欲进入证券市场的企业愿意购买别人的“壳”来间接上市，从而对“壳”产生市场需求，那么“壳”公司的资源性便会显现出来。在我国的证券市场上，“壳”公司之所以成为一种资源，有以下两方面的原因：

（1）我国证券市场实行了严格的准入制度，证券发行实行严格的审核制，要求发行人在发行证券时，不仅要以真实状况的充分公开为条件，而且必须符合有关法律和证券管理机关规定的必备条件，证监会有权否决不符合规定条件的发行申请。另外，我国为控制上市规模，实行“总量控制、限报家数”的政策，并且进行额度的分配，企业进入证券市场相当困难，上市公司的“壳”具有稀缺性。

（2）由于我国证券市场的特殊性，上市公司股份中有70%的国有股，国家占绝对控股地位，造成了我国上市公司的破产困难，上市公司几乎成了终身制。这种垄断利益使“壳”公司具备了资源的收益性。企业想上市或进入证券市场，就必须先取得上市资格，当直接申请上市的寻租成本过于高昂时，企业便转向上市公司中的“壳”公司，对它们进行兼并收购以实现借“壳”上市的目的，从而对“壳”公司产生了市场需求。作为“壳”公司一方，它们希望优势企业注入优质资产以改变自身的劣势，从而使“壳”交易得以发生。

二、上市公司“壳”资源的价值构成

上市公司的价值主要取决于该公司的资产状况及盈利能力。上市公司“壳”的价值是公司上市后无形资产增值的一部分，是上市公司作为公众公司（与非上市公司相比）所特有的优势，主要包括以下几个方面的内容。

---

① 参见石桂峰：《上市公司壳资源价值评估初探》，载《国有资产管理》，2001(6)。

（一）上市公司的融资优势

公司上市后，可以通过增发新股、配售股票以及取得银行信用等方式融资。其中，配股是“壳”资源公司最基本也是最常用的融资手段。由于上市公司每年可进行一次配送股票的扩股融资操作，因此每一个上市公司就形成了一条获得资金的通道。每年定期的扩股融资使上市公司直接融资具有年度持续的特性。配股作为上市公司在一定条件下从资本市场低成本筹集资金的特殊资格，已成为上市公司上市后进一步筹集发展资金的重要渠道。一大批高成长性公司（如深发展和四川长虹）都是以配股筹集资金为基础发展壮大的。

（二）品牌优势

上市公司的股票在证券市场的表现是媒体评论的热点话题，表现活跃、业绩良好的上市公司具有很高的知名度，这就为企业开拓市场、组织强有力的营销打下了坚实的基础。而非上市公司一般只能通过花巨资通过新闻媒体推介自己。同时，上市公司按要求定期和不定期的信息披露，不仅有效地促进了上市公司的规范运行与发展，而且实际上是扩大了上市公司的知名度，是对上市公司最有效的广告。另外，上市公司相对完善的公司治理结构和较高的透明度，使其在自身发展和社会监督的双重要求之下具有较好的信誉，从而有利于上市公司更有效地开展经营活动。

（三）政策优惠支持方面的优势

我国中央政府和各级地方政府都采取了一些有效的措施来促进上市公司的发展。上市公司一般都是该行业或地区的龙头企业，或是受国家产业政策支持、地方政府扶持的企业。特别是在当前众多企业经营困难的情况下，各级政府和行业主管部门都意识到，要使企业在竞争中求生存、谋发展，必须实现规模经济，扶持龙头企业；必须集中力量创造知名品牌，实施名牌战略。上市公司作为行业和地区的龙头企业，又具有从资本市场上低成本持续融资的功能，因而扶持上市公司的意义众多。从实际来看，上市公司一般都在税收、信贷、项目审批方面获得了诸多优势，这使“壳”资源大大增值。例如，目前上市公司中大约85％的公司是按照15％的比例上缴所得税，而对于绝大多数非上市公司而言，这个比例是25％。此外，上市公司在获得信贷资金、土地使用、并购国有优质资产，甚至经营项目安排等方面都比非上市公司具有更多的特殊优势。

（四）上市公司资本高位定价

目前，我国股票二级市场的市盈率极高，发行股票获得的资本增值是巨大的。同时，股市市盈率过高，使得很少有投资者主要通过股票分红来获取收益，资本利得成为投资者的唯一目标。由于上市公司的资本高位定价，因而在现行配股政策下导致配股高溢价实施，这不但为企业筹集了巨额资金，也使放弃配股权的大股东获得了巨大的资本溢价。

三、“壳”资源价值评估的方法

（一）割差法

割差法是在评估商誉时广泛采用的一种方法，即根据企业整体评估价值与各单位资产评估值之和进行比较来确定商誉的价值。“壳”资源与企业商誉具有相似的特点，并可以作为广泛意义上的商誉来看待。其基本公式为：

$$\text{“壳”资源的价值}=\text{收购方取得控股权地位所支付的价款}-\text{控股权所对应的“壳”公司的净资产} \tag{6—11}$$

式中，控股权所对应的“壳”公司的净资产等于控股比率乘以“壳”公司总的净资产。此公式将“壳”资源的价值看做广泛意义上的“壳”公司的商誉，因而其他评估商誉的方法，如超额收益法也适用于“壳”资源价值的评估。并购企业购买“壳”资源后，在“壳”公司的经营存续期内利用“壳”资源得到一定的剩余利润。这些剩余利润的现值可以看做“壳”资源的价值，因此“壳”资源的价值也可描述为“壳”公司给母公司带来的超出同类企业盈利水平的能力或在其存续期内给并购企业带来的剩余价值的现值和。

（二）市场比较法

“壳”资源是上市公司的上市资格，由于“壳”资源的存在，便有上市公司与非上市公司在经营收益方面的差异。因此，通过上市公司与相同非上市公司市场价值的比较，便可以衡量出“壳”资源的价值。其基本公式为：

$$\text{“壳”资源的价值}=\text{“壳”公司的市场价值}-\text{相同的非上市公司的市场价值} \tag{6—12}$$

“壳”公司的市场价值可以用其股票总价值来表示。对于与“壳”公司相同的非上市公司，通常在市场上很难找到，但可以用“壳”公司上市前的市场价值来代替。

“壳”资源的价值也可以通过企业上市的成本来近似计算，即

$$\text{“壳”资源的价值}=\text{企业上市所花费的寻租成本}+\text{无准入限制条件下发行股票的成本} \tag{6—13}$$

式中，企业上市所花费的寻租成本包括寻租时的各种行为成本，受寻租方的社会关系、寻租手段、偏好、发行股票的预期收益及设租方（政府）政策等因素的影响。在没有市场准入限制的情况下，上市寻租总成本为零。无准入限制条件下发行股票的成本是指在没有准入限制条件下发行股票必须花费的承销费、手续费、中介机构费、包装费等。

第七节　价值评估需要注意的其他问题

并购的估算定价是非常复杂的，往往需要对上述各种方法进行综合运用。并购的价值评估方法并不是一成不变的，不同的目的、不同的时机、不同的情形往往会得到不同的并购价格。无论是买方还是卖方，在决定企业的最佳价格时，必须从各种不同的角度思考，进行范围广泛的分析，避免得出简单的或具有欺骗性的结论。

一、价值评估需要考虑的其他因素

在制定并购价格时，除了要考虑上述模型中提到的因素以外，还要考虑其他一些因素，主要包括两类：一类是经营性因素，如追求规模效应、扩大市场份额与寻求企业发展

等；一类是财务性因素。这两类因素是相关的，都是并购企业需要考虑的。经营性因素往往与特定时期的特定企业有关，不大容易受其他因素影响。并购企业应主要关注影响并购价格的财务性因素。

（一）并购企业的并购融资能力

一般来说，企业的并购融资能力取决于两个因素：企业的信誉和金融机构对拟议中的交易获得成功的信心。并购融资能力的大小，直接影响到并购交易能否成功。缺乏融资能力在大多数情况下是难以实现并购的。

（二）财务结构

不同的财务结构意味着不同的风险、不同的支付期、不同的流动性，当然会影响收购价格。一般来说，风险越大、支付期越长、流动性越差，在其他条件不变的情况下，并购价格就越高。

（三）税收情况

并购交易中的税收因素对并购价格有直接的影响。

对买方来说，这些因素包括：预期税收对企业自由净现金的影响如何，即未来需要支付的税金对企业原有可用于自由支配的收入现金有什么影响？所购资产的新纳税基点将是多少？该行业或企业有没有什么特殊的税收优惠？有任何隐性纳税负担吗？例如，有没有需要负担的退休养老支出，有没有需要负担的医疗、住房或其他福利补助支出？

对卖方来说，这些因素包括：税后可实现的自由现金净额为多少？能将纳税负担减至最低限度的支付结构是什么样的，即要求买方按什么方式、什么结构支付可保证纳税水平最低？必不可少的税收有哪几种？什么情况下可免什么税？许多并购交易的关键都是要找到一个双赢结构，从而使并购企业与目标企业的共同税负达到最低水平。

（四）流动性及其他

并购企业往往十分关注目标企业资产的流动性，因为目标企业资产流动性的高低影响着未来债务的偿付，影响着未来的经营，影响着未来的收益率。除了上述经营性影响之外，还有交易性的影响。例如，将企业转换为现金的前景如何？能否比较容易地出售？能否公开上市或再筹资？此外，还要考虑并购中的竞争状况、目标企业的抵御情况、拥有目标企业的愿望强烈程度、并购的时机及并购过程中的各种风险。

二、投资者对价值分析方法应该采取的正确态度

（1）价值判断没有绝对正确的方法，只有相对好的方法。各种方法都有自己的优点，也有自己的缺点。例如，就我国目前的市场状况而言，比较适用的是相对价值法，但对相对价值法的使用不要局限于市盈率法。市盈率模型只是相对价值法的一种，并且有很多需要注意的地方，投资者应选用其他方法（如市净率法和市销率法等方法）对市盈率法进行补充。

（2）价值判断的结果不是一个精确的数字，而是一个区间。价值判断过程本身是个主观的过程，既受经济、行业和企业客观状况的影响，也与分析师的判断能力和技巧有关。价值判断的结果带有相当大的主观成分，因此不是一个精确的数字，而是一个合理的价值区间。

（3）应用各种价值评估方法时，一定要注意该方法的假设前提和使用条件，只有将合适的方法匹配到合适的公司上才能得到合适的结果。

（4）价值评估是动态的过程，评估者一定要用动态的眼光看问题。

【本章小结】

本章详细介绍了企业价值评估中常用的三种方法，并就评估方法在两种特殊情况下的运用进行了探讨。

目标企业价值评估方法很多，每一种方法都有其优点与不足，但并无绝对优劣之分。每一种方法都有其具体的适用条件，在评估之前，必须对每次并购的具体情况加以认真细致的全面分析，从而根据具体情况有针对性地选择具体适用方法，并且尽可能把各种方法交叉使用，或把所选择的各种方法的结果加权计算等等。只有这样，才能避免得出简单的甚至是欺骗性的结论，才能减少并购风险，真正实现并购目标。

现金流量折现法是将目标企业未来一段时期内的一系列预期现金流量以某一折现率折现，得到的现值就是目标企业的价值。运用现金流量折现法评估企业价值的基本步骤包括：分析历史绩效，确定预测期间，预测未来的现金流，选择合适的折现率，计算目标企业的价值。

相对价值法的关键是选择合适的可比公司和与价值相匹配的交易乘数，通常选择的交易乘数是对公司价值而言很重要的变量指标，如盈利、现金流、账面价值或销售收入等指标。市场法中应用最普遍的是市盈率法。

资产价值法就是对目标企业的资产进行估价，从而确定目标企业价值的方法。这种方法的关键是选择合适的资产价值标准，目前主要有账面价值法、市场价值法、清算价格法。

【本章要点】

- 运用现金流量折现法评估企业价值的基本步骤
- 自由现金流量的计算
- 选择合适的折现率
- 应用市盈率模型评估的步骤
- 高新技术企业价值评估
- 上市公司“壳”资源价值评估

【本章关键术语】

现金流量折现法　　自由现金流量　　相对价值法　　可比公司

市盈率法　　　　　　资产价值法　　　　　　加权平均资本成本模型

【本章思考题】

1. 常用的企业价值评估方法有哪些？每一种方法的适用条件各是什么？各有什么优缺点？

2. 如何预测企业未来的现金流？

3. 在用市盈率模型评估企业价值时如何选择标准市盈率？

4. “壳”资源价值评估的方法有哪些？

第七章

并购融资与支付

第一节　并购融资基础

前面介绍了并购产生的动因、并购目标公司的选择以及价值评估，接下来要做的重要工作就是为并购融通资金，并将其支付给有关方面。能否及时、足额、低成本地融到所需资金，并将其以合适的方式支付给有关方面以完成并购的法律程序，是决定并购成功与否的关键所在。本节将对并购融资的一些基础知识进行介绍。

一、融资的类型

所谓融资就是指资金的融通。对并购来讲就是利用各种融资工具，从各种可能的融资来源，以最低的融资成本筹集到并购所需资金的经济活动。融资根据不同的划分方法可以分成不同的类型，比如根据是否通过信用中介来融通资金，可以分成直接融资和间接融资；根据资金来源的不同，可以分成内部融资和外部融资。

（一）直接融资和间接融资

根据是否通过信用中介来融通资金，可以将融资分成直接融资和间接融资。直接融资是指资金需求者在金融市场上从资金所有者那里直接融通资金的方式。对并购来讲，主要是指通过发行股票、债券等证券来筹集资金；间接融资是指资金的供给者将资金融通给银行等金融中介机构，资金的需求者从银行等金融中介机构取得所需资金。在整个资金融通过程中，银行等金融中介机构起到了一个信用中介的作用。对并购来讲，间接融资主要是指通过向银行等金融机构贷款取得资金的方式，当然也包括通过信托基金、各种私募/公募基金筹集资金的方式。

直接融资和间接融资都有自身的优势和局限性。直接融资的优势在于供求双方直接联系，资金可以长期使用，并且有利于资金提供方直接监督资金的使用；其局限性在于直接发行股票、债券在很多方面要受到较多的限制。另外，资金提供者直接融通资金给需求者，中间缺乏信用中介的缓冲，风险较高。

对间接融资来讲，它的优势在于有较广的资金来源，可以提供巨额资金，同时由于其多样化的经营业务，还可以给客户提供多样化的服务；但是，由于信用中介的加入，资金供求双方缺乏直接联系，监督资金的使用、回收等工作全都落在信用中介身上，这在一定程度上减少了投资者对投资对象经营状况和资金运用方面的监督。

（二）内部融资和外部融资

根据资金来源的不同，可以将融资分成内部融资和外部融资。内部融资是指从企业内部开辟资金来源，筹集所需资金。如果并购方有充足的甚至是过剩的资金，可以考虑利用内部资金来完成并购。但是，一般并购所需资金量较大，仅凭内部资金是不够的，所以通常需要从外部寻找资金来源。

内部融资的主要资金来源是企业的留存收益和折旧基金，当然也包括一些专项资金和应付/未付、应交/未交款形成的长短期负债，如应付工资、应交税金等资金来源。

外部融资主要可以分成债务融资、权益融资和混合融资。债务融资方式主要是指贷款、发行票据、债券等。权益融资主要是指通过公募或私募，以发行普通股等方式进行融资。混合融资方式是指通过发行可转换证券、优先股以及认股权证等方式进行融资。

表 7—1 表明，与其他国家相比，美国公司更多地依靠内部融资，而其他国家更多地依赖外部融资。就我国公司来讲，一般其自我积累能力不足，更多地依靠外部融资（如银行贷款，发行股票、可转债等）来筹措资金。

表 7—1　　1990—1994 年各国融资模式比较（%）

项目	美国	日本	英国	德国	加拿大	法国
内部融资	82.8	49.3	68.3	65.5	58.3	54.0
外部融资	17.2	50.7	31.7	34.5	41.7	46.0
长期负债增长率	17.4	35.9	7.4	31.4	37.5	6.9
短期负债增长率	—3.7	9.7	6.1	—	3.8	10.6
股票融资增长率	3.5	5.1	16.9	—	10.3	12.4

资料来源：OECD 1995 edition，*Financial Statements of Nonfinancial Enterprises*.

1. 外部融资工具的分类

由于外部融资主要是利用相应的融资工具筹集资金，因而融资工具也可以类似地分成债务融资工具、权益融资工具和混合融资工具。

债务融资工具包括定期贷款、周转性贷款、发行各种票据融资（商业票据等）、发行债券（普通债券、次级债券、垃圾债券等）、以资产为基础的筹资（拍卖资产、售后回租、资产证券化等)。

权益融资工具主要是指公募或私募发行普通股，具体分成两种形式：一是发行新股(即 IPO)；二是向原股东配售股票或者增发新股。另外，还有换股并购和以权益为基础的融资（主要包括反向回购、股权划出、员工持股计划 ESOP 等)。

混合融资工具主要包括可转换证券（可转换债券、可转换优先股)、优先股以及认股权证等。

2. 外部融资来源的分类

外部融资的具体来源主要有商业银行、投资银行、保险公司、财务公司、信托机构、养老基金、私募或公募的基金、风险投资公司等，在美国还有小型企业管理局（SBA)(或其他政府支持的借款计划）支持下成立的小型企业投资公司（SBICs)。我们把外部融资来源也分成三部分：债务融资来源、权益融资来源和财务支持者（见表 7—2)。

表 7—2　　并购活动具体融资来源分类

<table>
<tr><th>类型</th><th>具体融资来源</th><th>备　注</th></tr>
<tr><td rowspan="11">债务融资来源</td><td rowspan="2">商业银行</td><td>接受活期存款、为企业办理短期贷款的商业银行</td></tr>
<tr><td>提供中长期项目贷款的商业银行</td></tr>
<tr><td>投资银行</td><td></td></tr>
<tr><td>保险公司</td><td></td></tr>
<tr><td>财务公司</td><td></td></tr>
<tr><td>信托基金</td><td></td></tr>
<tr><td>并购投资公司(基金)</td><td></td></tr>
<tr><td>风险投资公司</td><td></td></tr>
<tr><td>小型企业投资公司</td><td>在美国小型企业管理局（或其他政府支持的借款计划）的支持下成立</td></tr>
<tr><td>其他</td><td></td></tr>
<tr><td colspan="2"></td></tr>
<tr><td rowspan="3">权益融资来源</td><td>风险投资公司</td><td>投资于新设立的公司</td></tr>
<tr><td>私募</td><td>面向特定的投资者，包括个人投资者和机构投资者</td></tr>
<tr><td>公募</td><td>面向社会公众</td></tr>
<tr><td rowspan="5">财务支持者</td><td>私人权益基金</td><td>通过非公开方式募集的基金，如公共退休基金、私人退休基金、捐赠基金、家庭信托基金等</td></tr>
<tr><td>天使投资家（angels)</td><td>指既有雄厚的资金实力，又有管理经验的个人，通常投资于新的或处于创业阶段的公司，以帮助这些公司迅速成长</td></tr>
<tr><td>供应商</td><td>延期付款或直接提供资金</td></tr>
<tr><td>提供非传统贷款的金融公司</td><td></td></tr>
<tr><td>其他</td><td>如信用卡公司、亲朋好友等资金提供者</td></tr>
</table>

（三）杠杆收购

在 20 世纪 80 年代，杠杆收购席卷了整个美国，涉及超过 2 000 家公司或公司分支机构，总金额超过 2 500 亿美元。杠杆收购（leverage buyout，LBO）是指通过增加并购企业的财务杠杆来完成并购交易的一种并购方式。在杠杆收购中，一些投资人主要使用借来的资金（通常占购买价的 90%或更多）购买目标公司并将其占为己有，而借来的资金通常是以目标公司的资产作为担保的。

在杠杆收购中，如果收购方是公司的管理层则称为管理者收购（management buy-out，MBO）。公司的管理层通过管理者收购，使得公司的实际控制权发生变更，即企业的经营者变成了企业的所有者。近年来，中国企业界 MBO 的现象日渐增多。在资本市场上，上市公司的相关举动也格外引人注目。

二、并购融资的程序

并购方要想成功收购目标企业，融资是关键问题之一，下面介绍融资的程序。

（一）确定融资额

在进行融资之前，首先要确定到底需要多少资金，即确定融资额。并购一家公司一般涉及以下三方面的资金支付。

1. 收购成本

收购成本主要包括：收购目标公司的股权或资产所需的价款；并购方必须承担的目标公司到期债务；并购方进行收购活动的管理成本；并购必须支付的相关税务成本；并购过程中支付给专业人士的相关费用（如付给投资银行、律师、会计师、资产评估师等的费用）。

2. 收购完成后，目标公司的运作成本

目标公司的运作成本主要包括：并购完成后目标公司立即需要的周转资金（如企业正常生产经营所必需的流动性资金）；解聘员工、管理人员或要求其提前退休，根据协议规定所需一次性支付的补偿金；并购前的未决诉讼在并购后结案所需支付的资金。

3. 收购完成后，并购方重组目标公司或扩大其业务所必需的资金

一般来说，并购方在并购目标公司以前，对于并购完成后目标公司的重组和运作会有一个战略规划。一旦并购成功，并购方将立即实施其战略，所以这部分资金也要考虑在内，主要包括：重组目标公司的成本（如业务重构、人员重组、管理重建、资产清算、剥离、出售等活动带来的成本）；根据战略规划，进行资本性投资所需立即投入的资金（如新建项目成本、研究与开发费用等）。

在确定目标公司收购完成后的运作成本和重组、扩大经营成本时，主要有两种方法：第一种方法称为回归分析法，主要是在一定的假设条件下，通过对历史数据的分析来预测未来所需资金；第二种方法称为销售百分比法，主要是假设资产、负债等项目与销售额保持一定的比例，通过预测销售额的变动来预测相应资产负债的变动，资产、负债变动的不一致，便导致了企业的资金需求或资金剩余。

关于确定融资额的相关内容，在本书有关目标公司选择和价值评估的章节已有论述，此处不再赘述。

（二）分析各种可能的融资来源及资金成本

在前文谈及融资分类时，曾提到融资工具可分成债务融资工具、权益融资工具和混合融资工具。融资来源也有商业银行、投资银行、保险公司、财务公司、信托机构、养老基金、私募或公募基金、风险投资公司等，但我们指出的只是各种融资的可能性，具体到现实中，我们还要具体问题具体分析。

例如，并不是任何企业都可以取得银行贷款进行并购；发行可转换债券要求必须是上市公司或重点国有企业，因而对一般企业并购融资来说，此渠道不通；而企业发行商业票据进行短期融资、发行垃圾债券等目前在我国还不允许，诸如此类。一个企业在准备融资时必须要考虑各种可能的融资来源，同时要注意各融资渠道的可获得性。

在考虑了可获得性的基础上，我们要进一步分析各种可能资金来源的资金成本。资金成本是筹集资金必须付出的代价，因为企业筹集资金有不同的渠道，所以资金成本也各不相同。如果企业只使用一种资金来源，那么计算出该资金的成本即可；如果企业有多种资金来源，那么要计算资金的加权平均资金成本；在计算资金成本中，我们还将涉及边际资金成本。下面，我们分别加以介绍。

1. 个别资金成本

因为企业并购有许多不同的资金来源，所以资金成本的计算也各不相同。在此，我们以长期借款、发行债券和普通股为例，介绍资金成本的计算。

（1）长期借款成本。我们以分期付息、到期还款的长期借款为例进行介绍：首先，根据下面第一个公式将本息折现到现期，计算出相应的税前资金成本 K；然后，去除由于借款利息可以税前支付所带来的税收影响，得到税后资金成本 K_L。在计算长期借款成本时，主要应注意两点：一是取得长期借款的费用支出；二是长期借款利息支出可以税前扣除，即可带来“税减”效应。其计算公式如下：

$$L(1-C_l)=\sum_{t=1}^{n}\frac{I_t}{(1+K)^t}+\frac{P}{(1+K)^n} \tag{7—1}$$

$$K_L=K(1-T) \tag{7—2}$$

式中，L 为长期借款本金；C_l 为长期借款筹资费用率；I_t 为长期借款年利息；K 为税前长期借款资金成本；K_L 为税后长期借款资金成本；P 为第 n 年末应偿还的本金；n 为贷款期限；T 为所得税税率。

（2）债券成本。债券成本的计算类似于长期借款的成本计算，其计算公式如下：

$$B(1-C_b)=\sum_{t=1}^{n}\frac{I_b}{(1+K)^t}+\frac{P}{(1+K)^n} \tag{7—3}$$

$$K_b=K(1-T) \tag{7—4}$$

式中，K_b 为税后债券成本；B 为债务；K 为税前债券成本；I_b 为债券年利息；P 为价格；C_b 为发行债券的费用率；t 为时期。

（3）普通股成本。发行股票进行融资也有相应的资金成本，其计算方法主要有以下三种：

1）股利折现模型法。股利折现模型法的基本原理是将未来所有股利按照一定的折现率折现到现在，从而计算出股票现在的价值。如果我们利用股票的市场价格代替股票的价值，同时对未来股利进行一定的假设，就可以倒推出折现率，即股票的必要收益率（或称普通股成本）。其基本计算公式如下：

$$P_0=\sum_{t=1}^{\infty}\frac{D_t}{(1+k)^t} \tag{7—5}$$

式中，P_0 为普通股的市价；k 为折现率；D_t 为各年的股利；t 为时期。

当我们假定每年股利不变时，普通股成本的计算公式如下：

$$K_s=\frac{D_0}{P_0} \tag{7—6}$$

当我们假定股利以不变的增长速度增长时，普通股成本的计算公式如下：

$$K_s=\frac{D_1}{P_0}+G \tag{7—7}$$

在式（7—6）与式（7—7）中，K_s 为普通股成本，D_0 为当年的股利额，D_1 为预计的年股利额，P_0 为普通股的市价，G 为普通股股利年增长率。

2）资本资产定价模型法（CAPM）。资本资产定价模型广泛用于对金融资产的定价，其计算公式如下：

$$K_s=R_F+\beta(R_m-R_F) \tag{7—8}$$

式中，R_F 为无风险利率，通常选择金融市场的基准利率（如短期国债利率或一年期银行存款利率）为无风险利率；β 系数一般可以根据历史数据回归分析，并根据情况加以调整而得到，国内外有许多著名的大金融机构都提供自己研究的股票 β 系数；R_m 为市场组合的平均收益率。

这里的三个因素均可以通过对市场和历史数据的观察分析而得到，因此普通股成本也是可以得到的。

3）风险调整法。此方法主要通过对债券收益率或债务成本进行调整得到。债务成本按照前述方法可以得到，在其基础上加上风险溢价，就能得到普通股成本 K_s。其计算公式如下：

$$K_s=\text{债务成本}+\text{风险溢价} \tag{7—9}$$

风险溢价可以根据历史数据回归分析得出，也可以根据自身实际和当时市场的状况分析估计得出。

2. 加权平均资金成本

当存在多种资金来源时，企业为了计算总的资金成本，要通过加权计算出平均资金成本。其计算公式如下：

$$K_w=\sum_{i=1}^{n}K_iW_i \tag{7—10}$$

式中，K_w 为加权平均资金成本；K_i 为第 i 种个别资金成本；W_i 为第 i 种个别资金占总资金的比重（即权重），它可以按照账面价值或者市场价值确定。

3. 边际资金成本

边际资金成本是指每增加一单位资金而付出的成本。其计算方法也是利用加权的方法计算平均资金成本，但将筹资额分成了一些区间，每一区间内有自己不同的个别资金成本。具体说来：首先，确定不同融资数额区间内的不同个别资金成本；其次，在不同区间内，按照加权平均资金成本的计算方法，计算不同区间的资金成本；最后，将不同区间加权平均资金成本汇总，形成边际成本表。它代表增加不同的资金数额需要付出的不同资金成本数。

例如，企业可以通过长期借款和发行长期债券进行融资，下面计算其不同融资数额的边际资金成本（如表 7—3 所示）。

表 7—3　长期借款和长期债券融资成本比较

筹资额	筹资方式	权重	个别成本	加权资金成本
100 万元以下	长期借款 长期债券	50% 50%	6% 6%	6%×0.5+6%×0.5=6%
100 万元～500 万元	长期借款 长期债券	50% 50%	8% 6%	8%×0.5+6%×0.5=7%
500 万元以上	长期借款 长期债券	50% 50%	6% 5%	6%×0.5+5%×0.5=5.5%

上面用简单的例子说明了随着筹资额的增加，边际资金成本的变化情况。企业可以根据自身的融资需求和筹资成本的变化，做出相应的融资决策，以实现预定的目标。

（三）选择最佳的融资方式

前面确定了融资额，找出了各种可能融资方式的资金成本，接下来的工作就是在比较各融资方式成本和收益的基础上，选择最佳的融资方式。

戈登·唐纳森（Gordon Donaldson，1996）曾经对公司的融资策略进行了研究，他发现：公司首选的融资来源是公司内部产生的现金流，即净利润加上折旧扣除股利；然后才考虑外部融资来源，先是负债融资，最后才是普通股融资，这就是所谓的融资优序（pecking order）理论。

具体到实际情况，一般成熟、稳定的公司倾向于使用债务融资，而处于快速成长扩大阶段的公司，一般风险较高，权益融资较多。

三、并购再融资

并购融资就是为并购筹集所需资金，如果在并购第一次融资时就能筹集到足够的资金，以支持并购的完成和并购完成后目标公司的运作、重组、发展所需资金，那么就不会涉及并购再融资的问题。但事实是，很少有公司能做到这一点，因而并购再融资无法回避。

一般来说，不管并购方采用什么样的融资工具，从何处取得融资，都要签订协议。当协议规定的取消或中止融资的条件发生时，并购融资方便无法及时取得足额的资金，这时就需要进行并购再融资。

并购再融资与并购融资类似，也可以分成债务融资、权益融资和混合融资，而且融资来源也是类似的。其不同点在于，并购再融资是在原有并购融资协议的基础上进行的，一般可以考虑通过修改原协议来保持融资的连续性，即使要重新寻找资金来源、采用新的融资工具，也要考虑到原有融资和融资协议的约束。因为现实中并购融资和再融资问题纷繁复杂，要具体问题具体分析。在此，我们只是提及此问题，请读者注意。

第二节　并购融资工具

要想进行并购融资，必须使用一定的融资工具。在第一节概述中曾提过融资工具可以分成债务融资工具、权益融资工具和混合融资工具，下面分别加以介绍。

一、债务融资工具

债务融资工具大体上可以分成三类：贷款、证券和以资产为基础的融资。各类主要工具见表 7—4。

表 7—4　　债务融资工具

<table>
<tr><th colspan="2">类　别</th><th>工　具</th></tr>
<tr><td colspan="2" rowspan="3">贷　款</td><td>定期贷款</td></tr>
<tr><td>周转性贷款</td></tr>
<tr><td>私人及公共债务</td></tr>
<tr><td rowspan="3">证　券</td><td>票　据</td><td>商业票据等</td></tr>
<tr><td rowspan="2">债　券</td><td>优先债券</td></tr>
<tr><td>从属债券
——垃圾债券</td></tr>
<tr><td colspan="2" rowspan="3">以资产为基础的融资</td><td>售后回租</td></tr>
<tr><td>资产证券化</td></tr>
<tr><td>资产拍卖</td></tr>
</table>

（一）贷款类融资工具

贷款作为并购融资工具，主要包括定期贷款、周转性贷款以及私人和公共债务。它作为并购融资的工具是最易想到的，也是比较常见的融资工具。

1. 定期贷款

定期贷款是指偿还期在 1 年以上，一般在 15 年以下的贷款，常见的定期贷款的期限是 1～5 年。定期贷款通常是商业银行提供的最主要的中期资金，一般采用抵押担保放款的形式，但对于一些信誉极高的大公司来说，也可以采用信用放款的形式。

定期贷款的利率由以下因素决定：放款当时的市场基准利率、债权人的资金成本、贷款期限、借款人风险大小等。一般来说，银行贷款利率是在优惠利率（对信用卓著的大公司的短期信用放款的利率）的基础上加上期限风险补偿、违约风险补偿和利润，并根据自身资金成本进行调整后计算得出的。

美国银行的基准利率一般是联邦资金利率，即在所谓的银行同业拆放市场、存款市场或联邦资金市场上，各商业银行购买过剩储备金余额时相互索要的利率。所谓过剩储备金余额是指超过美联储对商业银行基本储备要求的那部分存款额。该利率每晚都要重新制定，由纽约的联邦储备银行发布。

在国际借款中一般以伦敦银行同业拆借利率（London interbank offered rate，LIBOR）为基础。LIBOR是指在伦敦的第一流银行借款给伦敦的另一家第一流银行的资金利率。现在，LIBOR已作为国际金融市场中大多数浮动利率的基础利率，作为银行从市场上筹集资金进行转贷的融资成本，贷款协议中议定的LIBOR通常是由几家指定的参考银行，在规定的时间（一般是伦敦时间上午11：00）报价的平均利率。最频繁使用的是3个月和6个月的LIBOR。从LIBOR衍生出来的，还有新加坡同业拆放利率（SIBOR）、纽约同业拆放利率(NIBOR)、香港同业拆放利率（HIBOR）等等。

有时，银行要求借款人在账户中保持未偿还贷款数额的一定比例或者贷款额度的一个百分比或某一固定金额，这称为补偿性余额。因为它减少了借款人实际使用的资金数额，所以它是提高实际利率的一种方法。

2. 周转性贷款

周转性贷款也称临时性贷款或过桥贷款（bridge loan），是一种过渡性的贷款，通常是指公司在安排中长期融资前，为公司正常运营所需资金提供的短期融资。在国内，这种贷款方式多用于券商担保项下的预上市公司或上市公司流动资金贷款，以及企业兼并、重组中的短期贷款等。其特点主要有：提供的额度一般在1 000万元到2亿元之间；贷款的期限较短，一般为1个月到12个月；融资必须以固定资产为抵押，或有相应的担保；其适用利率一般通过协商制定；使用该贷款的客户必须提供资金使用计划。

过桥贷款的处理程序：向有关资金提供方提交过桥贷款融资申请；资金提供方对客户的资金使用计划进行审查；资金提供方对客户的担保项进行审核；资金提供方专家组对过桥贷款融资方案进行审查；双方签订合约；依合约进行融资。

3. 私人和公共债务

在发达市场经济国家，并购可以取得私人和公共债务资金的支持，如各种私募、公募的基金，包括产业投资基金、风险投资基金、信托投资基金、保险基金和养老基金等，一些资金雄厚的个人投资者和机构投资者也可能为并购提供融资来源。在我国，不通过银行等传统渠道融通资金的融资方式正日益发展起来，信托资金、并购基金等可望成为我国并购融资的重要来源。

（二）证券类融资工具

证券类融资工具主要包括票据和债券两类。票据主要是指商业票据，当然也包括其他一些抵押融资票据和资产支持票据等，我们将以商业票据为例进行介绍。债券包括发行优先债券和从属（次级）债券（包括垃圾债券）等，我们也将有重点地分别加以介绍。

1. 商业票据

商业票据是指由一些信誉优良的大公司发行的一系列短期票据，其主要目的是融通短期资金。商业票据的出售对象一般是规模较大的公司或机构，其偿还期通常在2～270天之间，大多为30天左右。商业票据对安全性要求很高，一般只有信誉极好的大公司才能发行。商业票据可以在二级市场上背书转让。目前，美国金融机构的商业票据已达2 240亿美元。在杠杆收购中，商业票据常作为周转信贷融资的一种方式。

在并购中，票据本身可以作为一种支付手段，比如并购价款一部分以现金形式支付，另一部分以票据的形式承诺支付。另外，在并购前后过程中，并购方出售自己发行的票据，可以获得并购所需资金。

2. 债券

债券是发行者发行的、承诺按照一定利率和本息支付方式到期偿还的书面债务证明。与出售票据可以获得资金一样，发行者可通过发行债券获取融资。

发行债券融资有如下优点：可以较长时间地使用资金；债券利息可以税前支付；发行债券不像发行股票那样，不会稀释股权；发行债券融资的资金成本一般也较低，特别是信誉好的大公司。

发行债券也会遇到一些问题，比如发行债券要受到公司自身财务杠杆的限制，当公司负债率较高时，发行债券融资会加大企业财务风险，甚至引发企业破产。另外，发行债券要受到有关监管当局发行条件的限制，特别是在我国，企业债券的发行还受到严格的限制，通过这种渠道进行融资比较困难。

3. 多层债务融资

多层债务融资包括优先债务融资和次级债务融资。优先债务融资包括有优先权的周转债务和有优先权的定期债务。次级债务融资包括优先次级（从属）债务和次级债务（票据）两种（如图 7—1 所示）。

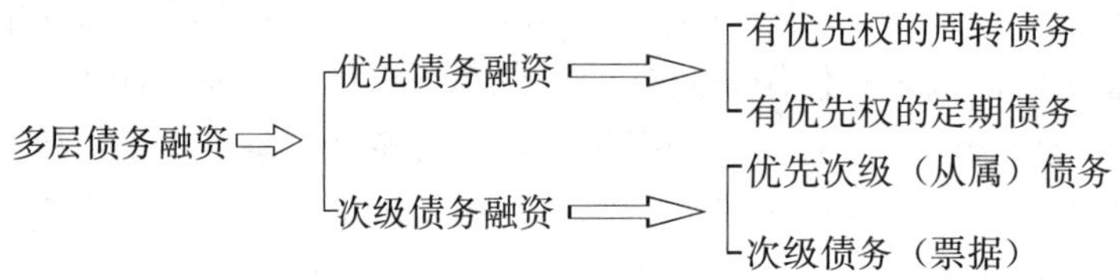

图 7—1　多层债务融资示意图

有优先权的周转债务是一些有抵押担保的短期债务，包括抵押短期贷款、质押短期贷款、优先票据等。担保物可以是固定资产、流动资产、股权，主要用于补充营运资金。由于有优先权的周转债务一般为短期债务，通常不超过 6 个月，因此在所有债务中，其预期收益率最低。

有优先权的定期债务主要包括抵押中长期贷款、质押中长期贷款、优先票据等，需要债务人提供担保抵押，且贷款期限较长，一般为 1～5 年，长的可达 15 年。这种债务的特点是长期、稳定，所要求的收益率高于短期形式的有优先权的周转债务，是支付收购资金的重要来源。

有优先权的周转债务和有优先权的定期债务统称优先债务，在英国，其预期收益率是在伦敦银行同业贷款利率基础上加 2%～3%。在所有债务中，优先债可以优先受偿，债权清偿的风险较小。

优先次级（从属）债务主要是一些无抵押的从属债务，通常不设担保，或者债权人只能得到并购融资中为先偿债务作担保的资产的次级留置权。优先次级（从属）债务一般为投资银行家安排发行，由保险公司、养老金、投资基金持有。优先次级（从属）债务的债务清偿顺序优于次级债务，预期收益率也比优先债务高，一般高于 LIBOR 利率 3.5%～

4%。典型的，如次级债券，它按照美联储的定义，是指不能被担保、期限为五年以上、不能提前兑付、没有联邦机构的保险和担保，在发债人破产时，索取次序相对靠后的债券。

次级债务（票据）最典型的是垃圾债券，我们将在下面进行介绍。

相对于优先债，优先次级（从属）债务和次级债务（票据）都属于次级债务，其受偿等级低于优先债，但预期收益率较高。英国次级债的预期收益率一般高于伦敦银行同业贷款利率 4%～5%。

4. 垃圾债券

垃圾债券是低于投资等级或未被评级的高收益债券，在标准普尔的评级体系中，垃圾债券被定义为 BBB 以下级别的债券；在穆迪的评级体系中，则在 Baa3 以下。在 1977 年以前，高收益债券主要是一些原来被评为投资等级、后来等级下降的债券，即所谓“堕落天使”。

据信，第一笔发行时就低于投资等级的债券是由莱曼兄弟公司于 1977 年发行的。

提到垃圾债券就不能不谈及垃圾债券大王迈克尔·米尔肯（Michael Milken）和他所在的德雷克塞尔—伯恩汉姆公司（Drexel Burnham）。当迈克尔·米尔肯还在宾夕法尼亚大学沃顿金融学院时，他认真地研究了“堕落天使”。他发现，即使考虑了它们所承载的额外风险，它们还是卖得比当今蓝筹公司的债券便宜。根据米尔肯的分析，由“堕落天使”组成的证券组合的表现总是胜过由蓝筹债券组成的证券组合。这中间自然是有道理的：投资者因为谨慎而将“堕落天使”过度贬值。这是一个简单而又极不寻常的发现。由此，他便开始了投资“垃圾债券”之路。

20 世纪 70 年代，他在德雷克塞尔工作时成立了债券买卖部，经他推荐的机构投资者投资的垃圾债券年收益率达 50%。自 1977 年起，米尔肯成为垃圾债券的垄断者，德雷克塞尔迅速成为行业领头人。

20 世纪 80 年代，米尔肯开始把垃圾债券引入收购领域。1982 年开始，德雷克塞尔通过垃圾债券形式发放较大比例的贷款来兼并企业，即杠杆收购。它利用垃圾债券为并购企业提供资金，资金提供者并不需要根据借款人拥有多少资产来发放贷款，而是看被并购的对象拥有多少财力，以被并购对象的资产作为并购者以后偿还资金的保证。

20 世纪 80 年代，米尔肯与在杠杆收购领域曾经最负盛名的美国 KKR（Kohlberg Kravis Roberts）公司合作，以发行垃圾债券的方式实施了震惊世界的雷诺·纳比斯科（RJR Nabisco）公司并购案。此次并购涉及的总金额高达 250 亿美元，而 KKR 本身动用的资金仅 1 500 万美元，其余 99.94%的资金都是靠垃圾债券大王迈克尔·米尔肯发行垃圾债券筹得。然而，具有讽刺意味的是，在此次并购案结束后不久，垃圾债券大王迈克尔·米尔肯因掩盖股票头寸、帮助委托人逃税、隐藏会计记录等罪名被控而判监 10 年、罚款 11 亿美元，并被终身禁止从事证券行业。

从上面不难看出，发行垃圾债券的主要目的是为并购迅速筹集资金，用以弥补通过其他融资方式所不能满足的资金缺口。有时，垃圾债券也会有不同的级别，可以分成有优先权的垃圾债券和没有优先权的垃圾债券两种。

垃圾债券的运用扩大了并购和公司重组的范围，也使并购、重组变得更容易。垃圾债券作为一项金融创新，是对外部融资需求增加、金融自由化、市场竞争加剧和产业重组步伐加快等经济金融环境因素变动的反映。

（三）以资产为基础的融资工具

以资产为基础的融资工具主要包括资产出售拍卖、资产证券化和售后回租等。资产出售拍卖分成两种情况：一是并购方在并购前通过出售、拍卖自己的资产来筹集资金，用于支付并购价款；二是在并购完成后，通过出售、拍卖目标公司的有关资产，实现对目标公司的战略重组、为目标公司正常运作和发展筹集资金或者偿还并购所借资金等目的。下面，我们主要介绍售后回租和资产证券化融资工具。

1. 售后回租

售后回租又称回租租赁，是指由资产的所有者将自己原来拥有的部分财产卖给出租人以获得融资便利，然后再以支付租金为代价，以租赁的方式，再从该公司租回已售出财产的一种租赁交易。资产出售方是承租方，资产收购方是出租方，承租方出售资产的目的是为了融资（非经营目的）。

售后回租是当企业现金周转困难时对企业改善财务状况非常有利的一种做法。通过回租，承租人可以把固定资产变为现金，然后投资于其他方面，并且在租赁期内仍可继续使用这些资产。此外，在某些情况下，承租人通过对那些能够升值的设备进行售后回租，还可获得设备溢价的现金收益。

企业进行并购时，如果急需资金，而又不能从其他渠道获取足够的资金，售后回租就提供了一个可靠的融资来源，它可以将企业的固定资产在不影响企业正常生产经营的情况下变成现金用于并购，以帮助企业克服资金不足的困难。

这种融资方式非常适合杠杆收购。在杠杆收购中，收购方只需拿出一小部分现金，其余部分可以通过本企业资产的售后回租进行融资。这样，在不影响收购企业正常生产经营的情况下，收购方便可获得并购所需资金，资金提供方也因有资产抵押、风险较小而乐于提供资金。收购方在完成并购后，可以借助目标企业产生的现金流来偿还租金。到规定的租赁年限后，一般可以按照约定收回资产。

2. 资产证券化

资产证券化是指将具有共同特征的、流动性较差的盈利资产集中起来，以资产所产生的预期现金流为支撑，在资本市场发行证券进行融资的行为。

资产证券化将资产的风险和收益进行分割与重组，使得参与证券化的各方均可获益。实行资产证券化的一方，可以将流动性较差的资产变现，从而获取所需资金、解决融资问题；投资者通过购买资产支持证券一般可以获得较高的收益，而且由于该证券一般要经过“信用增级”程序，风险也较小。例如，1997 年美国纽科特信贷集团（Newcourt Credit Group）在美国第一联合银行的帮助下，签发了 5.192 亿美元的资产支持票据，用于改善其 1996 年收购 AT&T 资本公司（AT&T Capital）后不佳的财务状况。

资产证券化的程序一般如下：

（1）组建特殊目的机构（special purpose vehicle，SPV）。组建 SPV 并由其完成证券化业务，可以实现被证券化资产与原始资产持有人的其他资产之间的“破产隔离”。

（2）将需证券化的资产注入 SPV，组成资产池。证券化是以资产所产生的现金流为基础，但并不是所有能产生现金流的资产都可以证券化，一般应该选择具有共同特征的、流动性较差、未来现金流量稳定的资产进行证券化。

(3) 以资产为支持发行证券。这个阶段又可以再细分为以下几个步骤：

1) SPV与原始权益人或指定的资产池服务商签订有关协议，由后者负责收取资产产生的现金流，并通过某些账户将扣除了服务费以后的现金流划转到SPV或SPV指定的受托机构的账户。

2) 对资产支持证券进行设计。一般要考虑资产池产生的现金流的特点、投资者的偏好、如何最小化税收成本、如何进行信用增级以获得较高的信用评级等问题。

3) SPV邀请信用评级机构对证券化产品进行评级。一般来说，大部分证券化产品都能获得不低于投资级的信用评级。信用等级越高，表明证券的风险越低，从而使发行证券筹集资金的成本越低。为了获得所需要的信用级别，需要对资产支持证券进行信用增级。

4) 通过证券承销商以公募或私募的方式销售证券化产品，销售完毕之后还可以根据需要，采用挂牌上市等方法增加证券的流动性。

(4) 资产支持证券的偿付。在这里，向投资者偿付本息所需的资金，直接来源于证券化资产产生的现金流。一般来说，向证券投资者偿付的过程，是由资产的原始权益人或指定的资产池服务商，将其收到的现金流转移给SPV或SPV指定的受托机构，再由它们向投资者偿付。

资产支持证券的利息通常是定期支付的，如每月、每季、每半年或每年一次，而本金的偿还日期及顺序要视证券化的资产而定。

这里只是资产证券化的一般程序，各国或地区根据各自的不同情况，又有自己的特征，要视具体情况而定。

二、权益融资工具

权益融资工具主要是指公募或私募发行普通股，具体分成两种形式：一是首次公开发行，即IPO；二是向原股东配售股票或者增发新股。此外，还有换股并购和以权益为基础的融资（主要包括反向回购、股权划出、员工持股计划ESOP等）。

（一）私募和公募

私募是指以少数特定投资者为对象的证券销售，这种销售方式不受那些公开销售证券的法律约束。在美国，证券直接销售的对象如果不多于35个投资者，根据证券法就可以不在美国证券交易委员会进行注册登记。

私募发行的对象大致有两类：一类是个人投资者，如公司老股东或发行机构的员工；另一类是机构投资者，如大的金融机构或与发行人有密切往来关系的投资人等。私募发行有确定的投资人，发行手续简单，可以节省发行时间和费用。私募发行的不足之处是投资者数量有限、流通性较差，而且也不利于提高发行人的社会信誉。

公募又称公开发行，是指发行人通过中介机构向不特定的社会公众广泛地发售证券。在公募发行情况下，所有合法的社会投资者都可以参加认购。为了保障广大投资者的利益，各国对公募发行都有严格的要求，如发行人要有较高的信用，并符合证券主管部门规定的各项发行条件，经批准后方可发行。

公募发行和私募发行各有优劣。一般来说，公募发行是证券发行中最基本、最常用的方式。然而，在西方成熟的证券市场中，随着养老基金、保险公司等机构投资者的迅速增长，私募发行近年来呈现出逐渐增长的趋势。目前，我国境内上市外资股（B股）的发行几乎全部采用私募方式进行。

（二）首次公开发行

首次公开发行（又称首次公开上市，即IPO）是指第一次向社会公众发行公司的证券，通常是普通股。因为公开发行涉及面广，一般各国都制定了一系列的法律法规对其进行规范。

通过IPO进行融资，有以下好处：可以获得较充足的资本来源，可以长期使用而不用担心偿还问题；可以增加公司的知名度，树立企业良好的形象，客观上起到了广告与促销的作用；可以增加员工信心和对人才的吸引力；便于并购活动的进行——公司公开上市后可以通过后续的发行来获得并购所需的资金。另外，如果公司上市后通过换股的方式进行并购，我们可以很方便地在市场上观察到其股票的市场价值。利用市场对股票价值进行评估，既公正、客观，又省去了对非上市公司进行评价的烦琐程序。

通过IPO进行融资，在某些方面也有不利之处：

（1）IPO方式比较费时。在美国，通常发行人与承销商要花60～90天做各种准备工作。而从开始向美国证券交易管理委员会（SEC）注册到注册生效至少得再用一个月的时间，特别是一些发行人准备采用IPO方式，但在做了大量的准备之后才发现无法达到SEC的要求。如果用此方式对并购进行融资，可能会贻误战机，导致并购失败。

（2）采用IPO方式可能会削弱公司原有股东对公司的控制权，这可能是一些股东所不能接受的。

（3）公司上市后，公司原有股东要按照“同股、同权、同利”的要求，与新的股东分享公司的收益。

（4）公司上市后，要面临各种对公众公司的法律约束。例如，法律规定的法定信息披露义务，对公司来说就是一个很大的压力。这些要向公司股东披露的财务信息以及公司发展经营的情况等，对于一个私人业主来说往往是保密而且可以不公开的重要信息，而对上市公司来讲，则是必须披露的信息。这些信息的披露可能会对公司的竞争产生不利影响。

（5）采用IPO具有较高的成本。在公开发行过程中要支出一系列的费用，如承销商的承销费用、会计师的费用、律师的费用以及注册费、审查费等。公司公开发行后，还要支付进行信息披露以及给律师与会计师的各种费用。

（三）配股和增发

与首次公开发行股票不同，上市公司向社会公开发行新股，是指向原股东配售股票（即配股）和向全体社会公众发售股票（即增发）。

增发是指上市公司以公开募集的方式向社会增资发行股份的行为。配股是指当上市公司为增加公司资本而决定增加发行新的股票时，原普通股股东享有的按其持股的比例，以低于市价的某一特定价格有限认购一定数量新发行股票的权利。拥有配股权利的投资者（截至股权登记日闭市时拥有该股股份者）在配股缴款期（在我国一般为10个工作日）应亲自办理配股缴款手续，过期不办理视为放弃配股权利。配股完成后，经过一段时间就可以上市流通。

在我国，要想通过配股、增发的形式筹集资金，应满足《中华人民共和国公司法》、《中华人民共和国证券法》、《上市公司新股发行管理办法》以及《关于上市公司增发新股有关条件的通知》等法律法规所规定的条件。

（四）其他权益融资工具

其他权益融资工具主要是指换股并购和以权益为基础的融资，主要包括反向回购、股权划出、员工持股计划 ESOP 等。

换股并购就是以公司股票本身作为并购的支付手段付给被并购方。通常说来，根据换股方式的不同又可分为增资换股、库藏股换股、母公司与子公司交叉换股等等。相对于现金并购而言，换股并购具有自身的优势：换股并购使得收购不受并购规模的限制，一般大型或超大型并购要采用或部分采用换股的方式进行；换股并购通常会改变并购双方的股权结构；可避免大量现金短期流出的压力，降低了并购风险；另外，换股并购还可以取得税收方面的好处。但是，换股并购一般要受到各国有关法律法规的限制。因此，在一些金融市场环境不完善、新股发行审批等制度较严格的国家，换股并购的运用难以得到充分的发展。这也是换股并购在我国上市公司并购中运用尚不广泛的主要原因之一。

反向回购与回购相对应。回购是指公司购回自己的股份；反向回购是指公司将购回的股份出售，并通过这种方式进行融资。股权划出是指公司通过首次公开发行，将一小部分股份卖掉，比如全美最大的图书销售商 Barnes & Noble 通过首次公开发行出售其在线业务部分股权，为该公司带来了约 1 亿美元的资金，并且仍有该部分业务的控制权。但是，反向回购和股权划出目前在我国都有一定的法律法规限制。

员工持股计划（employee stock ownership plans，ESOP）是美国公司率先实行的一项员工福利计划。具体地说，就是在一系列的法律规范下，鼓励员工持有本公司股票的计划。ESOP 一般可以分成杠杆型 ESOP 和非杠杆型 ESOP 两种。

非杠杆型 ESOP（non-leveraged ESOP）是指公司每年向该计划贡献一定数额的公司股票或用于购买股票的现金，而由员工持股信托基金会持有员工的股票，并定期向员工通报股票数额和价值。当员工退休或因故离开公司时，将根据一定年限的要求取得相应的股票或现金。

杠杆型 ESOP（leveraged ESOP）是通过借款等财务杠杆来实现该计划。首先，成立员工持股信托基金会；然后，由银行贷款给公司，公司借款给员工持股信托基金会，或者由公司担保，银行直接借款给员工持股信托基金会，用于购买公司股票；购入的股票由员工持股信托基金会掌握，利用所持股票分得的股利和公司其他福利计划（如职工养老金计划等）获得的资金归还银行贷款；随着贷款的归还，按照事先确定的比例，将股票逐步转入职工账户，贷款还清后，股票全部归职工所有；当职工退休或因故离开公司时，按照一定条件取得相应的股票或现金。

ESOP 除了可以为员工提供福利以外，还为公司提供了一种新的融资方式。实施 ESOP 可以使公司低利率地借入资金，因为贷款人在缴纳所得税时，一般可以扣除其贷款给 ESOP 所得利息收入的 50%。

三、混合融资工具

混合融资工具主要包括可转换证券（可转换债券、可转换优先股）、优先股、认股权证等。下面分别进行简要介绍。

（一）可转换证券

可转换证券主要是指可转换债券和可转换优先股。可转换优先股是指允许优先股持有人在特定条件下把优先股转换为一定数额的普通股，我们将在优先股部分对其进行叙述，下面重点介绍可转换债券。

可转换公司债（以下简称可转债）类似于一种附有认股权的债券，它赋予持有人可以选择在一定时期内，按照约定的价格或比例将其转换成股票的权利。可转债的持有人既能获得稳定的利息收入，又能选择在适当的时机将其转换成股票，获取股价上涨带来的收益。

从理论上讲，可转债的价值可以用三部分来描述，即纯债券价值、转换价值和期权价值。纯债券价值是指可转债如果不转成股票，纯粹作为一种债券的价值；转换价值是指债券如果能以当前的价格立即转成股票应当具有的价值；期权价值是指可转换债券持有人具有的、可以根据市场上股票价格的变动、选择将可转债转成股票或继续持有债券这样一种权利的价值。

可转债的价值要高于纯债券价值和转换价值，高于纯债券价值是显而易见的。高于转换价值的原因是，如果低于它，那么会产生套利机会，即当可转债价格低于转换价值时，人们可以通过买入可转债并立刻转成股票，然后将股票抛出获利。当然，前提是处于转换期内，并可以自由转换。由于期权价值与股票价格正相关，因此可转债的价值等于纯债券价值与转换价值两者之较大值与可转债期权价值之和。

近年来，通过发行可转债进行融资的公司逐渐增多。截至 2010 年，在我国证券市场上交易的可转债共有 12 只，具体参见表 7—5。

表 7—5　　目前我国证券市场上正在交易的可转债

代码	110003	110007	110008	110009	110078	113001
名称	新钢转债	博汇转债	王府转债	双良转债	澄星转债	中行转债
代码	113002	125709	125731	125960	126630	128233
名称	工行转债	唐钢转债	美丰转债	锡业转债	铜陵转债	塔牌转债

（二）优先股

优先股是与普通股相对应的，是指股份公司发行的、在分配红利和剩余财产时相对普通股具有优先权的股份。优先股也是一种没有期限的所有权凭证，优先股股东一般不能在中途向公司要求退股（少数可赎回的优先股例外）。

优先股通常预先定明股息收益率。由于优先股股息率事先固定，所以优先股的股息一般不会根据公司经营情况而增减，而且一般也不能参与公司的分红，但优先股可以先于普通股获得股息。对于公司来说，由于优先股股息固定，它不影响公司的利润分配。

优先股的权利范围小。优先股股东一般没有选举权和被选举权，而且对股份公司的重大经营也无投票权。但在某些情况下，比如涉及优先股股东的切身利益时，按照有关法规和公司章程的规定，优先股股东可以享有投票权。

优先股的优先权主要表现在两个方面：①股息领取优先权。股份公司分派股息的顺序是优先股在前，普通股在后。股份公司不论其盈利多少，只要股东大会决定分派股息，优先股就可按照事先确定的股息率领取股息，即使股息普遍减少或没有股息，优先股亦应照常分派股息。②剩余资产分配优先权。股份公司在解散、破产清算时，优先股具有公司剩余资产的分配优先权。不过，优先股的优先分配权在债权人之后、普通股之前。只有还清公司债权人债务之后还有剩余资产时，优先股才具有剩余资产的分配权。只有在优先股索偿之后，普通股才参与分配。

优先股的种类很多，主要分成以下几种。

1. 累积优先股和非累积优先股

累积优先股是指在某个营业年度内，如果公司所获的盈利不足以分派规定的股利，那么在此之后，优先股的股东对以往付给的股息有权要求如数补给。对于非累积优先股，虽然对于公司当年所获得的利润有优先于普通股获得分派股息的权利，但如果该年公司所获得的盈利不足以按规定的股利分配时，非累积优先股的股东不能要求公司在以后年度予以补发。一般来说，对投资者而言，累积优先股比非累积优先股具有更大的优越性。

2. 参与优先股与非参与优先股

当企业利润增大，除享受既定比率的利息外，还可以跟普通股共同参与利润分配的优先股，称为参与优先股。除了既定股息外，不再参与利润分配的优先股，称为非参与优先股。一般来说，参与优先股较非参与优先股对投资者更为有利。

3. 可转换优先股与不可转换优先股

可转换优先股是指允许优先股持有人在特定条件下把优先股转换为一定数额的普通股，否则就是不可转换优先股。可转换优先股是近年来日益流行的一种优先股。

4. 可收回优先股与不可收回优先股

可收回优先股是指允许发行该类股票的公司，按原来的价格再加上若干补偿金将已发行的优先股收回。当该公司认为能够以较低股利的股票来代替已发行的优先股时，就往往行使这种权利；反之，就是不可收回优先股。

发行优先股有相应的好处：不会削弱普通股股东的控制权；股息支付固定，并且具有一定弹性；公司没有盈利时可以不支付股息，不像债务那样会带来财务压力等。但优先股的发行受各国法律的限制较多。另外，目标公司股东是否接受优先股作为支付手段，也受其偏好影响。

国际上利用优先股进行并购融资也是屡见不鲜，如 1983 年英特-诺思公司（InterNorth）并购贝尔科石油公司（Belco Petroleum）就是利用优先股筹措的并购资金。在我国，由于受到法律的限制，目前利用此工具进行并购融资尚不可行。

（三）认股权证

认股权证（warrant）也称认股权证书，是一种赋予其持有者以某一预定价格，在某一预定期间或在未来任何时候，购买一定数量股票的权利证书。

认股权证一般采取两种方式发行。最常用的一种方式是在新发行优先股或公司债券等证券时，对优先股或公司债的投资者发行认股权证，因投资者对认股权证无须支付认购款项，所以可增强公司优先股或债券对投资者的吸引力。

另一种发行方式为单独发行。这可看做公司对老股东的一种回报，是按老股东的持股数量以一定比例对其发放；也可以面向公众（如并购资金的提供者）发行。认股权证的交易既可以在交易所内进行，也可以在场外交易市场进行，其具体交易方式与股票类似。

认股权证的行使价，即以认股权证换取普通股的成本价，其计算公式如下：

$$行使价=\frac{认股权证的市价\times每手认股权证的数目}{每手认股权证可换的普通股数目}+认股价 \quad (7—11)$$

认股权证的价值，包含理论价值和投机价值两方面。

$$\begin{matrix}认股权证的\\理论价值\end{matrix}=\left(\begin{matrix}公司发行的普通股\\的市场价格\end{matrix}-\begin{matrix}认股权证的\\认购价格\end{matrix}\right)\times换股比率 \quad (7—12)$$

认股权证的理论价值在很大程度上取决于普通股的市价。如果普通股的市价高于认股价格，则认股权证的理论价值就可能大于零；如果普通股的市价等于认股价格，则认股权证的理论价值就可能等于零。但认股权证的价值不会小于零，因为认股权证本身还具有投机价值，即所谓期权价值。如果普通股的现行市价低于认股价格，这只应看做一种暂时现象，它并不意味着认股权证毫无价值。只要认股权证没有到期，股价就仍有超越认股价的机会，认股权证的价值就会大于零。

在并购中，认股权证的作用在于：在使用优先股、公司债等形式融资时，如果附加认股权证，可以增加对投资者的吸引力，使融资得以顺利完成。另外，使用认股权证作为融资支付手段，可以赋予目标公司股东一种选择权，他们可以选择成为并购方的股东或是将其卖掉获取现金，这也增加了对目标公司股东的吸引力。

第三节　并购支付

在公司并购活动中，支付是完成交易的最后一个环节，也是一宗并购交易能否最终成功的重要因素之一。在实践中，公司并购的支付方式主要有现金支付方式、股票支付方式、综合证券支付方式以及其他支付方式。

一、现金支付方式

现金支付方式是指以现金作为支付手段的一种并购支付方式。具体来讲，可以分成现金购买资产（cash for assets）和现金购买股份（cash for stock）两种。现金购买资产是指并购方以现金购买目标公司的全部或者部分资产，将其并入并购方或者对目标企业实施经营管理控制权。现金购买股份是指并购方以现金的形式购买目标公司的全部或部分股份，达到控制目标公司的目的。

现金支付是企业并购活动中既清楚又迅速的一种支付方式，在各种支付方式中占有很高的比例。据美国第一波士顿公司对并购活动支付方式的分析，1981—1985 年美国约有一半以上的交易是以现金支付的。

现金支付方式的优点主要有：第一，现金支付方式清楚明了，没有复杂的技术和程序，易于被并购各方所接受；第二，就并购方而言，以现金作为支付工具的最大优势就是速度快，可使有抵触情绪的目标公司措手不及，无法获得充分的时间实施反收购措施，同时也使与收购公司竞购的公司或潜在对手公司因一时难以筹措大量现金而无法与之抗衡，有利于收购交易尽快完成，所以该方式常用于敌意收购；第三，对于目标公司来说，在此方式下它可以立刻收到大量现金。正如一句西方格言所说“cash is king”，目标公司股东收到现金就相当于收到了一个选择权，他们可以将其用于任何他们愿意的合法用途，而不必像其他支付手段那样承担较大的风险，并且现金支付方式的交割程序十分简单，所以常常是目标公司最乐意接受的一种并购支付方式。

现金支付方式也有不足之处：首先，对于并购方而言，以现金收购目标公司是一项沉重的即时财务负担。一般公司的内部资金满足不了并购资金需求，要采用各种融资工具、从各种融资来源进行融资。但是，一旦资金链条出现断裂，就会使并购失败，严重的还会导致并购公司财务危机甚至破产。其次，对于目标公司的股东而言，现金收购方式使他们无法推迟资本利得的确认，从而提早了纳税时间，不能享受税收上的优惠。这一缺陷对于目标公司的中小股东、短期投资者和政府养老基金等免税机构而言利害关系不大，但对于公司大股东或处于高税率等级的股东而言，现金支付方式也许不能有效地诱使他们出让股份和控制权，这时要考虑采用减轻税务负担的特殊安排，如采用推迟、分期支付方式或者采用其他支付方式。

二、股票支付方式

股票支付方式也可以分成股票购买资产（stock for assets）和股票交换股票，即换股并购（stock for stock）。股票购买资产是指并购方以自身的股票或股权来交换目标公司的全部或者部分资产的并购方式。股票交换股票，或称为换股并购，是指并购方用自身的股票或者股权来交换目标公司的股票或者股权。下面重点介绍换股并购的方式。

换股并购视具体情况可分为三种：增资换股、库存股换股和母子公司交叉换股。增资换股是指并购公司采用发行新股的方式来替换目标公司原来的股票，从而达到并购的目的。库存股换股，即并购公司可将其库存的那部分股票用来替换目标公司股票。美国等国家的法律允许公司回购其自身的股票作为库存股，当然也可以将其用于替换目标公司的股票，但在我国，这种方式目前仍存在法律方面的限制。母子公司交叉换股是并购公司本身、其母公司和目标公司之间都存在换股的交叉关系。通常在换股之后，目标公司不是消亡，就是成为并购公司的子公司，或是其母公司的子公司。

换股并购的主要优点是：第一，并购方不需要支付大量现金，不会造成巨大的即时财务压力；第二，并购交易完成后，目标公司纳入并购公司，但目标公司的股东仍保留相应的股东权益，能够分享并购所实现的价值增值；第三，目标公司的股东可以推迟收益实现时间，享受税收优惠。例如美国国内税收署（Internal Revenue Service，IRS）规定，如果目标公司股东收到的对价中至少有50%为股票（无论有无投票权），那么根据权益持续原则（continuity of interest），他们无须就收到股票部分的资本利得纳税。

当然，换股并购也有不足之处：首先，对并购方而言，换股并购将改变其原有的股权结构。比如，增资换股将稀释原有股东权益，其结果甚至可能使原先的股东丧失对公司的控制权。其次，股票发行、回购等行为，在不同国家都要受到证券监督管理部门以及所在证券交易所有关规则的限制，手续一般较为烦琐、迟缓，这使得竞购对手有时间组织竞购，亦使不愿被并购的目标公司有时间部署反收购措施。最后，采用换股并购的支付方式，还要承担股票价格大幅波动的风险。

由于以上的特点，换股并购多用于善意收购。比如2001年9月4日，惠普宣布通过换股的形式收购康柏电脑，根据协议规定，康柏股票持有者将以1∶0.632 5的比率将手中的康柏股换成惠普股。合并后的新公司业务范围涉及160个国家，拥有员工14.5万名，年销售收入达到874亿美元。

三、综合证券支付方式

综合证券支付是指并购公司对目标公司提出收购要约时，其出价为现金、股票（普通股和优先股）、认股权证、可转换债券等多种形式的组合。

认股权证也称认股权证书，是一种赋予其持有者以某一预定价格、在某一预定期间或在未来任何时候购买一定数量股票的权利证书。优先股与普通股相对应，是指股份公司发行的、在分配红利和剩余财产时相对于普通股具有优先权的股份。可转换公司债类似于一种附有认股权的债券，它赋予持有人可以选择在一定时期内、按照约定的价格或比例将其转换成股票的权利。可转债的持有人既能获得稳定的利息收入，又能选择在适当的时机将其转换成股票，获取股价上涨带来的收益。

并购公司在收购目标公司时，采用综合证券支付方式将多种支付工具组合在一起，就可以取长补短，满足并购双方的需要。采用综合证券支付方式尽管会使并购交易变得有些烦琐，但具有少付现金、避免本公司财务状况恶化、防止控股权转移等优势。正因为如此，在各种出资方式中，综合证券支付方式呈逐年递增的趋势。当然，这种支付方式的风险也是显而易见的，如果搭配不当，非但不能尽各种支付工具之长，反而有集它们之短的可能。因此，在设计综合证券支付计划时，要征求专业人员和机构的意见，充分考虑市场可能的反应，做到谨慎周密，使并购顺利完成。

四、其他支付方式

1. 承债式支付方式

承债式支付方式是指在目标公司的资产与债务基本等价的情况下，并购公司以承担目标公司的债务为条件对其进行并购，而并购公司不需要支付资金或者象征性地支付少量资金的一种方式。

承债式支付方式是一种比较特殊的并购支付方式。在我国现阶段，由于历史因素等多方面原因，许多国有企业负债率奇高，效益不佳，积欠银行大量贷款，并且带来下岗失业等一系列社会问题。因此，应当支持鼓励引入民营资本、国外资本，采用承债式并购支付方式，对一些国有企业进行改组、改造，使其重新焕发生机。

2. 卖方融资

卖方融资是指并购公司在收购目标公司时，并不立即支付全部并购价款，只需要先支付其中一部分，其余价款按照协议规定，在并购后的若干年内分期支付。在企业并购中，一般是由并购方进行融资，然后支付给目标企业，但如果并购方无法获得足够的资金，或者由于获取资金的成本太高、代价太大等原因导致并购方不愿从外部融资，而卖方愿意将资产出售给收购方或者急于出售资产，那么卖方可能会给买方提供信用，其一般形式是在分期付款条件下，以卖方融资的支付方式购买目标企业。有的协议规定，分期支付的价款根据未来企业的经营效益而变动，企业的效益越好，所需支付的款项就会越高。

五、影响支付方式选择的因素

支付方式对并购双方的利益都有很大的影响，需要考虑多方面的因素。

（一）并购方选择支付方式的影响因素

并购方选择支付方式时，要考虑以下影响因素。

1. 并购公司的实际情况

并购公司的实际情况主要包括公司是否上市，公司的财务结构和现金流量水平、融资能力等。如果并购方是一家非上市公司，一般要用现金收购，因为卖方一般不希望把自己的投资锁定在一种缺乏流动性的证券上；如果并购方是上市公司，其选择就有较大灵活性，除现金外还可选择普通股、优先股或认股权证等方式。

另外，公司的财务结构和现金流量水平也是需要考虑的重要因素。如果并购公司的杠杆比率较高，一般它不会采用现金收购或发行债券，而倾向于股权融资。如果并购公司未来有充足的现金流量，则可以考虑现金支付，增加负债水平；如果并购公司的现金流量不宽裕，则可以考虑分期付款或股票收购。

融资能力也是一个重要因素。如果并购方有广泛的融资渠道，就可以很容易地筹集到并购所需资金，那么其对支付方式的选择范围也就宽一些。相反，并购方如果融资能力不足，则选择范围就窄些。

2. 税收

合理有效的节税是影响公司选择支付方式的重要因素之一。西方在 20 世纪 80 年代流行的杠杆收购就是通过对资产的重新估值取得更大的折旧避税，同时较高的财务杠杆也会产生更大的利息避税。例如，当目标公司的资产账面价值小于其市场价值时，有利于采用现金收购，因为并购方可以通过收购过程中的资产评估增值，增加折旧减税；但现金并购使得目标公司股东的资本收益税要立即确认，从而降低目标企业股东的税后收益。

3. 支付金额和所需融资额的大小

并购支付方式的选择与支付金额和所需融资额的大小直接相关。如果并购涉及的金额不是很大，采用股票和综合证券支付方式是不经济的。因为发行股票等证券，需要通过证券交易所等有关部门的审查和批准，是一项耗时费力的工作，所以一般采用现金支付方式。如果并购涉及的支付和所需融资金额都很大，则一般采用股票或综合证券支付方式。因为筹集巨额现金可能会给公司带来巨大的财务压力，并可能会影响到并购后公司整合和运营的资金需求及运用；而采用股票和综合证券等支付方式，由于规模经济等效应的影响，可能会更经济一些，相对来讲也较容易得到有关监管当局的批准。

4. 融资成本

选择支付方式就不能不考虑融资成本的问题，第一节曾提到过一些融资成本的算法。这里需要注意的是，计算资金成本时也要考虑公司自有资金的成本，它一般用公司投资的必要报酬率来衡量，这个报酬率至少要等于投资者自己用同样的资金进行投资所能获得的报酬率，否则公司运用资金是没有效率的，应当将其分配给投资者，而不应当留在公司内。

在计算出各种资金来源的成本后，我们就可以运用以前学过的加权资金成本和边际资金成本的计算方法，计算出各种支付方式的成本并进行比较，选出最佳的支付方式。

5. 其他因素

例如，不同支付方式可能带来的股价下跌等市场风险，各国法律法规的限制等因素。

（二）目标公司选择支付方式的影响因素

1. 股东收益的增加程度

对目标公司股东来讲，并购应能带来收益的增加，至少不能损害其利益，他们才愿意出让控制权和所有权。而不同支付方式所带来的股东权益增加程度是不同的，这里便存在一个选择问题。如果选择现金支付方式，一旦公司被收购，目标公司的股东就可以得到并购公司支付的现金，因而收益是明确的、固定的和即时的。如果选择股票等证券支付方式，收益也变为不确定的，其好坏直接取决于并购后公司的业绩、市场状况、宏观经济走势等一系列因素。

目标公司股东可以根据各自不同的风险偏好及相应的效用函数来确定选择何种支付方式最能满足自己收益最大化的目的。

2. 税收

在许多国家，若并购公司向目标公司支付现金，目标公司的股东在收到现金后要立即向政府交纳所得税；而采用股票收购方式，目标公司的股东就可以享受相应的税收减免或延迟纳税的好处。例如，目标公司的股东不必立即交纳所得税，只有目标公司的股东按规定要求出售时，才交纳相应的赋税。又如，美国国内税收署规定，如果目标公司股东收到的对价中有至少50％为股票（无论有无投票权），他们就不用对收到股票部分的资本利得纳税。

因此，目标公司股东在计算自己的收益时，是要考虑税收因素的，应以税后收益作为评价各种支付手段的标准。

3. 其他因素

例如，一些家族企业的股东可能希望在并购后仍能保持原企业的少数股权，或者以后认购相应股票的权利，这就会涉及支付方式的选择问题。

(三) 其他一些影响因素

1. 信息不对称

信息不对称现象普遍存在，就企业而言，企业管理者总比外部有关人员具有信息优势。在选择并购支付方式时，并购方的经理人员决策往往会给人们传输这样的信号：当并购企业选择现金并购时，说明其股票价值被市场低估了；当并购企业选择换股并购时，说明其股票价值被市场高估了。因此，在信息不对称的条件下，现金并购往往使并购方股价趋于上升，而换股并购则会使股价趋于下跌。

2. 风险因素

在信息不对称的情况下，并购方无法像目标企业那样真正了解目标企业的内在价值。这样一来，并购方在并购过程中就要冒支付过高溢价的风险。若并购是采用现金支付方式，则所有风险将由并购方承担；若并购采用换股并购等方式，目标企业股东和并购方一起承担风险。因此，并购目标企业的风险越大，越可能采用换股并购等方式；反之，则采用现金支付方式的可能性大些。

3. 收购方式

企业并购的支付方式受并购方式的影响。例如，在敌意并购的情况下，一般采用现金并购支付方式，因为该方式较股票并购更为简便、迅速，使具有抵抗情绪的目标企业管理者措手不及，难以实施反并购策略，同时也使与并购公司竞购的公司或潜在对手公司因一时难以筹措大量现金而无法与之抗衡，有利于并购交易尽快完成。

4. 经济周期

企业并购的支付方式受整个经济状况的影响。当经济景气时，股票市场前景看好，大家乐于接受股票，则选择普通股为支付方式的可能性更大；反之，当经济不景气时，股票市场低迷，选择其他支付方式可能更容易被接受。

六、公司并购支付方式的实际应用

在我国，目前还没有并购方面的详细统计资料，但从我国上市公司披露的公开信息来看，通过现金支付方式进行并购的不在少数；同时，上市公司通过配股、增发新股来并购企业的情况也频频出现。相对而言，综合证券支付方式使用较少，但也有使用。例如，2002 年青岛啤酒与美国著名啤酒酿造商安海斯-布希公司（简称 AB 公司）签署协议，青岛啤酒将分三次向 AB 公司发行总额为 1.82 亿美元的定向可转换债券，该债券在协议所规定的 7 年内全部转换成股权，届时 AB 公司在青岛啤酒中的股权将从当前的 4.5%增加到 27%。另外，我国还有承债收购、政府无偿划拨等具有中国特色的并购方式。

在国外，不少国家（特别是美、英等国）并购方面的统计资料相对全面，我们可以看到，按照使用频率高低来分，依次为现金支付方式、股票支付方式和其他支付方式。如表 7—6 所示，在我们考察的时间段内，英国除了 1972 年、1983 年和 1985—1987 年，其余所有年份的收购至少有 50%是以现金作为支付手段。1987 年 10 月，以美国为代表的全球股市出现大崩盘，而在当年使用现金和股票作为支付手段的收购分别占 35%和 60%。在崩盘后的 1988 年，收购中运用现金的占 70%，运用股票的只占 22%；而在多数年份，收购行动中运用其他支付手段的不过 10%，最高的是在 1972 年（为 23%）。1997 年，在美国所有并购交易中，有 51%用现金支付，有 32%以上用股票支付，只有不足 17%利用其他支付方式。

表 7—6　　1972—1992 年英国并购支付方式

年份	总额（百万英镑）	现金（%）	普通股（%）	其他（%）
1972	2 532	19	58	23
1973	1 304	53	36	11
1974	508	68	22	9
1975	291	59	32	9
1976	448	72	27	2
1977	824	62	37	1
1978	1 140	57	41	2
1979	1 656	56	31	13
1980	1 475	52	45	3
1981	1 144	68	30	3
1982	2 206	58	32	10
1983	2 543	44	54	2
1984	5 474	54	34	13
1985	7 090	40	52	7
1986	15 370	26	57	17
1987	16 539	35	60	5
1988	22 839	70	22	8
1989	27 250	82	13	5
1990	8 329	77	18	5
1991	10 434	70	29	1
1992	5 939	63	36	1

资料来源：英国中央统计局：《英国的收购与兼并》，1993。

第四节　我国的并购融资与支付

在前面几节，我们介绍了并购融资和支付的有关知识，它们大部分是西方发达市场经济国家上百年并购历史的理论总结。具体到中国，因为国情不同，情况自然有所不同，下面介绍一下我国的并购融资与支付。

一、我国并购融资工具

在我国，并购融资的工具大体上也可以分成债务融资工具、权益融资工具和混合融资工具。但每一类工具所包含的具体融资工具，根据我国自身的特点又有所不同，有的融资工具是国外有而中国没有的，有的是中国有而国外没有的（如无偿划拨），有的是同样的工具在中国和国外却大相径庭的。

（一）债务融资工具

如前所述，债务融资工具主要有贷款、证券和以资产为基础的融资。贷款融资工具主要包括定期贷款、周转性贷款以及私人和公共债务。证券融资工具分成票据和债券。以资产为基础的融资主要有售后回租、资产证券化和资产拍卖等。

在我国债务融资工具中，贷款类融资工具主要有银行长期信贷以及私人和公共债务；证券类融资工具，如票据和债券（不包括可转债），目前在我国并购领域尚属空白；而以资产为基础的融资工具，如售后回租、资产证券化和资产拍卖，使用的也并不多。

1. 银行贷款

在我国，将贷款人（根据《贷款通则》规定，是指在中国境内依法设立的、经营贷款业务的中资金融机构）提供的周转性贷款或称过桥贷款用于并购融资是受到限制的。1996年8月1日起实施的《贷款通则》对借款人的资格、权利、义务及相关责任做出了明确规定。第四章第二十条列举了几种对借款人的限制情况，第三款规定：不得用贷款从事股本权益性投资，国家另有规定的除外。从这里可以看出，在我国，贷款人对企业并购提供资金支持是受到严格限制的。

根据中国证券监督管理委员会令第35号，《上市公司收购管理办法》于2006年5月17日在中国证券监督管理委员会第180次主席办公会议上审议通过，自2006年9月1日起施行。2008年8月27日，中国证券监督管理委员会公布了《关于修改〈上市公司收购管理办法〉第六十三条的决定》，并自公布之日起施行。

《上市公司收购管理办法（2006）》第六条中规定，任何人不得利用上市公司的收购损害被收购公司及其股东的合法权益，提出如果存在收购人负有数额较大的债务，到期未清偿，且处于持续状态这一情形时，不得收购上市公司。

目前，银行长期信贷资金在企业并购中主要用于并购完成后的企业流动资金增补及大规模的结构调整和更新改造。

2. 私人和公共债务

在我国，通过私人和公共债务融资，主要是以民间借贷、信托资金和 MBO 基金等形式进行的。

(1) 民间借贷。它是指公民之间、公民与法人之间或公民与其他组织之间的借贷关系，由于《中华人民共和国商业银行法》和国务院发布的《非法金融机构和非法金融业务活动取缔办法》将未经中国人民银行批准从事存贷款等金融业务的活动界定为非法，因此法人及其他组织之间不得进行借贷活动。

民间借贷融资成本较高，通常借款利率比银行贷款利率要高。根据最高人民法院《关于人民法院审理借贷案件的若干意见》的规定，民间借贷的利率可以适当高于银行的利率，但最高不得超过银行同类贷款利率的四倍（包含利率本数）。超出此限度的，超出部分的利息不予保护。

在我国并购（尤其是 MBO）中，常常对并购融资来源语焉不详。事实上，确有一部分是通过民间借贷等不便公开的方式进行融资的。

(2) 信托资金。根据《中华人民共和国中国人民银行法》等法律和国务院有关规定，中国人民银行制定了《信托投资公司管理办法》，并于 2001 年 1 月 10 日发布实施，其目的是加强对信托投资公司的监督管理，规范信托投资公司的经营行为，促进信托投资公司的健康发展。2001 年 4 月 28 日，中华人民共和国第九届全国人民代表大会常务委员会第二十一次会议通过了《中华人民共和国信托法》，并从 2001 年 10 月 1 日起开始施行。2002 年，中国人民银行又制定了《信托投资公司资金信托管理暂行办法》，并从 2002 年 7 月 18 日起开始施行。这些法律法规的颁布实施为信托成为并购的合法资金来源铺平了道路。

根据中国人民银行发布的《信托投资公司资金信托管理暂行办法》的规定："资金信托业务是指委托人基于对信托投资公司的信任，将自己合法拥有的资金委托给信托投资公司，由信托投资公司按委托人的意愿以自己的名义，为受益人的利益或者特定目的管理、运用和处分的行为。除经中国人民银行批准设立的信托投资公司外，任何单位和个人不得经营资金信托业务，但法律、行政法规另有规定的除外。"

信托投资公司通过资金信托的方式，可以将分散的社会资金集中到一起，按照信托文件的规定将集合资金贷给并购主体，为其融通资金，也可以根据投资目的和对象的不同，设计不同的信托计划。但《信托投资公司资金信托管理暂行办法》同时规定："信托投资公司集合管理、运用、处分信托资金时，接受委托人的资金信托合同不得超过 200 份（含 200 份），每份合同金额不得低于人民币 5 万元（含 5 万元）。"此规定的目的，主要是为了防止资金信托业务成为变相吸收公众存款。在设计信托融资方案时，要重点关注融资期限、还款资金来源、融资担保等问题。

(3) MBO 基金。MBO 基金是指专门为 MBO 成立的风险基金，它参与 MBO 的运作，可以集融资与投资于一体，在具体操作方案的设计与实施上较为灵活。2002 年 11 月 18 日，上海荣正咨询公司发起的国内第一家开放式 MBO 基金俱乐部——利宝资本俱乐部挂牌。随后，由亚商企业咨询公司发起的专事 MBO 基金的泛亚策略投资有限公司也宣告成立。

但是，我国MBO基金才刚刚起步，资本规模在短期内还很小。同时，国内有关该类基金的相关立法尚未出台，这就给此类基金的运作造成一定的法律障碍。

3. 证券类融资工具

在债务工具里的证券类融资工具，包括票据融资、债券融资（不包括可转债），用于并购融资都会受到相应法律法规的限制。

《中华人民共和国公司法》和《中华人民共和国证券法》对发行公司债的条件进行了限制：《中华人民共和国公司法》第一百五十四条规定，公司发行公司债券应当符合《中华人民共和国证券法》规定的发行条件。《中华人民共和国证券法》第十六条规定，公开发行公司债券，应当符合下列条件：

（1）股份有限公司的净资产不低于人民币三千万元，有限责任公司的净资产不低于人民币六千万元。

（2）累计债券余额不超过公司净资产的百分之四十。

（3）最近三年平均可分配利润足以支付公司债券一年的利息。

（4）筹集的资金投向符合国家产业政策。

（5）债券的利率不超过国务院限定的利率水平。

（6）国务院规定的其他条件。

《中华人民共和国证券法》规定，公开发行公司债券筹集的资金必须用于核准的用途，不得用于弥补亏损和非生产性支出。上市公司发行可转换为股票的公司债券，除应当符合第一款规定的条件外，还应当符合本法关于公开发行股票的条件，并报国务院证券监督管理机构核准。

1993年8月2日，国务院发布的《企业债券管理条例》第二十条规定，企业发行企业债券所筹资金应当按照审批机关批准的用途，用于本企业的生产经营。企业发行企业债券所筹资金不得用于房地产买卖、股票买卖和期货交易等与本企业生产经营无关的风险性投资；第十八条规定，企业债券的利率不得高于银行相同期限居民储蓄定期存款利率的百分之四十。

从近年来企业债券的发行情况看，我国发行债券的主体大多是一些关系国计民生的大企业和基础产业企业，所募集的资金主要用于支持能源、交通、通信、重要原材料等行业的发展。

根据1996年1月1日起实施的《中华人民共和国票据法》第十条规定，票据的签发、取得和转让，应当遵循诚实信用的原则，具有真实的交易关系和债权债务关系。由于法律法规的限制，使得中国的票据功能仅局限于支付信用结算工具，票据的融资功能未能得以充分发挥，尚不能签发具有融资功能的商业票据。

（二）权益融资工具

在我国利用权益融资工具进行融资，主要有首次公开发行、上市公司的配股和增发以及换股并购等。

在我国，由于融资渠道单一，许多企业试图通过上市取得大量的资金，然后利用并购等方式来实现企业迅速扩张、快速发展的愿望。但是，由于公司上市将涉及社会各方面的利益，特别是广大中小投资者的利益，所以法律法规对其有严格的要求和限制。

对已上市的公司来讲，可以通过配股、增发来筹集并购资金。1999 年发布的《关于上市公司配股工作有关问题的通知》，2001 年 3 月发布的《上市公司新股发行管理办法》，以及 2002 年 7 月发布的《关于上市公司增发新股有关条件的通知》，对上市公司以配股、增发的形式筹集资金的有关问题进行了规范。

目前，换股并购在我国尚无相应的法规进行规范，只要能通过证监会的批准，仍然可以通过这种方式进行并购。例如，1998 年清华同方以控股形式吸收合并在山东产权交易所上市的鲁颖电子。在这起收购中，清华同方向鲁颖电子股东定向增发新股，以 1∶1.8 的比例换取鲁颖电子股东所持股票。

在国外，员工持股计划除了是一种员工福利制度，也可以作为一种低成本的融资方式。而从我国上市公司实行的员工持股制度的具体运作来看，职工持股的资金来源都是以其个人资产认购为主，并没有发挥财务杠杆的作用。金地集团实行职工持股的资金分别来源于职工个人出资、公司为职工个人提供的贷款和从公司的奖励基金与福利基金中提取的部分奖励基金，各占 1/3 左右的比例。目前，金融机构尚未介入 ESOP，究其原因主要是没有相应的配套措施，如税收优惠等。

（三）其他融资工具

在国外，其他融资工具主要包括可转换证券（可转换债券、可转换优先股）、优先股、认股权证等。而在我国并购融资的实践中，优先股由于受到法律法规的限制不能采用，而认股权证也基本上没有采用。比较而言，利用可转换债券进行融资具有一定的可行性，但也受到相应法律法规的限制。

目前，对可转换公司债券进行规范的法律法规主要有《中华人民共和国公司法》、《中华人民共和国证券法》（以下简称《证券法》）等，而原来颁布实施的《可转换公司债券管理暂行办法》和《上市公司发行可转换公司债券实施办法》已失效。

现在，虽然我国的上市公司和重点国有企业可以发行可转债，但要符合相应的法律法规。《证券法》规定，上市公司发行可转换为股票的公司债券，除应当符合《证券法》中有关发行证券的规定外，还应当符合本法关于公开发行股票的条件，并报国务院证券监督管理机构核准。例如，《证券法》中有关公开发行股票的规定，第五十条规定股份有限公司申请股票上市，应当符合下列条件：

（1）股票经国务院证券监督管理机构核准已公开发行。

（2）公司股本总额不少于人民币三千万元。

（3）公开发行的股份达到公司股份总数的百分之二十五以上；公司股本总额超过人民币四亿元的，公开发行股份的比例为百分之十以上。

（4）公司最近三年无重大违法行为，财务会计报告无虚假记载。

证券交易所可以规定高于前款规定的上市条件，并报国务院证券监督管理机构批准。

二、我国并购支付方式

公司并购的支付方式主要有现金支付方式、股票支付方式和综合证券支付方式以及其他支付方式，如承债式并购和卖方融资。在我国，目前大部分并购是通过协议并购的方式进行的，支付方式以现金支付为主，换股并购和综合证券并购支付较少应用。另外，我国还有政府无偿划拨等具有中国特色的并购方式。

从我国上市公司披露的公开信息来看，大部分并购是通过现金支付方式进行的。但近年来，上市公司通过配股、增发新股来并购企业的情况也频频出现。例如，1998 年清华同方以控股形式吸收合并在山东产权交易所上市的鲁颖电子。在这起收购中，清华同方向鲁颖电子股东定向增发新股，以 1∶1.8 的比例换取鲁颖电子股东所持股票。它标志着换股并购在我国的正式启动。

相对而言，综合证券支付方式应用较少，但也有使用。例如，2002 年青岛啤酒与美国著名啤酒酿造商安海斯-布希公司（简称 AB 公司）签署协议，青岛啤酒将分三次向 AB 公司发行总额为 1.82 亿美元的定向可转换债券，该债券在协议规定的 7 年内全部转换成股权；届时，AB 公司在青岛啤酒中的股权将从当前的 4.5%增加到 27%。

2002 年 12 月 1 日开始实施的《上市公司收购管理办法》第六条规定，上市公司收购可以采用现金、依法可以转让的证券以及法律、行政法规规定的其他支付方式进行。这为采用换股、定向增发等其他形式的支付手段提供了法律依据。

无偿划拨是具有中国特色的并购现象，是指由于政府代表国家行使国有资产的所有权，因此可以通过行政手段将目标企业产权无偿划拨给并购方的一种并购重组行为。它的优点是速度快、成本低、阻力小、政府可能会给一些优惠政策等；缺点也很明显，因为这不是市场行为而是行政手段，所以容易造成“拉郎配”，使得 1+1<2，甚至可能造成两个企业都垮掉。

三、我国并购融资与支付的完善与发展

从前文的介绍可以看出，我国并购的融资与支付手段还很少，也不规范，加之受到各种法律法规的限制，发展较为缓慢，已不能满足日益高涨的并购浪潮对融资工具和支付手段的要求，亟待改革。

1. 修改与形势发展不相适应的法律规范，放松对企业融资与支付方式的限制

随着经济的不断发展，各种并购现象层出不穷，规模也日益扩大。但是，我国法律法规对并购的融资与支付进行了过多的限制，使得并购难以正常进行，甚至不得不采用违规手段。因此，修改现行法律法规，给我国企业并购融资、支付一个合法的、正常的渠道，就是一件迫在眉睫的事情了。

例如，《公司法》第十二条规定，公司向其他有限责任公司、股份有限公司投资的，除国务院规定的投资公司和控股公司外，累计投资额不得超过本公司净资产的百分之五十。这条规定使得一些企业通过设立新的公司实施并购（如 MBO 等）变得比较困难。因为按照法律，它们要拿出至少两倍于并购所需价款的资金设立公司，进行并购。

1996 年 8 月 1 日起实施的《贷款通则》规定，不得用贷款从事股本权益性投资，国家另有规定的除外。它限制了银行为并购企业提供并购资金，特别是周转性贷款或称过桥贷款。

2002 年 12 月 1 日起执行的《上市公司收购管理办法》第六条规定，上市公司收购可

以采用现金、依法可以转让的证券以及法律、行政法规规定的其他支付方式进行。这为企业采用除现金以外的支付方式提供了法律依据。但是，第 7 条规定，禁止不具备实际履约能力的收购人进行上市公司收购，被收购公司不得向收购人提供任何形式的财务资助。

另外，目前根据有关规定，通过股票抵押取得贷款的还只限于证券公司，企业如果想通过抵押被收购企业的股权以取得并购资金，是受到多重限制的。

2. 制定相应的政策法规，促进企业并购的发展

在我国，除了在某些方面有过多法律法规的限制之外，在某些方面却缺少相应的政策、法规对企业并购进行支持。例如，在税收优惠方面，我国没有相应的政策。在国外，如果实施了员工持股计划，那么银行等贷款人在缴纳所得税时，一般可以扣除其贷款给 ESOP 所得利息收入的 50%，这样便可以支持员工持股计划的发展。

又如，美国国内税收署规定，如果目标公司股东收到的对价中至少有 50%为股票(无论有无投票权)，那么根据权益持续原则，他们无须就收到股票部分的资本利得纳税。在我国，虽然尚未开征资本利得税，但对于换股并购也没有相应的税收优惠支持政策。

3. 放松金融管制、加大金融创新的力度，促进融资支付工具的多样化

为了推动企业并购的发展，我们首先要逐步解除各种政策限制，广开渠道，允许各种资金进入并购融资领域。在有效监控的前提下，积极引导外资、银行资金、社会保险资金、商业保险资金、投资银行、个人资金等全方位进入并购领域。

同时，加大金融创新的力度，支持开展定向增发、换股并购、杠杆收购、管理者收购、员工持股计划等并购形式，积极利用票据、债券、可转换债券、认股权证、优先股等新型融资支付工具，以降低融资成本、提高融资效率，促进融资支付工具的多样化。

4. 大力发展金融中介机构，促进并购融资支付的顺利开展

并购是一项专业性非常强的工作，虽然现在我国并购中政府干预色彩较强，但随着市场经济的发展，并购的市场化进程将进一步加快，金融中介机构的作用将日益显著。

并购中最重要的金融中介机构便是投资银行。投资银行在并购中会为并购双方提供丰富的、多样化的专业化服务。它们不仅可以提供财务顾问、融资安排等服务，同时还凭借自身丰富的从业经验、娴熟的专业技巧以及广阔的社会关系，帮助并购方设计并购方案、安排并购融资与支付，以便顺利完成企业并购；还可以帮助被并购方与并购方进行谈判，争取最有利的并购条件，或是安排反并购措施等。

与此同时，还要有专业人员，如会计、律师、资产评估师、信用评级机构等参与其中，提高并购的公开性和透明性。

5. 加快完善资本市场，给企业并购创造一个良好的外部环境

尽管 2005 年启动的股权分置改革改变了我国资本市场原有的股权分裂状况，使我国资本市场逐步进入了全流通时代，但从整体上看，我国资本市场仍不完善，目前存在的一些问题阻碍了企业并购的发展，主要表现为：首先，我国资本市场上企业并购的相关法律法规及政策体系不够规范、完整，与国外成熟资本市场相比，在体系和内容上有待进一步完善。其次，在股权分置改革前，上市公司基本都由非流通股股东控制，导致企业并购不能以完全市场化的方式进行，只能采用行政划拨、协议转让等非市场化的方式进行。进入全流通时代后，企业并购的方式更为复杂，市场主体原有的企业并购经验无法应对这种变

化，因而亟待加强和深化对全流通时代企业并购的认识。最后，上市公司股本结构中的国有股股权仍是最主要的组成部分，导致很多企业并购必须经过相关行政部门的层层审批，因而程序烦琐、周期较长，无法有效引导企业并购以市场化的方式进行。

【本章小结】

本章主要介绍了并购的融资及融资工具、并购的支付方式和我国的并购融资与支付。在并购的基础部分主要介绍了融资的类型、并购融资的程序和再融资等问题。其中，融资的类型和程序是重点内容。在融资的类型上，根据是否通过信用中介来融通资金，融资可以分成直接融资和间接融资；根据资金来源的不同，融资可以分成内部融资和外部融资；根据融资工具的不同，融资可以分成债务融资工具、权益融资工具和混合融资工具；根据融资来源的不同，融资可以分成债务融资来源、权益融资来源和财务支持者三类。并购融资的基本程序是：首先，确定融资额。其次，分析各种可能的融资来源及资金成本。最后，选择最佳的融资方式。在并购的支付方式上，本章主要介绍了现金支付方式、股票支付方式、综合证券支付方式以及其他支付方式，并分析了影响并购双方选择支付方式的因素，同时研究了公司并购支付方式的实际应用情况。本章还结合中国的实际情况，具体研究了我国的并购融资工具和支付方式，并对我国并购融资与支付的完善与发展提出了建议。

【本章要点】

- 融资的类型
- 并购的融资程序
- 并购融资工具的类型、特点及应用
- 并购支付方式的类型、特点、影响因素及应用
- 我国的并购融资工具、支付方式
- 我国并购融资与支付的完善与发展

【本章关键术语】

债务融资工具	权益融资工具	混合融资工具	资金成本
换股并购	首次公开发行	可转换债券	员工持股计划
现金支付方式	股票支付方式	综合证券支付方式	

【本章思考题】

1. 融资按照不同的划分标准可以分成几类？试述各类的内容与特点？

2. 试述资金成本的计算方法有哪些？

3. 并购融资工具有哪些？分析它们在我国的可行性？

4. 试述并购支付方式的类型及选择支付方式的影响因素？

5. 试述我国目前的并购融资工具和支付方式？你对完善与发展我国并购融资与支付有何建议？

第八章

并购整合

所谓并购整合是指并购双方组织及其成员为了通过调整公司的组成要素使其融为一体，而对企业盈利及成长能力的保护、转移、扩散、积累，并最终实现预定并购目标的相互作用过程。进行并购整合是并购必然要走的一步，而且是最后的决定性环节。如果没有整合后的成功，那么再完善的计划、再令人眼花缭乱的财务技巧、再令人羡慕的融资都将是空谈。然而，现在全球的并购案例虽然日益增加，但成功率却很低。美国贝恩公司的调查显示，只有24%的企业通过并购创造了新价值，永道（Coopers & Lybrand）公司对英国公司并购的调查是48%～56%的并购失败。就并购失败的原因来说，主要是并购后的整合出现了问题，他们并没有把两个或多个企业的并购当做一个系统进行整合，正如1998年9月美国《商业周刊》指出的那样：收购后精明、谨慎的整合是交易成功最为重要的因素。波士顿管理咨询公司（Boston Consulting Group）的研究表明，只有不到20%的公司在兼并前考虑过两家机构的整合步骤。但在现实中，人们往往忽视整合的问题，甚至根本不考虑它，以为并购交易的结束就是并购的成功；即使是注重并购后的整合问题，也只是把被并购的企业当做原来公司的子部分进行调整，忽视了两个文化、制度、组织不同的公司进行整合的系统复杂性，忽视了并购整合的管理系统性，忽视了两个不同企业资源的异质性，从而无法达到并购的协同效应。

企业并购一般要经过以下几个阶段：确定并购领域和目标候选企业→进行初步论证→确认目标企业→签署意向书→进行谈判→签署最后协议→宣布并购→并购交易结束。由于许多企业假定整合是在并购方案确定以后开始的，因此一直要等到正式宣布并购方案才开始并购整合。这种经验式的整合模式在逻辑上十分合理，但实际是一个误区，在大多数情况下会造成整合速率极慢、整合成本很高、整合效率低下。这是因为整合不是并购活动中的一个独立过程，管理者也不可能在签订协议或交换文本时就能将双方有机地组合在一起。在并购的各阶段中，并购企业和目标企业的员工（包括高层管理人员）面临很多压力，包括未来工作的安排、责任的重新组合、权力的分散与降低、不安全感的产生、建立新的人际关系、尝试新的行为规范、在工作中运用新的方法等等。并购企业如果花费很长的时间用一种烦琐的方式让人们相互了解，最终必然导致目标企业所具有的某种超常能力（如被并购企业的人力资源、重要的客户等）逐渐流失，削减并购交易的战略意义及经济价值。近年来，西方一些大型企业经过多年的实践，逐渐意识到整合和并购不是两个分立的过程，整合也不是签订并购协议后的下一环节，而并购整合应贯穿于整个并购过程中。这些企业纷纷制定出自己的并购整合计划，以指导本企业的并购整合工作。许多管理者已经意识到，整合和并购是一个有机的整体，整合工作开展得越早，企业的后期运作就会越顺利，整合同化进程就会进一步加快。在审查评审阶段，经过与目标企业及其管理层的初步接触后，并购工作组如果发现本企业与目标企业在战略与文化上存在巨大差异，并且这种差异很难调和，后期整合可能会十分困难而且时间过长，就应该考虑这种并购是否应继续开展下去。实际上，在并购协议达成之前，很多与整合相关的问题是可以预测并制定出相应对策的。因此，在并购协商与谈判阶段，双方就可制定一个初步但比较全面的整合战略管理的框架。具体而言，并购后的整合一般有战略整合、管理整合、财务整合、人事整合、文化整合等。财务整合已经在有关章节中有所阐述，本章将重点从战略整合、管理整合、人力资源整合、文化整合等几个方面具体阐述。这也是根据著名管理大师彼得·德鲁克（Peter F. Drucker）在《华尔街日报》撰文总结出的成功并购的几条原则来进行的。这些原则分别是：

（1）只有收购方彻底考虑了它能够为所要购买的目标公司做出什么贡献，而不是目标公司能为收购方做出什么贡献时，收购才会成功。

（2）要想通过收购来成功地开展多角经营，需要有一个共同的核心（common of core of unity），必须具有“共同的文化”或至少有“文化上的姻缘”。

（3）并购双方必须“情投意合”（temperamental fit），即收购方必须与目标企业的产品、市场、客户等资源有一定程度的关联。

（4）在完成收购一年左右，收购方公司必须有人可以替代目标公司的高层管理人员，因为目标公司原有的高层管理人员很可能会辞职。

（5）收购完成的一年内，必须让并购双方的中层管理人员有实质性的升迁，以展示收购为他们提供了个人机会。

第一节　战略整合

一、战略整合的必要性

战略整合并不是每个收购过程都会发生的，它取决于并购动机。不同的动机决定了战略整合的有无及其内容和程度。以资产上市套现、收购股权增值以及财务性收购为目的的并购者，对战略整合无疑是没有多少兴趣的，而除此之外的收购只有在发挥了双方的协同效应后才算达到了预定的目标，而这种协同效应就需要对企业战略进行重新设计和调整。当并购完成后，并购企业与目标企业之间多少会存在一些战略差异。例如，某些产品的生产线不符合收购后整体策略发展的需要；双方在机器设备上存在重复投资，在生产领域存在重叠竞争；有些部门的服务地区、服务对象需要重新进行总体规划等。

所谓战略整合是指并购企业根据并购双方的具体情况和外部环境，将目标企业纳入其自身发展规划后的战略安排或对并购后的企业整体经营战略进行调整，以形成新的竞争优势或协同效应。由这个定义可以看出，战略整合不仅是对目标企业的原有战略进行整合，以使其能与并购企业的战略保持一致，而且有时还需要对并购企业自身原有的战略也加以重新设计调整，做到与目标企业最优融和。

但是，战略整合问题往往是企业家或并购研究者忽视或空谈的部分。很重要的一个原因就在于，他们认为企业的战略发展问题在并购前就已经得到了明确，没有必要再耗费人力、物力，而且研究战略问题有空洞之嫌。在实践中，并购方往往在并购完成后急于对目标企业进行管理及其人事上的整合，战略问题被无意识地细分成无数个企业融合及经营中遇到的小问题来处理，缺乏整体观，从而容易造成顾此失彼、因小失大的局面。在另一种情况下，并购者倾向于强制性推行自身的战略计划，以避免改变并购企业原来的基本战略导向，从而把调整变革的麻烦转移给目标企业。甚至在很多情况下，并购本身就没有制定出明确的战略目标，一些收购交易的发生是因为它们能够为管理者带来更多的私人利益(比如经济利益或满足自信)，而不是为了增加股东价值。

那么，进行战略整合有何必要性？经验研究的结果表明，在某些情况下，随着并购后更多信息的获得、相互了解的加深，最初的预想目标与并购后可以执行的目标之间往往存在相当大的偏离。通过吸收或合并其他企业，产生了一个与原来两个企业的性质都不相同的新实体，它面临的战略环境发生了变化，比如拥有的可支配资源增加、竞争对手减少或供应、销售能力的增强。即使是在并购企业与目标企业非常类似，甚至是规模、结构、文化、市场组合乃至战略导向都完全一致的罕见情况下，并购也会带来质的变化。这是因为新企业在市场竞争中的地位会不同，市场对该企业的定位也会发生改变。这种差异性既来自企业管理者自身主观意识的偏差，也来源于企业自身发生了或多或少的客观质变。此外，原并购双方在战略和组织上的差异越大，新企业的异质性就会越强，也就越需要重新评价原来的战略及新企业所面临的不同环境，进而需要进行战略整合。

二、战略整合的模式及重点

战略整合最核心的目标就是要发展、保护企业的核心竞争力，其实质就是要制定出符合新环境下的企业战略。这并不是对原有企业战略的否定，而是具有调整的意味。一般来说，它首先应该是企业长期追求的目标；其次，这种调整涉及如何在不同的战略问题上分配资源，需要充分客观地评价目标企业的各项业务所面临的内部优势和劣势以及外部的机遇和危险、两个组织系统效应的潜在领域、各个领域协同效应的潜力和实现这些潜在的协同效应可能遇到的组织障碍等。

在战略整合的执行模式上，一般有命令、变革、协作和文化四种具体的模式，但这四种模式都需要一个基本前提——并购双方具有共同的历史背景，所以这四种模式单独的适用性是非常有限的。

1. 命令模式

命令模式是指并购企业管理层制定被收购企业的经营战略，然后由被收购企业的管理层去实施的一种战略执行模式。并购企业管理层不直接介入战略整合的执行过程，而偏重于制定过程。这种模式成功的前提是，并购企业管理层必须拥有全部的信息。但在现实中，这是不现实的，不仅信息掌握不够，而且目标企业管理层也可能错误理解从并购企业传递来的信息，采取错误的行动，从而难以保证战略整合的有效性。

2. 变革模式

变革模式是指通过改变被收购企业的组织行为来执行并购企业战略的一种战略执行模式。在该模式中，被收购企业的战略执行也必须遵从并购企业管理层的决策和指令，但与命令模式相比，其重点在于战略的执行而非战略的计划。

3. 协作模式

协作模式是指通过并购双方管理层的共同协商而进行战略整合的一种战略执行方式。这种模式强调并购双方成员的共同参与和协商更有利于正确选择及执行战略。

4. 文化模式

文化模式是指通过在被收购企业中保持或发展能支持公司战略的组织文化，进而赢得被收购企业对战略支持的一种执行模式。这种模式的前提是并购企业的价值观需要被并购企业认同和接受，成为指导和协调行动的基础。

战略整合的目的决定了其实质就在于从并购后的企业所有业务中进行战略上的重新组合，找出战略业务并对其进行整合。战略业务是指从企业发展战略角度出发，构成企业长期主要盈利能力的、相对独立的经营领域。

对战略业务的整合要坚持集中优势资源、突出核心能力和竞争优势。具体而言，要确定新的战略业务结构，重新评价并购后的各项战略业务，重新组合战略业务，使其组合体达到更优，从而形成新组织的真正核心业务和核心能力。因此，战略整合的重点在于战略业务重组，围绕核心能力构筑和培育企业的战略性资产。由于企业的战略性资产是以独特的资源、技能和知识为根本要素的，所以在战略整合管理过程中，应首先识别出并购双方在资源、技能和知识之间的互补性。对于具有战略性资产特征的要素，在整合过程中要进行重组整合。对于不具有战略性资产特征的要素可以剥离，但在剥离过程中，要以不影响战略性资产发挥作用为原则，具体可以通过调整经营策略、组织现金流及进行资产置换等方式进行。

第二节　管理整合

一、管理整合的意义

亨特（Hunt，1987）曾从并购公司与被并购公司管理者的角度出发，定量地总结了导致并购成功的因素，这些对并购成功有或大或小贡献的因素涉及管理、人事、文化、财务等各个方面。亨特的研究结果如表 8—1 所示。

表 8—1　　并购有效的买方行为决定因素（%）

与成功并购相关的因素		与失败并购相关的因素	
言辞得体	59	言而无信	39
能沟通明确的前景	68	无明确的前景	67
买方管理层取得信赖与尊敬	55	买方管理层无法打动被并购方	72
对并购者有确凿的商业利益	64	对并购者无确凿的商业利益	44
紧凑良好的结合面	77	松弛的结合面	58
人员组成的变革	59	变革仅限于商业领域	61
目标公司员工的激励与福利得到改善	68	目标公司员工的激励与福利被削减	67

从表 8—1 中可以看出，在与成功并购相关的因素中，有五项因素属于管理范畴。由此可见，管理因素在并购实践中对双方的意义是非常重大的。

从管理职能角度而言，管理过程的内容是非常复杂的，而且千头万绪，因此线条明快地划分出管理整合的具体内容则是成功整合的关键。

首先，管理整合体现在管理制度的整合。管理制度的整合就是要求双方在各职能管理制度上实现统一化、规范化、系统化，从而实现优势互补，发挥管理协同效应。管理制度是企业管理思想和管理文化的具体化，广义地说，它包括从产权制度到企业内部的规章制度等各个方面。在整合阶段，管理制度的摩擦和冲突往往是整合阶段最常见到的并购不适应表现。对它的整合可以通过共同的组织活动来逐步进行。企业从事的组织活动可分为三类：构建和运营各种生产经营设施的基础活动、寻找和建立客户联系的客户关系活动、发明新产品或服务并将其市场化的创新活动。在并购初期有意识地共同从事第一类活动是制度整合的有效途径；经过逐步摸索和学习，当面临外部环境压力时共同有效地实现第二类活动，可以说是制度融合的巩固过程；只有当双方的制度达成高度融合后，从事创新类活动才可能取得显著成果。然而，管理制度冲突的根源还在于双方管理思想和管理文化的差异，因此管理制度的整合不仅需要上述三类共同的组织活动来进行，还需要管理层和员工价值观念、工作意识、行为方式的改变，这就与并购整合活动中的战略整合、人力资源整合和文化整合联系起来。从这一点也充分说明了开篇所提到的、整合活动的系统性不是人为划分成几种整合形式那么简单。

其次，管理整合体现在管理能力的整合。管理能力包括决策能力和实施能力，决策能力表现为把握市场机会、应对市场变化而迅速做出相应对策的战略响应能力，实施能力则是如何将既定的企业决策贯彻执行以取得预期效果的执行力。管理能力是创造价值最重要的工具，它主要是由管理者主观发挥的，其核心载体是那些具有创新精神和冒险精神的企业家。对并购来说，管理者选择至关重要，因为他们是最有动力进行合并，并学会如何与新的母公司成功合作的人。获取管理人员的途径可以是对现行经理人员的重新评估，也可以是内部晋升或聘请外部专家，但绝大多数并购企业倾向于继续聘用目标公司的经理，这既有利于稳定被收购公司的人心，更重要的是他们熟悉业务，可以降低人员更换的转换成本和风险。

具体到管理系统整合时，还要对管理制度和管理能力的有效性进行识别，以选择最终采取的方式，如营销、服务和销售理念等。这一点在并购双方优劣势比较明显时最易出现判断错误，因为优势方总想主导劣势方。为此，在“并购方主导”和“双方共同参与”这两种典型的管理系统整合模式中，应尽量选择第二种模式，除非是母公司完全吸收合并被并购企业，才可能采取第一种模式获得成功，因为在现实并购过程中，管理制度和能力的转移往往是双向的。这种识别不是随意进行的，并购方会视被并购方企业的具体情况来决定是否移植自己的管理制度或管理思想。假如原有的管理制度良好，则并购方只需改选董事会、更换董事长或少量管理层，并维持原有的管理层基本不变，以充分利用原有企业的内部控制制度、经营管理人才，从而处理企业生产经营活动中的各种具体事宜。并购企业一般只对被并购企业的相关重大决策予以关注和主导，这样既体现出企业决策的统一性，又不失企业经营管理的灵活性。如果被并购企业的优势不在于管理制度，则原制度也就不为并购方所注重，往往在并购后为了达到改善营运业绩的目的，或为了达到整体管理成本最低的目标，就需要对被并购企业实施管理制度改革，将自身实施的良好管理制度移植到目标企业，如成本控制、最优存货数量、销售分析、资金回流管理等。当然，在这个管理制度改革时期，要采用适当的方法，以免挫伤被并购企业员工的感情和工作积极性。如果被并购企业的高级管理层或员工有抵触情绪，也要视具体情况耐心说服或按规章处理来解决。

二、管理整合的步骤和方法

（一）管理整合的步骤

1. 调查分析

事实上，对被并购公司基本情况的了解，在并购初始阶段就开始了。这样做可以提高并购决策的正确性，并为管理整合埋下伏笔。可以说，没有并购初始阶段的调查分析，就不可能有并购行为的发生，更谈不上管理整合。但是，整合阶段的调查分析是不能因此被取代的，因为管理整合中的调查，无论是内容的深度、广度，都是并购初始阶段的了解所无法比拟的，而且管理整合中的调查所采用的对比分析方法更全面。调查分析的目的就是充分把握并购双方在管理上的差异和优劣，为整合计划的制定和实施提供客观依据。因此，并购企业在了解被并购企业管理现状和历史的基础上，重点调查被并购企业的管理思想、管理制度和管理能力，通过历史和现状的演变分析、企业现状的对比分析以及并购后企业在行业中目标地位的分析，肯定并购双方在管理上的各自长处，进而找到双方的管理差异，认清企业的未来管理目标。

2. 移植

并购企业在被并购企业内部推行自己的管理模式称为移植。管理模式的推行往往是管理思想先行，管理制度其次。管理能力是通过人力资源政策来保留和发掘的，在此期间，反复和冲突在所难免。因此，移植阶段的舆论氛围营造是非常有必要的。在强大的信息压力下，被并购企业的员工接受先进的管理思想和价值观念并上升为主流意识，管理制度的实施就容易多了。

3. 融合创新

一旦被并购企业的管理层和员工接受了新的管理思想，被并购企业内部建立了新的管理制度，并购双方的管理融合就开始了。但是，管理融合只能是阶段性的目标。从长期来看，融合本身依然是不同管理制度和方法的集合，容易造成政策的混乱。因此，充分吸取双方的优秀管理经验、制定新的管理制度、形成新的管理方法和管理能力、进行创新或突破是大势所趋。

（二）管理整合的方法

管理整合的内容比较庞杂，如何进行管理整合也不是固定程序，如“万金油”般随便到哪个企业都可以用。但是，根据一些比较成功的管理整合经验而提出的大致策略或方法还是值得借鉴的。

1. 对比分析法

对比分析法包括并购双方的对比、被并购企业历史与现状的对比、并购后企业在行业地位的分析等。这种对比要有详尽的数据分析和理论依据，不能简单地通过定性方式来说明，而且在一定程度上要采用定量的模型方法进行分析。

2. 重点突破法

或者以管理思想为突破口，或者以人事调整、制度移植、环境营造、政府支持为突破口，并购方必须抓住最容易见效果，或者最为自己所熟悉、能够运用自如的方法，迅速深入被并购企业的管理层面。

3. 示范表率法

示范表率法主要是指高层管理人员的示范表率、中基层管理人员的积极配合执行及员工中骨干力量的尽职尽责。

4. 思想政治工作

思想政治工作主要是加强学习和教育工作，广开言路、充分沟通，开展评先表优等思想政治工作。这种方法在对原来属于国有性质的被并购企业通常有比较强的作用。

第三节　人力资源整合

一、人力资源整合的重要性

现代企业竞争在很大程度上也是人才的竞争，这是因为人力资本、组织资本和社会资本是决定企业效率至关重要的因素。具体而言，要改善经营绩效、扩大企业的市场竞争优势，人力资源的储备是实现目标的基础和前提。人力资本的大小取决于它所拥有的人力资源储备及企业成员的协作和努力程度，而企业成员间的协作和努力程度又取决于企业的组织资本和社会资本。企业的人力资源管理就是要通过有效的管理措施和实践，培育开发人力资源，扩大企业的人力资源储备，促进组织资本和社会资本的形成、积累及其功能作用的发挥，并在此基础上增加企业的人力资本和提高组织的效率，进而赢得和保持企业的市场竞争优势。所以在并购整合中，要实现获得企业核心竞争力的目标，就必须特别注意人力资源的整合。

并购将给企业的管理层和员工带来心理上的焦虑、烦躁和不安，这种心理上的冲击和影响将导致员工之间和员工对企业的不信任、自我保护、抵制变化的行为，并且有可能影响员工的身心健康，最终使得企业生产效率下降、业绩滑坡。尤其是心理上的压力以及并购后权力与利益的重新洗牌，会导致大量员工（特别是高级管理人才和专业技术人才）的主动离职（而最早、最有可能的离职者往往就是那些才华横溢的管理和技术人才，他们是企业的宝贵财富，是保证并购后企业经营稳定性和连续性的关键，也是人力资源整合的重点）。这种情况将给企业在人力资本和企业经营业绩上造成双重损失，也可以说是“人力成本”（王长征，2002）的增加。在并购整合中，人力资源整合的重要目标之一就是尽量避免或减少这些人力成本。

从整体角度而言，在并购发生后，企业员工会经历这么几个心理变化：角色模糊感增加、信任水平下降、自我保护意识增强。这些心理变化会耗费大量人力资本。当自我保护意识控制了员工行为模式后，他就会以自我利益为价值取向。在行为上，许多不利于并购整合和企业正常经营的员工行为就会在企业中大量出现，比如沟通恶化，生产率下降，不同职能的协作减弱，内耗严重，努力水准降低，包括人力、物力、财力的资源大量无效运作，离职等。从群体角度看，员工和管理层之间的矛盾也开始凸显。普通员工倾向认为管理层在并购后会更加关注公司的财务利益而不是个人或集体的福利，从而不愿意保持原来对企业的奉献精神和忠诚感。管理层之间对并购不同的看法及个人利益的损失，将使他们从合力追求公司目标转向寻求自我保护，导致许多机会由于经理人员疲于权力的争夺和内耗而被忽视或放弃。

彼得·德鲁克（Peter F. Drucker，1981）曾就企业并购的人事风险这么评论：主并公司在并购后大约一年内，必须有能力为它所并购的公司配备最高管理人员，如果认为可以买管理，那是一个基本谬误。主并公司必须为可能失去目标公司的高层人员做出准备。这些高层人员习惯于当老板，他们不想当部门经理。假若他们是股东之一，并购使他们更加富有，但如果他们不情愿的话，他们不必非留下不可。加之他们是没有所有权的管理人员，他们通常很容易找到其他工作。他进而得出一个结论："招募新的高层经理是一种赌博，很少成功。"

案例 8.1

TCL 与汤姆逊集团合并重组中的人事波动

TCL 与汤姆逊集团合并重组彩电业务而形成的 TTE 公司，同样处于因缺乏有力的领导而整合无方的状态。在并购汤姆逊彩电业务之前，作为 TCL 彩电元老级人物的胡秋生一直跟着李东生与汤姆逊进行谈判。然而，2004 年 7 月 TTE 成立后，李东生却临阵换将，任命赵忠尧出任 CEO。到 2005 年 9 月，在 TTE 巨亏不止的情况下，胡秋生重又出任 TTE 的执行董事长。2006 年 5 月，胡秋生亦挂冠而去，李东生不得不亲自披挂上阵出任 TTE 董事长。汤姆逊并购中的这种人事动荡，充分暴露了缺乏交易发起人的窘境。由于没有发起人，致使无人全力跟踪整个过程并使之成功。缺乏一位对交易有归属感的高级管理人员，使得 TCL 与汤姆逊集团之间的业务整合几乎毫无进展。

资料来源：参见胡泳：《TCL 跨国并购："完美"的失败样本》，http：//www.cheaa.com/News/PingLun/2007/10/11/2007101105273527229 _ 2.html，2007－10－11。

案例 8.2

永乐并购大中为何失败?

作为国内家电连锁行业第一方阵中的两家企业——永乐（中国）和大中电器，2005 年底就开始筹划进行一场轰轰烈烈的全面战略合作，但在实施整合短短的两个月后却分道扬镳。其中的原因何在？在两个月的整合过程中，由于管理混乱、人员变动幅度过大、系统衔接不畅、培训不力等问题，引发多重危机。特别是对永乐门店内从店长、部门经理到普通员工的全面大换血，导致大量店面都出现了"人去楼空"的人力资源危机，频繁的人员调整使企业本身无心、无力顾及新并购店面的经营管理。

资料来源：参见冯文杰、韩伯棠：《永乐 & 大中：一段无果的姻缘》，http：//news.sohu.com/20060926/n245544898.shtml，2006－09－26。

股东、管理层和企业普通员工对于企业并购有着不同的利益着眼点和期望值。因此，从上面的分析和案例可知，如何在并购中切合这些利益着眼点和期望值才是人力资源整合的要点。

二、人力资源整合的实施

员工的心理和行为在并购后发生的变化需要管理者采取相应的人力资源管理办法和措施，通过一系列"组合拳"来缓解并购带来的心理紧张和压力，消除员工的不信任感，解除他们的后顾之忧，将员工引导到企业的战略目标上并激发他们的工作热情。在管理层的问题上，美国《收购天地》杂志在研究了37个企业并购案例后认为：并购失败最重要的原因就是重要的管理人才离职。因此，在进行人力资源整合时，必须综合评估并购双方的关键管理者和技术人才，并采取适当措施加以挽留和激励。

并购后具体实施人力资源整合的方案应该包括以下要素和环节。

1. 成立并购过渡小组

并购后，双方管理者很容易构筑敌意，这种问题的出现需要收购企业的高层管理者具有韧性的和启发式的领导艺术。如果问题处理得过于草率、缺乏权威，导致两个企业的操作管理者“在桌子上打架”，结果必然是部门之间矛盾重重。因此，成立一个由并购双方和第三方共同组成的并购过渡小组是调整并购活动、制定并购决策的有效方法。该小组的主要职责是保持企业的稳定以及帮助企业建立新的观念，其成员最好由3～5人组成，人员过多在管理上很难协调，也难以做出有效的决策，而且有可能淡化小组的责任、延长小组完成工作所需要的时间。小组成员除了来自能够代表双方利益的双方企业外，也要有独立的第三方协调者（如企业并购的咨询者）参加，独立的第三方协调者意味着协调者对所决策的事务保持中立并且不具有决策制定权，但他通常有丰富的并购经验，能够帮助并购小组及时发现问题，寻找解决问题的方案。通过成立并购过渡小组，并购企业获得了一个全面了解目标企业组织中人力资源的机会。小组成员的这种非正式的沟通，也为日后的文化融合奠定了基础。

2. 稳定人力资源政策

并购后公司经营权易手，未来产生了一些不确定性，人员也因为担心对新环境能否适应，从而以向外流动来躲避两种企业制度整合时产生的摩擦所引起的对抗。尤其是经营不善而被并购的企业在控制权转移后，常常会缩小营运规模并进行人员的裁减，这就使原来的员工产生消极或不正确的心理预期，原管理者担心并购后公司给予的补偿会减少、权力会丧失等。如果处理不当必然会引起“人才地震”，尤其是造成那些富有才能的人才的流失，而人才的大量流失等于宣告并购的失败。因此，留住人才、稳定人才、整合人才，从而减少因并购所引起的人员震荡，就成为人力资源整合管理的首要问题。

此时，并购企业要明确对人才的态度。因为并购企业对人才的态度将会影响被并购企业员工的去留。如果并购企业重视人力资源管理，本来想离职的人员将会感觉到继续发展机会的存在，自然愿意留任。并购企业还应采取实质性的激励措施，若有更好的任用条件，那些企业人才必然愿意留任。因此，详细的人才留任激励措施常常成为收购协商中并购双方关注的焦点。目前，我国人力资源激励手段仍然比较匮乏，常见的也就是拉开薪酬分配差距。而在西方，员工持股及给予管理层人员一定的“金手铐”——期权，则是常见的激励措施。在中国，MBO等激励方式也在探索之中。

3. 选派合适的整合主管人员

并购企业对被并购企业实现有效控制的最直接、最可靠的办法，就是从本企业选派既具有专业经营管理才能，同时又忠诚可靠的人担任被并购企业的整合主管。整合主管必须具有较强的感召力、诚实和正直的个人品质，这对于留住人才是极其重要的。他应该能够在并购企业和目标企业之间建立一个桥梁，成为双方企业的咨询者，使两者之间的资源和信息能够得到有效共享。在监督和管理整合小组的过程中，整合主管还能够识别目标企业人力资源和行政管理上存在的、有可能妨碍并购战略成功实施的一些问题，从而采取相应的解决方案。一个好的整合主管有利于并购后企业团队精神的建立，也为日后正常的生产经营活动奠定了良好的基础。不过，如果派选的人员专业管理不足，就容易引起相当多的不良后果，甚至添乱。例如，造成被并购企业原有人才流失、固定客户关系减少等。

在跨行业并购的情况下，如果并购方对被并购企业的业务不很熟悉，并购方也可以考虑留用原企业主管，而通过各种报表及时掌握该组织的经营状况，进行间接的控制。要注意的是，选派人员到目标企业做主管，不应在并购后立即实施，应有一个适应性过渡期。

4. 加强管理沟通

前面提到的员工在心理方面的变化，尤其需要管理者进行有效的沟通，以消除那些影响企业有效运作的情绪。一般来说，并购企业应考虑加强并购双方员工的沟通与交流。发挥相互整合的效果，一定要对其内部人员的特性有相当的了解，并取得他们的认同。对于可用之才，应赋予比以前更重的职责。并购后双方的员工都会有一些顾虑，如并购企业员工怕变动原有位置后影响升迁，目标企业员工怕受歧视、有当“二等公民”的自卑感。此时，沟通便成为一种解决员工思想问题、提高士气的重要方式。

为了避免员工抗拒收购，并购企业应安排一系列员工沟通会议或职工大会，让员工全面了解公司被收购的情况和公司今后的发展战略；要讲明员工最关心的利益问题，比如并购后员工淘汰方案的具体内容、员工薪酬福利如何变动、分红是否取消、原企业对员工的承诺是否算数等。单方面的交流也是不够的，还要听取员工的意见，进而对原计划进行更切合实际情况的修正。充分的沟通有利于并购方管理层与被并购员工的交流，同时也能进一步认识到原企业在管理经营方面的问题所在。特别地，对跨国并购而言，为消除文化障碍，这种沟通有利于消除双方企业文化的差异，为进一步的文化整合做好铺垫。在IT时代，这种整合还可以借助宽带网络，利用办公自动化系统同步交流、及时沟通，逐步达到信息的完全通畅。

5. 必要的人事整顿

在充分沟通并了解目标企业的人力资源状况后，并购企业就可以制定原有人员的留任政策，进行人员调整，以提高经营绩效。例如，根据被并购企业的实际情况和并购后的整体规划，制定出原有人员留任政策；调整组织结构，裁掉冗员以提高经营业绩；将被并购企业中有经验、有管理水平、能力强的高层次人才及高级技术人才妥善安排，使其安心在本职岗位上工作；通过前几个阶段的了解、沟通后，对企业员工进行考核，定职定岗。在增强其竞争意识和紧迫感的同时，挖掘人力资源潜力，实现并购协同效应。

6. 建立科学的考核和激励机制

并购整合中稳定人力资源的政策还需要有实质性的激励措施相配合，应从员工个人的切身利益上为其着想，给予优惠的任用条件，使员工产生对未来前途的安全感，对重组企业的认同感和归属感，从而激发其责任感和使命感，以使其在新的企业中勤奋工作。具体地说，并购整合中企业在激励人才、留住人才上所采取的策略可以概括为：在激励重点上，以成就和成长代替传统的金钱激励；在激励方式上，强调个人激励、团队激励和组织激励有效结合；在激励时间效应上，把短期激励和长期激励相结合；在激励报酬机制设计上，从价值创造、价值评价、价值分配的事前、事中、事后三个环节出发设计奖酬机制；

就报酬本身而言，除了薪酬以外，还包括培训机会、职权、信息分享、股票、股权和荣誉等诸多方面。

如果说人力资源管理是现代企业管理构筑企业核心竞争力的关键，那么并购后的人力资源整合管理则是企业并购成败的关键所在。当然，企业并购后的管理是个复杂过程，有效的人力资源整合管理无法绝对保证企业并购成功，但无效的人力资源整合管理必然导致并购失败。

第四节　文化整合

麦肯锡管理咨询顾问公司在1998年的一份研究中指出：在过去5年内，仅有17%的并购和重组案创造了巨大的回报，而50%的并购和重组案则损害了总体的价值，使股东非常不满意。选择了错误目标、支付费用过高、并购后期管理不善，尤其是并购中的文化与非文化冲突是并购失败的普遍原因。IBM公司就曾经表示，不会选择成熟的大公司为收购对象，因为两者都已有了自己比较稳固的企业文化，融合起来的难度非常大。

一、企业文化一般性研究

企业文化的准确概念是很难界定的，各家有各家的说法。大致的一个共同点是认为，企业文化至少是企业价值观和行为规范的体现，具体包含了最高价值观、战略、结构、制度、技能、人员、作风7个因素。它一般被划分为3个层次——物质、制度和精神，而且各层次的相对重要性都有较大的区别。但企业文化的本质或核心价值观是体现在企业的物质文化和制度文化中，由于并购双方的价值观念差异是整合过程中一切冲突的根源，所以我们重点关注企业文化的精神层面。

企业文化具有历史性、人本性、异质性、凝聚性，这四个特性也构成了企业间的文化差异，从而带来了企业并购的文化风险。这种风险是指因文化差异及由此产生的组织间缺乏了解而对并购后的整合和正常业务运作所带来的物质和精神损失。具体地说，并购把两个具有不同文化特质的企业结合在了一起，这就需要它们之间的相互协调，发挥出“1＋1＞2”的协同效应。但是，历史性使得企业文化的差异有不同的人文背景；人本性使得企业成员可能拥有不同的基本价值观和信念；异质性更是企业文化差异在物质、制度和精神几个层面上的直接体现；凝聚性使得不同企业的成员具有不同的目标和责任感，缺乏向心力和凝聚力。另外，企业文化还具有两个突出的特点：一是不易被察觉，人们对自己所处的企业文化习以为常，平常感觉不到，只有与另一种文化发生冲突时，尤其是在并购后整合时，企业文化才会很明显地凸现出来；二是稳定性，这种稳定性来源于文化自身有保护自己的力量，这种力量就来源于人的道德意识和经济利益的结合。这种稳定性也是非常难以改革的。

这些文化差异的体现会给并购后的整合带来很大的冲击。例如，来自不同社会文化的企业并购后，非常容易在经营上出现分歧。又如，北欧企业文化中有很浓厚的平均主义思想，这样在北欧企业参与非常注重等级观念的德国企业并购过程中，常常会出现双方对权力分享的冲突和对治理规则的误读。类似的冲突还表现在商业文化上，有个趣闻说的就是一个印度企业家面对美国同行对当地贿赂成风的商业行为抱怨时回答道：我们在法律被通过后送礼，你们叫它贿赂。你们在法律被通过前送礼，你们叫它政治游说。

这些冲突在并购程序完成、整合开始后的体现往往造成双方的“敌意”、“严重的不舒适感”、“焦虑”、“不信任”等负面影响，从而迫使那些不愿工作在这种文化冲突中的关键岗位的管理人才和技术人员离开企业。即使他们不离开，也会情绪低落、工作消极、生产效率下降。查特杰和卢巴金（Chatterjee and Lubatkin，1992）的一份财务论文曾以并购宣布日前后企业股价的波动为研究对象，用以判断资本市场对双方企业文化差异的反映。研究表明，对于双方存在明显文化差异的并购，投资者往往持消极态度。例如，2002 年惠普和康柏两家世界 IT 巨擘的并购案在股东大会投票勉强通过后，市场反应十分消极。很多基金和投资银行都建议抛售这两只股票，其原因除了它们质疑这场并购能否给惠普带来产业结构的完善和利润数字的亮点外，还有一个重要原因，就是对两家成熟大公司之间文化冲突的担忧。因为惠普的公司文化是以和谐融洽、平等主义以及保守稳健而著称的，而康柏则是有名的标新立异和充满对抗性的公司。

其实，企业文化本身既是企业管理的重要内容，又是高层次的管理模式。在我国的企业并购中，由于所有制不同、规模大小不同、行业不同、企业所在区域不同，决定了企业之间在企业文化方面存在明显的差异，在经济思想、价值观念、工作态度、管理方式上形成了强烈的文化冲突。这种冲突突出表现在以下几方面：

（1）经营思想与管理方式的冲突。追求效率是市场经济的唯一选择，而追求效率的一个有效途径就是合作、互利，这也是优秀经营思想的一个特点。而我国一些企业往往喜欢独吃大餐或搞一锤子买卖，结果占了点便宜就沾沾自喜。这种企业是特别不适于进行并购的，因为它们必然把这种思维和做法施予被并购企业。还有就是关于企业的决策问题，许多国有企业习惯集体决策、功过平摊，但民营企业往往是责权明确、分层管理、分层决策，这种决策思维的冲突是不同体制的企业并购最常出现的问题。

（2）价值观的冲突。企业价值观是企业全体员工的行为准则。不同企业自然有不同的价值观，如果这些不同只是细微的区别，那就不至于对并购有太大的影响。但从我国的实际情况来看，这些不同往往无法用细微来形容。这可以从管理层和员工层来具体分析。

对管理层而言，这些不同主要体现在对风险的认识上。有些公司管理层过于谨慎、十分保守，唯恐失败；而有些公司管理层则相反，过于大胆、十分激进，唯恐落后。这些不同在国有企业的经营过程中就表现得非常明显：有的企业从来不扩大经营，以吃老本度日；有的企业盲目决策，投资冲动欲望强。无论是哪种，都与现代企业讲求风险意识的本质相违背。

对于员工层而言，这些不同主要表现在对工作和成绩的态度上。对于有些企业（尤其是国有企业）的员工来说，由于企业缺乏激励和奖惩制度，因而他们在工作中缺乏主动性和进取精神。也有相当企业的员工信奉上班努力、下班享受的价值观，从自己努力勤奋的工作中获得成就感和物质利益。如果这两种企业并购，不同的价值观必然会冲突。

（3）劳动人事的冲突。长期以来，传统企业在用人和薪酬方面主要是强调政治素养、历史表现、人际关系以及与上级相处的态度等，即资历、经历、学历。由此选出的管理层往往只是符和这些条件，而是否真正具有管理才能则不列入考虑之列；而在外资及民营企业中往往在薪酬待遇方面强调严格的绩效考核，把选人用人方面强调成能为企业创造多少效益，是否具有真正的实力，注重企业人才结构的合理性。不同的选人用人、工资调整等劳动人事管理观念的冲突不解决，结果往往是双方互相排斥，从管理层到普通员工之间都矛盾重重。

当然，也有研究对文化差异是否必然导致这些问题提出了疑问。一些研究结果表明，企业文化的差异对并购文化冲突与并购绩效的影响是非常复杂的，绝不是一种线性相关的关系，两者之间的作用受到很多权变因素的影响。主要权变因素有以下三个：

（1）整合的程度。如果整合程度很高，并购双方企业文化差异引发的冲突就会很明显。

（2）相对规模的大小。如果两者规模接近，并购方很难在需要整合的领域有清楚的认识。但也有人认为，当被并购企业的规模较并购方小得多时，其成员的利益可能会被忽略。

（3）多文化宽容度。当并购方对异质文化比较宽容，或被并购企业对外来文化也比较宽容时，都会减轻企业文化差异对并购绩效的负面影响。

前面都是从企业文化差异带来的并购风险角度出发论述的。

然而，反过来看，当某个企业对其他企业进行了并购后，原来不同质的企业文化共处在一个时空环境下，经过了一番冲突与选择的互动过程后，这些本来或许内容乃至形式完全对立的文化会形成一种新的文化体系。然而，这个过程并不能保证保留下来的文化特质就是先进的，被淘汰的就是落后的。这就需要对文化整合进行科学、有效的管理。因此，并购后的文化整合就是要以原有的优势企业文化为基础，通过两种异质文化之间的相互接触、交流、吸收、渗透及对其过程的管理（即吸收异质文化中的某些优质成分，同时又去掉自身和异质文化中的一些落后特质），从而建立一种更具生命力和市场竞争力的崭新企业文化体系。

二、文化整合的阶段

莫维斯和马克斯（Mirvis and Marks，1992）曾指出，企业文化就像是呼吸，只有它在受到阻碍时你才会想起它。人们总是把企业文化想当然，直到诸如合并的变化导致可能失去他们的文化时，管理层才会重新审视企业文化的关键方面。当并购陷入困境后，经理们经常会认为文化差异是其根本原因，然而在最初决策阶段，这些因素却很少被考虑进去。因此，探求并购企业的文化整合显得尤为必要。所谓“文化整合”就是将不同的文化特质，经过合并、分拆、增强、减弱等方式，形成一种新的文化特质。

并购企业的文化整合可以分成四个阶段：接触期、碰撞期、磨合期、拓创期。

1. 接触期

文化整合的接触期是指通过对整合对象的实际调查，对其原有文化与并购企业文化之间的差异性得出结论，由此设计出初步整合方案的时期。并购双方要努力缓解文化冲突，就要明确地承认并购企业中存在着文化差异，而不是无视或忽视这些差异，如不同的历史、不同的管理方式、不同的声誉等。了解双方的方法很多，从基本的展示和介绍会议、“公司简讯”或“跨公司会议”到更深入的跨文化分析等。

2. 碰撞期

碰撞期是文化整合开始执行的阶段，也就是文化整合步骤的实施阶段，这一个阶段往往伴随着较大的变革举措，如新组织结构的建立、管理层的调整、人员的精简或启动较大的项目等。在这个过程中，最重要的是把握住可能对文化整合起重大障碍作用的关键因素，它可以是某一个人、一个利益团体、原企业的一种制度等。随着文化整合步骤的执行，这种关键障碍将是一个十分活跃的因素。碰撞期由于新旧文化的直接接触或碰撞，发生文化冲突在所难免。因此，在碰撞时把握文化整合的速度和可能发生文化冲突的强度关系，也是监控这种关键障碍过程中所必须注意的问题。

3. 磨合期

磨合期是指双方的文化寻找“中立点”，有融合趋势的一段比较漫长的时期。在这个时期中，企业对制度或管理的整合已经基本完成，问题的焦点已经转向如何维护和调整新制度，以使其能顺利而有效地贯彻。所谓的“中立点”是指双方都可以接受的整合方式，这或许是一个有效解决文化磨合的方法，因为双方都可以在这个立场上做出可以接受的让步，避免把矛盾直接对立起来，也就是通过“中立点”的确立消减矛盾背后的利益纷争。

4. 拓创期

拓创期是指在文化趋向融合的基础上，被并购企业开拓、创新或整合出新文化的时期。这一时期相对来说是很难准确划分出来的，因为在前三个时期过程中已经有了开拓和创新的萌芽及发展。另外，这一时期的结束也是无法预期的，它一直在企业的发展过程中进行着，直到企业形成了成熟的企业文化。拓创期的文化创新具有十分重大的意义，它对于并购企业的文化是一种新的补充，是真正意义上对于原企业的肯定，只有在文化碰撞的基础上开拓出更新的属于自己的东西，企业文化才能得以真正的融合。

三、文化整合的模式及方法

在谈到文化整合的模式时，有很多相关文章都会提到文化注入式、文化融合式及文化促进式三种模式。所谓文化注入式是指强势文化直接取代弱势文化，比如我国的海尔集团在兼并亏损企业时，通常只派去企业文化中心的管理人员，输入海尔的经营管理理念以加强企业经营水平。所谓文化融合式是指如果两种文化无强弱之分而被迫互相融合，形成一种新的文化模式。所谓文化促进式是指强势文化受到了弱势文化一定的冲击或影响，在保持原核心价值观的基础上引入新的内容，从而成为双方接受的模式。但是，以文化强弱来选择整合模式是有很明显缺陷的。

首先，对文化的强弱无法明确界定，因为大多数市场并购并不是可以明显看出双方企业文化强弱的，这种武断的划分往往也得不到企业的认同。因为文化是个价值观的认同问题，是一种观念。尽管有些时候可以明显看出来，但大多数时候是无法分辨的，所以这也是文化融合方式更容易从感情上接受的原因。其次，这种区分忽略了其他因素对整合绩效的影响。如前所述，影响文化整合绩效的还有其他因素，单纯从文化方面谈文化整合是典型的“头疼治头，脚疼治脚”的局部整合观。至少前文中提到的整合程度、相对规模的大小及多文化宽容度这三个权变因素应该被考虑到整合的模式中。

贝里（Berry，1982）认为，根据并购双方的接触程度及其解决接触中产生冲突的方式，并购后的文化整合可以有四种基本模式，即同化（assimilation）、一体化（integration）、隔离（separation）、破坏（deculturation）。这四种整合模式具有从低到高的接触和冲突水平，每一种模式在风险、控制及文化和结构变化方面都具有不同的特征。

1. 同化模式

当原企业的管理层和员工感觉他们的文化和实践无效且已经成为业绩改善的障碍时，他们往往愿意寻求外部的、他们认为优秀并能接受的文化。在这种情况下，并购企业可以用自己的文化完全取代被并购公司的文化，只要不是强制性的，同化产生的冲突比较少，过程也比较容易。

对于并购企业而言，这种是最容易的文化整合模式，因为它不需要对自己的文化做出大改变，被并购企业在组织文化、结构乃至财务上变成并购企业的一部分，母公司对新成员的控制最强、风险最低；对于被并购企业而言，这是最困难的模式选择，因为它必须放弃自己原有的价值观或文化个性（即便出于自愿）。同时，其承担的风险也很高，因为它们不可能深入了解对方的企业文化，而这种模式对被并购企业而言，意味其作为文化或法律实体的终结，它的一切规则体系都要重新调整。如果这种同化不是出于自愿，而是并购企业的强行取代，即塞尔和莱德福（Seihl and Ledford）所谓的“掠夺式”整合，而且不为被并购企业的成员所接受，那么这些组织变化和调整就会变得困难起来。

2. 一体化模式

一体化模式又称融合模式。如果并购双方成员均愿意采纳对方的某些文化和实践，并且并购企业和被并购企业都愿意进行最基本的改革，这种情况就适合一体化模式。两者之间的协调并不在于重新确定事业领域，而在于重塑一个公司。这是所有公司组织形式中的最高层次，并且需要极大的投资以及有创造力的管理方法。

这种模式的一个重要特征就是，并购双方组织间会出现某些文化要素的相互渗透和共享。这意味着一种包容的混合文化的诞生。而并购双方在此过程中也要承担一定的风险，即一方面它们会失去对自己组织和文化的部分控制，另一方面也会获得对对方组织和文化的部分控制（即都有收获，都有牺牲）。

3. 隔离模式

如果被并购企业试图保留其所有的文化要素和实践（即保持它的独立性和企业特征时），它的成员会拒绝任何层次的并购企业对自己的同化，希望作为子公司实现自治、保持独立，拒绝母公司的组织、文化要素和实践。这种模式在并购企业鼓励其业务经营单位发展多元化经营时尤为典型，成功的隔离模式的实现前提是：限制来自总公司的干涉，保护子公司的“边界”。

在这种模式下，并购企业承担很高的风险，因为它无法对被并购企业进行有效控制，被并购企业的错误可能会波及并购企业，但它对并购企业的文化变化要求也很少。相对而言，这种模式是被并购企业最容易接受的，因为它可以保留自己的文化和实践，成员也不需要在行为上做太多的改变。

4. 破坏模式

这种模式是一种常见现象，尽管人们往往不愿意正视它。作为一种模式，它的特点是既造成文化个性的破坏，又拒绝采用新的文化，被并购企业作为一个文化和组织实体都不复存在。破坏模式是最高风险的模式，也最难管理。从理论上说，几乎没有什么企业有意采用这种模式来解决文化整合，但在实践中，我们可以看到无数并购双方不能就如何合并达成一致，而且没有能力创造性地解决冲突导致的文化冲突问题。

并购企业在这种模式下几乎没有什么损伤，但被并购企业却要承担一切风险。尤其在并购的目的是分拆企业各个部分转手交易的话，文化崩溃是必然的。当并购企业可以要求被并购企业必须接受某种文化适应模式时，文化崩溃也可能出现。

在介绍了这四种文化整合的基本模式后，下面介绍具体的文化整合方法。这里的方法是针对实践中最常见的文化整合实际案例而总结出来的。

首先，应该遵循实事求是、取长补短和促进经营的原则。

实事求是指建设新的企业文化过程，要立足实际情况，结合并购后的企业发展战略目标，研究并购后企业文化的理想模式。这种历史模式与理想模式之间的差距，就是企业管理人员努力的方向。取长补短原则是基于并购的资产可能来源于不同的社会背景，来源于不同社会背景的原有资产必然带有不同的文化特质。企业管理者应对这些不同的文化特质进行比较鉴别、去粗取精，保留一些优良的文化传统，注意避免不良的文化倾向，并且可以采取不同的排列组合方式。促进经营的原则是衡量并购后企业文化建设是否成功的核心标准。因为从经济学的角度来讲，企业是追求利润最大化的经济组织，只有企业文化能够现实地促进企业经营业绩的增长，才能为企业内外部认同并谋求长久生存、发展。企业并购仅仅是一种手段，促进生产力发展才是根本目的。企业并购中的文化整合也必须遵守这一根本原则。

其次，文化整合可遵循以下步骤进行：

（1）历史文化研究。企业并购法律程序完成后，管理人员要深入调研原企业文化的特征、强弱及作用。只有基于对原有企业文化的清醒认识，开展新文化建设的工作才能有的放矢、落在实处。这种调研应当首先从企业表层的物质文化开始，然后逐步深入到制度文化、行为文化和观念文化诸层次，越到后面可能工作越艰巨、任务越繁重。因为有些文化因素是植根于企业员工内心深处的，因此必须与企业员工深入谈心，了解他们的思想状况。对于企业历史文化状况研究，应当深入到员工的具体生产、工作中去，这样才能获得宝贵的第一手资料，从而避免主观臆断，也可以从发展的历史轨迹中寻找答案。这一步骤对强强联合的企业并购后的文化建设尤其重要。

（2）确立企业文化发展的理想模式。管理人员应对整合后的企业文化状况有一个初具雏形的构想。这种企业文化应当符合社会时代大背景，还要与企业生产经营的宏观、微观环境相适应。在具体工作中，我们可以先从确定企业价值观入手。企业价值观是一个企业基本纲领、观念和信念的体系，是评价企业的经营行为、提供的产品、企业员工的职责等的总看法。为了便于在员工中推广和流传，可以将企业价值观用精炼准确的语句表达出来，即企业精神。例如，长虹的企业精神是“产业报国，以民族昌盛为己任”，丰田的企业精神是“既要造车，又要造人”。围绕着企业价值观和企业精神，就可以确定未来企业的发展目标、企业制度、企业道德、企业文化礼仪诸要素。每种企业文化应当有自己的特色，如高科技企业应当建立一种“技术领先”为标准的文化，而服务性企业应注重“服务至上”。确定未来企业发展的理想模式，必然是基于对企业历史文化状况的科学认识和判断。

（3）在继承、沟通、融合的基础上创新企业文化。文化建设的根本仍是企业价值观念的统一。因此，并购后企业文化建设的关键是对那些在不同环境下发展起来的企业各种价值观念做出正确的判断，继续那些优秀的有生命力的东西，使之在各个群体的员工中被广为接受，并融合成一种新的共同的企业精神和价值观。

在企业并购过程中，强强联合的企业一般都拥有各自优秀的企业文化。因此，双方都应该注意排斥各自的自大心理，加强相互间的了解与交流，吸纳对方的精华，在双方原有的基础上，加强双方在经营宗旨、经营目标、经营观念、决策模式、价值观念等方面的融合，形成统一的企业伦理道德与行为规范，形成共同的奋斗目标和良好的工作氛围，使企业产生较强的凝聚力和向心力，进而发展成为经过融合的更为优秀的企业文化。在优势企业并购过程中，一般来说，优势企业是市场竞争中的优胜者，它除了有较强的经济实力和较好的经济效益外，往往还具有较好的精神传统、价值取向、行为规范。劣势企业的企业文化既处于衰退期，又处于蜕变期。一般来说，劣势企业治厂原则、企业精神名存实亡，企业文化很难发挥凝聚、激励、约束作用，至于破产企业的企业文化更近于分崩离析。劣势企业应主动与优势企业的企业文化进行整合，真心实意地吸纳优势企业的企业文化精华，经过消化、融合并逐步形成自己的行为规范。需要强调的是，优势企业本身也可能存在一些落后的不合理的文化因素，优势企业要客观地看待劣势企业的企业文化。由于种种原因，劣势企业生产经营陷入困境，而企业文化不能做出相应的适应性和主动性的对策。企业文化是动态的，劣势企业的企业文化可能包含了不少积极的成分，可以丰富优势企业的企业文化内容，并使它成为新企业优秀企业文化的重要组成部分，这也不失为一种好选择。

案例 8.3

TCL 并购汤姆逊案例中的文化整合

2003 年 11 月 4 日，TCL 与汤姆逊签署彩电业务合并重组意向书，共同组建新公司 TTE，TCL 占六成以上的股份，处于控股地位。根据合并重组意向书，双方共同出资 4.7 亿欧元，成立新公司 TTE。新公司将双方的彩电及 DVD 业务合并在一起，彩电产能达到 1 800 万台，新公司的目标是全球彩电老大之位。2004 年 8 月 1 日，TTE 公司正式在中国香港注册，公司运营总部设在深圳，李东生出任新公司董事长，公司首席执行官则由 TCL 集团副总裁赵忠尧担任。新公司拥有员工 29 000 余人，2003 年全年彩电共销售 1 850 万台，居全球第一位；合并后净产值超过 4 亿欧元，也居全球第一，其在全球有 10 个工厂、5 个研发中心。

TCL本以为能够利用汤姆逊的技术增强自己的国际竞争力，然而TCL集团公告显示，2004年TCL与汤姆逊的合资公司TTE亏损1.43亿元；2005年TTE亏损8.2亿元。与此同时，TCL的手机业务也从辉煌的巅峰跌落，业绩大幅缩水，其国内市场份额由11%降至5.8%，并在2005年继续下跌至3.7%。2004年，TCL集团的净利下跌了56.9%，年终净利润仅为2.46亿元人民币。随后的两年里，亏损仍在继续，TCL一度深陷退市危机。2006年8月30日，TCL集团发布2006年半年度财报，指出TCL上半年净利润亏损7.38亿元人民币，亏损同比增加近6.5%。并购后的三年里，TCL损失40亿元，事实证明TCL并购汤姆逊是失败的。对此，集团董事长李东生表示："主要是TCL多媒体（TMT）欧洲彩电业务拨备和欧洲市场本身亏损所致。"

记得TCL在并购汤姆逊的初期，李东生周五的时候赶到法国，准备在周六召开董事局会议。但等他赶到法国时，连一个董事会的法方人员都找不到，手机也全部关机。因为在法国人的文化中，周末就是休息的日子，工作永远不能打扰私生活。这就是文化的差异，这就是所谓的隔阂。

TCL集团董事长李东生曾坦言："整合的成功主要取决于文化整合的成功。"对于TCL并购汤姆逊失败的结果，究其原因，有战略、营销、人员配置等方面的失误，但更重要的是文化方面的冲突。下面就TCL最为明显的两大文化，"诸侯分权"和"内部企业家制度"进行分析。

（1）诸侯分权引争端。TCL文化的一大特色就是"诸侯分权"。李东生向来习惯于分权，他看中业绩，很少过问各子公司的管理细节。这种分权文化造就了TCL昔日的繁荣。因此，并购后的TCL也沿用了这一方法：在薪酬方面采用"底薪＋提成"的方式，业绩上升奖励，做不好则换人。而在汤姆逊，员工注重生活品质、重视闲暇时间，认为该工作就工作、该休息就休息。再者，以销售业务为例，法国原定的薪酬水平比较稳定，与销售额并无太大关系。

对外经济贸易大学冯鹏程教授认为，存在文化差异下的"诸侯分权"带来了两个后果：一是对汤姆逊大量职位进行调整，由TCL派人员担任主要职位，这导致被下调的原法国管理人员高度不满；二是薪酬制度的变动导致法国基层员工满意度骤减。

（2）内部企业家精神受质疑。TCL文化一向鼓励的内部企业家精神在合资公司遭遇挑战。TCL高管的用人标准是具有企业家精神、敢于冒险的人。在TCL公司开会，业绩好的部门代表坐在前面，业绩不好的部门代表自动坐在后排。在这样一种鼓励企业家精神的文化氛围下培养起了一批管理人员，他们在跨国并购初期被安排到新组公司的核心位置。而汤姆逊认为，TCL指派的大量"内部企业家"独断专横，像个"土皇帝"。因此，带有明显TCL文化特征的新领导层无法在法国员工面前树立权威。

这样做的后果是：一方面，当中方管理者按照TCL的方式发号施令时，大量法国员工选择离职；另一方面，中方管理人员开展工作及其困难，导致了忠诚度下降和离职率的上升。

资料来源：参见冯鹏程、马曼：《从TCL并购看企业海外并购文化整合》，载《中国外贸》，2010（3）。

【本章小结】

本章对并购整合问题进行了一定的介绍，并重点介绍了战略整合、管理整合、人力资源整合以及文化整合。战略整合部分主要针对并购中对战略目标的忽视进行了纠正，并介绍了战略整合的几种模式及其重点。管理整合部分是从有关研究结果出发，强调了管理整合的意义以及管理整合的步骤和方法。人力资源整合部分介绍了并购给企业人力成本带来的影响，由此提出了进行人力资源整合的五个措施。文化整合部分首先介绍了一般性研究结论，对文化冲突的根源进行了探究，然后对文化整合划分了四个不同的阶段，最后根据有关研究介绍了文化整合的几种模式和方法。

【本章要点】

- 战略整合的重点
- 管理整合的方法
- 人力资源整合的实施
- 文化冲突
- 文化整合的模式

【本章关键术语】

战略整合　　管理整合　　人力资源整合　　文化整合

【本章思考题】

1. 战略整合在并购中的地位及面临的一般问题有哪些？
2. 管理整合是否能与人力资源整合、文化整合等独立进行？
3. 文化是种看不见、摸不着的东西，对它进行整合的意义何在？
4. 结合目前我国发生的并购案例，谈谈你在中国如何进行整合的一些想法。

第九章

并购的监管法规及法律服务

第一节　中国并购法律综述

一、证券交易并购法律法规

证券交易市场中的并购活动主要是通过收购上市公司的股份来实现的。为了规范上市公司的并购活动，《中华人民共和国公司法》、《中华人民共和国证券法》、《上市公司收购管理办法》、《上市公司股东持股变动信息披露管理办法》共同组成了我国上市公司收购的基本法律框架，是今后我国证券市场上并购重组的法律依据和行为准则。其他法律法规还包括证监会制定的与上市公司收购有关的配套文件及规范并购重组的法律法规、证券交易所的上市规则、其他有关部门关于国有股股权转让的规定等。

（一）《中华人民共和国公司法》

《中华人民共和国公司法》，（以下简称《公司法》）于1993年12月29日经第八届全国人民代表大会常务委员会第五次会议通过。根据1999年12月25日第九届全国人民代表大会常务委员会第十三次会议《关于修改〈中华人民共和国公司法〉的决定》进行了第一次修正，根据2004年8月28日第十届全国人民代表大会常务委员会第十一次会议《关于修改〈中华人民共和国公司法〉的决定》进行了第二次修正。2005 年 10 月 27 日，第十届全国人民代表大会常务委员会第十八次会议再次对《公司法》进行了修订。

2005 年新修订的《公司法》中有关公司设立、公司章程、资本金制度、公司治理及公司合并与分立的规定等内容与并购有关，这些规定对并购的主体资格、并购需要发生的现金成本、并购各方可以做出的权责安排、并购可能涉及的信息披露义务等都有直接或间接的规定。具体说来，这些影响主要体现在以下几个方面：

第一，公司设立门槛降低可以提高并购的资金使用效率，扩充并购可以利用的资本形式，降低并购成本。公司设立门槛降低是指新《公司法》降低了对金额的要求，可以分期缴纳，允许出资方式更加多样化，放宽了无形资产的出资比例。资本形式的扩充，更好地降低了企业并购的成本，有利于并购的产生和实现。

第二，放弃对公司转投资的管制既使资金的使用效率提高，也使更多的公司可以成为并购的主体。新《公司法》取消了公司对外投资不得超过公司净资产百分之五十的限制，使得企业并购产生的可能性大大增加，企业的资金杠杆更为灵活，以小搏大成为可能。该规定也使纯粹的投资公司参与并购成为可能。

第三，公司内部治理允许以自治为主，这使得并购各方当事人能有更大的自主权确定合作的方式和办法，使并购更易成功。公司自治的主要手段是公司章程自治。新《公司法》允许公司及其股东对公司章程做出个性化设计。公司自治有利于企业并购各方更好地发挥各自的优势和积极性，使并购更易成功并能优势互补。

第四，新《公司法》允许一人公司的存在，这使得民间资本可以更自由地进入并购领域，从而进一步扩大了并购主体的范围。一人公司的存在使自然人并购企业成为可能，为有实力的私人资本进入并购领域创造了条件。

第五，新《公司法》通过对公司高管及实际控制人的责任强化以及采纳“法人人格否认理论”，保障了相对债权人和中小股东的利益，促进并购行为在公平合理的基础上进行。重大的购买或资产出售（重组）要经特别决议通过。“法人人格否认理论”可以使相对债权人或中小股东在公司内部控制人利用其实际控制力在并购中牟取不当利益的情况下，可以超越有限责任的保护，对内部控制人追究责任。

第六，新《公司法》直接简化了并购的程序。这使得并购发生时解决原有债权债务的方式更加灵活，可以提高并购的效率。

第七，新《公司法》仍存在一些不利于降低并购成本的规定，如“全体股东的货币出资金额不得低于注册资本的百分之三十”，该规定不必要地提高了并购的现金利用成本。

（二）《中华人民共和国证券法》

《中华人民共和国证券法》（以下简称《证券法》）于 1998 年 12 月 29 日经第九届全国人民代表大会常务委员会第六次会议通过，2004 年 8 月 28 日第十届全国人民代表大会常务委员会第十一次会议进行了第一次修订，2005 年 10 月 27 日第十届全国人民代表大会常务委员会第十八次会议再次进行了修订。新修订的《证券法》自 2006 年 1 月 1 日起施行。

新《证券法》的实施，对于推进我国资本市场的发展、提高上市公司质量、完善证券市场行为都将发挥极其重要的作用。从并购的视角看，我们可以发现《证券法》修改的内容在很大程度上都与我国上市公司的并购重组有关，这在一定程度上将会改善我国上市公司并购的法律环境，推动我国上市公司并购活动的良性发展。特别是新《证券法》第四章上市公司的收购对我国上市公司的并购活动将产生直接影响。具体说来，这些影响体现在以下几个方面。

1. 关于收购方式

旧《证券法》对上市公司的收购规定只有两种方式，即协议收购和要约收购。新《证券法》除保留了这两种形式以外，还规定了投资者可以采取其他合法的方式，从而拓宽了上市公司收购的渠道。

从世界各国收购上市公司的方式看，并不局限于要约收购和协议收购两种方式。旧《证券法》没有明确其他收购方法的合法性，因此收购方只能采取较为呆板的协议收购和要约收购方式。另外，采用协议收购和要约收购以外的收购方式完成的收购在法律上也可能得不到完全的肯定。

收购上市公司方式的多样化，不仅可以促进上市公司收购方式的制度创新，同时明确了“其他合法方式收购上市公司”的合法法律地位，有利于推动并购的进行。

2. 关于共同持有

我国旧《证券法》建立了收购者的持股预警披露制度和强制要约收购制度，该条款的制定主要是为了保护上市公司股东的合法权益，维护证券交易的公正、公平和公开。

但在实际中，一些投资者或者收购方为了规避上述信息披露义务和强制要约收购义务，采取了协议收购或其他安排等与其他收购人一起收购目标公司的手段，从而达到规避法律的目的。这种一致行动方式使得所有一致行动人所持有的目标企业股份之和已经到了或者超过了持股预警披露或者强制要约收购所规定的股权比例，但每个一致行动人所持有的目标公司的股份却未达到该股权比例，从而绕过了法律规定的信息披露义务和强制要约义务。

新《证券法》规定了“共同持有”制度，即只要投资者通过协议、其他安排等与他人共同持有一个上市公司已发行的股份达到持股预警披露和强制要约收购所规定的股权比例时，投资者也必须同样履行信息披露制度和强制收购义务，这可以有效地弥补旧《证券法》存在的法律漏洞。新《证券法》规定了“共同持有”制度，可以防止投资人采取一致行动方式来规避法律义务、操纵股票价格或进行内幕交易，从而有效地保护了目标公司股东的合法权益。

3. 关于部分要约收购

旧《证券法》规定了要约收购制度，旨在保护中小股东权益。然而，在旧《证券法》的环境下，上市公司要约收购制度采取的是强制性全面要约方式，这种收购方式不仅要产生高昂的收购成本，并且若收购的股份超过上市公司总股本的 75%以上，极易造成上市公司的退市。同时，也未必能与其立法宗旨相符，即保护中小股东的利益。

尽管从原则上说，中国的上市公司收购可以采用协议收购、要约收购和二级市场公开竞价收购三种方式，但在实践中，协议收购在数量上占了绝大多数，要约收购和二级市场收购的数量几乎可以忽略不计（虽然在上市公司收购价值理念的普及和制度功能的影响方面远远超过了前者)。

协议收购与要约收购的重要区别在于，它是收购方与目标公司的少数特定股东（主要大股东）在价格、数量等方面私下协商而不通过交易所进行的股份交易，由于各股东讨价还价的能力不同，协议收购更有可能损害中小股东的利益。旧《证券法》的不尽合理之处在于，协议收购的条件比要约收购的条件更为宽松，监管也更宽松。新《证券法》通过了对协议收购触发要约收购的规定，更好地保护了上市公司收购中中小股东的利益。

在全流通条件下，中国证券市场的并购活动将会越来越频繁。基于这种背景，新《证券法》在全面要约收购之外，允许收购人可以根据其需要和市场情况，自行设定具体的收购数量，不必再强制性地接受被收购公司的所有股份，即可以采用部分要约收购方式对上市公司进行收购。该条款的修改，一方面鼓励了上市公司的收购行为，促进了我国并购市场的发展，为收购人提供了一个更为灵活和成本相对较低的上市公司收购选择，减少了收购成本；另一方面，部分要约收购不仅可以有效地避免全面要约收购所可能导致的上市公司终止上市的情况，而且有利于推进上市公司收购的市场化，减少证监会在全面要约豁免方面的不当行政介入，同时也能更好地保护中小股东的利益。

此外，新《证券法》还规定，收购人在收购要约中必须规定，在收购上市公司部分股份的情况下，如果被收购公司股东承诺出售的股份数额超过预定收购的股份数额，收购人必须按比例进行收购。这种规定体现了《证券法》的公平，可以保护中小股东的利益，而且防止了收购人“偏向性”的收购行为，保证了上市公司所有股东在同一个收购行为下获得同等的对待。

4. 有关禁卖的相关规定

在我国目前的市场上，很多收购上市公司的行为都存在不良的动机和目的。他们收购上市公司的目的是为了炒作上市公司的股票或者收购后再进行第二次出卖，从中牟取非法利益，因而损害了上市公司的利益。基于此情况，新《证券法》规定：采取要约收购方式的，收购人在收购期限内不得卖出被收购公司的股票。

新《证券法》对以上条款的修订，规范了上市公司的收购行为，进一步明确了收购上市公司的目的，有利于我国上市公司的健康发展。

5. 有关退市的相关规定

由于收购人的收购行为导致目标公司退市时，其余仍持有目标公司股票的股东的合法权益应该得到法律的有效保护，尤其是对于那些持有无法通过证券交易所交易股票的股东。在此背景下，旧《证券法》赋予了这些股东选择权，即他们可以向收购人以收购要约的同等条件出售其股票，收购人有义务必须收购。

新《证券法》对该条款进行了修改，取消了对于退市后其他股东要求收购人购买其股权时对整个收购股权比例的限制性要求，规定只要目标公司的股票被终止上市交易，即只要收购人持有的被收购公司的股份达到该上市公司已发行股份总数的75%以上（公司股本总额超过人民币4亿元的，为90%以上)，其余股东就可行使要求收购者购买其股权的权利，从而有效地保护了中小股东的合法权益。此外，新《证券法》还明确规定，当目标公司被收购后符合退市条件时，应该由证券交易所依法终止目标公司的上市交易，即明确了退市操作的监管主体。

（三）《上市公司收购管理办法》

中国证监会于 2006 年 7 月修订并发布了新的《上市公司收购管理办法》（以下简称《收购管理办法》），对上市公司收购的方式、权益披露、要约收购、协议收购、间接收购、豁免申请、财务顾问、监管措施与法律责任等做出了新的规定。

1. 权益披露

投资者在一个上市公司中拥有的权益，包括登记在其名下的股份和虽未登记在其名下但该投资者可以实际支配表决权的股份。投资者及其一致行动人在一个上市公司中拥有的权益应当合并计算。根据《收购管理办法》的有关规定，投资者通过证券交易行为使权益达到一定限度时，应当及时对所拥有的上市公司权益进行披露。

2. 要约收购

投资者自愿选择以要约方式收购上市公司股份的，可以向被收购公司所有股东发出收购其所持有的全部股份的要约（简称全面要约），也可以向被收购公司所有股东发出收购其所持有的部分股份的要约（简称部分要约）。通过证券交易所的证券交易，收购人持有一个上市公司的股份达到该公司已发行股份的 30%时，继续增持股份的，应当采取要约方式进行，发出全面要约或者部分要约。根据《收购管理办法》的有关规定，要约收购应当遵守下述规定：

第一，以要约方式收购一个上市公司股份的，其预定收购的股份比例均不得低于该上市公司已发行股份的 5%。以要约方式进行上市公司收购的，收购人应当公平对待被收购公司的所有股东——持有同一种类股份的股东应当得到同等对待。收购人为终止上市公司的上市地位而发出全面要约的，或者向中国证监会提出申请但未取得豁免而发出全面要约的，应当以现金支付收购价款；以依法可以转让的证券支付收购价款的，应当同时提供现金方式供被收购公司股东选择。以要约方式收购上市公司股份的，收购人应当编制要约收购报告书，并应当聘请财务顾问向中国证监会、证券交易所提交书面报告，抄报派出机构，通知被收购公司，同时对要约收购报告书摘要做出提示性公告。于 15 日后，应公告其要约收购报告书、财务顾问专业意见和律师出具的法律意见书。在 15 日内，中国证监会对要约收购报告书披露的内容表示无异议的，收购人可以进行公告；中国证监会发现要约收购报告书不符合法律、行政法规及相关规定的，及时告知收购人，收购人不得公告其收购要约。收购人发出全面要约的，应当在要约收购报告书中充分披露终止上市的风险、终止上市后收购行为完成的时间及仍持有上市公司股份的剩余股东出售其股票的其他后续安排。收购人拟收购上市公司股份超过 30%，须改以要约方式进行收购的，收购人应当在达成收购协议或者做出类似安排后的 3 日内对要约收购报告书摘要做出提示性公告，并按照《收购管理办法》有关规定履行报告和公告义务，同时免于编制、报告和公告上市公司收购报告书；依法应当取得批准的，应当在公告中特别提示本次要约需取得相关批准方可进行。未取得批准的收购人应当在收到通知之日起两个工作日内，向中国证监会提交取消收购计划的报告，抄送证券交易所，通知被收购公司，并予以公告。收购人向中国证监会报送要约收购报告书后，在公告要约收购报告书之前，拟自行取消收购计划的，应当向中国证监会提出取消收购计划的申请及原因说明，并予以公告；自公告之日起 12 个月内，该收购人不得再次对同一上市公司进行收购。

第二，被收购公司董事会应当对收购人的主体资格、资信情况及收购意图进行调查，对要约条件进行分析，对股东是否接受要约提出建议，并聘请独立财务顾问提出专业意见。在收购人公告要约收购报告书后 20 日内，被收购公司董事会应当将被收购公司董事会报告书与独立财务顾问的专业意见报送中国证监会，抄送证券交易所，并予以公告。收购人对收购要约条件做出重大变更的，被收购公司董事会应当在 3 个工作日内提交董事会及独立财务顾问就要约条件的变更情况所出具的补充意见，并予以报告、公告。收购人做出提示性公告后至要约收购完成前，被收购公司除继续从事正常的经营活动或者执行股东大会已经做出的决议外，未经股东大会批准，被收购公司董事会不得通过处置公司资产、对外投资、调整公司主要业务、担保、贷款等方式，对公司的资产、负债、权益或者经营成果造成重大影响。在要约收购期间，被收购公司董事不得辞职。

第三，收购人按照本办法规定进行要约收购的，对同一种类股票的要约价格，不得低于要约收购提示性公告日前 6 个月内收购人取得该种股票所支付的最高价格。要约价格低于提示性公告日前 30 个交易日该种股票的每日加权平均价格的算术平均值的，收购人聘请的财务顾问应当就该股票前 6 个月的交易情况进行分析，说明是否存在股价被操纵、收购人是否有未披露的一致行动人、收购人前 6 个月取得公司股份是否存在其他支付安排、要约价格的合理性等。收购人可以采用现金、证券、现金与证券相结合等合法方式支付收购上市公司的价款。收购人聘请的财务顾问应当说明收购人具备要约收购的能力。以现金支付收购价款的，应当在做出要约收购提示性公告的同时，将不少于收购价款总额的 20％作为履约保证金存入证券登记结算机构指定的银行。收购人以证券支付收购价款的，应当提供该证券的发行人最近 3 年经审计的财务会计报告、证券估值报告，并配合被收购公司聘请的独立财务顾问的尽职调查工作。收购人以在证券交易所上市交易的证券支付收购价款的，应当在做出要约收购提示性公告的同时，将用于支付的全部证券交由证券登记结算机构保管，但上市公司发行新股的除外。收购人以在证券交易所上市的债券支付收购价款的，该债券的可上市交易时间应当不少于 1 个月。收购人以未在证券交易所上市交易的证券支付收购价款的，必须同时提供现金方式供被收购公司的股东选择，并详细披露相关证券的保管、送达被收购公司股东的方式和程序安排。

第四，收购要约约定的收购期限不得少于 30 日，并不得超过 60 日，但出现竞争要约的除外。在收购要约约定的承诺期限内，收购人不得撤销其收购要约。采取要约收购方式的，收购人做出公告后至收购期限届满前，不得卖出被收购公司的股票，也不得采取要约规定以外的形式和超出要约的条件买入被收购公司的股票。收购要约期限届满前 15 日内，收购人不得变更收购要约，但出现竞争要约的除外。出现竞争要约时，发出初始要约的收购人变更收购要约距初始要约收购期限届满不足 15 日的，应当延长收购期限，延长后的要约期应当不少于 15 日，不得超过最后一个竞争要约的期满日，并按规定比例追加履约保证金。以证券支付收购价款的，应当追加相应数量的证券，交由证券登记结算机构保管。发出竞争要约的收购人最迟不得晚于初始要约收购期限届满前 15 日发出要约收购的提示性公告，并应当根据《收购管理办法》有关规定履行报告、公告义务。要约收购报告书所披露的基本事实发生重大变化的，收购人应当在该重大变化发生之日起两个工作日内，向中国证监会做出书面报告，抄送证券交易所，通知被收购公司，并予以公告。收购人需要变更收购要约的，必须事先向中国证监会提出书面报告，同时抄报派出机构，抄送证券交易所和证券登记结算机构，通知被收购公司；经中国证监会批准后，予以公告。

第五，同意接受收购要约的股东（以下简称预受股东），应当委托证券公司办理预受要约的相关手续。收购人应当委托证券公司向证券登记结算机构申请办理预受要约股票的临时保管。证券登记结算机构临时保管的预受要约的股票，在要约收购期间不得转让。这里所说的预受，是指被收购公司股东同意接受要约的初步意思表示，在要约收购期限内不可撤回之前不构成承诺。在要约收购期限届满 3 个交易日前，预受股东可以委托证券公司办理撤回预受要约的手续，证券登记结算机构根据预受要约股东的撤回申请解除对预受要约股票的临时保管。在要约收购期限届满前 3 个交易日内，预受股东不得撤回其对要约的接受。在要约收购期限内，收购人应当每日在证券交易所网站上公告已预受收购要约的股份数量。出现竞争要约时，接受初始要约的预受股东撤回全部或者部分预受的股份，并将撤回的股份售予竞争要约人的，应当委托证券公司办理撤回预受初始要约的手续和预受竞争要约的相关手续。

第六，收购期限届满，发出部分要约的收购人应当按照收购要约约定的条件购买被收购公司股东预受的股份，预受要约股份的数量超过预定收购数量时，收购人应当按照同等比例收购预受要约的股份。以终止被收购公司上市地位为目的的要约收购，收购人应当按照收购要约约定的条件购买被收购公司股东预受的全部股份。未取得中国证监会豁免而发出全面要约的收购人，应当购买被收购公司股东预受的全部股份。收购期限届满后 3 个交易日内，接受委托的证券公司应当向证券登记结算机构申请办理股份转让结算、过户登记手续，解除对超过预定收购比例的股票的临时保管。收购人应当公告本次要约收购的结果。收购期限届满，被收购公司股权分布不符合上市条件，该上市公司的股票由证券交易所依法终止上市交易。在收购行为完成前，其余仍持有被收购公司股票的股东，有权在收购报告书规定的合理期限内向收购人以收购要约的同等条件出售其股票，收购人应当收购。收购期限届满后 15 日内，收购人应当向中国证监会报送关于收购情况的书面报告，抄送证券交易所，通知被收购公司。除要约方式外，投资者不得在证券交易所外公开求购上市公司的股份。

3. 协议收购

采取协议方式收购上市公司的，收购人可以依照法律、行政法规的规定与被收购公司的股东协议转让股份。收购协议达成后，收购人必须在 3 日内将该收购协议向国务院证券监督管理机构及证券交易所做出书面报告，并予以公告。在公告前不得履行收购协议。协议收购的双方可以临时委托证券登记结算机构保管协议转让的股票，并将资金存放于指定的银行。采取协议收购方式的，收购人收购或者通过协议、其他安排等与他人共同收购一个上市公司已发行的股份达到 30%时，继续进行收购的，应当向该上市公司所有股东发出收购上市公司全部或者部分股份的要约；但是，经国务院证券监督管理机构免除发出要约的除外。收购人依照上述规定以要约方式收购上市公司股份，应当遵守《证券法》第八十九条至第九十三条有关要约收购的规定。

4. 豁免申请

收购人收购上市公司一定股份时，并不必然履行收购要约的义务，中国证监会可以针对实际情况行使豁免权，免除收购人发出收购要约的义务。当出现规定的特殊情形时，投资者及其一致行动人可以向中国证监会申请豁免。未取得豁免的，投资者及其一致行动人应当在收到中国证监会通知之日起 30 日内将其或者其控制的股东所持有的被收购公司股份减持到 30％或者 30％以下；拟以要约以外的方式继续增持股份的，应当发出全面要约。根据《收购管理办法》的有关规定，可申请的豁免事项为：①免于以要约收购方式增持股份的事项；②存在主体资格、股份种类限制或者法律、行政法规、中国证监会规定的特殊情形的事项。出现上述事项时，当事人可以向中国证监会申请以简易程序免除发出要约。中国证监会自收到符合规定的申请文件之日起 5 个工作日内未提出异议的，相关投资者可以向证券交易所和证券登记结算机构申请办理股份转让和过户登记手续。中国证监会不同意其以简易程序申请的，相关投资者应当按照前述规定申请。

5. 财务顾问

根据有关规定，收购人进行上市公司的收购，应当聘请在中国注册的具有从事财务顾问业务资格的专业机构担任财务顾问。收购人未按照规定聘请财务顾问的，不得收购上市公司。财务顾问应当勤勉尽责，遵守行业规范和职业道德，保持独立性，保证其所制作、出具文件的真实性、准确性和完整性。财务顾问认为收购人利用上市公司的收购损害被收购公司及其股东合法权益的，应当拒绝为收购人提供财务顾问服务。财务顾问为履行职责，可以聘请其他专业机构协助其对收购人进行核查，但应当对收购人提供的资料和披露的信息进行独立判断。

6. 上市公司收购后事项的处理

收购期限届满，被收购公司股权分布不符合上市条件的，该上市公司的股票应当由证券交易所依法终止上市交易；其余仍持有被收购公司股票的股东，有权向收购人以收购要约的同等条件出售其股票，收购人应当收购。收购行为完成后，被收购公司不再具备股份有限公司条件的，应当依法变更企业形式。

在上市公司收购中，收购人持有的被收购上市公司的股票，在收购行为完成后的 12 个月内不得转让。收购行为完成后，收购人与被收购公司合并并将该公司解散的，被解散公司的原有股票由收购人依法更换。收购行为完成后，收购人应当在 15 日内将收购情况报告国务院证券监督管理机构和证券交易所，并予以公告。

（四）证监会制定的与上市公司收购有关的配套文件及规范并购重组的法律法规

中国证券监督管理委员会在 2006 年发布了与《收购管理办法》同时修订的五个配套信息披露内容及格式准则，这些配套文件分别是《权益变动报告书》、《上市公司收购报告书》、《要约收购报告书》、《被收购公司董事会报告书》和《豁免要约收购申请文件》。

《权益变动报告书》分详式和简式两种。持股介于 20％～30％，或者持股介于 5％～20％且为上市公司第一大股东或实际控制人的，编制详式报告；持股介于 5％～20％，且不是公司第一大股东或实际控制人，或者持股 5％以后每变动达到或超过 5％的情形，编制简式报告。

《上市公司收购报告书》加强了对收购人最近 3 年诚信记录、收购人及其控股股东和实际控制人以及关联企业的业务的披露要求。同时，要求其披露持股 5％以上的银行、信托公司、证券公司、保险公司等其他金融机构的简要情况。对于通过取得上市公司发行的新股而收购上市公司的，增加了信息披露主体、信息披露时点和内容等与证监会有关上市公司证券发行规定相衔接的要求。

《要约收购报告书》对要约收购方案，要约收购的约定条件、支付条件和方式等内容加以细化，明确了以证券作为支付手段的披露要求。新修订的《收购管理办法》不再要求被收购公司董事会发表意见，而是将《被收购公司董事会报告书》的适用范围缩小，仅限于要约收购和管理层收购的特殊情况。《豁免要约收购申请文件》对收购人申请豁免要约收购义务应提供的相关申请文件及具体要求也做出了相应的修订。

新修订的五个准则，自 2006 年 9 月 1 日起与新修订的《收购管理办法》同步施行。

（五）证券交易所自定的规章制度

根据《上海证券交易所股票上市规则》和《深圳证券交易所股票上市规则》的规定，收购或出售资产总额或交易金额占上市公司最近一次经审计的总资产或净资产10％以上，或收购、出售资产相关的净利润或亏损绝对值占上市公司最近经审计的净利润或亏损绝对值 10％以上，且绝对金额在 100 万元以上的，均应及时进行信息披露，履行报告义务。

二、产权交易法律法规

企业产权交易是指企业法人财产权根据市场原则进行的交易或买卖活动。产权交易市场是资产市场的有机组成部分，是我国国有企业和集体企业产权、股权公开转让和小企业筹融资的重要场所。由于我国证券市场容量有限，而且由于我国经济体制转轨，数百万企业、数万亿资产面临着重新配置和流动，所以只有产权交易市场才能对如此巨量的收购兼并和资产重组活动提供交易平台。

1. 全国性产权交易法律法规概述

中国的产权交易市场是与国有企业改革相伴而生的，所以有关产权交易的法律规定主要是以部门行政规章的方式颁布。1989 年 2 月 19 日，国家体改委、国家计委、财政部、国家国有资产管理局联合发布了《关于企业兼并的暂行办法》和《关于出售国有小型企业产权的暂行办法》两份文件，前者对“兼并”进行了定义，后者提到了“要搞好出售企业产权的组织、协调和指导工作。有条件的地方还可以组建企业拍卖市场或产权交易市场”。同时，在企业兼并程序方面，前者将“产权交易市场或直接洽谈”作为初步确定兼并及其过程中可供选择的第一步程序，后者还对资产的评估提供了三种可选择的方法。随后，国家国有资产管理局陆续颁布了十多项与产权交易市场设立、管理相关的规范性文件。

2003 年 12 月 31 日，国务院国有资产监督管理委员会和财政部联合发布了《企业国有产权转让管理暂行办法》（以下简称《管理暂行办法》），自 2004 年 2 月 1 日起正式施行。该《管理暂行办法》是为规范企业国有产权转让行为，加强企业国有产权交易的监督管理，促进企业国有资产的合理流动、国有经济布局和结构的战略性调整，防止企业国有资产流失，根据《企业国有资产监督管理暂行条例》和国家有关法律、行政法规的规定而制定的。《管理暂行办法》特别指出，企业国有产权转让可以采取拍卖、招投标、协议转让以及国家法律、行政法规规定的其他方式进行。

2. 地方性产权交易法律法规概述

虽然国家部委陆续出台了一些规范文件，但严格地说，目前产权交易市场尚无一部权威的全国性产权交易管理办法，法律法规建设严重滞后于实践发展，造成了产权交易的法律依据不足、手段乏力、权威性不高，直接导致产权交易中“暗箱操作”普遍、寻租行为严重，致使大量国有资产通过不规范的产权交易流失。因此，许多省市一般是通过自己制定适合本地情况的地方性产权交易法规来规范产权交易市场。这些法规或是通过地方人民代表大会以立法形式出现，或是以政府文件形式出现的行政规章。

按内容来分，这些法律法规主要涉及以下几个方面：产权界定及产权纠纷处理类的地方行政规章及规范文件；产权交易类的地方行政规章及规范性文件；资产流失查处类的地方行政规章及规范性文件；市场管理类的地方行政规章及规范性文件。具体散见于各省市的产权交易市场。

三、外资并购法律法规

跨国并购是目前国际资本投资的主要方式。中国政府鼓励跨国公司通过多种政策参与国有企业的并购重组。在中国面对经济全球化和加入 WTO 后，《指导外商投资方向规定》和《外商投资产业指导目录》也进行了更具开放性的修改，政府也制定和完善了其他向外国投资者出售国有股权、吸收外国投资者参与国有企业改制改组的法律法规。从上市公司层面看，当前外资并购国内企业的目的已经从战略合作阶段转向了资本运营阶段。外资力图通过获得企业实际控制权，以达到全面深入中国市场的目的。此次外资并购进展快、力度深、操作手段广泛，无疑可改善上市公司的法人治理结构，引入高级管理人才和运作规范的法人治理模式，大大减少上市公司造假的现象发生，使我国证券市场的规范化程度和国际化程度大大提高。以下 5 个法律规章及 2002 年以来中国证监会等部门颁布的有关外资并购的一系列规章，基本形成了一个较为完备的外资并购法律框架。

1. 《关于外商投资企业境内投资的暂行规定》

2000 年 7 月 25 日，《关于外商投资企业境内投资的暂行规定》（以下简称《暂行规定》）由对外贸易经济合作部和国家工商行政管理局联合发布。该规定的出台将进一步完善和规范外商投资企业的境内投资行为，有利于外商投资企业的投资、参股。《暂行规定》明确了外商投资企业境内投资的主体必须是在中国境内依法设立的，采取有限责任公司形式的中外合资经营企业、中外合作经营企业和外资企业以及外商投资股份有限公司，而且必须以本企业的名义，在中国境内投资设立或购买其他企业。《暂行规定》明确规定外商投资举办的投资性公司的境内投资不适用该规定。《暂行规定》明确了外商投资企业境内投资的范围，外商投资企业境内投资比照执行《指导外商投资方向暂行规定》和《外商投资产业指导目录》的规定，外商投资企业不得在禁止外商投资的领域投资。《暂行规定》还明确了外商企业在符合注册资本已缴清、开始盈利、依法经营无违法经营记录三项条件后方可投资，并对其累计投资额做了限制，即不得超过自身净资产的百分之五十。另外，《暂行规定》还具体规定了一般申办程序和必备的申办材料，对限制类领域的申报条件和程序也做出了明确规定。

2.《关于上市公司涉及外商投资有关问题的若干意见》

2001年11月，《关于上市公司涉及外商投资有关问题的若干意见》由对外贸易经济合作部和证监会联合颁布。对允许外商投资股份有限公司发行A股或B股和允许外商投资企业受让上市公司非流通股做了原则性规定，外商投资企业受让境内上市公司非流通股需按《外商投资企业境内投资的暂行规定》规定的程序和要求办理有关手续。由于缺乏实施细则等原因，自该规定颁布以来，尚无外商投资企业成功受让上市公司非流通股的实例。

3.《关于向外商转让上市公司国有股和法人股有关问题的通知》

2002年11月4日，《关于向外商转让上市公司国有股和法人股有关问题的通知》（以下简称《通知》）由中国证监会、财政部、国家经贸委三部委联合发布，标志着外资并购将成为证券市场的热点，亦是中国资本市场进一步对外开放的序幕。首先，《通知》的有关规定有助于打破中国证券市场分割、相互封闭的格局，在国内A股市场、B股市场、流通股与非流通股市场之间架起了桥梁。其次，《通知》的第三条规定，向外商转让公司国有股和法人股原则上采取公开竞价方式。而这在以前是一直被禁止的，转让方与受让方只能采用定向的协议方式，以免形成流通股市场之外的另一个流通或半流通市场。此项规定具有突破性的意义，可能形成一个面向机构投资者尤其是产业资本的“非流通股”市场，这一产权市场与目前流通股市场具有完全不同的价值——这一市场主要交易企业的控制权，同样具有衡量企业价值的作用。再次，促进中国外汇管理体制的改革及外汇市场开放。以往外商在中国境内投资，仅可以将通过直接投资获得的利润兑换为外汇后汇出；而《通知》规定，外商受让国有股和法人股后，在转让股权、上市公司终止清算后获得的资金，可依法购汇汇往境外。这一规定在一定程度上承认了境外投资者可以在资本市场投资、获得利润、合法地兑换并汇出境外，即在一定程度上促进了人民币在资本项目下的可兑换性。最后，《通知》体现了中国加入世贸组织后落实国民待遇的原则。《通知》的第九条规定，上市公司国有股和法人股向外商转让后，上市公司仍然执行原有关政策，不享受外商投资企业待遇。这与中国加入WTO后消除差别待遇的环境是一致的。

4.《利用外资改组国有企业暂行规定》

2002年11月8日，《利用外资改组国有企业暂行规定》由国家经贸委、财政部、国家工商总局、国家外汇管理局联合颁布，并自2003年1月1日起正式实行。根据这一规定，利用外资改组国有企业应遵守国家法律法规，保证国家经济安全；应符合国家产业政策要求，凡属《外商投资产业指导目录》禁止外商投资的产业，外商不得参与改组；须由中方控股或相对控股的企业，改组后应保持中方控股或相对控股地位；应有利于经济结构调整，促进国有资本优化配置；应注重引进先进技术和管理经验，建立规范的公司治理结构，推动企业技术进步和产业升级；应坚持公开、公平、公正、诚实信用的原则，防止国有资产流失，不得逃废、悬空银行及其他债权人的债权，不得损害职工的合法权益；应促进公平竞争，不得导致市场垄断。此外，规定还对国有企业的改组方式和程序、定价机制、职工安置以及债权债务处理等做了明确具体的规定。

5.《外国投资者并购境内企业暂行规定》

2003年3月7日，《外国投资者并购境内企业暂行规定》（以下简称《规定》）由对外贸易经济合作部、国家税务总局、国家工商总局、国家外汇管理局联合颁布。该《规定》的发布使外国投资者的并购活动有了可遵循的法律依据。不管是重组控股式收购还是参股式收购，外商均可通过直接收购上市公司的非流通股而成为上市公司大股东，这有利于提升我国上市公司的整体质量。该《规定》明确了外国投资者并购可涉及的领域与外商投资产业政策相一致。《规定》的一个重大突破就是明确了外国投资者的出资比例低于25%的法律地位问题。《规定》规定了外国投资者利用股权并购的，并购后所设外商投资企业继承被并购境内公司的债权和债务。外国投资者利用资产并购的，出售资产的境内企业承担其原有的债权和债务。《规定》规定并购当事人应以资产评估机构对拟转让的股权价值或拟出售资产的评估结果作为确定交易价格的依据。并购当事人可约请在中国境内依法设立的资产评估机构进行资产评估，资产评估应采用国际通行的评估方法。另外，《规定》还对外国投资者并购付款期、如何计算外国投资者股权并购后企业的注册资本、如何计算股权并购后企业的注册资本与总投资的比例、审批等技术性内容做出了详细规定。

目前，外资并购在我国的问题主要是待遇标准的确定，在我国实践中往往简单地将新建外商投资企业的待遇标准照搬到外资企业并购上，而且在税收、审批程序和投资条件上给予过多的优惠，加上各地引资政策的竞争，使得外资并购获得了超国民待遇。另外，包括行业政策和审批制度等有待改进。

四、反垄断立法

1980年10月，国务院发布的《关于开展和保护社会主义竞争的暂行规定》指出，“除国家指定专营产品外，其余的不得进行垄断，搞独家经营”，“开展竞争必须打破地区封锁和部门分割”。这是我国第一个反垄断的纲领性规定。1989年，国家体改委、国家计委联合发布的《关于企业兼并的暂行办法》也强调，企业并购一方面要有利于规模经济，另一方面也不得损害企业间竞争，其目的都在于反对过大规模的企业联合。1993年我国又颁布了《反不正当竞争法》，对企业、政府等单位的不正当竞争和垄断行为做出了较为明确的规定。

为了预防和制止垄断行为，保护市场公平竞争，提高经济运行效率，维护消费者利益和社会公共利益，促进社会主义市场经济健康发展。2007年8月30日，第十届全国人民代表大会常务委员会第二十九次会议通过了《中华人民共和国反垄断法》（以下简称《反垄断法》），自2008年8月1日起施行。

《反垄断法》共分为八章五十七条，包括总则，垄断协议，滥用市场支配地位，经营者集中，滥用行政权力排除、限制竞争，对涉嫌垄断行为的调查，法律责任和附则。《反垄断法》明确规定，禁止大型国企借控制地位损害消费者利益，国有经济占控制地位的关系国民经济命脉和国家安全的行业以及依法实行专营专卖的行业，国家对经营者的经营行为及其商品和服务的价格依法实施监管和调控，维护消费者利益。

《反垄断法》规定的垄断行为包括：经营者达成垄断协议；经营者滥用市场支配地位；具有或者可能具有排除、限制竞争效果的经营者集中。《反垄断法》同时规定，具有市场支配地位的经营者不得滥用市场支配地位排除、限制竞争。《反垄断法》明确了国务院设立反垄断委员会，负责组织、协调、指导反垄断工作，履行以下五大职能：研究拟定有关竞争政策；组织调查、评估市场总体竞争状况，并发布评估报告；制定、发布反垄断指南；协调反垄断行政执法工作；国务院规定的其他职责。《反垄断法》还规定，国务院规定的承担反垄断执法职责的机构（国务院反垄断执法机构）依照本法规定，负责反垄断执法工作。

当然，《反垄断法》的颁布仅仅是一个开始。《反垄断法》的出台与实施，对于推动政府转型、弘扬竞争文化、倡导商业文明、捍卫经济民主，无疑构建了一个维护和促进市场竞争的法治初始框架。但是，我们必须清醒地认识到，《反垄断法》的出台只是给我们传递了一个信号和理念，我们不能期待《反垄断法》出台后，中国的垄断态势会发生翻天覆地的变化，更不能期待《反垄断法》可以解决目前中国社会的一切问题。

第二节　境外的并购法律制度

一、英美法系的公司并购法律管理

英美法系国家主要是通过灵活务实的判例法，配之以有效的审判程序和高明熟练的法官队伍，从而实现了法律的体系化。因此，在企业并购立法上既有成文法，也强调判例的作用。此外，以美国为典型代表的英美法系国家，对企业并购中的反垄断立法相当重视。

（一）对垄断的规制

美国首开发达国家对企业并购进行法律监管的先河，并且主要是从反垄断法开始的。这主要是因为美国历来的经济主流思想就是保证自由的市场竞争，以实现资源的理想配置。从这一思想出发，美国对企业并购的法律监管主要是防止对竞争的不正当限制、不正当的竞争方法、垄断及图谋垄断。

美国对企业并购中垄断的规制立法主要由以下三部分组成。

1. 国会通过的反托拉斯法

美国的反托拉斯法律体系主体包括四部法律，分别为《谢尔曼法》、《联邦贸易委员会法》、《克莱顿法》、《罗宾逊-帕特曼法》。

（1）始于1860年的《谢尔曼法》（又称《抵制非法限制与垄断保护贸易及商业法》）是反垄断的基础法，主要针对贸易中存在的垄断问题，重点是禁止垄断和共谋。该法的核心内容是第1条和第2条。第1条规定，任何契约、以托拉斯形式或其他形式的联合、共谋，用来限制州际或与外国之间的贸易或商业，是非法的。任何人签订上述契约或从事上述联合或共谋，是严重犯罪。第2条规定，任何人垄断或企图垄断，或与他人联合、共谋垄断州际或与外国间的商业和贸易，是严重犯罪。《谢尔曼法》的措词非常严厉，但没有对“联合”及“共谋”的明确定义，在实际中缺乏可操作性。1911年，美国最高法院在美孚石油案中用“合理原则”解释了这两个条款。根据该原则，《谢尔曼法》禁止的只是那些“不适当地”或者“以不公平的方式”限制竞争的行为。在被认为有垄断嫌疑的并购诉讼中，法官有自由裁量权，可以主观测度因并购被减弱的市场竞争程度，而且还要考虑其他市场竞争中可能产生的所有后果。由于该法的模糊性，解释伸缩性大以及政府、法院的消极态度，使《谢尔曼法》在初期的适用成为一纸空文，美国许多垄断集团实际上正是在该法颁布以后发展起来的。

(2) 美国国会于 1914 年通过了《联邦贸易委员会法》，主要是对并购重组进行管理，防止并购重组中的垄断行为。该法规定，任何并购必须获得联邦贸易委员会或司法部的批准，未经批准，资产不得并购为一体。联邦贸易委员会和司法部联合实施反垄断法，共同提出了企业兼并准则。该准则概述了联邦贸易委员会和司法部对横向并购和纵向并购的有关政策。贸易委员会还被授权禁止任何个人、合伙人和公司在交易活动中或任何影响交易的活动中利用不公平竞争以及欺骗性手段。

(3) 1914 年颁布的《克莱顿法》对《谢尔曼法》进行了较为详尽的补充和修订，重点是防止价格歧视和通过产权重组形成排他性经营，其目的是消除那些处于早期阶段的垄断势力，在它们产生垄断的后果之前就以法律的手段妥善处理掉。《克莱顿法》的立法原则因此被称为“早期原则”，该原则的思想是只要人们能合理预见某种商业行为限制竞争的后果，可及时地制止这种行为，从而将垄断及时地遏制在萌芽状态中。该法最重要的第 7 条规定，任何企业都“不得擅自进行可能会持续地减弱竞争或有利于形成垄断的并购活动，即以直接或间接的形式获得其竞争对手的部分或全部权益或资产”。该法后来经过《罗宾逊-帕特曼法》(1936)、《赛勒-凯弗维尔反兼并法》(1950)、《哈特-斯科特-罗迪诺反垄断修订法》(1976) 以及《反垄断程序修订法》(1980) 的修正，成为美国政府管制并购活动最主要的法律。美国企业并购中的垄断问题也受到越来越严格的控制。

(4) 1936 年，美国国会通过了《罗宾逊-帕特曼法》，对《克莱顿法》第 2 条进行了修正。其主要目的是反对价格歧视，即反对同样产品的双重价格。因为某些类型的价格歧视是非法的，有可能削弱竞争、导致垄断，所以应当被取缔。

2. 法院判例

美国的法律体系属于普通法系，即判例法系。相关的法律条文一般明确了反垄断的基本原则、分析因素、审查程序和惩罚措施等，在实践中，法律条文是通过法官对个案的具体解释来实现。以企业并购为例，其具体操作所遵循的行为准则主要是通过法院判例来逐步体现的。因此，法院判例对美国企业并购活动的影响不亚于国会立法。例如，美国法院通过案例确认了并购活动中目标公司董事会原则上有权采取反收购措施，但要受到董事对股东信托义务的制约。该案形成了所谓的“商业判断准则”(the business judgment rule)，即公司董事是在充分履行诚信义务的基础上为公司谋取最大利益而做出商业决定。如果法院认为，公司董事是在履行了诚信义务的前提下做出某项商业决策的，则对于董事的此项决策应予以保护，而不管该决策是否最后能带来积极效益。另外，如遭到敌意收购，公司董事往往面临利益冲突，1985 年一个判例对该规则在实施反收购措施中的作用做了重新解读，为反收购案件中商业判断准则的适用建立了合理性、妥当性和证明性三个原则。该判例在以后的反收购案件中被广泛引用。

3. 司法部颁布的兼并准则 (merger guidelines)

兼并准则概括了监管机构对并购采取的具体政策，介绍了其分析并购活动时采用的分析框架和标准，以减少执行反垄断法过程中的不确定性。准则并不具有法律效力，司法部也并不借此把某些兼并案入禀法院。企业兼并准则包括横向兼并准则和非横向兼并准则，以横向兼并准则为主。从 1968 年颁布第一个兼并准则起，经过 1982 年和 1984 年两次修订，再经 1992 年联邦贸易委员会参加修订，最新的兼并准则是 1997 年由司法部和联邦贸易委员会联合发布的“横向兼并准则”。这些指南的修订并不代表反垄断立场的变化，而是反映了美国各届政府现行政策的调整。这些变化也是产业经济学对反垄断研究最新成果的体现。

（1）1968 年兼并准则。该兼并准则主要是根据法院依据《克莱顿法》所判定的一些重大案例来制定的，以市场集中度及市场份额限制为主要依据。所谓市场集中度是指某一行业/市场中 4 家最大企业所占市场份额之和（CR4）。在横向兼并中，CR4 大于或小于 75%的情况下，对主兼并企业和被兼并企业市场份额的限制各有不同。1968 年兼并准则对纵向兼并限制不多，对混合兼并基本无限制，除非有现象表明这种兼并严重影响了市场竞争。目前，1968 年兼并准则已完全被新准则替代。

（2）1982 年兼并准则。该兼并准则在美国乃至发达国家反垄断史上的影响很大，它采用了更强有力和系统化的经济学分析框架及经济学衡量标准，使得反垄断政策的研究更加有据可依。它首先提出了新的产品（服务）市场定义，细化到了相关产品及相关企业的确认标准，这一标准就是“5%规则”，即价格提高 5%，在一年内顾客将转向的厂商应在一个市场内；在 1 年内转向生产或销售该产品的厂商应在一个市场内。其次，该准则提出了新的测定市场集中度的方法，即赫芬德尔-赫希曼指数（简称 HHI 指数）（Herfindahl-Hirschman index）。HHI 指数等于某一行业/市场中各企业市场份额的平方和。司法部根据该指数及由市场兼并导致 HHI 指数的变化值来决定该兼并的可行性。该准则对纵向兼并及混合兼并也规定了一些规则。1982 年兼并准则充分体现了政策的透明性、自我限制原则。1982 年兼并准则目前已完全被新准则替代。

（3）1984 年兼并准则。1984 年兼并准则是 1982 年兼并准则的延续，两者基本一致。不同的是在 5%规则上强调相关外国厂商也应计算在内，并且强调 HHI 指数不是唯一标准，司法部还要考虑市场条件的变化、企业财务状况、市场壁垒等情况，尤其是要考虑兼并后的企业效率问题。如果确实能大大提高经济效率的兼并，相关标准可以适当放宽。1984 年兼并准则只有第四部分（非横向兼并的横向影响）仍然生效，其他部分已经被最新的准则替代。

（4）1992 年兼并准则。这一兼并准则由美国司法部和联邦贸易委员会联合发布，它总结了实施 1968 年兼并准则和 1982 年兼并准则的经验教训，反映了美国在反垄断经济学理论和法学理论方面的进展。新的兼并准则淡化了市场份额指标，突出了效率指标，强调了兼并对竞争趋势的影响分析，提出了评价兼并竞争效应的分析框架和具体标准，详细解释了如何分析兼并行为是否导致反竞争效应以及特定的市场要素是否影响了这种效应。

（5）1997 年兼并准则。该准则是目前最新的兼并准则。它承认，通过允许两个高成本、低效率的竞争者合并为一个低成本、高效率的竞争者，兼并产生的效率能提升市场竞争度；它亦承认效率的提高有助于新产品的发明及原产品的改善。但它指出，这种兼并产生的效率也可能会削弱市场竞争，最后产生“反竞争并购”，所以重点提出了“效率防护”的概念，对所谓效率的提升要求能明确地加以证实，而不能像原来那样只是泛泛地表示在产出或服务上得到了提高，如提升了消费者福利之类的结论。这也在一定程度上保护了目标公司的利益，增加了并购的难度，但也保证了并购的质量。

（二）对上市公司收购的法律监管

美国对上市公司收购的法律监管除了反垄断外，还着重强调信息披露的强制性。这主要是因为美国上市公司的股份大多是流通的，很多并购是从二级市场入手。与此相关的主要立法有：

1. 公司法

1950 年全美律师协会起草并由国会通过了《标准公司法》，其第 11 章～第 13 章都是对上市公司收购的法律规定。由于美国独特的联邦法律体系，这类法律只有经过各州议会通过才对该州有法律效力，但该法经多次修正后，已被多数州采纳，因而实际上也成为规制上市公司收购的重要法律依据。

2. 证券法

《1933 年联邦证券法》（主要针对证券发行）中仅对以股换股形式的收购要约做出了应向 SEC 注册的规定，《1934 年联邦证券交易法》对其进行了补充，规定在全国性证券交易所上市交易的证券，其发行公司必须实行连续的信息披露。此后，美国国会于 1975 年通过了《证券法（修正案）》，1986 年通过了《政府证券法》，对《1933 年联邦证券法》进行了进一步的修订、补充和完善，并将《威廉姆斯法案》（1968）收入了该法 13D 条款和 14D 条款中。

3. 上市公司收购的专门立法

它是指 1968 年国会通过的《威廉姆斯法案》。该法对通过证券交易所逐步收购（greeping acquisition）和通过发出收购要约（tender offer）一次性收购做出了详细的规定，这是上市公司收购活动最主要的法律依据。该法被认为是一部披露法，极为强调信息的全面披露，内容包括公司所获知的收购信息，目标公司的真实经营状况，收购者对目标公司管理层的许诺，收购人的意图、收购要约以及收购人的财务信息等。其 13D 条款和 14D 条款后来被收入修订后的《证券法》中。《威廉姆斯法案》还确立了“受益所有权”（beneficial ownership）的概念，以防止大股东为逃避信息披露义务而以信托、委托书或其他契约、协议等办法间接持有股份，从而暗中获得目标公司控制权的行为，是对上市公司收购实践的监管总结成果。我们在此对 13D 条款和 14D 条款进行着重介绍。

13D 条款要求持有某一上市公司 5%以上股权的股东，或采取联合行动购买某一上市公司 5%以上股权的股东，应当披露其持股情况。“联合行动”的双方不一定有关联关系，只要他们通过书面或口头的协议，或通过其他默契而“一致行动”，就产生披露义务。具体的披露义务是，在 10 个日历日内填写 13D 表格，向 SEC、证券交易所和目标公司备案。此后，每买入或卖出 1%以上该种股票或购买意图发生变化时，应及时（一天内）向上述机构补充备案。13D 表格主要内容有：股票名称、种类，发行人名称、地址；股东的身份、职业、过去五年刑事记录及违反证券法规记录，该股东购买或欲购买股票的资金来源、贷款方名单；购股目的、经营计划、重组计划；该股东持有该股票的总额，过去 50 天内买卖该种股票订立的协议或达成的默契关系等。13D 表格对于披露要求是详细的，它可以反映持股人的基本情况，也反映出资金来源是否可靠、收购实力、行为目的、进一步的收购计划与发展计划以及行动一致人的情况等。这份表格所披露的事实在很大程度上已经表明了收购方的实力与意图。如持有某上市公司股权达5%以上，在以前12个月持有该公司股权不超过2%，并无意取得该公司控制权的公司或个人，只要求其填写简易的13G表格。值得注意的是，《威廉姆斯法案》对于披露的时间规定比较宽松，要求持股人在10个日历日内填写13D表格，而且没有在此期间停止买卖该股票的规定。而我国《上市公司股东持股变动信息披露管理办法》要求在达到5%后，必须在事实发生日后3个工作日内进行披露，其间不得交易该种股票。进而，其持股变动每达到5%的，做出公告后2个工作日内不得交易该股票。因此，美国的投资者可在10个日历日内进行“扫盘”，一次性完成收购，但应随时根据交易所的要求披露大量购进股票的动机，以使市场随时掌握所发生的收购情况。而中国投资者在收5%公司股权的过程中不需要随时进行披露。美国的规定允许收购方一次收购，但对于信息披露要求很严，中国的规定主要从收购时间上控制，不允许“扫盘”。

14D条款主要是针对通过发出收购要约一次性收购某一上市公司的情况所做出的程序安排和限制。美国是典型的部分自愿要约收购国家，这点和英国、日本等国都有区别。只有在投资者实际上是以大规模收购的方式向市场发出购买股票的要求时，法律才要求其发出收购要约，并按法定程序收购某股票。除此之外的任何情况下，收购者没有义务向市场发出收购要约。14D－1表格与13D表格是相互呼应的，除13D表格中规定的内容外，14D－1表格中还要求披露：所有过去的合同、交易或要约发出者与目标公司间的谈判、交股要约的目的和投标者的计划、有关对目标公司未来的建议；同时，要求列出所有被保留或雇用，或与交股要约有关的、可得到报酬的人员名单以及投标人的财务报表。此外，还必须列举当前和将来存在的在投标者与其公司高级工作人员、董事长、控制者或子公司及目标公司的高级工作人员、董事长、控制人，或那些对目标公司是否做出出售其股份的决定有影响的子公司之间的重大合作、安排、理解或关系。在这点上，我国的有关信息披露立法还相当空泛。

通过上述法律的颁布实施以及后来的不断修订和补充，美国的企业并购立法日臻完善。在这套不断完善、独立、公平的法律体系下，美国的企业并购活动显得活跃而有序，规模经济和自由竞争相得益彰，为美国经济的迅速发展注入了添加剂。

美国的企业并购立法对世界各国（尤其是英美法系国家）产生了极为深远的影响。以英国为例，英国也制定了类似于美国的企业并购专门立法——《伦敦城收购及兼并守则》，对上市公司收购问题做出了较为详尽的规定。另外，英国《1989年公司法》也对公司并购做了专编规定。与美国法不同的是，英国并没有专门的反垄断法，其对企业并购中的反垄断规制被包含于《1980年竞争法》之中。

二、大陆法系的公司并购法律管理

大陆法系国家采取法典化的立法模式，通过追求法律的形式理性来实现法律的体系化。由于大陆法系与英美法系形成的历史渊源不同，所以两者在形式和内容上有很大差别，而且在企业并购立法体例及内容上也是如此。在这一方面，德国堪称典型。德国是一个民商法分立的国家，企业并购法未被纳入《商法典》之中，代表了大陆法系国家企业并购立法模式的主流。

1. 对垄断的规制

德国的反垄断法在立法上采用的是行为主义的规制模式，即注重对市场主体是否滥用市场占优地位或通过合谋等方式，限制或排斥竞争行为的判断。这与日本强调结构主义的规制模式，注重对占优地位的判断（即市场主体是否现实地占有了支配性市场份额），致使其他主体可能无法与之竞争，从而被认为是限制或排斥了竞争是不同的。第二次世界大战后，作为市场经济国家的联邦德国也强调自由竞争的核心地位，所以反垄断在德国同样成为企业并购立法的核心任务。德国对企业并购的法律控制主要是通过《反限制竞争法》（简称《卡特尔法》）进行的。这部法律自 1957 年颁布以来，先后经过了 6 次修改，目前已成为德国企业并购领域的基本法。在颁布时，该法并没有对企业并购实施控制的规定，1973 年对该法的修改才较为系统地规定了企业并购的概念、对并购进行干预的规模标准、控制的程序、对受害人的法律救济以及例外情况等。1976 年的修改强化了对出版业、传媒业并购的控制。1980 年的修改扩大了企业并购前通知的要求，缩小了并购小企业的豁免范围和标准。1989 年的最新修订强化了对商业企业并购的控制。德国通过对《反限制竞争法》的不断修订，对企业并购（尤其是横向并购）一直存在着不断强化控制的趋势。比如 1982 年德国联邦卡特尔局根据美国烟草制造商普利·莫利斯取得了英国烟草制造商的股份，导致德国境内的子公司也相互合并的事实，认为违反《反限制竞争法》而予以禁止，后经柏林高等法院审理，认为适用法律正确，并认为对该合并的禁止有效。然而，由于在欧共体内英、法对企业并购一向采取宽容态度，并且为适应欧洲内部大市场的竞争环境，德国就不可能对企业并购再实施严格的监督和控制，有关当局态度已有所放松，在立法以及执法时都不再苛刻。

2. 对上市公司收购的法律监管

德国资本市场相对于美国资本市场还是比较保守的，尚未接受以敌意收购作为普遍性的并购方式，但德国关于上市公司的法律还是比较全面的。在德国，对上市公司收购的法律规定被纳入《股份有限公司法》的第 339 条～第 358 条以及《德国关于有限责任公司从公司资金中增加资本和合并的法律》第 19 条～第 35 条中。另外，为了适应欧盟有关的并购法规，德国于 1998 年 1 月 1 日颁布实施了修改后的《并购法》（*Takeover Code*），而《并购法》所面临的问题是接受度不够，目前只有一半的上市公司签署并接受该法规。该法规的主要条款包括：

（1）授权规定。是否服从《并购法》规定的约束，主要是由该法所指定的执行公署（Executive Office）依照该法第 21 条及第 22 条的规定判定。执行公署有权发表对有关收购行为的意见并对个案做出决定。

（2）适用对象。该法的原适用对象仅限于德国上市公司，且限于公开收购要约。在 1998 年的修正中，对于要约者的范围已扩大到包括所有自然人及法人，无论其居住在德国或外国。

（3）公开收购要约的条件。该法第 7 条规定，符合公开收购要约的条件至少应包括目标证券、最大及最小收购数量、补偿方式及数额、要约时期及其他条件等。《并购法》第 9 条则规定了要约应受的条件限制。

另外，下面对欧盟的并购法律也进行了相关介绍。欧洲的企业并购活动无论是在金额上还是在数量上，原先一直不如美国企业间的并购活动激烈。由于法律制度的规范一般要根据实际市场实践展开，所以欧洲各国间对于规范企业并购活动的立法起步较晚。但进入20世纪90年代后，由于技术革新的加速、金融管制的缓解、经济全球化的推进，再加上美国跨国公司的竞争压力，欧洲各国政府在欧盟成立后对企业并购持积极态度，尤其是在欧元圈形成后，欧洲的企业并购活动开始活跃。据统计，1999年欧洲大型并购案达到300件，为1998年的3倍。从金额来看，1999年全部并购金额达到创纪录的17 000亿美元，其中大型并购案件的比重为60%。在1991年以及2002年至今，欧洲的并购额超过了美国。面对如此频繁和规模的企业并购，欧盟及其成员国陆续颁布各种有关的法律法规，指导和规范交易，以保护欧盟整体利益及差异很大的成员国利益。

欧盟国家的并购法律有两个层次：一是由欧盟制定的法规指令。这方面主要是引用《罗马条约》的第85条和第86条。其中，第85条禁止共谋，禁止任何限制、防止和调整成员国之间的竞争行为。第86条禁止具有支配市场地位的企业滥用其支配力。但由于各方面对采用这两个条款作为管制工具一直存在疑问，而且条款内容本身也并不是专门针对企业并购管制而设，所以1989年的欧共体颁布了《企业结合管制规则》（*The Merger Control Regulation*，MCR），对具有重大影响的企业并购案加以限制或课以某些义务，1997年6月30日对部分内容进行了修改。该规则采取事前控制的原则，规定凡是欧盟各成员国内企业的并购达到共同体层面（a community dimension）时应提前通知欧共体委员会，由委员会决定允许或禁止该并购案。该规则规定，其调整对象是符合共同体规定规模的企业的集中行为。这种集中行为既包括原先相互独立的两个或两个以上企业的并购，也包括至少已经控制了一个企业的自然人或企业，以购买股份或资产、签订合同或通过其他直接或间接方法取得对一个或一个以上其他企业的全部或部分控制权。这种集中行为能否获得批准的标准是：该集中行为是否创造或加强了市场垄断地位，从而导致共同体市场上某一独立部分的竞争受到显著损害。其中，市场垄断地位的关键指标是市场份额。根据并购规则，所谓创造市场垄断地位是指A公司通过并购的方式取得B公司的控制权，或是A和B两公司共同设立一个集中型的公司C，在第一种情况下的A公司和第二种情况下的C公司可能由此获得市场垄断地位。加强市场垄断地位是指一个公司通过并购其他公司来加强已有的市场垄断地位。通常说来，欧盟委员会不会批准那些既加强了市场垄断地位，又对竞争造成损害的合并活动。第二个层次是各成员国均有自己的并购法规。在以下情况时，各成员国的国内并购法规将发挥作用：一是在共同体的法律没有规定，且只涉及对本国产生影响的情况下，可以应用国内法律；二是成员国法律是对共同体法律未涉及领域的补充；三是成员国对并购说明有不同的要求。一般来说，各成员国的法律大都比欧盟的法律更严格。

第三节　并购的法律服务

市场经济条件下的企业并购是一项极其复杂的系统工程，其中法律是极重要的一个内容，在参与的中介机构中，律师是绝不可少的。如果不了解一项并购会涉及哪些法律要求，往往会使得并购半路搁浅或功败垂成，就算已经完成，也会因存在潜在的法律问题而埋下隐患。

中国关于并购的法律法规尽管不如西方完善，但目前已经形成了一个相对完整的体系，并且随着实践活动的展开而不断完善。由此可见，并购中的法律服务也是非常必要的。一般来说，律师凭借其精通企业并购重组的法律、法规、政策，熟悉并购重组的方式、特点和程序，运用实践中所积累的经验，通过为企业并购重组提供战略方案、尽职调查等手段，统一协调参与并购重组工作的会计师、税务师，最终形成企业并购重组法律意见书和一套完整的并购合同及相关协议，快速有效地促成企业的并购重组。

一、律师在并购程序中的作用

1. 律师在企业并购中拟定战略方案，使并购主体了解操作流程

律师根据国家及地方关于企业并购的相关规定，并结合自己的经验和具体情况，为并购案中的委托当事人拟定并购案的原则、方式、程序和特点，使并购主体对并购工作形成总体上的了解和把握；协助委托人收集目标企业的公开资料和信息，并通过综合研究公司法等相关法律、法规、规章和政府政策，对本案的可行性进行分析，并从法律上加以论证，提出立项的法律依据；为委托人及时提出具体的并购程序，理清并购工作的脉络，将并购工作纳入程序化轨道，为并购工作的顺利进行打下基础。同时，使并购主体充分认识律师在并购案中的重要作用，使其信任律师，积极配合律师工作，为并购案的进一步推进打下基础。

2. 律师应在企业并购中审慎调查并购方的情况

在并购工作开始时，并购双方互相接触、洽谈并达成并购意向。律师需要为并购当事人起草并协助双方签订并购意向书。为保证并购工作的顺利进行，并协助委托方防范风险，律师应对对方进行审慎调查，协助买方起草针对对方的调查清单，协助卖方按照清单的要求按项予以明确答复，并收集相应的证明文件或资料，包括对涉及所有权、使用权、经营权、抵押权、质权和其他物权，专利、商标、著作权等知识产权，以及购销、租赁、承包、借贷、委托、雇用、技术、保险等各种债权的设立、变更和终止的调查。

3. 提供法律保障，保证并购过程中的法律文书合法有效

律师在并购重组过程中的重要职责就是对并购重组过程中产生的法律文书的合法有效性进行审查和保障：一是对并购协议书的内容和形式做到全面的审查，使其符合国家及地方的规定。二是律师需对并购过程中产生的一系列协议、决议、委托、方案、纪要等予以审查，确保其合法有效。三是律师对并购过程中形成的对委托人有风险的法律文书要加以审查，并在法律文书中加入约束性条款，以避免委托方的风险。

二、并购中的法律服务

从律师参与并购活动角度而言，对于上市公司并购、产权交易市场并购及外资并购，

律师介入法律事务的范围及其工作程序是各不相同的。因此，我们按一般并购流程的顺序来介绍律师提供的相应法律服务。

一般的并购流程可分为如下几个程序：预备程序、调查程序、执行程序、履约程序。

（一）预备程序

在这个阶段，律师的主要服务是收集资料、法律研究和设计方案。

1. 收集资料

律师针对目标公司的公开资料和信息进行收集、整理并分析，进而论证并购项目的可行性及设计法律结构。一般在进行带有敌意性质的收购或要约收购时，目标公司很难给予配合，通过调查问卷的方式肯定是不可行的。因此，律师可以通过工商、税务、海关、劳动等行政管理部门了解目标公司的基本数据及其他情况。

2. 法律研究

通过综合研究《公司法》、《证券法》、《竞争法》、《税法》等相关法律的规定及所获得的材料和信息，确定该项并购活动的合法性，并据此协助并购方制定并购活动总体结构的法律框架。然后，律师应给并购方一个详细的相关法律解释，比如哪些是限制的、哪些是允许的、哪些需要报告或审批、需要哪些文书及其格式等等。

3. 设计方案

在前期工作完成并确认并购至少在法律上可行后，律师要根据可能的几种并购方式，对相应的不同法律责任进行权衡，选出最佳方案以供并购方选择。这种设计是相当专业和有技巧性的。另外，律师还要对并购交易的法律主体进行明确，以免出现做了大量准备工作后发现交易主体不符合法律法规要求的情况，这一点在实践中非常重要，也经常出现这样的问题。类似地，如果出现了其他法律上的问题，律师还应该马上设计方案来规避，以保证并购的顺利进行。

（二）调查程序

在此阶段，律师的主要服务是参与并购意向书的制定和进行审慎调查。

1. 并购意向书

如果属于善意收购，交易双方通常要先达成一份并购意向书或并购备忘录，以做出一定约束。这种约束是否具有法律效力以及有多大的效力应由律师来参与。一般来说，对于收购方的保障要大一些，其律师要在意向书中加入排他条款、提供资料及信息条款、不公开条款、锁定条款、费用分摊条款等。对于被并购方，其律师要在意向书中加入中止条款、保密条款。

2. 审慎调查

审慎调查是律师、会计师和投资银行都可以提供的服务，但侧重点有所不同。了解目标公司的实际状况对并购的成功非常重要，因此买方律师起草的调查清单必须详尽，以充分了解被并购企业的基本情况，包括法律地位、资金、资信、人员等，保证将并购的风险降至最低。作为卖方律师而言，首先，要对并购方的主体资格进行审查，从资信情况、支付能力和经营实力等角度对并购方的行为能力先做确认，确认其有无交易资格。其次，要了解并购方开出的清单，此举对于清理目标公司的各类问题、适时进行法律技术的处理和包装、最终顺利完成并购具有重要意义。一般调查内容主要是目标公司的组织和产权结构、资产情况、经营情况、财务数据、对外签订的所有合同协议、对内与管理层及员工签订的各类合同协议、知识产权拥有状况、法律纠纷情况、税务保险、环境保护等问题。

（三）执行程序

律师主要是参与并购谈判、起草并购协议书和准备其他法律文件。

1. 参与并购谈判

此举主要是维护己方当事人的权益及应获得的利益。

2. 起草并购协议书

并购协议书是企业并购案中最核心的法律文书，也是双方谈判、协商的重点，自然也是律师的工作要务。通常由买方律师草拟后经卖方律师修改，双方谈判有关内容及条款，最终形成一个具有法律效力的文书。该文书通常由并购合同及相关附件组成，包括并购合法性的依据、合同的主要条款、并购后企业的法律地位性质、资产评估、并购方式、违约责任和损害赔偿条款、不可抗力条款及有关合同终止、保密、法律适用、争议解决等条款。附件主要包括财务审计报告、资产评估报告、土地使用权转让协议、政府批准文件、财产清单、员工安置方案、会议纪要、谈判笔录等。

3. 准备其他法律文件

最常见的是出具法律意见书。这种形式并不是所有并购的法律均要求的。如果法律并不对此要求，则视客户的意见而定。在中国，根据相关的并购法律法规和规章，律师主要对上市公司的要约收购，上市公司重大关联交易，上市公司重大购买、出售、置换资产行为及股份有限公司国有股权的转让等事项出具法律意见书；如果涉及融资，还必须准备相关的融资法律文件。

（四）履约程序

律师主要是准备履约备忘录、协助买方进行信息披露以及办理登记交割。

1. 准备履约备忘录

律师准备这份文件的作用在于，对于复杂的并购，相关文件往往多且复杂，必须做周详的记录。一旦各种文件齐备，双方就可以召开验证会议并开始履约。

2. 协助买方进行信息披露

如果是上市公司并购的话，根据有关法律法规和规章的要求，交易方必须进行信息披露。律师应就股权转让合同及相关事项向监管部门及交易所做出书面报告，并办理有关临时公告事宜。

3. 办理登记交割

并购如果涉及变更登记、重新登记或注销登记等手续，都需要律师的参与；如果是上市公司并购，还需要去证券登记结算机构办理转让股权的交割手续。股权交割完毕，对上市公司并购的法律程序才算完结。

律师在并购过程中的协调与沟通作用也是非常重要的。因为在缺乏明确法律意见的情况下，很多谈判往往会陷入为争取各自利益而盲目争论的困境。有了律师的协调，不仅可以提供相应的法律咨询和解释，还可以促成谈判取得共识，提高并购效率。另外，除了与当事人打交道外，律师还可以凭借以前的经验和人脉关系取得有关部门的支持，使并购活动更顺畅地进行。当然，律师并不是在并购案中通过单打独斗就可以提供服务的，他必须和其他专业中介机构及其人员进行合作，才能提高法律服务水平和工作质量，使企业并购更加严谨规范。

【本章小结】

本章主要对中国并购法律体系的构成，包括《中华人民共和国证券法》、《上市公司收购管理办法》、《上市公司股东持股变动信息披露管理办法》、《关于外商投资企业境内投资的暂行规定》、《外国投资者并购境内企业暂行规定》等与并购息息相关的法律法规进行了详细的介绍和点评。随后，本章介绍了境外的大陆法系和英美法系这两种不同法律体系下的并购法律，并对美国并购法律中有关的法案和准则进行了全面介绍。最后，本章介绍了律师在并购程序中发挥的作用，并逐一介绍了律师在并购流程中提供的服务。

【本章要点】

- 《上市公司收购管理办法》的各项条款
- 美国对企业并购的法制体系
- 律师在并购过程中的作用

【本章关键术语】

《中华人民共和国证券法》　　《上市公司收购管理办法》
《上市公司股东持股变动信息披露管理办法》　　《谢尔曼法》
《联邦贸易委员会法》　　《克莱顿法》
《罗宾逊-帕特曼法》　　兼并准则
《威廉姆斯法案》　　审慎调查

【本章思考题】

1. 并购立法已是当前完善我国法律体系的重要任务之一，请分析我国现行的并购法律体系的构成，并指出有待改善的地方。
2. 美国对公司并购进行立法的过程对中国有何借鉴？
3. 所谓商业判断准则（the business judgment rule）的建立是如何促进并购的？
4. 要约收购在中国证券市场特殊的环境下会如何发展？

第十章

并购中的会计及税收问题

第一节　并购会计的方法

企业并购会计的处理方法历来是并购规范关注的焦点，它不仅是并购过程中的一个账务处理过程，甚至影响到并购中的重大利益以致并购是否能成功的问题。不同的会计处理方法可以使同一个并购案例产生截然不同的结果。因此，各国在制定并购政策时都非常注意对不同会计方法的处理。

一、购买法与权益结合法

（一）购买法及其财务会计问题

购买法（purchase method）将并购视为购买目标公司的净资产或股权的行为，这种购买行为的基础是公允价值，即并购方在并购日，按评估后的公允价值记录目标公司的资产负债。并购成交价格超过目标公司净资产公允价值的差额列为商誉，在规定年限内摊销，计入损益或将其作为并购企业留存收益的减项，即期冲销所有者权益。因并购发生的相关费用可根据实际情况分别处理。购买企业的利润仅包括本身实现的利润及购买日后被并购企业所实现的利润，被并购企业的留存利润不能转入并购企业。其主要涉及的问题大致有并购生效日的确定、所获得的可辨认资产及负债的公允价值确认及其计量、并购成本的计算、商誉的处理等。

1. 并购生效日的确定

并购是一个过程，不是某个特定时间点就能完成的。因此，以哪个时点作为衡量公允价值的基准日就是并购双方最先遇到的问题。美国和英国的有关会计准则对此是有分歧的：美国的 APB No. 16 认为，并购生效日是指并购方收到资产的同时放弃其他资产或发行证券的日期，参与并购各方可将并购开始日与并购完成日之间的某一会计期间的期末指定为并购生效日。而英国的 FRS 2 认为，并购生效日取决于子公司的控制权转移给母公司的日期。由此可以看出，美国主要是从并购交易的具体方式，即相关资产和负债开始发生实质性转移来认定的，而英国主要是从并购的实质，即取得了企业控制权方面认定的。

《国际会计准则》（IAS）和英国的会计准则 FRS 2 在这点上取得了共识，其企业合并中的第 20 条规定："购买日是被购企业的净资产和经营的控制权实质上转让给购买企业的日期，也是购买法开始应用的日期。""实质上，购买日就是购买企业开始行使其对企业的财务和经营决策权以便从其活动中获得利益之日。只有满足了各项为保护相关各方权益所必需的条件，才能认为控制权转让给了购买企业。但是，这并不必然地要求按照法律结束或完成某项业务之后才能将控制权实际转让给购买企业。在评价控制权是否已经实际转移时，需要考虑购买的实质。"企业并购的目的在于获得目标方的控制权，从而能对目标公司进行财务决策和经营控制，资产负债的交付在这个时候只是形式而已。

2. 所获得的可辨认资产及负债的公允价值确认及其计量

首先，我们应了解什么是公允价值。美国财务会计准则委员会（FASB）将公允价值定义为"在当前的非强迫或非清算的交易中，自愿双方之间进行资产（或负债）买卖（或发生与清偿）的金额"。《国际会计准则》的定义为"在公平交易中，熟悉情况的当事人自愿据以进行资产交换或负债清偿的金额"。两个定义并无本质差别。概括来讲，公允价值实际上是指公允的市场价格。当存在可观察的市场价格时，此市场价格就是资产或负债的公允价值；而当不存在可观察的市场价格时，则需进行估值，一般情况下可采用 FASB 推荐使用的预期现值法估计未来现金流量的现值。

其次，"可辨认"主要是针对不能离开企业整体、无法单独辨认的并购商誉而言的。在购买法中，商誉是不可单独辨认的，因为

$$\text{商誉}=\begin{matrix}\text{购买}\\\text{成本}\end{matrix}-\left(\begin{matrix}\text{可辨认资产}\\\text{的公允价值}\end{matrix}-\begin{matrix}\text{可辨认负债}\\\text{的公允价值}\end{matrix}\right)\times\begin{matrix}\text{控股股}\\\text{权比例}\end{matrix}\qquad(10—1)$$

要做到准确评估，必须做到：①确定可辨认资产和负债项目。第一步是对被并购企业的账目进行核查，确认记录是否准确，核实债权债务。实物资产的盘盈盘亏，可直接增加或减少被并购企业的所有者权益；确定无法收回的债权可冲销"备抵坏账"，乃至减少被并购企业的所有者权益。第二步是分析被并购企业的"待摊费用"、"预提费用"及"递延资产"等项目，以确定哪些保留、哪些核销，具体参见相关会计书籍。②评估可辨认资产和负债的公允价值。通常说来，这种评估需要聘请独立的专业评估机构或会计师事务所进

行。对于不同的资产和负债，所采用的具体方法也有所不同。比如有价证券按当时的可变现净值确定；应收账款或应收票据用适当的利率贴现，再减去预估的坏账损失；存货根据不同的存在形态来分别确定等等。

我国原先颁布的投资准则、债务重组准则和非货币性交易准则曾要求对取得的非现金资产按公允价值计量。但由于我国目前的生产资料市场、产权市场尚在建立健全之中，公允价值在我国的取得比较困难，出现不少企业虚报资产或负债的“公允”价值、人为粉饰利润的现象。基于此，后来这三项准则均进行了重新修订，改为使用账面价值来计量。另外，在2001年11月颁布的固定资产准则规定：接受捐赠以及盘盈的固定资产，如果同类或类似固定资产不存在活跃市场的，按该项固定资产的预计未来现金流量现值作为入账价值。此外，当固定资产的可收回金额低于其账面价值时，应确认减值损失。可收回金额是指资产的销售净价与预期从该资产的持续使用和使用寿命结束时的处置中形成的现金流量的现值两者之中的较高者。按照此规定预计的固定资产未来现金流量现值，与本章介绍的公允价值相去甚远，实际上更接近于国际会计准则所定义的使用价值。可见，公允价值计量在我国的会计准则中只得到了不明确的、零碎的应用，这是由我国的现实条件所决定的。我国市场经济体制尚不健全，制定准则时必须考虑多种现实因素：会计人员做假账的行为在一定范围内还比较严重；会计人员的业务水平还有待提高；一些中介机构的执业水平、专业素质以及职业道德还不能达到要求，如资产评估中的泡沫较多，一些注册会计师出具虚假报告等。

我们认为，尽管由于客观条件所限，我国还缺乏全面应用公允价值（尤其是采用预期现值）法计量公允价值的现实条件，但对容易取得市场价格或采用计价模型容易估计出的证券投资金融工具以及一些可通过资产评估机构估价的资产，完全可以采用公允价值计量。为此，与我国的国情相适应，我们仍应采用多种计量属性并存的做法，即在历史成本计量属性的基础上尽量采用公允价值，以求会计信息相关、可靠，并且在经济形势的不断发展和经济环境逐渐完善的过程中，逐渐由历史成本计量向公允价值计量过渡。

3. 并购成本的计算

这里的并购成本是指并购行为本身所发生的并购价款和并购费用。并购支付的形式通常不限于现金，还包括资产置换和股权交换，由此还应该考虑支付方式的公允价值。如果支付的是现金，可按其实际支付额确定，若支付日在并购生效日之前或之后，则应考虑其利息；如果是通过股权交换，公允价值应根据并购日该证券的市场价格确定，在实践中通常是计算购买日前某一时间段（比如10个工作日）的加权平均价格。如果该证券没有上市或市场价格明显不合理时，通常采用股息收益贴现模型来处理；如果是通过资产置换等非货币性项目来支付，主要根据其市价、重置成本等。一般固定资产按重置成本计价，存货按售价减预期追加成本及合理毛利，在建工程按售价减未完工成本。

购买法对并购费用的处理不是“一刀切”，而是要分不同的情况：若是以发行股票为代价，则其登记和发行成本要直接冲销股票的公允价值，即冲减资本公积；法律费、咨询费和给中介机构的佣金等其他直接费用增加净资产或投资的成本；合并的间接费用才记入当期费用。

4. 商誉的处理

并购成本大于被并购企业可辨认净资产的公允价值时，其差额记为商誉。对此类商誉的处理，购买法通常是将其列为一项资产，然后在规定年限内通过损益账户加以摊销。在控股合并的方式下，商誉不在合并分录中记录，而只在合并报表上出现（具体情况参见后文及相关会计书籍）。

（二）权益结合法及其财务会计问题

权益结合法（pooling-of-interest method）也称联营法，是一种在企业并购中产生的会计处理方法。它不把企业合并视为购买行为，而视为各方股东权益在新的会计主体中的结合。因此，资产负债的计价不需要调整为公允价值，也就不存在商誉的确定和摊销问题；收购费用不论是直接的还是间接的，都作为当期费用处理；参与合并企业的整个年度利润和以前年度的留存利润都要转入合并后的企业。采用权益结合法的国家目前已经不多了，即使是其发源地美国，也已经在 2001 年 6 月发布的第 141 号准则公告中正式取消了权益结合法，以购买法作为企业编制合并会计报表的唯一方法。

权益结合法最早是由美国注册会计师协会（AICPA）在《会计研究公告第 40 号》（ARB No. 40）“企业合并”中批准的。它的假设前提是，新股发行企业与被并购企业采用股东换股方式的企业合并，在本质上看成现存股东权益的合并比看成资产收购或资本筹措更为合理。在规模相当的企业间以交换普通股实施的合并中，现存股东权益的合并表现得尤为明显。合并后，这些参并企业的股东和管理当局如同在原企业中一样继续保持他们的利益和活动。采用权益结合法的国家目前已经不多，主要涉及的问题有采用权益结合法的条件、并购费用的处理、会计期间不一致的调整和换股比例的确定等。

（1）采用权益结合法的条件。在以前美国允许使用权益结合法时，对这一方法的应用条件做了一些具体的规定，如参与合并企业的性质、并购的方式、未预计到的事后交易等（可具体参见美国 APB No. 16 的规定及有关研究文献）。这些条件的限制应该说是相当严格的，至少阻止了美国企业因权益结合法带来的并购好处而对其的滥用。

（2）并购费用的处理。这相对比较简单，一般有两套处理方法。一套是作为股票发行费用，从并购公司的股票溢价账户中扣除。如果有些费用与发行无关的话，则将其作为合并期间的损益处理，通常计入“非常项目”。

（3）会计期间不一致的调整。如果在编制合并报表时存在会计期间不一致的情况，权益结合法要求追溯调整，以保持合并后会计方法的一致。就控股公司的会计期间而言，一般可要求子公司采用的会计期间与母公司一致。

（4）换股比例的确定。在权益结合法下，合并双方制定适当的换股比例，是使合并双方的股东都能从并购中获益的关键环节。因此，在实际运作中对这一步的处理非常重视。换股比例一般受公司当期净利润、净资产、市场价值等因素的影响，所以通常有每股收益法（换股比例＝合并方每股收益/被合并方每股收益）、每股净资产法（换股比例＝合并方每股净资产/被合并方每股净资产）、市价法（换股比例＝合并方每股市价/被合并方每股市价）等几种方法。具体使用何种方法必须视其是否能更好地促进并购并符合双方股东的利益。在我国股市出现过的换股合并实例中，曾采用过每股净资产加成法，即以双方在合并基准日经审计的每股净资产为基础，适当考虑合并双方的未来成长性及所拥有的无形资产等其他反映企业价值的因素，计算预期的增长加成系数，最终确定换股比例。其具体计算公式是：

$$\text{换股比例}=\frac{\text{合并方每股净资产}}{\text{被合并方每股净资产}}\times\left(1+\text{预期增长加成系数}\right)\tag{10—2}$$

二、比较和选择

1. 购买法与权益结合法的理论比较

购买法与权益结合法在会计处理中有相当大的差异，而且在实践中对并购的决策和实施有很大的影响。因此，建立它们的会计理论基础就是完全不同的。

（1）对企业并购性质的认识不同。购买法强调经济行为是“交易”，权益结合法强调经济行为是“联合”，而两种经济行为带来的对并购性质本身的认识历来也是存在争论的。

（2）计价基础不同。购买法和权益结合法的计价基础是完全不同的。购买法使用的是公允价值，权益结合法使用的是账面价值。由于公允价值不可能与账面价值一致，所以自然就会出现各自不同的处理办法。对于购买法而言，并购成本超过公允价值的就记为商誉。对于权益结合法而言，自然不存在这个问题。

（3）依据的会计假设不同。造成两种方法计价基础不同的根源在于对企业并购是否影响有关会计假设的不同看法，这里的会计假设主要是指会计主体假设和持续经营假设。购买法认为：并购后，目标公司即使还存在法律主体，比如严格定义的收购而非兼并，但其已被并购公司控制资产经营权，所有权形式发生重大变化，或在并购重组中，目标公司的资产价值发生了变化，这都表明持续经营假设已经不存在，需要对被并购公司的资产负债进行评估。权益结合法认为：如果是通过换股形式实现并购的话，只能视为双方经济资源的联合，所有者权益继续存在，各自的资产也保持不变，不影响各自会计主体的持续经营，也没有必要改变计价基础。

2. 对两种方法的综合评价

（1）两者的经济影响不同。在购买法下，并购成本与净资产公允价值的差额部分确认为商誉，并在规定年限内分摊计入成本，而权益结合法下则不存在这个问题。因此，未来会计期间内权益结合法的利润较高、净资产较低、净资产收益率高，给报表使用者以企业增长的感觉，因而并购者往往竞相选取权益结合法，而且使用权益结合法往往能使企业在市场资源配置中处于有利地位，但这种资源配置效率是低下的，它把额外的成本强加于其他企业。

（2）两者对会计信息质量的影响不同。真实性、公允性是会计应该遵循的基本原则之一。当持续经营假设不再成立时，并购企业在决策过程中考虑更多的是被并购企业的公允价值，而非其净资产的历史成本。从会计信息的相关性来说，投资者期望的自然是以公允价值为基础的会计信息。正如有些学者指出的，权益结合法有助于企业的并购；事实上，他们考虑更多的是特定经济利益者的利益，这一点与会计信息质量所要求的中立性相悖。同时，权益结合法所提供的单个资产与负债的信息是不完整的，无法反映出被并购企业中未入账的资产与负债。此外，购买法提高了会计信息的相关性，但与此同时却降低了其可比性和可靠性。首先，购买法对并购企业和被并购企业的净资产分别以历史成本和公允现行成本计价，其不足是显而易见的。其次，历史成本虽然相关性较差，却具有易于取得、真实可靠的优点。

(3) 两者的企业合并成本不同。历史成本一般要考虑通货膨胀、折旧等因素，它低于现有同样资产的公允价值。权益结合法以账面价值（即历史成本）为计价基础，而购买法则要求评估其公允价值，因而应用权益结合法的成本应该低于购买法。但值得注意的是，权益结合法会增加并购企业以及财务报告使用者的分析成本，权益结合法下的并购成本通常还高于购买法。

(4) 购买法最大的缺点就是对主要以发行股票为支付形式的企业并购考虑欠周，因为如果缺乏公允价值或取得的公允价值本身就值得怀疑的话，这种会计处理显然是比较困难的。权益结合法的缺点更多，最致命的就是缺乏合理的概念基础，各国会计准则制定机构始终未能就此达成共识，无法制定统一标准，从而造成滥用。购买法也不能准确反映企业并购交易的经济实质，忽略了企业并购作为产权交易本身也是一种能带来价值的资源。此外，权益结合法常常成为制造虚假利润、粉饰财务报表的工具。关于这一点，在权益结合法应用最多的美国是举不胜举的。

3. 购买法和权益结合法的选择

权益结合法与购买法均存在各自的优点和不足，这两种方法要根据合并的具体情况和特点来判断。美国会计原则委员会第 16 号公告曾提出了并购交易使用权益结合法的 12 个条件限制。这 12 个条件必须全部满足，可谓相当苛刻。2001 年 6 月，美国财务会计准则委员会正式取消了权益结合法。从我国的情况来看，1996 年财政部发布的《企业会计准则——企业合并（征求意见稿）》对“购买”和“股权联合”的有关规定与国际会计准则 ISA 22 大体相同。1997 年财政部发布的《企业兼并有关会计处理问题暂行规定》明确指出，被兼并企业需要进行资产评估，并按价调整账面价值，即使保留法人资格的被兼并企业也是如此。对于被兼并企业丧失法人资格的，并购企业还应确认商誉（但未提及负商誉），要编制兼并成交时的资产负债表。由于是暂行规定，在此未对兼并的不同性质进行界定和区分，但其会计处理方法显然更倾向于购买法。通过上述规定和分析可以看出，无论是国内还是国外，对于企业合并的会计处理均鼓励采用购买法，严格规范和限制权益结合法的应用，甚至禁止采用权益结合法。

我国的合并会计准则已出台，准则中明确了合并使用的方法为购买法。根据该方法，从购买日起将合并中取得的可辨认资产和负债以及因运用购买法而形成的商誉或负商誉纳入收购方资产负债表，同时将被收购方的经营净损益扣除少数股东享有份额后的部分纳入收购方利润表。在此之前，实务中主要参照《企业兼并有关会计处理问题暂行规定》、《合并会计报表暂行规定》、《关于执行具体会计准则和〈股份有限公司会计制度〉有关会计问题的解答》，上述规定都没有考虑换股并购，只在《企业会计准则——企业合并（征求意见稿）》中提到合并可以使用权益结合法，但实践中有企业合并使用权益结合法的实例。

三、实例

这里采用实例说明购买法下企业兼并和收购的账务处理（在此只做一般原理性的介绍，具体情况处理要考虑公允价值的评估、费用的具体处理等，可参见相关会计专著）。

1. 企业兼并的账务处理

【例 10—1】 A 公司与 B 公司达成兼并协议，于 2002 年 12 月 31 日由 A 公司支付现金兼并 B 公司，截至兼并日为止，由委托的会计师事务所对 B 公司的账簿进行了清理，确认其资产负债表各项目，并在此基础上进行了评估。清理后的资产负债表和评估结果分别如表 10—1 和表 10—2 所示。兼并方案中，要求 A 公司以8 000 000 元购买 B 公司全部股份，并承担原有债务。假设评估调账当天完成。

表 10—1　　2002 年 12 月 31 日 B 公司资产负债表　　单位：元

资产		负债及所有者权益	
银行存款	500 000	短期借款	1 000 000
应收账款	900 000	应付账款	420 000
存货	1 900 000	应付票据	80 000
长期股权投资	400 000	长期借款	1 800 000
固定资产净值	6 000 000	实收股本	5 000 000
无形资产	300 000	资本公积	800 000
		盈余公积	500 000
		未分配利润	400 000
资产合计	10 000 000	负债及所有者权益合计	10 000 000

表 10—2　　2002 年 12 月 31 日 B 公司资产负债表账面价值与评估价值对照表　　单位：元

项目	账面价值	评估价值	差异
银行存款	500 000	500 000	0
应收账款	900 000	800 000	−100 000
存货	1 900 000	2 000 000	100 000
长期股权投资	400 000	550 000	150 000
固定资产净值	6 000 000	6 500 000	500 000
无形资产	300 000	250 000	−50 000
短期借款	1 000 000	1 200 000	200 000
应付账款	420 000	320 000	−100 000
应付票据	80 000	60 000	−20 000
长期借款	1 800 000	2 000 000	200 000
资产评估净增（减）值			320 000

在购买法下，兼并企业应当按公允价值取得的资产和承担的负债来记账，兼并成本超过公允价值的部分记作商誉。此外，在兼并过程中，兼并企业发生的与兼并有关的费用，如支付的咨询费、律师费、审计费等应区别对待：

- 与兼并有关的直接费用，如律师费、审计费和佣金等，应增加兼并成本。
- 登记和发行权益证券的费用，应减少证券的公允价值，即冲销资本公积。
- 与兼并有关的间接费用直接记入当期费用。

假设发生有关的直接费用 20 000 元（已用银行存款支付），则 A 公司应编制会计分录如下：

（1）支付兼并价款。

借：长期股权投资——B 公司　　8 000 000

　贷：银行存款　　8 000 000

(2) 支付兼并直接费用。

借：长期股权投资——B公司　　20 000

　贷：银行存款　　20 000

(3) 取得B公司的全部可辨认资产及负债，在购买日将其纳入A公司账内并确认商誉。其中商誉为：

商誉＝8 020 000－（5 000 000＋800 000＋500 000＋400 000）－320 000
　＝1 000 000

借：银行存款　　500 000
　应收账款　　800 000
　存货　　2 000 000
　长期股权投资　　550 000
　固定资产净值　　6 500 000
　无形资产　　250 000
　无形资产——商誉　　1 000 000
　贷：短期借款　　1 200 000
　　应付账款　　320 000
　　应付票据　　60 000
　　长期借款　　2 000 000
　　长期股权投资——B公司　　8 020 000

在上述会计分录中，若A公司不是用8 000 000元现金，而是通过新发行4 000 000股（每股面值1元，公允价值2元）的普通股给B公司的股东，则发行股票进行兼并的会计分录如下：

借：长期股权投资——B公司　　8 000 000
　贷：实收资本　　4 000 000
　　资本公积　　4 000 000

若发行股票时发生股票发行成本，直接冲销股票公允价值，即资本公积。

2. 企业收购的账务处理

收购的购买法账务处理比兼并的购买法处理要复杂一些。因为企业兼并后只涉及一个会计主体，通常将被兼并企业的资产、负债等按一定的计价标准和会计处理并入兼并企业原有的账簿体系即可；而收购后双方仍维持原有的法律主体和会计主体，独立地从事经营业务，因此不能像兼并那样处理，而只能将收购所付价款直接记作“长期股权投资——子公司”。而根据“实质重于形式”的原则，双方实际形成了一个经济实体，对于购买方而言，还需要编制合并报表。在合并损益表中，由于“购买”引起原有股东的权益发生变化，所以合并利润仅包括被收购公司在被收购日后取得的经营成果。

【例10—2】　仍以例10—1的资料为主，A公司的方案是以8 000 000元收购B公司80%的股权。若采用购买法，购买日的有关账务处理如下：

借：长期股权投资——子公司　　8 000 000
　贷：银行存款　　8 000 000

在购买日，采用购买法合并资产负债表的编制方法（采用母公司理论）主要是：母公司报表中“对子公司的股权投资”项和子公司报表中股东权益属于母公司拥有的部分应予以抵消；购买日母公司付出的购买价格与子公司净资产公允价值的差额为合并商誉，调整“对子公司股权投资”的账面价值；在调整和抵消完成后，就可把母公司和子公司报表中相同的资产负债项目予以合并。

例 10—1 中，B 公司的净资产账面价值为 6 700 000 元，购买价格超过面值2 640 000 元（=8 000 000−6 700 000×80%），公允价值超过面值 256 000 元（=320 000×80%），合并商誉 2 384 000 元（=2 640 000−256 000）。

按公允价值调整子公司报表中有关资产、负债项目的账面价值（按母公司拥有的股权比例调整），确认商誉，并相应调整母公司报表中“对子公司股权投资”项目的计价基础，应做会计分录如下：

借：存货	80 000	
长期股权投资	120 000	
固定资产净值	400 000	
应付账款	80 000	
应付票据	16 000	
合并商誉	2 384 000	
贷：应收账款		80 000
无形资产		40 000
短期借款		160 000
长期借款		160 000
对子公司股权投资		2 640 000

抵消母公司报表中“对子公司股权投资”和子公司报表中股东权益属于母公司拥有的部分，属于少数股东的部分反映为“少数股东权益”，应做会计分录如下：

借：实收资本	5 000 000	
资本公积	800 000	
盈余公积	500 000	
未分配利润	400 000	
贷：对子公司股权投资		5 360 000
少数股东权益		1 340 000

将已调整和抵消分录记入合并工作底稿，然后分别合并母公司和子公司各自资产负债表中相同的项目，在合并工作底稿中记入“合并数”，即可编制合并资产负债表。

第二节　并购商誉的处理

当企业并购的会计处理采用购买法核算时，购买成本与所购可辨认净资产的公允价值之间可能存在差额，也可能不存在差额。即使是在存在差额的情况下，也有两种情况：一种是购买成本高于可辨认净资产的公允价值，其差额为商誉；另一种是前者小于后者时，其差额为负商誉。

一、并购商誉的理论及其计量方法

对商誉的会计处理存在三种不同的理论依据。

1. 超额收益论

这种观点认为，商誉是被并购企业未来产生的超额收益现值。这里的超额收益是指在较长时期内能获得较同行平均盈利水平更高的利润。根据 G. R. 卡特利特和 N. O. 奥尔森在 1968 年发表的会计研究文集 No. 10《商誉会计》中所述："在目前的经营环境下，商誉收益力概念是最切合实际的。受让和让出整个企业的主要动机是取得未来利润。在这种受让和让出企业的交易行为中所确定的价值，就是对企业收益力的评价。这种收益力通过以企业作为一个整体的价值超过其各种具体资产和财产权利的数额而反映出来。"由此可见，购买成本大于可辨认净资产公允价值的部分与其他生产性资产一样被确认为资产。随着时间的推移，未来价值逐渐转化成现实的效益，即商誉的价值逐渐转化成收益，所以需要对商誉的价值进行摊销。一般有以下几种具体计算方法：

（1）超额利润现值法。这种方法是将企业未来若干年内可获得的超额收益按一定的收益率（预期的投资报酬率）折算为现值，即商誉。其计算公式为：

$$商誉=未来若干年平均超额收益\times年金现值系数 \qquad (10—3)$$

【例 10—3】 假定 A 公司的可辨认净资产公允价值为 300 000 元，过去十年内平均每年净利润为 60 000 元。同行业正常收益率为净资产公允价值的 12.5%，则 A 公司平均每年的超额利润为 60 000－300 000×12.5%＝22 500 元。设该超额收益能力在未来 5 年内会继续维持，则其商誉价值＝22 500×(P/A，12.5%，5)＝22 500×3.560 568＝80 113 元。

（2）超额收益资本化法。这种方法依据商誉是一种资本化价格的原理，对超额收益进行本金化处理。其计算公式为：

$$商誉=\frac{企业年超额收益}{资本化率} \qquad (10—4)$$

【例 10—4】 仍用例 10—3 的资料，资本化率设为 12.5%，则商誉价值＝22 500/12.5%＝180 000 元。

（3）超额收益倍数法。这种方法是用超额收益的一定倍数计算商誉价值。其计算公式为：

$$商誉=年超额收益\times并购年数 \qquad (10—5)$$

【例 10—5】 仍用例 10—3 的资料，设并购双方同意，商誉价值按 3 年的超额收益总和计算，则其商誉价值＝22 500×3＝67 500 元。

在这三个方法中，超额利润现值法最合理，比较接近商誉的性质。但超额利润现值法的缺点是缺乏可验证性，每个计量环节都掺杂着人为的假定，不同的假定导致商誉的计算结果会出现巨大差异；同时，还具有较大的风险，因为商誉其实是一种持续经营价值，如果企业被并购后无法承袭原来的商誉因素与条件，无法创造出超额利润，那么所计算的商誉价值会受到很大的影响乃至消失。

2. 总计价账户论

这种观点认为，尽管商誉能为企业提供超额收益，但企业其他资产都能为企业提供未来的现金流，企业超额利润的取得离不开其他资产，其中还包括了一些未入账的资产，如专有技术和特许经营权等。那么，将超额利润全部作为商誉是不妥当的。商誉应是企业总体价值和单项可辨认资产的未来现金净流量折现值的差额。此外，由于构成商誉的各因素难以直接计价，因而企业的正常盈利和超额盈利也是难以计量的。因此，如果必须对企业的商誉进行计价的话，它也只是个特殊的计价账户，用来平衡数据而已。根据这个理论，购买商誉不应作为资产，并且由于企业合并时另立新账，原有的账户关系被切断，所以总计价账户的商誉在合并日应立即被注销。这种理论实际上是如何计算企业整体价值的问题，商誉不过就是整体价值和可辨认净资产公允价值的差额。而这种整体价值的衡量与并购方如何对被并购企业进行估值的问题有类似之处，它有如下几种计算方法：

(1) 用未来盈利的折现值计算企业的整体价值。假设 A 公司过去十年的平均投资报酬率为 25%，并以此为预计的投资报酬率。目前，其净资产公允价值为1 000 000元，则未来每年盈利 250 000 元。同行业的正常收益率为净资产公允价值的 20%，确定的企业折现率为 20%，贴现期为 10 年，则

商誉价值=250 000×(P/A，20%，10)−1 000 000=48 125（元）

(2) 用未来现金净流量的折现值计算企业整体价值。它与未来盈利的区别在于会计基础不同，主要是从收付实现制角度出发的，两者的区别主要是跨期费用的分摊、固定资产折旧和无形资产摊销。仍以上题为例，假设 A 企业按固定资产账面价值计算的年折旧额为 10 000 元，按固定资产公允价值计算增加的年折旧额为 3 000 元，则企业未来年现金流量为 263 000 元，故

商誉价值=263 000×(P/A，20%，10)−1 000 000=102 627.50（元）

(3) 用企业收购价格或股票市价作为企业整体价值。此法又称谈判价格法。若 B 公司收购 A 公司，最终商定的谈判价格为 1 100 000 元，则

商誉价值=1 100 000−1 000 000=100 000（元）

3. 好感价值论

这种观点认为，商誉产生的原因是有利的地理位置、销售网络、雇员关系、良好的经营管理水平和顾客对企业的好感，商誉就是这种好感的价值体现。那么，即使是并购后，只要企业经营不发生大变动，这种“好感”将继续存在下去，而且这种“好感”可为企业带来未来的经济利益，所以被确认为资产，这种资产“永远”存在，所以不需要摊销。与这个观点相关的商誉计价模型还没有明确地出现过，因为商誉不能离开企业整体而单独存在，其价值内含于企业价值中，构成了企业整体价值中不可分割的一部分。此外，构成商誉的各因素虽然可以辨认，但对其进行准确计量几乎是不可能的。

认为商誉代表了企业高于社会平均水平的盈利能力基本反映了商誉的实质。从实际运

用来看，第三种计算方法只是在理论上存在，实际中很难有具体的计算模式。而第一种理论支持的方法虽然理论上有合理之处，但受人为因素影响太大，所以实务中一般都采用并购成本与可辨认资产公允价值的差额来计算。

二、并购商誉的会计处理方法

目前，并购商誉的会计处理争议还比较大，归纳起来主要有以下几种方法：

（1）记录为资产，然后在估计的使用年限内通过损益账户摊销。这是系统摊销法。

（2）记录为资产，然后在估计的使用年限内通过储备账户摊销。

（3）在并购日直接从储备账户消除。这是立即注销法。

（4）如果有令人信服的证据表明商誉价值永久性减值，否则无限制地保留在借方账户中。这是永久保留法。

（5）在并购期内一次性记作费用。

（6）列为所有者权益的一个减项（或摊销，或无限期保留）。

（7）记录为资产，以后逐年对商誉进行重新估价，确定其减损额。这是逐年重估法。

从理论上说，有很多可供选择的会计处理方法，而且每种方法都有一定的道理。但从现在的实际应用来看，主要有两种：一种是以美国为代表的，用并购商誉作为一项资产，在以后规定的年限内通过损益账户进行摊销；另一种是以英国为代表的，用并购商誉直接注销所有者权益。

1. 以美国为代表的并购商誉会计处理

这种方法把并购商誉作为资产，依据是它符合资产的定义，即能为企业带来未来经济利益、由企业所获得或控制、由过去的交易或事项形成。这种特殊形态的资产能在未来给并购企业带来超过平均水平的超额利润。当收购价格超过可辨认资产的公允价值时，超出部分就被认为是为商誉支付的，即并购商誉。因此，与其他资产的取得成本一致，应按照配比原则，在资产负债表中按其购得时的成本进行资本化。对于商誉的摊销，美国的会计准则规定是以费用的方式进行摊销；在摊销时应采用直线法，如果有可信服的证据表明在某种情况下采用其他方法更合适，那么也可以采用其他方法；摊销期限不应超过5年，如一个超过5年但不超过20年的期限（自购买日算起）显得更为适合的话，也可以例外处理。采用与美国类似方法的还有加拿大、澳大利亚、日本、法国、德国、荷兰等，但在摊销期的规定上均比美国要短。

2. 以英国为代表的并购商誉会计处理

英国会计准则原来规定，商誉不是通过损益账户系统摊销，就是立即从储备账户中注销，只要会计政策的应用前后保持一致。如果采用摊销法，摊销期最长不超过20年，如果商誉发生永久性贬值，则应将其账面价值冲减到估计可回收的金额，冲减额记入损益表。1990年，英国会计原则委员会对此立场进行了一定调整，只允许采用系统摊销法，摊销时可采用类似固定资产折旧所用的直线法或加速折旧法；同时，每年要审查商誉的账面价值和摊销期是否合适，即建议逐年重估制度。目前，允许采用直接注销法的还有法国、德国、意大利、中国香港等国家和地区。

另外，对于购买成本低于被并购企业可辨认净资产公允价值的差额被确认为负商誉。对于负商誉的会计处理也存在三种方法：

第一，将净资产公允价值超过购买成本的部分先等比例冲销企业购入的各项非货币性资产的价值后，将其余额列为递延收益，在规定的有效期内平均摊销。采用这种方法的理由是非货币性资产不容易找到现存的市价，负商誉的出现可能是由于对非货币性资产的高估造成的，所以需要进行调整。

第二，在合并日的财务报表中直接作为股东权益的增加。采用这种方法的理由为，企业并购是一项资本交易行为，所以其差额的处理也应该绕过利润表项目而直接作为权益的调整。

第三，列为递延收益，在规定的期限内等额摊销。采用这种方法的理由是，以低于被并购企业净资产公允价值的价格收购企业，对购买企业来说相当于获得了一笔收益。这笔收益与企业的其他收益一样应当递延到以后各期，与各期的费用相配比。

随着并购在我国的兴起，我国也开始面临如何对并购商誉进行会计处理这一难题。尽管我国已有了一些规定，但还比较简单粗糙。目前，相关的规定有：

(1) 财政部财会字［1997］30号《企业兼并有关会计处理问题暂行规定》要求："采取有偿方式兼并的，按照各项资产评估确认的价值，借记所有资产科目，按照成交价高于评估确认的净资产的差额，借记'无形资产——商誉'科目，按照确认的各项负债数额，贷记所有负债科目，按照确定的成交价，贷记'专项应付款——应付兼并企业款'科目。"采用有偿方式收购的，"按支付价款借记长期投资科目，贷记银行存款等科目"。

(2) 财政部在1995年2月颁布的《合并会计报表暂行规定》中规定，收购企业时应编制合并报表。合并时，母公司对子公司权益性资本投资项目的数额与子公司所有者权益中母公司所持有的份额相抵消产生的差额，作为合并价差。合并价差在资产负债表中列在长期投资项目下面，作为长期投资的调整项目来反映，属于抵减附加类账户。

(3) 财政部1996年印发的《具体会计准则——企业合并》(征求意见稿) 中"企业合并"规定，"购买成本超过购买企业可辨认资产和负债的公允价值中股权份额时，其超过数额应当确认为商誉"。对商誉的摊销，该征求意见稿规定，"商誉一般应当在不超过10年的期限内采用直线法摊销，并记入各期费用"。同时要求在第一资产负债表日，对商誉的未摊销额进行检查，当商誉未摊销额预计不能从未来收入中收回时，应将预计不能收回的金额确认为费用，计入当期损益。

当然，我国的这些规定过于简单，计算也比较笼统，有很多地方值得商榷。新的《具体会计准则——企业合并》的出台，已经对此做了修改。

第三节　并购税务问题

税收是影响企业经营的一个重要因素，也是企业在并购决策及实施中不可忽视的重要规划对象，甚至获得税收优惠也是企业并购的直接动机之一。合理的税收筹划可以使并购双方减少对税收支出的担忧，有效地降低企业并购的成本，从而获得最大的并购收益。此外，企业在并购后也可以长期从纳税模式中受益。反之，如果不事先进行适当的税收筹划，甚至可能使并购功败垂成。税收规范更是公司决策者在并购中不可回避的问题。

一、并购的税收筹划

并购交易中的税收效应常常是并购产生的动机之一，因此它也直接关系到并购价格的形成。对于并购方来说，需要考虑的税收影响有：并购行为是否为企业减少税负创造了机会；未来需要支付的税金对企业原可用于自由支配的净现金流量的影响程度如何；并购行为是否包含隐形纳税负担等。对于被并购企业来说，需要考虑的税收影响有：并购方以何种结构和方式进行支付能使其纳税水平最低；并购中何种情况可以获得税收优惠；税后可实现的自由现金流净额的大小等。

税收筹划分布在并购的各个环节，一般可分为并购目标企业环节的税收筹划、并购出资方式环节的税收筹划、并购融资方式环节的税收筹划及并购会计处理方法的税收筹划等几个方面。

1. 并购目标企业环节的税收筹划

企业在并购开始前，一般都需要有自己的并购目标，对这种目标的调查是由企业委托财务顾问进行的。在具体决策时，根据已获得的资料，并购方需要考虑的除了目标企业的行业、竞争力、性质、地理位置、产品外，还要考虑以下与税收相关的因素，以便做出合理的有关纳税主体属性、税种、纳税环节、税负的筹划：

（1）充分利用有差别税率的税收模式。所谓有差别税率的税收模式是指在某一税收征管区内，根据企业类型、收益、利润等特征的不同对应税项目采用不同税率的一种税收形式。较为常见的有对不同科技含量的企业使用不同的所得税税率，根据企业对留存收益使用方式的不同而采用不同的所得税税率等。由于有差别税率的税收模式具有使用灵活、经济调节能力强等特点，所以在国外税收制度中得到了广泛的应用。属于这种税收模式的企业就可利用兼并的方式进行税收筹划。例如，一国的税收政策倾向于高科技产业时，该国普通制造企业就会由于科技含量低而长期处于高税率状态之中，它们就极有可能去寻找一家高科技企业进行兼并，因为兼并后的企业科技含量会随之提高，从中可以获得低税率的优待。目前，虽然我国有差别税收模式尚不明显，但随着我国税收体制的不断完善，这种税收模式会逐渐增加，而由此带来的以税收筹划为目的的企业兼并也必将越来越多。

另外，这种方式的筹划对跨国并购特别重要，因为跨国并购已成为并购的新趋势，而国际税收筹划也已成为国家税收管理的重要问题之一。各国之间的税率存在着较大的差异，许多国家为了增加外来投资还规定了低税率的优惠条件，这对处于高税率国家的企业而言，无疑是一种极大的吸引。企业跨国兼并为此提供了方便。通过跨国兼并在低税率国家拥有子公司，再利用企业集团内部收入、费用、利润等转移方法调节企业收益，以达到减少或递延税款的目的。例如，发生在 20 世纪 60 年代的大量跨国企业兼并，在很大程度上就是由税收筹划的动机引发的。当然，企业跨国兼并产生的原因多种多样，如扩大市场、寻找原材料供给、利用便宜的人力资源等都是重要的动因。

（2）利用目标企业所在行业不同形成不同的并购类型与纳税主体属性、纳税环节、税种的筹划。并购企业如果进行横向并购，即选择在同一行业的生产同类商品的竞争对手作为目标企业。从税收角度看，由于并购后企业的经营行业不变，因而横向并购一般不改变并购企业的纳税税种与纳税环节的多少。从纳税主体属性上看，增值税小规模纳税人由于并购后规模的扩大，可变为一般纳税人。并购企业若进行上游整合或下游整合乃至垂直整合，则是纵向并购，可达到加强各生产环节的配合、进行协作化生产的目的。对并购企业来说，原来的供应商或客户成了自己企业一部分，那么原先的购货、销货行为就成为企业内部的购销行为，自然使得增值税纳税环节减少。由于目标企业的产品与并购企业的产品不同，纵向并购还可能改变纳税主体的属性，增加其纳税税种与纳税环节。例如，石油企业并购汽车企业将增加消费税税种。由于税种增加，可以说相应的纳税主体属性也有了变化，企业经营行为中也增加了消费税的纳税环节。并购企业若选择与自己没有任何联系的行业中的企业作为目标企业，则是混合并购。这种并购将视目标企业所在行业的情况，对并购企业的纳税主体属性、纳税税种、纳税环节产生影响。例如，机器制造企业如果并购了一家房地产公司，那么并购后的企业除要交纳原先的增值税和所得税，还要交纳营业税和契税、房产税以及土地增值税等等。

（3）目标企业的财务状况与所得税的筹划。首先，连续高盈利的企业兼并账面亏损的企业，可以达到减少所得税的效果。高盈利企业一般会主动寻找目标企业发起兼并攻势，一旦兼并成功，其高额收益与被兼并企业的账面累计亏损可以相互抵消，从而降低合并后企业的总收益，减少所要交纳的所得税。但是，我们应当看到，税法通常会规定对于以前年度的亏损只能利用此后有限年度内的盈利加以弥补，这就使得利用兼并企业间收益的组合进行税收筹划要受到一定的时间限制。例如，我国税法规定税前利润弥补以前年度亏损的时限为 5 年。因此，兼并企业如果想使用这种税收筹划的方法，必须具备以下条件：①兼并企业必须在目前以及今后可预见的若干年内能够连续高额盈利。②被兼并企业前几年累积大额亏损，并且预计近年内扭亏无望。③兼并后，企业是以总体收益进行计税的，即任一企业不存在税收征管上的限制，合并后的企业仍要分别纳税。这 3 条都是为了保证利用企业收益组合的方法进行税收筹划。但必须警惕的是，目标企业可能给并购后的整体企业带来不良的影响，特别是利润下降对其市值的消极影响及并购企业为整合目标企业而向目标企业过度提供资金造成的“整体贫血”，必须防止目标企业将并购企业拖入经营困境。

（4）目标企业所在地与并购税收筹划的关系。我国对在经济特区、浦东新区及其他经济技术开发区注册经营的企业实行一系列的所得税优惠政策。并购企业可选择能享受到这些优惠措施的目标企业作为并购对象，并在并购后改变整体企业的注册地，使并购后的纳税主体能取得此类税收优惠。

2. 并购出资方式环节的税收筹划

在实践中，企业并购的出资方式有四种，即现金购买资产、现金购买股票、股票换取资产、股票换取股票，这四种方式亦可混合使用。在前两种现金方式中，以现金购买资产时，目标企业必须交纳所得税。对于以现金购买股票来说，目前世界上绝大多数国家都采取下述税收准则，即公司股票的出售是一项潜在的应税事项，它涉及投资者的资本损益，在已实现资本利得的情况下，以红利方式收到现金的目标企业股东需交纳资本利得税，而无法取得免税或递延纳税的优惠；而后两种以股票出资的方式，对目标企业股东来说，在并购过程中不需要立刻确认其因交换而获得并购企业股票所形成的资本利得，即使在以后出售这些股票需要就资本利得缴纳所得税，也已起到了延迟纳税的效果。我国税法规定只对现金红利征所得税，对资本利得不征所得税，目标企业股东可以得到完全的免税作用。

按照国家税务总局2000年6月发布的《关于企业合并分立业务有关所得税问题的通知》规定，在通常情况下，被合并企业应视为按公允价值转让、处置全部资产，计算资产的转让所得，依法缴纳所得税。但是，如果合并企业支付给被合并企业或其股东的收购价款中，除合并企业股权以外的现金、有价证券和其他资产（简称非股权支付额）不高于所支付股权票面价值（或支付股本的账面价值）的20%，企业可以自行选择所得税处理方式：一是被合并企业不确认全部资产的转让所得或损失，不计算交纳企业所得税。二是被合并企业的股东以其持有的旧股换新股不被视为出售旧股、购买新股，不交纳个人所得税。但非交换股权的股东获得的非股权支付额应视为旧股转让收入计算所得并依法纳税。

案例 10.1

这里举例说明企业如何根据我国税收法律进行出资方式的选择。

有两个公司A和B，B公司的股本为1 500万元。现A公司欲对B公司实行并购，经过双方协商，拟采用以下方式：①A公司发行新股换取B公司股东手中持有的部分B公司旧股。②其余部分B公司股票由A公司以直接支付现金的方式购买。在这种并购模式下，企业应当如何确定支付现金和新股换旧股的比例才能最大限度地节约税收成本呢？假如参与并购的企业选择支付的现金大于300万元，也就是非股权支付额超出了被并购企业股权票面价值的20%（300÷1 500=20%）。那么按照税法规定，B公司对这一并购行为要交纳企业所得税，B公司股东还要交纳个人所得税。如果A公司能够把现金支付额控制在300万元以内，对B公司或其股东而言，就可以享受免交一种所得税的待遇：要么B公司免交企业所得税，要么B公司股东不交个人所得税。从上面这个例子可以看出，我国公司在并购出资方式选择时应该注意非股权支付额20%的界限，充分利用低于20%所享有的税收优惠，降低企业并购的税收成本。

3. 并购融资方式环节的税收筹划

世界各国税法一般都规定，企业由于向外负债而产生的利息费用可以抵减当期利润，从而减少应纳所得税。因此，并购企业在进行并购所需资金的融资规划时，可以结合企业本身的财务杠杆程度，通过负债融资的方式筹集并购所需资金，提高整体负债水平，以获得更大的利息避税效应。当然，企业对筹资方式的选择应当综合考虑各种情况，不能仅仅考虑最大限度的减税。减税意味着要增加企业债务融资的比例，但随着债务融资比例的上升，一方面企业的财务风险会大大增加；另一方面，即使企业的财务风险处于可控制的范围内，企业自有资金利润率也未必会随着债务比例的上升而上升，而自有资本利润率的提高才是企业股东追求的目标。因为自有资本利润率越高，意味着股东的投资回报率也越高。通常情况下，当企业息税前的投资收益率高于负债成本率时，提高负债比重可以增加权益资本的收益水平。此时，选择较高比例债务融资的融资方案就是可取的。反之，当企业息税前的投资收益率低于负债成本率时，债务融资比例越高，股东的投资回报率反而下降，此时高债务比例的融资方案就未必可取。

案例 10.2

A 公司为实施并购需融资 100 万元，现有三种融资方案可供选择：方案一，完全以权益资本融资；方案二，债务资本与权益资本融资的比例为 10∶90；方案三，债务资本与权益资本融资的比例为 50∶50，利率为 10%，企业所得税税率为 30%。在这种情况下应如何选择方案呢？（假设融资后、息税前利润有 20 万元和 8 万元两种可能）可以看出，当企业息税前利润额为 20 万元时，税前股东投资回报率＞利率（即债务成本率）。股东税后投资回报率会随着企业债务融资比例上升而相应上升（从 14%升到 21%），应当选择方案三，即 50%的债务资本融资和 50%的权益资本融资，此时应纳税额也最小（为 4.5 万元）。而当企业息税前利润额为 8 万元时，税前股东投资回报率＜利率。此时，债务比例越大，股东税后投资回报率反而越小（从 5.6%下降到 4.2%）。在这种情况下，尽管方案三最大限度地节约了企业的税收成本（此时纳税额最少，为 2.1 万元），但未必是最佳筹资方案，具体比较见表 10—3。

表 10—3　　不同融资方案成本与收益比较

息税前利润	债务资本∶权益资本	利率（%）	税前利润	应纳税额	税后利润	税前股东投资回报率（%）	税后股东投资回报率（%）
20	0∶100	10	20	6.0	14.0	20.0	14.0
	10∶90		19	5.7	13.3	21.1	14.8
	50∶50		15	4.5	10.5	30.0	21.0
8	0∶100	10	8	2.4	5.6	8.0	5.6
	10∶90		7	2.1	4.9	7.8	5.4
	50∶50		3	0.9	2.1	6.0	4.2

4. 并购会计处理方法的税收筹划

对于企业并购行为，各国会计准则一般都规定了两种不同的会计处理方法：权益结合法与购买法。目前，我国会计准则对此尚未做出具体规定，因而企业可以根据自己的具体情况做出不同选择。从税收的角度看，购买法可以起到减轻税负的作用。这是由于各国会计准则规定企业的资产负债表反映其资产的历史成本，税法也要求固定资产折旧的计提以账面价值所反映的历史成本为依据。即使资产的市场价值高于账面价值，折旧的计提依据依然不变。在发生并购行为后，反映购买价格的购买法会计处理使并购企业的资产基础增加，能按市场价值为依据计提折旧，从而可产生更大的折旧避税额，减少了所得税税负。

我国企业并购中的税收筹划还是和国外有所区别。这主要是因为市场经济成熟程度及国家相关政策的制约，尤其是我国相当一部分企业的经营目标和决策并不是严格遵循市场竞争原则，企业并购很大程度上由当地政府出面组织包办或受其影响，而被并购企业通常属于被“抢救”的对象。对并购企业而言，虽然规模扩大了，但由此带来的在经济效益方面的副作用往往更大。因此，中国企业对并购亏损企业的兴趣不大，并且企业并购的主要着眼点很少能放在税收筹划上。以公众能获得较多信息的上市公司而言，其并购目的往往是为了剥离不良资产从而保住配股资格，或摘掉 ST 帽子，或为了粉饰报表成为二级市场炒作的素材等等。这些并购重组行为的一个共同点就是要提高企业的盈利能力和改善报表数字，而这些与并购税收筹划的目标恰好相反。在发达国家，很多企业都出于筹划的目的，由专人负责寻找亏损目标企业进行相关操作。实际上，我国企业间的并购行为在税收筹划领域还是大有可为的。因为各个企业的具体情况差异很大，不能一概而论。简而言之，由于现行税法对不同企业规定的计税扣除项目、折旧政策和税率水平等存在着较大差异，这就为税收筹划提供了较大的运作空间。企业经营者在不违背国家有关法律和政策的大前提下，可以视企业的具体经营目标灵活加以运用。

企业在并购行为的不同环节，出于税收筹划的目标，也许会做出相互矛盾的税收方案安排。此时，企业应该明确，税收筹划作为企业理财的重要内容，其根本目标是减少企业总成本费用、提高经济效益、实现企业价值最大化。因此，企业在并购行为中进行税收筹划时，要遵循以下原则：

（1）税收筹划活动必须符合法律要求。税收筹划是利用税收优惠的规定，熟练掌握纳税方法，通过控制收支等途径获得节税利益，它是一种合法行为，与偷税、逃税有本质区别。因此，企业在进行税收筹划时，必须以税法条款为依据，遵循税法精神。税收筹划是否合法，首先必须通过纳税检查，不论采用哪种财务决策和会计方法都应该依法取得并认真保存会计记录或见证；否则，税收筹划的结果就可能大打折扣或无效。

（2）企业进行税收筹划必须坚持经济原则。企业进行税收筹划的最终目标是为了实现合法节税增收、提高经济效益。但企业在进行税收筹划及付诸实施的过程中，又会发生种种成本，因而企业在进行税收筹划时，必须先对预期收入与成本进行对比。只有在预期收益大于其成本时，筹划方案才可付诸实施，否则就会得不偿失。

此外，企业在进行税收筹划时，不能只注重某一纳税环节中个别税种的税负高低，而要着眼于整体税负的轻重，同时还应运用各种财务模型对不同税收筹划方法进行选择和组合，以实现节税与增收的综合效果。

二、并购的税收规范

无论是发达国家还是发展中国家，其公司所得税法中都有针对企业并购重组的税收规则，这些税收规则能保证企业、政府及投资者各方在合理的制度框架下进行操作，减少企业的恶意逃税、政府的“暗箱操作”，而且并购税务处理应建构在公认基础上。在发达国家，这方面的法律法规十分繁杂，企业必须借助税务专家的指点才能使并购活动合法及取得财务方法的收益。在经济转轨国家或发展中国家，企业并购虽然没有发达国家那么频繁，相关的税收政策也没有发达国家那么复杂、全面、完整，但保证有一个基本的、合理的、至少不阻碍改组的税收政策是十分重要的。这不仅对于促进国内企业并购重组有推动作用，而且能使海外投资者对于参与国内并购有足够的信心。

在绝大多数国家的公司所得税法中，都对企业并购改组制定了特殊的税收规则，这些特殊税收规则一般遵循以下三项基本原则：

第一，经济合理原则。该原则是看企业发生的投资和改组业务是为了合理的商业或经营目的，还是纯粹为了“利用被合并企业的巨额亏损”等达到避税目的。所得税的政策不应该影响企业正常经营需要的投资和改组活动。

第二，中性原则。这主要有两层含义：首先，不论企业改组与否，税收待遇应该一样，不应因为改组而有特殊的照顾；其次，经济功能相同或相似的投资或改组交易，税收待遇应该一样。例如，企业并购可以通过收购被并购企业的净资产方式实现，也可以通过购买被并购企业股东持有的全部被并购企业股份的方式实现，虽然两者形式不同，但经济实质是一样的，因而在税收政策上不应该有差别待遇。

第三，反避税原则。该原则是指通过适当的税收技术措施，防止企业以投资、改组为名，通过关联交易等，相互转移利润、隐匿转移增值资产或利用其他企业巨额亏损冲减本企业应纳所得税等避税行为。最核心的要求是，如果有关资产中隐含的增值（减值）在税收上没有确认实现，或没有按税法规定的方式递延，接受该资产的企业（或投资者）就不能按评估价值调整有关资产的计税成本。会计账务中已按评估价值调整有关资产的会计成本，多提（或少提）的折旧、多摊销多计（或少计）的费用，在申报纳税时必须依法进行调整。

迄今为止，我国税法体系中涉及企业并购或改组改制的税收政策主要有《财政部国家税务总局关于资产评估增值有关所得税处理问题的通知》（财税字［1997］77号）、《财政部国家税务总局关于企业资产评估增值有关所得税处理问题的补充通知》（财税字［1998］50号）、《企业改组改制中若干所得税业务问题的暂行规定》（国税发［1998］97号）、《企业所得税税前扣除办法》（国税发［2000］84号）、《国家税务总局关于企业股权投资业务若干所得税问题的通知》（国税发［2000］118号）、《国家税务总局关于企业合并分立业务有关所得税问题的通知》（国税发［2000］119号）、《中华人民共和国税收征收管理法实施细则》、《外国投资者并购境内企业暂行规定》、《国家税务总局关于外国投资者并购境内企业股权有关税收问题的通知》（国税发［2003］60号）、《关于企业并购重组业务企业所得税处理若干问题的通知》（财税［2009］59号）等，这些文件构成了比较完整的税收政策。

在通常的税收处理中，如果发生了资产所有权的转移，而且这种转移取得了明确的价值认同，税法规定：应确认有关资产的转让所得或损失，征收企业所得税。但对于企业并购重组则要考虑到，这种转移对企业投资者而言不过是投资方式的转变，并不涉及资产的变现处理。如果对这种简单的投资方式转变要求确认转让所得并征收企业所得税，就会对企业正常的投资和重组行为造成阻碍。对于不涉及资产变现的投资方式转变，如果就此确认资产转让所得并纳税，企业需另筹资金纳税。另外，如果对企业的破产、合并、兼并、分立、股权转让中所发生的亏损处理、资产损失、债权和债务的承继、欠缴税款的追缴、如何享受税收优惠等等在税法上缺乏明确的规定，就会出现一些企业为享受新办企业的税收优惠待遇而改组，出现以收购亏损企业来抵减自己的盈利，出现为逃避欠税而“脱壳”分立。这些情况的存在都需要对企业并购明确相应的税收政策加以规范，以阻塞税收漏洞、防止税款流失。

近年来，针对我国企业并购中出现的越来越复杂的问题，财政部和国家税务总局出台的一些政策、规定中，核心的要求就是：如果企业持有的有关资产的增值或损失在计算交纳所得税时没有确认实现或按税法规定的适当方式递延，有关资产的计税成本就不能按评估确认的价值确定。即使是企业在财务上已经按所谓评估价值调整了账面值，并计提了相应的折旧，在进行企业所得税计算清缴时也必须按税法有关规定进行调整。由此也使得涉及改制资产的会计成本和税务成本不一致，增大了核算的难度。另外，在具体会计准则上对确认时间、计量的属性和信息披露内容等方面具有选择性，这也迫切需要在税法方面统一制度并明确加以限定，以保证不出现税法漏洞和税负的不公平。

三、我国企业并购税法规制的完善

完善企业并购的税法规制，一方面，我们要利用必要的税收激励来鼓励企业并购，从而提高经济效率、增进社会福利；另一方面，又应当提高企业并购的税法规制水平，遵循税制的一致性原则和中性原则，特别是对于免税并购要坚持实质重于形式原则，不断完善我国反避税制度。

（1）企业并购中的税收功能定位——鼓励而不扭曲。企业并购是一把双刃剑。理性的并购行为会降低企业成本，因产品链延伸产生关联效应，因产业面扩大产生规模经济效应，因企业联合产生协同效应等。但非理性的企业并购行为也会导致企业“虚胖”，或因盲目多元化经营而丧失主业，或因盲目“圈地”而丧失比较优势等。因此，制定企业并购中的税收政策所要秉承的首要原则应是体现鼓励企业并购的价值追求，力争不阻碍正常而理性的并购，同时规范盲目或单纯为避税而进行的并购行为。在税收后果上，则应力争使企业并购行为的税收后果“中性化”，即单纯的并购行为不会导致税收收益，也不必承受税收损失。

（2）制定统一的、立法位较高的企业并购税收法律制度。具体说来，可以通过在以后制定的《企业并购法》中对企业并购税收制度做出统一规定，乃至单独制定一部全面的《企业并购税收处理法》也未尝不可。这是税收法定原则的必然要求，也有利于增加企业并购税制的稳定性和纳税人的可预期性。

（3）消除企业并购的税制障碍。消除在现行税制中阻碍企业并购的障碍，在具体的税制改革方面，主要包括以下三个方面：第一，完善企业所得税分享改革，从目前的“基数固定、增长分成”的分享方式逐步过渡到“同一税基、不同税率”的完全分享方式。第二，扩大增值税征收范围，相应缩小直至取消营业税的征收范围，并在此调整过程中注意理顺中央、地方的关系。第三，开征证券市场资本利得税。我国应考虑在时机成熟时，对买卖证券的差价收益征收资本利得税，在具体税制设计上，视差价数额的大小、持有期限的长短给予区别待遇，并允许资本损失在资本利得范围内进行冲抵和结转。这样，方可应对企业并购手段日益证券化的态势，并在课征资本利得税的过程中，保护国家的税收利益，同时不阻碍正常企业并购行为的展开。

（4）完善企业并购中的反避税制度。企业并购中的反避税措施主要是通过对免税重组和亏损结转弥补进行严格限制，而且一般只有在免税重组中亏损才能结转弥补。我国对免税并购没有实质性标准的界定，给避税保留了巨大的空间。美国的免税重组规则最为成熟完备。根据美国《联邦税务法典》的规定，免税重组必须满足所有者权益的连续性、企业经营的连续性及经营需要。此外，很多并购交易必须满足控制要求，即控制经营的并购方在交易结束后仍然对该并购交易保持关联性。具体说来，“控制”是指至少拥有目标公司80%有表决权的股票和至少拥有80%其他性质的股票，而且合格的免税并购重组交易还必须是经营需要。日本也于2001年4月开始实行《公司并购免税重组规则》。通过借鉴法治发达国家的成功经验，我国税法对免税重组的规制可从以下三方面入手：

第一，所有权利益的连续性。公司重组中的所有权利益的连续性意味着重组前目标公司的股东必须在重组中获得并购公司或新公司一定数量的普通股或优先股票，从而继续保留股东身份。所有权利益的连续性规则的立法意图在于防止利用公司重组从而实现所得或损失的免予税收确认。

第二，商业企业的连续性。商业企业的连续性规则要求，重组后的公司仍能在公司形式修正或者改变的情况下维持企业的连续性，也就是公司重组并没有从根本上影响企业的完整性、业务的传承性与运营的持续性。

第三，商业意图。商业意图规则要求，公司重组只有在具备除规避税负之外的其他商业意图的前提下才可以享受免予税收确认。

同时，关于亏损的承继结转同样应该坚持所有权连续和经营连续两项原则，以防止亏损结转弥补被滥用成规避税收的工具。

【本章小结】

本章对并购中的会计及税收问题进行了介绍。其中，本章在会计方法上主要介绍了两种最常见的合并会计处理方法——购买法和权益结合法，对这两种方法的具体规定进行了详细的解释，并进行了综合评价；与此同时，也采用实例进行了说明。然后，本章对并购会计中最常见的并购商誉的产生及处理进行了理论介绍和计量方法的说明。在税收问题方面，简要介绍了税收筹划对并购的重要意义，并对我国当前的相关税收政策进行了介绍和分析。

【本章要点】

- 购买法及权益结合法的具体运用
- 并购商誉的处理方法
- 税收筹划在并购中的作用

【本章关键术语】

购买法　　权益结合法　　并购商誉　　并购税收筹划

【本章思考题】

1. 分析购买法和权益结合法对并购后资产负债表的影响，并对两法进行比较。
2. 并购商誉是如何产生的？对其会计处理一般有哪些方法？
3. 有人说“税收问题甚至可以决定并购交易能否成功”，你是如何看待这个观点的？
4. 目前，中国有关并购税收的政策存在哪些问题？

第十一章 反并购

第一节 反并购及其预防

一、善意并购与非善意并购

根据目标公司愿意与否，并购的方式可分为善意并购(friendly merger）和非善意并购（hostile merger)，后者也称恶意并购。反并购措施仅针对那些恶意并购与不当的敌意并购。如果并购本身有利于提高公司的竞争地位和长远发展，则管理层实施反并购便违背了股东利益最大化的经营原则，是被禁止的。

成为并购目标的公司管理层必须决定对并购是友好接受还是抗拒，不同的反应有不同的动机。持敌意的经理人可能认为，保持独立是他们的股东和其他方面（如职员和本地社区）的最佳选择。经理人可能为了让股东取得最大的并购溢价而故作抗拒。私下而言，他们抗拒并购的原因可能是担心失去工作、地位、权力、威望和其他心理优势。在许多例子中，并购后目标公司管理层的人事变动证明这并非多虑。

经理人接受并购可能是因为并购后给予的待遇更好，目标公司管理层可能获许有一定程度的自主权。他们可能获许保持自己的权力和职员，甚至被提升到母公司的董事局，以此作为他们接受并购方强硬的并购逻辑和向目标公司股东诚心诚意做出并购建议的报酬。在公而言，经理人可能认为由属意的并购者接管目标公司是最佳选择。实际上，要脱离私心是很难的。

从目标公司股东观点看来，他们对于反并购可能百感交集。虽然抗拒提高了并购溢价和回报，但也降低了敌意并购成功的机会。因此，对于目标公司股东来说，最理想的过程是给经理人足够的动力加以反击，直至取得最大并购溢价，同时又不损并购的成功机会。像“金保护伞”（golden parachute，又称“金降落伞”）这类方法就是为取得这种理想结果而设计的。

二、反并购的预防策略

（一）管理层必须对市场各要素保持高度警觉

管理层务必保持对市场各构成因素的敏感性，这里的市场构成因素一般是指股东、潜在的攻击方和各大投资机构。

股权分散、没有具有决定性大股东的公众持股型公司在意想不到的收购要约面前往往十分脆弱，因为此时目标公司管理层能够采取的措施已经很有限了，而且时间紧迫。法律、证券业监管以及实际行动的各种限制也会减少公司管理层反并购行为的自由度。因此，集中相当的时间与精力进行研究，事先采取一些预防性的措施，并制定可以立即实施的应急措施，避免在收购行为骤然发生时措手不及，便成为公司管理层的重要议题。

有能力的公司管理层则没有必要整日惶惶不安地担心被收购，而应全力保持企业良好的生产经营状况。为避免被并购情况的发生，公司管理层首先必须采取的措施就是“看好家门”，成为称职的管家。

（二）建立合理的持股结构

收购公司的关键是收购到足量的股权。一个上市公司为了避免被收购，应该建立一种股权结构，在这种股权结构中，公司股权难以足量地转让到收购者的手上。很显然，这里所谓的合理持股结构的“合理”，是以反收购效果为参照标准的。建立这种股权结构，其做法主要有以下几种。

1. 自我控股

自我控股是指公司的发起组建人或其后继大股东为了避免公司被他人收购，应取得对公司的控股地位。这分为两种情况：一是在一开始设置公司股权时就让自己控有公司的足量股权；二是通过增持股份加大持股比例来达到控股目的。

自我控股又有控股程度的差别。自我控股如果达到 51%的比例，那么敌意收购不可能发生，收购与反收购问题不复存在。一般来说，在股权分散的情况下，对一个公司持有 25%左右的股权就能控制该公司。但从理论上说，只要持股比例低于 50%，敌意收购就可能发生，公司就要面临反收购问题。一个股东对自己控制的上市公司持股比例越大，该上市公司被收购的风险就越小，当持股比例达到 51%时，被敌意收购的风险为零。而在 51%以下，持股占多少比例才为最佳“点位”呢？这要视控股股东及目标公司的具体情况而定。持股比例太小，难以收到足够的反收购效果；持股比例太大，则会过量套牢资金。合适的持股比例点位应是这两方面的“平衡点”。

2. 交叉持股或相互持股

交叉持股或相互持股是指关联公司或关系友好公司之间相互持有对方股权，在其中一方受到收购威胁时，另一方施以援手。比如 A 公司购买 B 公司 10%的股份，B 公司又购买 A 公司 10%的股份，它们之间达成默契，彼此忠诚、相互保护，在 A 公司沦为收购靶子时，B 公司则锁住 A 公司的股权，加大收购者吸纳足量筹码的难度；同时，B 公司在表态和有关投票表决时支持 A 公司的反收购。反之，B 公司受到收购威胁时，A 公司也这样去做。在日本，公司之间的相互持股现象相当普遍。这种公司往往还在公司资本经营中一致行动。比如 1994 年出面大宗收购我国上市公司——北旅公司股权的日本五十铃和伊藤忠就是两家相互持股的公司。20 世纪 80 年代初，中国香港老牌英资财团伯和财团也采用交叉持股的办法，以防止旗下的置地公司被他人并购。其具体做法是：通过伯和控股和伯和证券两公司持有置地 40%的股权，而同时置地又控制伯和控股 40%的股权，通过这种互控股权的办法锁定双方股权的大量筹码，减少流通在外的股权量，无论哪家受到并购威胁，双方都可相互照应、合力御敌。几乎在同时，中国香港当局修订了关于联营公司控制权的定义，将持股比例由过去的 51%减少到 35%，从而使“伯、置互控”的措施得以顺利进行。通过这种互结“连环船”的形式，使得当时咄咄逼人的华资财团不得不渐渐收敛了觊觎伯和置地的锋芒。

在运用交叉持股策略时，需要注意几点：

(1) 互控股份需要占用双方公司大量资金，影响流动资金的筹集和运用。

(2) 有的国家法律规定，当一家公司持有另一家公司一定量股份（比如 10%）时，后者不能持有前者的股份，即不能相互出资交叉持股。

(3) 交叉持股实质上是相互出资，这势必违背公司通过发行股份募集资金的初衷。

(4) 在市场不景气的情况下，互控股份的双方公司反而可能互相拖累。1983 年香港地产业市场崩溃，置地亏损达 13 亿港元，因互控股份造成的连带关系，伯和的纯利润也因此减少 80%。

(5) 交叉持股有可能让收购者的收购袭击达到一箭双雕的结果。如果 A、B 互控股权 20%，虽然这大大增加了收购 A 或 B 的难度及风险，但一旦收购了其中的一家，实际上也就间接收购了另一家。这种一箭双雕的效果往往引发收购者对交叉持股公司发动收购袭击。所以交叉持股作为一种反收购策略，如同三国曹军伐吴时的“连环船”，固然有相互照应、共同御敌的作用，但一旦遭遇火攻，将会一败涂地。

(6) 交叉持股除了能起到反收购效果外，也有助于双方公司形成稳定、友好的交易关系。也就是说，通过持股关系，双方既是反收购战中的战友，又是商业合作上的伙伴。

3. 把股份放在朋友的手上

这种做法对于公司反收购的积极效果与上述交叉持股类似，一方面将公司部分股份锁定在朋友股东手上，增大收购者吸筹的难度和成本；另一方面，在有关表态和投票表决中，朋友股东可支持公司的反收购行动。

实现朋友持股的做法有多种，既可以在组建公司时邀朋友一起做发起人股东，或由朋友认购一定数量的公司股份，也可以在公司现有股东中物色合适对象，许以其他利益，将其“培养”为朋友，还可以向朋友定向发行一定量的股票。但各种做法在不同国家可能会受到不同的法律限制。譬如，英国法律禁止目标公司在出价期间向友好公司发行股票，而美国法律则无此类限制。在我国《公司法》实施之前，股份公司可以定向募集股份，进而有定向募集公司。而《公司法》实施之后，股份公司要么是发起设立，要么是社会募集设立，而上市公司一般是向社会公众募集设立，向特定法人或自然人定向发行股份是不允许的。因此在我国，为了实现朋友持股，通常的做法可以是邀朋友一起成为股份公司的发起人股东，也可以说服朋友参与公募股份的认购。

4. 员工持股计划

在中国，上市公司普遍把发行内部职工股并尽早使其上市流通当做重大的员工福利来推行，再加上中国职工的私钱很有限，员工持股比例很小，因此员工持股计划难以充分起到反收购的作用。

（三）在章程中设置反收购条款

出于反收购的目的，公司可以在章程中设置一些条款，并以此作为并购的障碍。这些条款被称为“拒鲨”条款或“箭猪”条款，又称反接收条款。这些条款有以下几种：

1. 分期分级董事会制度

此制度又称董事会轮选制，即公司章程规定董事的更换每年只能改选 1/4 或 1/3 等。这样一来，收购者即使收购到了“足量”的股权，也无法对董事会做出实质性改组，即无法很快地入主董事会控制公司。因为董事会的大部分董事还是原来的董事，他们仍掌握着多数表决权，仍然控制着公司，他们可以决定采取增资扩股或其他办法来稀释收购者的股票份额，也可以决定采取其他办法来达到反收购的目的。例如，A 公司有 12 位董事，B 公司收购到 A 公司“足量”股权后召开股东大会并改选 A 公司董事会，但根据 A 公司章程，每年只能改选 1/4 的董事，即只能改选 3 位董事。因此，在第一年内，B 公司只能派 3 位董事进入 A 公司董事会，原来的董事仍有 9 位留在董事会中，这意味着 B 公司依然不能控制 A 公司。对于这种分期分级董事会制度，收购者不得不三思而后行。

在我国，根据《公司法》第一百零九条和第四十六条规定，股份有限公司设董事会，其成员为五人至十九人，董事任期由公司章程规定，但每届任期不得超过三年。董事任期届满，连选可以连任。董事任期届满未及时改选，或者董事在任期内辞职导致董事会成员低于法定人数的，在改选出的董事就任前，原董事仍应当依照法律、行政法规和公司章程的规定，履行董事职务。《公司法》第一百一十二条规定，董事会会议应有过半数的董事出席方可举行。董事会做出决议，必须经全体董事的过半数通过。董事会决议的表决，实行一人一票。在原来的董事占董事会多数时，董事会可以通过行使这些职权展开亡羊补牢式的反收购活动。但是，《公司法》第一百零一条规定，单独或者合计持有公司百分之十以上股份的股东请求时，应当在两个月内召开临时股东大会。《公司法》第三十八条规定，股东会行使下列职权：①选举和更换非由职工代表担任的董事、监事，决定有关董事、监事的报酬事项；②修改公司章程。既然如此，收购者可以请求召开股东大会，通过股东大会先行修改公司章程中关于分期分级董事会制度的规定，然后再行改选董事。这是收购者针对分期分级董事会制度的一项有效的反制方法。

2. 多数条款

多数条款是指由公司规定，涉及重大事项（比如公司合并、分立、任命董事长等）的决议须经过绝大多数持有表决权者同意方可通过。

更改公司章程中的反收购条款，也需经过绝对多数股东或董事同意，这就增加了收购者接管、改组目标公司的难度和成本。比如章程中规定："需经全体股东 2/3 或 3/4 以上同意，才可允许公司与其他公司合并。"这意味着收购者为了实现对目标公司的合并，需要购买 2/3 或 3/4 以上的股权或需要争取到更多的（2/3 或 3/4 以上）股东投票赞成己方的意见。

我国《公司法》第一百零四条规定："股东出席股东大会会议，所持每一股份有一表决权。但是，公司持有的本公司股份没有表决权。股东大会作出决议，必须经出席会议的股东所持表决权过半数通过。但是，股东大会作出修改公司章程、增加或者减少注册资本的决议，以及公司合并、分立、解散或者变更公司形式的决议，必须经出席会议的股东所持表决权的三分之二以上通过。"这是我国《公司法》中的多数条款。

3. 限制大股东表决权条款

为了更好地保护中小股东，也为了限制收购者拥有过多权力，可以在公司章程中加入限制股东表决权的条款。股东的最高决策权实际上就体现为投票权，其中至关重要的是投票选举董事会的表决权。

限制表决权的办法通常有两种：

（1）直接限制大股东的表决权。比如有的公司章程规定，股东的股数超出一定数量时就限制其表决权，如合几股为一表决权。也有公司规定，每个股东的表决权不得超过全体股东表决权的一定比例数（如五分之一）。这些都需要根据实际情况在章程中加以明确规定。

（2）采取累计投票法（cumulativevoting），它不同于普通投票法。普通投票法是一股一票，而且每一票只能投在一个候选人上。而采取累计投票法，投票人可以投等于候选人人数的票，并可能将票全部投给一人，以保证中小股东能选出自己的董事。采取投票的方式也应于公司章程中加以规定。

一般来说，普通投票法有利于大股东，收购者只要控制了多数股权，就可按自己意愿彻底改组董事会。但如果采取累计投票法或在章程中对大股东投票权进行限制，这可能会对收购构成一系列约束。因为收购者可能拥有超半数的股权，但不一定拥有超半数的表决权。若再配合以分期分级董事会制度，那么收购者很难达到控制公司的目的，其所冒的风险是很大的。

我国《公司法》第一百零四条规定：股东出席股东大会会议，所持每一股份有一表决权。这表明在我国，限制大股东表决权条款是不合法的。

4. 订立公正价格条款，要求出价收购人对所有股东支付相同的价格

溢价收购主要是企图吸引那些急于更换管理层的股东，而公正价格条款无疑阻碍了这种企图的实现。有些买方使用"两阶段出价"，即以现金先购股 51%，然后再用债券交换剩下的 49%股票。目标公司股东因怕收到债券而会争先将股票低价卖出。

1982 年 3 月，美国钢铁公司就以此招来收购马拉松石油公司股票。为避免买方使出此招分化目标公司股东，目标公司在章程中可加上公正价格条款，使股东在售股时享受“同股同酬”的好处。

我国《证券法》第九十二条和第九十三条规定：“收购要约提出的各项收购条件，适用于被收购公司的所有股东”；“采取要约收购方式的，收购人在收购期限内，不得卖出被收购公司的股票，也不得采取要约规定以外的形式和超出要约的条件买入被收购公司的股票”。这些都是我国法律关于收购价格的主要规定。它表明“两阶段报价”在我国是不合法的。我国法律的这些规定旨在让目标公司的所有股东受到公平对待。

5. 限制董事资格条款，增加买方困扰

这是指在公司章程中规定公司董事的任职条件，非具备某些特定条件者不得担任公司董事；具备某些特定情节者也不得进入公司董事会。这会增加收购方选送合适人选出任公司董事的难度。

案例 11.1

中信证券 VS 广发证券：“敌意收购”缘于优势业务的争夺

2004 年 9 月，死气沉沉的证券市场面临一场大整合。中信证券觊觎广发证券的意义在于，证券公司之间的强强联手也是大并购的一部分。

9 月 2 日中信证券（600030）发布公告称，9 月 1 日召开董事会，通过了拟收购广发证券股份有限公司部分股权的议案。此言一出，死气沉沉的证券市场立即掀起了一场轩然大波。

首先行动的是广发证券。3 日，广发证券员工一行 22 人来到广东证监局传达了对广发证券命运的担忧。6 日，2 230 名员工联名发表《广发证券员工强烈反对中信证券敌意收购的声明》，表示“坚决反对中信证券的敌意收购，并将抗争到底”。

9 月 7 日，中信证券再次发布公告称，就拟收购广发证券部分股权一事发表 4 点说明，强调中信证券是受让部分股权，不会导致广发证券重大调整，并高度评价广发证券的经营风格和业绩。

同日，在广发证券方面，从年初开始筹备的深圳吉富创业投资股份有限公司（以下简称吉富公司）宣布成立，吉富公司完全由广发证券员工持股，注册资金 2.48 亿元。9 月 10 日，云大科技（600181）发布公告，称 8 日以通信表决方式召开第二届董事会临时会议，决定将持有的广发证券 7 662.113 万股股份（占广发证券总股本的 3.83%）以 8 888 万元（每股 1.16 元）的价格转让给吉富公司。9 月 15 日，梅雁股份（600868）公告称，13 日签订协议，将所持有的广发证券约 16 795 万股（占广发证券总股本的 8.4%）以总价 20 153.5 万元（每股 1.20 元）的价格转让给吉富公司。

一场异彩纷呈的收购和反收购大战就这样拉开了帷幕。

一、敌意收购缘于优势业务的争夺

中信证券是中信集团的控股子公司，以规范运作而著称。在上市之前，中信证券并不具备明显的竞争优势，其债券承销较为突出，而经纪业务未能进入前 10 名，但中信证券凭借其运作规范成为了第一家上市公司。上市后，中信证券的承销业务取得了突飞猛进的发展，其经纪业务也在 2003 年首次进入行业前 10 名。

当初，广发证券也是券商上市的首选之一，广发证券具有广受业界推崇的人才优势，在管理体制和规范性方面也颇得好评。中信证券和广发证券在计划上市时就确定互为推荐人和主承销商，关系不一般。业界普遍认为，中信证券这次瞄准广发证券是蓄谋已久。

近年来，由于证券市场整体表现不佳，券商的黄金时期已经过去，证券行业的大并购迫在眉睫。而与证券行业同时经历深刻变革和翻天覆地变化的，是证券公司三项主要的业务。

历史上，证券公司最为暴利的业务便是证券投资，尤其是利用客户委托理财资金炒股，证券市场翻云覆雨的炒作给券商和从业者带来了超额的利润。然而，低迷的市场终于成了无数庄家的滑铁卢，证券公司要想自营业务东山再起，将面临基金公司等强势机构投资者的竞争。股票承销无疑也是利润率极高的业务，对于大型融资项目的争夺尤其激烈。但实际上，承销业务的市场容量是十分有限的。2003 年全年股票融资 800 多亿元，而激烈的竞争已经使得承销费率下滑到了 1.5%的底线，中信证券上半年的平均承销费率更是低于 1%。这样，整个股票发行市场的总容量也不过 12 亿元，该行业的垄断程度很高，尤其是大项目越来越集中于中金证券和中信证券等少数券商手中，其他 100 多家中小券商很难涉足。

对于绝大部分券商而言，现在最为重要的业务是经纪业务。

在券商的黄金时代，经纪业务本身是利润率最低的。目前，伴随着庄股时代结束、机构投资大力发展、QFII 和股票发行市场化进程加快，券商靠不规范运作盈利的空间已经越来越小。证券投资业务成为券商的心头之痛，承销业务市场的容量还很小，但并购等新业务发展缓慢，对于大部分券商而言，经纪业务此时反倒显得弥足珍贵。

从中信证券公布的中期报告看，在其营业收入 4.87 亿元中，来自经纪业务的手续费收入为 2.29 亿元，占营业收入的 47%。另外，公司的金融企业往来收入主要是客户保证金的存款利息，实际上也是由经纪业务带来的，这块收入为 7 950 万元，占 16.3%。两项收入累计为 3.09 亿元，占全部营业额的 63.3%。

同样地，广发证券在业务上最主要的优势也是经纪业务，近几年的股票和基金交易总额都位居前 6 名。广发证券 2003 年的交易额大约是中信证券的 1.55 倍，上半年的手续费收入也比中信证券高出 58%。

广发证券在全国各地拥有 78 家证券营业部，其中广东 47 家。中信证券的营业部主要分布于北京、上海、江苏、广东和山东，若能收购广发证券，则中信证券在东南沿海各省市的竞争力将大幅提高。此外，广发证券的投行部门也颇具实力，2002 年的股票发行总家数、总金额分别名列第一位和第二位，国债承销在证券交易所综合排名第七位。2003 年，股票发行总家数名列全国同业第四位。广发证券旗下的广发基金也比中信基金公司早成立。广发证券的人才和市场声誉更是很大的无形资产。在投行间的竞争越来越体现为人才竞争的今天，收购可以大大加强中信证券的综合实力。

在证券市场面临一场大整合的关键时刻，证券公司之间的并购已经势在必行，而中信证券觊觎广发证券，表明强强联手也是大并购中的一部分。值得借鉴和效仿的案例是，前几年中国证券市场经历过强者之间的联手，如申银与万国、国泰和君安、光大集团也成为申银万国的第一大股东。

二、不对称收购

中信证券和广发证券的经营业绩在伯仲之间，估价水平却是天壤之别，因此资金雄厚的中信证券便希望通过价值相对低估的广发证券来提高自身的业绩，实现低成本扩张。这才是中信证券收购广发证券的最根本原因。

中信证券上半年的营业额为4.87亿元，净利润为0.57亿元，而广发证券的营业额略高于5亿元，净利润为0.59亿元，两家公司几乎势均力敌。当然，广发证券在经纪业务方面具有绝对优势，而中信证券在股票和债券承销方面优势明显，从这个意义上看，两者存在互补，提供了一定的整合空间。

从历史数据上看，承销业务的波动很大。2002年广发证券还是行业翘楚，中金证券则几乎垄断了所有的大项目，而现在中信证券已经排名第一，在大项目上也丝毫没落在中金证券后面，但我们很难由此断定中信证券已经在承销业务方面确立了绝对的优势。中信证券的另一个优势是债券承销，但此时由于处于降息周期启动阶段，债券一二级市场很难形成有利的价差，因而债券承销很难取得实质的盈利。

在目前的市场情况下，广发证券甚至占有一定的业绩优势。当然，证券公司的业绩波动性也比较大，但中信证券的市场价值远远高于广发证券。上市前，中信证券的股本也是20亿元左右，与广发证券几乎完全一样。广发证券的每股净资产约为1.2元。而经过IPO之后，中信证券的净资产目前已达到52.6亿元，是广发证券的2.2倍，每股净资产则为广发证券的1.77倍。

但是，由于营业部的数量限制以及投行业务遭遇到发展瓶颈，更大的资本规模未能为中信证券创造出更高的营业额，却给公司业绩和股价制造了很大的压力。中信证券的每股盈利和每股营业额都比广发证券低20%以上，净资产收益率和净资产周转率也只相当于广发证券的40%多。

两家公司的市场价值更是天壤之别。中信证券的股价虽然已从最高点大幅下滑，但股价仍为7元左右。而近期广发证券的转让价格均接近其每股净资产，约为1.2元。两家公司的股价之比高达6倍左右，中信证券的市盈率高达150倍，PS比率也高达18倍，分别是广发证券对应估值比率的8倍左右。

中信证券要提高营业额和盈利能力，目前单靠承销业务增长还是收效不大，收购是最好的办法。经营稳健、业绩优良并且价值相对低估的广发证券正是中信证券理想的并购对象。

三、精彩的反收购

显然，广发证券对自身实力和价值低估情况更是心知肚明，肯定不想让中信证券来捡这个便宜。在业界号称“博士军团”的广发证券员工拼命布阵反收购，首先借助的是现有股东结构。

根据公开资料，在收购发起前，12家股东合计持有广发证券92.58%的股份，大约还有6家其他股东持有广发证券7.42%的股份。其中，大股东辽宁成大和第三大股东吉林敖东合计持股40.56%，与广发证券关系甚为紧密，其他较大的股东都分布在广东省内，这些因素使得中信证券欲取得控股地位难度较大。

辽宁成大本身的股权结构相对分散，广发证券工会是公司的第二大股东，持股16.91%，仅比第一大股东成大集团少1.6%的股份。实际上，一开始是广发证券和辽宁成大交叉控股，后来广发证券将所持辽宁成大的股份转让给了广发证券工会，即核心员工组成的持股机构，广发证券开始成为员工部分持股的公司。广发证券和辽宁成大关系十分密切，辽宁成大派往广发证券的董正青（现辽宁成大副董事长），在广发证券逐渐由开发部经理、投资银行部总经理升至副总裁、常务副总裁，2003年底出任总裁。

这样，两家公司的关系就更不一般了，辽宁成大年初持有广发证券20%的股份，2004年上半年开始增持广发证券的股份，2月则从辽宁外贸物业发展公司收购了约2 538万股，约占1.3%，6月从辽宁万恒集团收购约8 624万股，约占4.3%。至此，辽宁成大持有广发证券的股份比率高达25.58%，进一步提高了在广发证券的地位。

从辽宁成大的角度，出让股权形成一次性的投资收益对其股价的影响并不大，控股一家质地优良的证券公司等待其上市和收获，似乎更加符合自身利益，更不用说两家公司之间的交叉控股关系了。由此看来，辽宁成大不会出让广发证券，甚至上半年就已经先知先觉地与广发证券开始了反收购的行动。

截至2004年6月30日，广发证券持有吉林敖东3.46%的股份，是吉林敖东最大的流通股股东。人们普遍认为，吉林敖东与辽宁成大、广发证券是不会拆散的金三角。

其他参股广发证券的上市公司大多也与广发证券过从甚密。云大科技（已退市）、星湖科技（600866）和美达股份（000782）上市时的主承销商就是广发证券，闽福发A（000547）1993年上市时的主承销商华福证券已被广发证券收购。

此外，第二大股东中山公用集团旗下的上市公司中山公用（000685），在其1997年上市时，广发证券是上市推荐人之一。其他主要股东，包括中山公用（15%）、珠江投资（10%）、梅雁股份（8.4%）和香江集团（6%）也都是广东企业。分析人士认为，不能排除地方政府出面影响这些广东籍股东的决定。

广发证券的另一个反收购行动就是员工集资成立的吉富公司。吉富公司的成立蓄谋已久，加上之前的广发证券工会通过辽宁成大持有广发证券的股份，广发证券早已有了通过员工持股实行MBO的计划。由于中信证券步步紧逼，吉富公司于9月7日正式成立，并立即投入到反收购的战斗中。

此时，广发证券与上市公司的“亲密”关系迅速起作用了，云大科技和梅雁股份相继将全部所持广发证券的股份以净资产价格转让给吉富公司。至9月13日，吉富公司合计持有了12.23%的广发证券股份，成为第4大股东。

就在外界担心吉富公司已经资金耗尽无力继续收购时，吉林敖东16日发布公告，称14日已经与广东风华高新科技集团有限公司和吉林敖东药业集团延吉股份有限公司签订《股权收购协议》，受让两家公司分别持有的广发证券2.16%和1.23%的股份，收购价格为每股1.168元，收购完成后持股比率达到17.14%，成为广发证券第二大股东。

至此，由辽宁成大、吉林敖东和吉富公司组成的反收购联盟取得了初步的胜利，已经持有广发证券54.95%的股份，广发证券MBO完成了漂亮的第一步。

四、中信证券的如意算盘

广发证券依然有上市的可能，若实施IPO，现有股东可以实现资本增值，同时广发证券也可能贡献出高于社会平均水平的利润率。按中信证券目前的市净率指标为参考，广发证券的每股定价可达到净资产的3.3倍，即4元左右。如按照中信证券的市盈率和PS指标看，广发证券的每股价格会高达8元左右。一旦广发证券上市，则每股价格估计在4～8元，这对于那些执意持有广发证券股份的股东而言无疑是最大的理由。

中信证券17日发布公告，称已于9月16日向广发证券现有全体股东发出了股权收购的要约邀请书，计划与有意出让广发证券股权的股东达成统一的股权转让协议。本次股权转让的初步价格确定为1.25元，并以此为基础设计了价格调整机制。

即便上调报价，只要收购价格低于每股4元，对于中信证券提高业绩、降低估价指标和支撑股价仍然十分有利。因此，无论收购比率如何，对于中信证券而言都是一次成功的商业动作。

从收购资金方面看，若按1.25元/股的价格，中信证券要成为第一大股东，必须持有25.58%以上的股份，即至少需要资金6.4亿元；若以2元/股的价格收购50%的股份，需要资金20亿元。中信证券2004年6月30日的自有货币资金高达15.8亿元，可以出售的自营证券高达36.2亿元，因而资金根本不是问题。

由于吉富公司及其盟友已经掌握了近55%的股份，中信证券要控股广发证券几乎不可能，成为单一最大股东则是一个现实的目标，这样可以成为合并报表的一个理由。

最终的结局可能是中信证券以略高于目前出价收购到30%左右的股权，成为广发证券暂时的单一最大股东以及实质上的第二大股东。市场普遍认为，中山公用、珠江投资和香江集团所持有的31%的股份是中信证券争取的重点。

资料来源：参见黄平：《中信VS广发："敌意收购"缘于优势业务的争夺》，http：//stock.stock-star.com/SS2004092900804234.shtml，2004－09－29

第二节　反并购的经济手段

在当今公司并购之风盛行的情况下，越来越多的公司从自身利益出发，在投资银行等外部顾问机构的帮助下，开始重视采用各种积极有效的防御性措施进行反收购，以抵制来自其他公司的敌意收购。反收购可以运用的经济手段主要有提高收购者的收购成本、降低收购者的收购收益或增加收购者风险、收购收购者等。

一、提高收购者的收购成本

1. 资产重估

在现行的财务会计中，资产通常采用历史成本来估价。常见的通货膨胀使历史成本往往低于资产的实际价值。多年来，许多公司定期对其资产进行重新评估，并把结果编入资产负债表，以提高净资产的账面价值。由于收购出价与账面价值有内在联系，因而提高账面价值会抬高收购出价，抑制收购动机。

2. 股份回购与死亡换股

股份回购是指目标公司或其董事、监事回购目标公司的股份。这样做的反收购效果主要表现在两个方面：一方面，减少在外流通的股份，增加买方收购到足额股份的难度；另一方面，可以提高股价、增大收购成本。此外，回购股份也可增强目标公司或其董事、监事的话语权。当然，股份回购也有可能产生另一种结果，即股份回购可能导致收购梦碎，炒作收购概念的投资者因此失望，并由此引发股价回落。

运用股份回购策略需要注意几点：

（1）对上市公司的股份回购，各国或地区规定不一。日本、中国香港、新加坡等地禁止股份回购，英国、美国、加拿大和一些欧洲国家在附带条件下则是准许的。中国《公司法》第一百四十三条规定：公司不得收购本公司股份，但为减少公司注册资本或者与持有本公司股份的其他公司合并时的情况除外。针对股份回购的做法，收购方往往向证券管理部门或法院控告它违反证券交易法。

（2）股份回购与红利分发哪个更有利，主要取决于公司处于何种纳税部位。如果满足下列条件，股份回购是有利的；否则，分发红利更有利。其条件是：$T>g(1-b)$。其中，T 是边际所得税率，g 是资本收益税率，b 是基本所得税率。假定资本收益税率为 30%，基本所得税率亦为 30%，那么当边际所得税率高于 21%时，股份回购对股东有利。

（3）回购股份在实战中往往是作为辅助战术来实施的。如果单纯通过股份回购来达到反收购的效果，往往会使目标公司库存股票过多，一方面不利于公司筹资，另一方面也会影响公司资金的流动性。目标公司财务状况是制约这一手段的最大因素。

（4）绿色勒索者或收购狙击手往往佯攻，逼迫目标公司溢价回购自身股份，以此套取可观收益。绿色勒索的基本内容是：目标公司同意以高于市价或袭击者当初买入价的一定价格买回袭击者手持的目标公司股票，袭击者因此而获得价差收益。同时，袭击者签署承诺，保证它或它的关联公司在一定期间内不再收购目标公司，即所谓的“停止协议”。

死亡换股是指目标公司发行公司债、特别股或两者的组合以回收其股票，这同样起到减少在外流通股份和提升股票价格的作用。但死亡换股对目标公司的风险很大，因负债比例过高，所以财务风险增加，即使公司价值不变，但权益比重降低，股价不见得会随在外流通股份的减少而升高。更有甚者，即便股价等比例上涨，但买方收购所需要的股数也相应地减少，最后收购总价款变化不大，目标公司可能只是白忙一场。

3. 寻找“白衣骑士”

“白衣骑士”（white knight）是指在敌意并购发生时，目标公司的友好人士或公司作为第三方出面来解救目标公司、驱逐敌意收购者。寻找“白衣骑士”是指目标公司在遭到敌意收购袭击的时候，主动寻找第三方（即所谓的“白衣骑士”）来与袭击者争购，造成第三方与袭击者竞价收购目标公司股份的局面。显然，“白衣骑士”的出价应该高于袭击者的初始出价。在这种情况下，袭击者要么提高收购价格，要么放弃收购。往往会出现“白衣骑士”与袭击者轮番竞价的情况，造成收购价格上涨，直至逼迫袭击者放弃收购。如果袭击者志在必得，也将付出高昂代价，甚至使得该宗收购变得不经济。

为了吸引“白衣骑士”，目标公司常常通过“锁定选择权”或称为“资产锁定”等方式给予一些优惠条件，以便充当“白衣骑士”的公司购买目标公司的资产或股份。根据美国罗伯德的论文《企业吞并：美国公司法商业判断原则与资产锁定之关系》，“资产锁定”主要有两种类型：

（1）股份锁定，即同意“白衣骑士”购买目标公司的库存股票或已经授权但尚未发行的股份，或者给予上述购买的选择。

（2）财产锁定，即授予“白衣骑士”购买目标公司重要资产的选择权，或签订一份当敌意收购发生时就由后者将重要资产售予“白衣骑士”的合同。

作为一种反收购策略，寻找“白衣骑士”的基本精神是“宁给友邦，不予外贼”。该策略的运用需要考虑一些因素：

（1）袭击者初始出价的高低。如果袭击者的初始出价偏低，那么“白衣骑士”在经济合理的范围内抬价竞买的空间就大，意味着目标公司更容易找到“白衣骑士”。如果袭击者的初始出价偏高，那么“白衣骑士”抬价竞买的空间就小，“白衣骑士”“救驾”的成本就会相对地高，目标公司被救的可能性也就相对降低。

（2）尽管由于锁定选择权的运用，使“白衣骑士”在竞买过程中有了一定的优势，但竞买终归是实力的较量，所以充当“白衣骑士”的公司必须具备相当的实力。

（3）在美国，一旦出价，仅有 20 天的开放期，所以“白衣骑士”往往需要闪电决策、快速行动，因此很难有充裕的时间对目标公司做深入全面的调查。这就增大了“白衣骑士”自身的收购风险，往往导致“白衣骑士”临战怯场。这在经济衰退年份特别常见。

4.“金降落伞”、“灰色降落伞”和“锡降落伞”

公司收购往往导致目标公司的管理人员被解职，普通员工也可能被解雇。为了解除管理人员及员工的这种后顾之忧，美国有许多公司采用“金降落伞”（golden parachute)、“灰色降落伞”（penson parachute）和“锡降落伞”（tin parachute）的做法。

“金降落伞”是指目标公司董事会通过决议，由公司董事及高层管理者与目标公司签订合同规定：当目标公司被并购接管、其董事及高层管理者被解职的时候，可一次性领到巨额的退休金（解职费）、股票选择权收入或额外津贴。该项“金降落伞”的收益视获得者的地位、资历和以往业绩的差异而有高低，如对于公司 CEO（首席执行官）的补偿可达千万美元以上。该收益就像一把降落伞，让高层管理者从高高的职位上安全下来，故名“降落伞”计划；又因其收益丰厚如金，故名“金降落伞”。

金降落伞策略出现后受到美国大公司经营者的普遍欢迎。在 20 世纪 80 年代，“金降落伞”增长很快。据悉，美国 500 家大公司中有一半以上的董事会通过了“金降落伞”议案。1985 年 6 月，瑞福龙公司在受潘帝布莱德公司收购威胁时，就为其管理人员提供“金降落伞”。1985 年，亚莱德公司与西格纳耳公司合并成亚莱德—西格纳耳公司时，前者需向其 126 位高管支付慰劳金（“金降落伞”）计 2 280 万美元，西格纳耳需向其 25 名高管支付慰劳金 2 800 万～3 000 万美元，后因被诉而削减了一些数额。当年，美国著名的克朗·塞勒巴克公司就通过了一项“金降落伞”计划——16 名高级负责人离开公司之际，有权领取三年工资和全部的退休保证金。1986 年，戈德·史密斯收购了克朗公司后不得不支付该款项。该项金额合计高达 9 200 万美元，其中董事长克勒松一人就领取了 2 300万美元。贝梯克思公司被艾伦德公司接管时，其总裁威廉·格得到了高达 250 万英镑的额外津贴。自1984年开始，根据美国税收法案，“金降落伞”的直接受益者需纳20%的国内消费税。

“灰色降落伞”主要是向下面几级的管理人员提供较为逊色的同类保证，根据工龄长短领取数周至数月的工资。“灰降落伞”曾经一度在石油行业十分流行，皮根斯在收购接管美罕石油公司后不得不支付了高达2 000万～3 000万美元的“灰降落伞”费用。“锡降落伞”是指目标公司的员工若在公司被收购后两年内被解雇的话，则可领取员工遣散费。显然，“灰色降落伞”和“锡降落伞”的得名，其理与“金降落伞”的得名出于同辙。

从反收购效果的角度来说，“金降落伞”、“灰色降落伞”和“锡降落伞”策略能够加大收购成本或增加目标公司现金支出，从而阻碍并购。“金降落伞”有助于防止管理者从自己的后顾之忧出发阻碍有利于公司和股东的合理并购，故“金降落伞”引起许多争论和疑问。

我国对并购后的目标公司人事安排和待遇无明文规定，引入“金降落伞”、“灰色降落伞”或“锡降落伞”，可能导致变相瓜分公司资产或国有资产、损公肥私，亦不利于鞭策企业管理层努力工作和勤勉尽职。因此，最好从社会保险的角度解决目标公司管理层及职工的生活保障问题。

二、降低收购者的收购收益或增加收购者风险

(一)“焦土”战术

常用做法主要有两种：

(1) 售卖“冠珠”。在并购行当里，人们习惯性地把一个公司里富有吸引力和收购价值的“部分”称为“冠珠”。它可能是某个子公司、分公司或某个部门，可能是某项资产，可能是一种营业许可或业务，可能是一种技术秘密、专利权或关键人才，更可能是这些项目的组合。

“冠珠”富有吸引力，诱发收购行动，是收购者收购该公司的真正用意所在，将“冠珠”售卖或抵押出去，可以消除收购的诱因，粉碎收购者的初衷。例如，1982年1月威梯克公司提出收购波罗斯威克公司49%的股份。面对收购威胁，波罗斯威克公司将其Crown Jewels——舍伍德医药工业公司卖给美国家庭用品公司，售价为4.25亿英镑，威梯克公司遂于1982年3月打消了收购企图。

(2) 虚胖战术。如果一个公司财务状况好、资产质量高、业务结构又合理，那么就具有相当的吸引力，往往诱发收购行动。在这种情况下，一旦遭到收购袭击，它往往采用虚胖战术作为反收购的策略。其做法有多种，或者是购置大量资产，该种资产多半与经营无关或盈利能力差，令公司包袱沉重、资产质量下降；或者是大量增加公司负债，恶化财务状况，加大经营风险；或者是故意做一些长时间才能见效的投资，使公司在短时间内的资产收益率大减。通过采用这些手段，使公司从精干变得臃肿，收购之后，买方将不堪重负。

(二)“毒丸”计划

1. 股东权利计划

股东权利计划是指公司赋予其股东某种权利（往往以权证的形式）。

（1）权证的价格被定为公司股票市价的2～5倍，当公司被收购且被合并时，权证持有人有权以权证执行价格购买市值两倍于执行价格的新公司（合并后的公司）股票。举例来说，A公司股票目前市价20美元，它的“毒丸”权证的执行价格被定为股票市价的4倍（即80美元），B公司收购A公司，或者收购后B公司与A公司新设合并成立C公司且注销A、B两公司，设合并后的新公司股票为40美元/股。原A公司股东（即权证持有人）可以80美元的价格购买4股B公司（吸收合并的情况）或C公司（新设合并的情况）股票，市值达4股×40美元/股=160美元。

（2）当某一方收集了超过预定比例（比如20%）的公司股票后，权证持有人可以半价购买公司股票。

（3）当公司遭受收购袭击时，权证持有人可以只用董事会认为“合理”的价格向公司出售其手中持股，换取现金、短期优先票据或其他证券。

2. 兑换毒债

兑换毒债是指公司在发行债券或借贷时订立“毒药条款”。

依据该条款，在公司遭到并购接收时，债权人有权要求提前赎回债券、清偿借贷或将债券转换成股票。这种毒药条款往往会增加债券的吸引力，令债权人从接收性出价中获得好处。

“毒丸”术（各类权证或毒药条款）在平常皆不发生效力。一旦公司遭受并购接收，或某一方收购公司股票超过了预定比例（比如20%），那么这些权证及条款就会生效。公司运用“毒丸”术，类同于埋地雷，无人来进犯，地雷自然安眠，一旦发生收购战事，袭击者就要踩踏地雷，地雷就要爆炸显威。

“毒丸”术主要表现在以下两个方面：

（1）权证持有人以优惠条件购买目标公司股票或合并后的新公司股票，以及债权人依“毒药”条款将债券换成股票，可以稀释收购者的持股比例，加大收购资金量和收购成本。

（2）权证持有人以升水价格向公司售卖手中持股、换取现金，以及债权人依“毒药”条款立即要求兑付债券，可耗竭公司现金、恶化公司财务结构、造成财务困难，令收购者在接收后立即面临巨额现金支出，直至拖累收购者自身。虑及此，收购者往往望而生畏。基于这两方面的逻辑，收购者收购目标公司后，类似于吞下“毒丸”，自食其果，不得好报。

“焦土”术和“毒丸”术的运用，也会伤害元气、恶化现状、毁坏前景，最终损害股东利益，因而往往会遭到股东们的反对，引起法律诉讼。在我国，对于公司负向重组来说，因其不利于企业发展和有损股东权益，故不宜提倡。

三、收购收购者

收购收购者又称“帕克曼”防御。这一反收购术的名称取自20世纪80年代初期美国颇为流行的一种电子游戏。在该游戏中，电子动物相互疯狂吞噬，没有吃掉敌手的一方反会遭到自我毁灭。作为反收购策略，“帕克曼”防御是指公司在遭到收购袭击时不是被动地防守，而是以攻为守、以进为退，它或者反过来对收购者提出还盘而收购收购方公司，或者以出让本公司的部分利益（包括出让部分股权）为条件，策动与公司关系密切的友邦公司出面收购收购方股份，以达围魏救赵的效果。

“帕克曼”防御术的运用，一般需要具备一些条件：

（1）袭击者本身应是一家公众公司，否则谈不上收集袭击者本身股份的问题。

（2）袭击者本身有懈可击，存在被收购的可能性。

（3）“帕克曼”防御者（即反击方）需要有较强的资金实力和外部融资能力，否则“帕克曼”防御的运用风险很大。20世纪80年代联合碳化物公司对GAF公司的反收购行动中就曾考虑过“帕克曼”防御方案，但终因资金实力不足而放弃。反击方在自己实力不足的时候，需要有实力较强的友邦公司。

“帕克曼”防御的特点是以攻为守，使攻守双方角色颠倒，致对方于被动局面。从反收购效果来看，“帕克曼”防御往往能使反收购方进退自如、可攻可守。“进”可收购袭击者（1982年城市服务公司在对梅莎公司进行的“帕克曼”式反收购行动中，就差一点反过来吞并了狙击手皮根斯的梅莎石油公司），“守”可使袭击者迫于自卫放弃原先的袭击企图，“退”可因本公司拥有收购方（袭击者）的股权，即便收购袭击成功，同样也能分享收购成功所带来的好处。1982年，美国贝梯克思公司、马丁公司、联合技术公司和艾伦德公司四家发生收购与反收购的四角大战，可谓是“帕克曼”防御的典型案例。事情起因于贝梯克思公司对马丁公司发动溢价收购，马丁公司强烈反对。作为反击，马丁公司提出以溢价收购贝梯克思公司。与此同时，联合技术公司也加入溢价收购贝梯克思公司股份的行列。对贝梯克思公司来说，马丁公司和联合技术公司的收购都是恶意收购。结果是角色发生了倒置，作为始作俑者的收购方贝梯克思公司反而成为两起敌意收购的目标公司，它不得不从收购他人转为防卫自己。此时，艾伦德公司作为“白衣骑士”出来解救贝梯克思公司。最后，艾伦德公司以13.348亿美元收购了贝梯克思公司。在这个四角大战的背后，是众多银行提供的金融支持。根据当时证券交易委员会披露的资料，有20家美国国内银行和4家外国银行贷款给贝梯克思公司共6.75亿美元，以购买马丁公司的股份。有13家银行共融资9.3亿美元给马丁公司，以购买贝梯克思公司的股份。另外，有14家美国国内银行和8家外国银行为艾伦德公司提供了20亿美元的贷款来收购贝梯克思公司。有趣的是，有15家银行至少涉及其中2个公司的活动，而有3家银行则参与了4个公司中至少3个公司的收购活动。对银行来说，谁收购谁反收购是无所谓的，只要有利可图，敌对双方它都给予金融支持。

案例 11.2

大众VS保时捷：豪门兄弟恩怨

保时捷和大众收购案是一场现实版的豪门恩怨——现任保时捷监事会主席沃尔夫冈·保时捷和大众汽车监事会主席费迪南德·皮耶希是一对表兄弟。所有的豪门恩怨中不会缺少兄弟情仇、家族矛盾、高层内斗，这个汽车王国也不例外。

保时捷对大众觊觎已久，早在20世纪90年代就开始了收购谋划。从2005年10月开始，保时捷一直增持大众的股份，2009年1月保时捷突然公开宣布增持大众股份至51%，并计划增加到75%。为了筹措足够资金，保时捷四处举债，为收购大众51%的股份，保时捷耗资高达230亿欧元。但无论如何，保时捷离成功也仅仅一步之遥。

一场突如其来的金融危机，让保时捷原本万无一失的布局被彻底打破，公司主营业务大幅滑坡，银行开始收紧贷款。保时捷欠下债权银行近100亿欧元债务，如果不加以补救，保时捷将破产。此时，形势急转直下。2009年7月，大众出资大约112.8亿美元（约合80亿欧元）收购保时捷旗下的跑车业务，保时捷将成为大众旗下的第10个品牌。

事实上，对于保时捷和大众来说，从产品、品牌、家族关系等各方面来说，不论哪一方主导并购，合并后的新公司都被认为会有更好的前景。

双方合并后不会有任何文化差异，而在后台资源以及零部件采购等方面，将发挥最大的协同效应。汽车行业分析师普遍认为，新公司将是欧洲最有实力的汽车公司。

这样的并购是可遇不可求的。

资料来源：参见秦姗：《谁收谁》，载《中国企业家》，2009（15）。

第三节　反并购的法律手段

目标公司的经营者以收购者违反各种法律法规为由提起诉讼，是其阻止公开收购的重要手段之一。因为一旦提起诉讼，收购者就不能继续执行收购要约，客观上拖延了收购的进程。这样一来，其他收购者就可能利用这段时间进入收购行列，收购方如果不想诉诸法律，有可能提高收购价格。同时，目标企业可以聘请有关方面的反收购专家，分析收购者提出的收购条件和收购方资信、经营状况及收购后的管理能力、战略方向等，进而采取有效的措施与收购方进行抗争。

一、利用反垄断法

反垄断法是各国维护正常市场经济秩序的基本法律之一。如果某一行业的经营本来已高度集中，继续并购当然会加剧集中程度，这样的并购极易触犯反垄断法。目标企业可以进行周密调查，抓住并购的违法事实并获取相关证据，即可击败并购方的企图。

历史上，美国企业并购曾有四次大浪潮，相对应的有三次反垄断高潮，并最终形成了比较完整的反垄断法体系。下面就以美国为例介绍有关法律、政策。

美国的反垄断法律、政策主要表现为国会通过的反托拉斯法和司法部订立的《兼并准则》。

1.1890年《谢尔曼法》（*Sherman Act*，1890）

《谢尔曼法》的第一部分禁止妨碍正常商业活动的合同、企业合并或协作，第二部分禁止已在进行或正在计划中的垄断。根据这一法律，法庭有权命令解散已在某一行业或地区形成垄断的公司。

2.1914年《联邦贸易委员会法》（*Federal Trade Commission Act*，1914）

制定该法的目的在于防止“商业中的不公正竞争和不公正的或欺骗的行为”。根据该法案成立了联邦贸易委员会（FTC），负责执行《联邦贸易委员会法》和《克莱顿法》。联邦贸易委员会有权调查不公正的商业行为，提供实施法令的程序，并具体决定哪些商业行为是合法的，哪些是不合法的。

3. 1914 年和 1950 年《克莱顿法》(*Clayton Act*，1914)

该法比较详细地解释了《谢尔曼法》所没有表述的细节，其着眼点在于防止垄断力量的形成和积聚。对兼并而言，该法第 7 条规定，任何公司之间的任何兼并，如果“效果可能使竞争大大削弱”或“可能导致垄断”，都是非法的。该法后来经过《罗宾逊-帕特曼法》和《塞勒-凯弗维尔反兼并法》(*Celler-Kefaurer Amendmant*) 及 1980 年的修正，成为美国政府管制兼并活动最主要的法令。

4. 1936 年《罗宾逊-帕特曼法》(*Robinson-Patman Act*，1936)

该法案对《克莱顿法》第 2 条进行了修正，主旨在于反对价格歧视，即反对同样的产品对不同的顾客收取不同价格。

5. 1950 年《塞勒-凯弗维尔反兼并法》

该法案对《克莱顿法》第 7 条进行了修正，规定若任何公司购买其他公司的股票或资产可能导致竞争大为削弱或产生垄断，则该购买行为是违法的。

6. 1976 年《哈特-斯科特-罗德尼法》(*Hart-Scott-Rodino Act of* 1976，HSR)

该法案规定大规模兼并需经过申报 (notificstion)、暂停 (waiting) 与审核 (clearance) 三个阶段才能实施。

7. 《兼并准则》(*Merger Guidelines of the Department of Justice*)

为便于执行反垄断法，美国司法部每隔数年就颁布一次《兼并准则》，用来衡量什么样的兼并可能被批准，什么样的兼并得不到批准。

二、利用证券交易法

如果是上市公司的并购或被并购，就会涉及相关法规。这些法律一般对证券交易及公司并购的程度、强制性义务有规定，比如持股量、强制披露与报告、强制收购要约等均有规定，收购方一旦在强制性义务方面有疏忽，很有可能因违反法律而导致收购失败。当敌意收购发生时，此类法规往往成为目标公司（尤其是上市公司）求助的对象。

在 1968 年以前，《美国证券交易法》(*Securities Exchange Act*，1934) 对于公开收购要约没有加以规定，致使一般目标公司股东无从知悉收购公司的计划、目的，甚至不知道收购公司的真实身份。而公开收购要约的有效期间往往相当短促（一般不超过 10 天），这些股东不得不在短暂时间内，在缺乏足够资讯的情况下做出决定，从而导致损失。针对以上情况，美国国会在 1968 年通过由威廉斯参议员提出的《威廉斯法案》(*The Willianms Act*)。该法案不仅规范了以现金向目标公司提出公司收购要约的行为，而且规范了在公开市场中直接收购目标公司股份的行为。对采取这两种行为者，均要求公布相应资料，并通过其他规定，设法减轻目标公司股东在面对公开收购要约时必须做出决定的压力。

目标公司的经营者为抗拒敌意收购，经常以收购公司违反反垄断法、公开收购手续不完备、收购要约的公开不充分等原因提起对收购公司的诉讼。这种方法经常是目标公司在遭到突然收购时最先想到的方法，因为一旦起诉，收购者就暂时不能继续收购（当收购有构成垄断之嫌时，须由联邦贸易委员会具体裁决后，收购者才能做出进一步行动）。从提起诉讼到具体调查审理以至判决，一般都需要一段时间，这就为目标公司赢得了宝贵时机，使之有可能聘请反收购专家，进而拟定反收购方案与收购者抗争。

案例 11.3

Koppers 公司对 BNS 的反收购法律策略[①]

一、背景介绍

BNS 公司是一家合伙公司，是由英国的上市公司 Beazer 与美国专营投资银行及证券业务的 Shearson Lehman 公司和 County Natwest 有限公司共同组建的。

Koppers 公司是一家总部位于宾夕法尼亚州匹兹堡市的美国上市公司。

Koppers 公司对 BNS 的反收购主要采取了两项法律措施，即诉诸《证券交易法》及《反托拉斯诉讼法》，对 BNS 的收购起到了一定的反击作用。虽然最终以失败告终，但却给我们留下了深刻的启迪。

二、事件发展的时间表

1987 年 10 月，Beazer 公司、Shearson 公司和 County Natwest 公司组建 BNS，开始在公开市场收购 Koppers 公司的股票。

1988 年 3 月 3 日，BNS 发出收购要约，以每股 45 美元的收购价收购 Koppers 公司的所有股票，所需约 106.5 亿美元的收购资金分别由银行辛迪加贷款、Shearson 公司的 B 级优先股融资和股票融资提供。

3 月 11 日，Koppers 公司董事会建议公司股东拒绝 BNS 的要约，同时公司向设在匹兹堡的联邦地区法院起诉，指控收购要约没有披露与 Beazer 公司同为收购公司的 Shearson 公司及其母公司 American Express 公司的信息，同时还指控 BNS 的融资违反联邦储备委员会规定的保证金规则（Margin Rules）。

3 月 16 日，Koppers 公司宣布，公司考虑实施资本调整计划，其中包括雇员股权计划（Employee Stock Ownership Plan），出售新发行的股票。

3 月 18 日，美国反托拉斯局向加利福尼亚中区地区法院提起反托拉斯诉讼。

3 月 21 日，BNS 修改收购要约，将每股收购价格提高到 56 美元。

3 月 22 日，Koppers 公司宣布董事会已经讨论过 BNS 提价后的收购要约，并仍建议股东拒绝该要约。

3 月 25 日，BNS 再度提价，每股收购价达 60 美元。

3 月 28 日，Koppers 公司向设在加利福尼亚的美国联邦法院起诉 BNS，试图以收购成功将违反反托拉斯法为由阻挡 BNS 的收购。

4 月 4 日，加州的美国联邦法院发出初步禁令，命令 BNS 不得完成要约，BNS 立即向美国上诉法院第九巡回庭对该禁令提出上诉。

---

① 参见曹永刚等：《并购策略》，大连，东北财经大学出版社，1998。

4 月 7 日，设在宾夕法尼亚州匹兹堡市的美国联邦法院发出初步禁令，禁止 BNS 完成收购要约。

4 月 17 日，设在匹兹堡市的美国联邦法院再次发出禁令，要求 BNS 对公开内容做某些更正，特别是提供有关 Shearson 公司在本收购要约中卷入程度的补充信息，否则不能完成收购。

5 月 5 日，BNS 第三次修改要约，提供了法院要求的补充信息。

5 月 9 日，BNS 向所有 Koppers 公司的雇员提出某些保证，如果收购要约获得接受，则一年内不裁员并维持现有的雇员福利安排。

5 月 18 日，BNS 宣布，约 73%的 Koppers 股票已向其提供。

5 月 27 日，BNS 宣布，Shearson 公司已同意修改其融资条件，提供债务融资而非优先股融资。

5 月 28 日，美国上诉法院第九巡回庭取消了加州法院的禁令。

5 月 31 日，BNS 宣布，约 78%的 Koppers 股票已向其提供。

6 月 1 日，BNS 与 Koppers 公司宣布了一项合并协议。

6 月 2 日，BNS 第四次修改要约，每股收购价增加到 61 美元。

6 月 3 日，匹兹堡市试图阻止这起合并。

6 月 6 日，以 Koppers 公司总部仍留在本市为条件，匹兹堡市撤回了有关请求；同日，收购要约完成，BNS 获得了 98%的 Koppers 股票。

三、Koppers 反收购法律策略的运用

面对 BNS 的收购攻势，Koppers 公司运用如下法律策略进行了反击。

1. 诉诸《证券交易法》

1987 年 3 月 11 日，Koppers 公司向美国宾夕法尼亚法院提交了一份题为 Koppers v. American Express 的起诉书，该起诉书将 American Express，Shearson，SLBHI，BNS，Bright 和 Beazer 等公司列为被告。原告诉称，被告在收购过程中违反了 1934 年《证券交易法》第 7.10（b）条、第 7.14（d）条和第 7.14（e）条以及有关细则。

Koppers 公司请求法院禁止被告继续收购要约，并要求被告赔偿损失。

作为目标公司的 Koppers 公司对收购公司做了周密的调查和研究，从中找出了失误和违法之处，在法院加以有力攻击。作为反收购的一个重要战略，由于美国的《证券交易法》对信息公开给予充分关注，因此这一诉讼措施十分有力。

2. 诉诸《反托拉斯诉讼法》

Koppers 公司提出的另一起诉讼是继美国反托拉斯诉讼后在加利福尼亚中区地区法院提起的反托拉斯诉讼。Koppers 公司请求法院发出禁令，禁止 BNS 完成收购要约，这一诉讼暂时顶住了 BNS 第二次提价的压力。

1987 年 3 月 18 日，司法部反托拉斯局向加利福尼亚中区地区法院提交了题为 United States v. BNS Inc. And Gifford-Hill & Company 的起诉书，这一诉讼为民事诉讼，反托拉斯局诉称，BNS 和 Gifford-Hill 公司在加州的 Irwidale 各自拥有用于提炼、加工和销售混凝土集料的设施，而集料的加工销售构成了《克莱顿法》意义上的“商业流程”；其次，两被告生产的集料均在 Irwidale 销售，一旦 BNS 收购成功，控制了 Koppers 公司在 Irwidale 的集料厂之后，该地区集料市场的竞争将被实质性减弱，反托拉斯局请求法院发布禁令，要求被告分散它们的已有利益或即将获得的 Koppers 公司 Irwidale 集料厂的利益。可见，这一诉讼的目的不在于制裁，而是通过改变市场结构性质来恢复竞争局面。

四、BNS 的对策

针对 Koppers 公司的反收购措施，BNS 采取了相应对策：一方面，BNS 在法院应诉，争取使法院撤销禁令；另一方面，通过劝说与法院禁令，阻止 Koppers 公司实施资本调整计划。

对于宾州法院的诉讼，BNS 首先争取将本案移送到特拉华地区法院审理，但这一动议被法院驳回。其后，法院于 1987 年 4 月 7 日发出的初步禁令认为，Koppers 公司有足够的证据表明该项收购要约可能在许多方面违反《证券交易法》第14（d)条和第 14（e）条的规定，要求披露 American Express 和 Shearson 公司的有关财务信息和其他信息，否则不得完成收购要约。为满足法院要求，BNS 修改了收购要约，提供了有关信息。

在应付资本调整计划方面，BNS 双管齐下，一方面向 Koppers 公司董事会说明诚意，并晓以利害；另一方面，向特拉华的联邦地区法院起诉，达到阻止资本调整计划实施的目的。1987 年 3 月 16 日，Koppers 的计划一宣布，BNS 公司总裁马上致信 Koppers 公司总裁，指出 Koppers 公司的这一措施与美国标准公司（American Standard）防御布莱克和德克公司的收购措施如出一辙，而特拉华的联邦法官曾禁止实施那一计划的关键部分，理由是公司管理层在利用兼并为日益增长的管理层和雇员利益辩护。BNS 提醒 Koppers 公司注意，防御措施不再是明智的选择，如公司有意出售其资产，那么董事会有义务向 BNS 提供“公平的竞技场”，使其得以享受与其他投资者平等的机会。

1987 年 3 月 24 日，法院禁止请求特拉华联邦地区法院发出初步禁令，法院禁止 Koppers 公司宣布红利及其他现金分配，订立任何有法律效力的协议向雇员依股权计划出售普通股，并禁止公司未提前 72 小时向收购公司和法院提交书面通知便出售公司建材和服务部门的一部分或全部。

另外，法院对 Koppers 公司的另一项指控，即收购要约的融资方式违反保证金规则（margin rules）发表了意见，认为有理由认为 BNS 向 Shearson 公司融资的 B 级优先股间接地以保证金股票（margin stock）为担保，如确实如此，那么收购要约无效。因此，法院于 1987 年 5 月 19 日发出备忘录命令（memorandum order)，定于 5 月 31 日举行关于 B 级优先股性质的听证会，在听证会召开之前，被告方不得完成收购要约，除非：①Koppers 公司与 BNS 达成了合并协议；②BNS 能够进行 SHOPT 式并购；③BNS 改变融资方式。BNS 采取了第三种方式，说明 Shearson 公司同意提供债务融资以代替优先股融资。这样一来，宾州法院的禁令已被 BNS 成功地避开。

对于 Koppers 公司提起的加州反托拉斯私人诉讼，BNS 在加州法院发出禁令后就向上诉法院提出上诉，使其撤销禁令。

五、结局

由于向 BNS 提供股票的股东越来越多，Koppers 公司眼见大势已去，遂于 1987 年 6 月 1 日与 BNS 订立了合并协议，以保全公司雇员的利益为条件，同意合并，从而 BNS 赢得了这场斗争。

【本章小结】

本章主要介绍了有关反并购的基本概念、针对并购的预防措施及反并购的主要经济手段和法律手段。

根据目标公司愿意与否，并购的方式可分为善意并购和非善意并购，而反并购措施仅针对那些恶意并购与不当的敌意并购。公司若不想被突如其来的并购打乱阵脚，就应该采取一些预防性的措施，并制定可以立即实施的应急措施。比较常见的预防措施有：建立合理的持股结构；在章程中设置反收购条款等。当然，保持公司正常稳健地发展，使企业有良好的生产经营状况，才是避免被并购的根本保证。

当前，市场上的并购行为愈演愈烈，这就迫使越来越多的公司从自身利益出发，在投资银行等外部顾问机构的帮助下，开始重视采用各种积极有效的防御性措施进行反收购，以抵制来自其他公司的敌意收购。反并购主要可采取经济和法律两种手段，经济手段包括提高收购者的收购成本、降低收购者的收购收益或增加收购者风险、收购收购者等。具体地说，主要有资产重估，股份回购与死亡换股，寻找“白衣骑士”，“金降落伞”、“灰色降落伞”和“锡降落伞”，“焦土”战术，“毒丸”计划及“帕克曼”防御。

反并购的法律手段主要是利用反垄断法和证券交易法对收购者提起诉讼，其目的是使收购者不能继续执行收购要约，客观上拖延了收购的进程。这样一来，其他收购者就可以利用这段时间进入收购行列，收购价格可能因此而提高。同时，目标企业可以聘请反收购专家，分析收购者提出的收购条件和收购方资信、经营状况及收购后的管理能力、战略方向等，进而采取有效的措施与收购方进行抗争。

【本章要点】

- 并购的预防措施
- 反并购中常用的几种经济手段
- 反并购中法律手段的合理利用

【本章关键术语】

善意并购

恶意并购

股份回购与死亡换股

“白衣骑士”

“金降落伞”、“灰色降落伞”和“锡降落伞”

“焦土”战术

“毒丸”计划

“帕克曼”防御

【本章思考题】

1. 以反收购效果为参照标准，什么样的持股结构才是最合理的？怎样建立这种持股结构？

2. 在反并购过程中，本章介绍的反并购手段应各自运用于什么样的情况？怎样合理地选择和利用反并购策略？

第三部分

专 题 篇

第十二章 国有企业并购

第一节　国有企业并购的发展历程

一、国有企业并购的背景

（一）国有企业并购的原因

当前，在日渐形成的社会主义市场经济的格局下，为保证国民经济的持续稳定发展，就要求国有经济适应新的形势，发挥其应有的作用。国有经济改革的进度不仅将决定中国改革事业的成败，而且将影响中国经济的长期发展和国家是否能够长治久安。作为国民经济的支柱力量，我国国有经济占用着约 70%的社会经济资源。但是，这些资源没有能够得到有效的利用，近年来反而出现大面积的经营亏损和资产流失。这种状况影响了国民经济的持续稳定发展和整体效益的改善。

为了使改革取得整体性突破，改变国有经济不能令人满意的状况，必须对它进行战略性改组，同时在企业中建立相应的现代企业制度。国有经济的战略性改组意味着适当收缩国有经济的现有战线，优化国有经济的布局与结构，从整体上搞活国有经济和提高整个国民经济的素质。根据一些优势企业在资本市场（包括证券市场和由企业间协议进行的企业产权交易市场）上进行股份投融资和并购活动的成功经验，国有经济的战略性改组应当通过资本市场进行。也就是说，要依托在改革中已经涌现出来和将要陆续建立的优势企业，在国家产业政策的引导下，发挥资本市场在资金配置和再配置中的基础性作用，实现国有资本从分散的中小企业向大型和特大型的企业集团、从低效的劣势企业向高效的优势企业、从一般竞争性领域向需要由国有经济发挥作用的战略性领域集中。在国有经济战略性改组的基础上，将形成国民经济中多种经济成分平等竞争、共同发展的格局。

国有经济目前存在的问题，是由多方面的原因引起的：

(1) 从国民经济的整体看，随着市场化进程的加快和国民收入结构的改变，国家拥有的资本越来越不足以支撑巨大的国有经济“盘子”。自 20 世纪 80 年代中期以来，国家通过银行将数以万亿计的居民储蓄注入国有经济，但这部分资源利用效率不高，而且有相当数量的流失，从而使得国有银行不良资产不断积累。如果国家用发钞来加以弥补，就会增大货币系统中的泡沫成分，加深金融系统的潜在危机。

(2) 从国有经济的分布看，由于国有资本分散于过多的行业和企业，国有经济的盘子虽大，单个企业资金却过少，以致不能实现规模经济，难以进行重大技术更新，因而竞争能力很差。与此同时，国家应予保障的领域却因财力分散而无法加以保障。

(3) 从企业层面看，由于国有经济长期采取政企不分、政府直接经营企业的经营方式，这使它所掌握的资源不能得到有效的利用；改革开始以后，又片面强调对企业放权让利，这不但没有使资源利用效率得到显著提高，反而使收益与约束不对称的矛盾日益尖锐。所有这些问题都使国有企业的亏损增加、效益下降。

以上三个层面的问题是相互影响的。我们可以认为，国有经济的问题既源于国有企业体制的产权界定模糊、政企职能不分等缺陷，以及由此导致的经营机制僵化，又源于国有经济战线过长、布局过散。以上两方面原因交织在一起，单独处理哪一个问题都难以收到良好的效果。我们从实践中越来越清楚地看到，为了改变国有经济的这种状况，必须对国有经济进行战略性改组。

（二）国有企业并购的形式

在对国有经济进行战略性改组中，无论是“抓大”还是“放小”，企业并购都是重要的方式。美国及其他发达国家的企业并购历史也证明了，企业并购是实现产业结构调整和产业升级、建立现代公司制经济的重要手段。国有企业并购既涉及国有企业之间的并购，也包括非国有企业与国有企业间的并购。国有企业并购可采取以下形式：

1. 扩股融资

扩股融资是指选择经营绩效较好的企业在国内外证券市场上募股融资，吸收非国有投资主体参股，从而改善公司的股权结构和增强企业的实力。

2. 企业合并

企业合并是指将具有上下游产销关系或生产经营同类产品的国有企业合并，实现国有企业的规模经营。

3. 企业分拆

国有企业在过去的发展过程中，以各种方式建立了包括众多子企业的国有企业“王国”，由于市场或管理等原因，国有企业包袱过重。在竞争中需要集中优势、调整战略，所以要把企业的非核心部分分拆，由其他企业接管。

4. 售股变现

在国有经济退出的领域，转让国有企业的全部或部分产权，扩大非国有经济的份额，增加可供国家支配的资金，并用于其他方面。

5. 债务重组

对过度负债的企业，应进行股权—债权的置换，或者将银行债权以拍卖方式出售给合格的买主，以便强化业主（持有控制权的股东）对企业经营人员的监督，改善企业治理结构。

6. 破产清算

对生产设备严重老化、基本失去生命力的国有企业，严格依法实行破产清算，促使其存量资产流向优势企业。

二、国有企业并购的发展历程

一般来说，我国的国有企业并购是从 1984 年开始的。根据国有资产管理局科研所的研究①，我国企业并购的发展分为以下几个阶段。

1. 起步阶段

这一阶段的时间大致从 1984 年到 1987 年。1984 年 7 月，保定纺织机械厂和保定市锅炉厂以承担被并购企业全部债权、债务的方式，分别并购了保定市针织器材厂和保定市风机厂，开创了中国国有企业间并购的先河。同年 9 月，保定市钢窗厂又以出资 110 万元的形式购买了保定市煤灰砖厂的产权，这是我国集体企业并购国有企业的最早记录。同年 12 月，武汉市牛奶公司出资 12 万元购买了汉口体育餐馆的产权，这是国有企业有偿并购集体企业的较早案例。到 1987 年，武汉市和保定市各有 20 多家企业实行了不同形式的产权有偿转让。1984 年仅见于保定、武汉等少数城市的上述现象，到 1986 年下半年后在其他城市（如北京、沈阳、重庆、郑州、南京、无锡、成都、深圳、洛阳等地）也普遍出现。

在这一时期，我国的国有企业并购有如下特点：

（1）企业并购数量少。企业并购行为仅限于全国少数城市的少数企业。

（2）交易的自发性和政府干预并存。一方面，这一阶段企业间的并购是单个企业的自发行为，一些有经营优势的企业扩张受到场地狭窄、资金和设备短缺的限制，难以形成规模生产，而另一些企业则长期亏损、负债累累，职工的工资和福利得不到保障。因此，双方都有了自愿结合的愿望。对于这种初始的并购，并购双方的并购意识并不明确，而是在实践中萌发了并购机制，并产生了实质上的并购行为。另一方面，政府以所有者身份积极介入企业并购活动，从而使企业并购有明显的强制性。

---

① 参见国有资产管理局科研所课题组：《中国企业并购市场的发展及政策建议》，载《管理世界》，1997（4）～1997（5）。

（3）企业并购多在同一地区、同一行业或同一部门中进行，从而在企业并购的初期避开了条块分割所设置的障碍，在一定程度上降低了企业并购的难度。

（4）企业并购的动因是消灭亏损企业。各地情况表明，企业间实行并购的最初动因和直接目的大都是为了消灭亏损企业、卸掉财政包袱，由此决定了被并购企业均为亏损企业。

（5）并购方式多为承担债务式和出资购买式。

2. 第一次并购高潮

1988 年，中国的企业并购在前几年较快发展的基础上出现了第一次高潮。1987 年 10 月，党的十三大报告已明确小型国有企业产权可以有偿转让给集体或个人。1988 年 3 月，七届人大一次会议又明确把“鼓励企业承包企业，企业租赁企业”和“实行企业产权有条件的有偿转让”作为深化改革的两项重要措施。为了规范全国各地纷纷兴起的企业并购行为，1989 年 2 月 19 日，国家体改委、国家计委、财政部和国家国有资产管理局联合颁布了《关于企业兼并的暂行办法》，这是我国第一部有关企业并购的行政法规。企业并购活动受到了积极的推动。据有关部门统计，全国 25 个省、市、自治区和 13 个计划单列市，80 年代累计共有 6 226 户企业并购了 6 966 户企业，共转移存量资产 82.25 亿元，减少亏损企业 4 095 户，减少亏损金额 5.22 亿元。其中，仅 1989 年就有 2 315 户企业并购了 2 559户企业，共转移存量资产 20 亿元，减少亏损企业 1 204 户，减少亏损金额 1.3 亿元。

在这一期间，中国企业并购的特点是：

（1）企业并购和产权转让活动由少数城市向全国扩展。据统计，1988 年中国有 20 多个省、自治区、直辖市都相继出现了企业并购事例。不仅大中型城市的企业并购发展很快，一些县办企业、乡镇企业也出现了并购行为。

（2）企业并购形式由一对一的单个并购向一对多的复合并购方向发展。在企业并购初期，一般都是一个优势企业并购一个劣势企业。经过一段时间后，优势企业通过并购得以发展，扩张欲望越来越大，出现了一个并购几个甚至十几个企业的情况，致使优势企业逐渐发展成为企业集团。

（3）企业并购的范围由本地区、本行业内的企业间并购，向跨地区、跨行业的并购方向发展。

（4）企业并购的目标由单纯地消灭亏损企业向自觉优化经济结构方向发展，被并购企业已经不全是亏损企业。

（5）企业并购方式除承担债务式、出资购买式和无偿划转式以外，还出现了控股式和参股式。

（6）局部产权交易市场开始兴起，促使产权转让活动逐步走向规范化。1988 年 5 月，武汉市率先成立了中国第一家企业产权转让市场，并制定出相应的企业产权转让规则。同年，保定、南京、福州、成都、深圳等地也相继建立了企业产权转让市场。

3. 企业并购走入低谷

自 1989 年下半年开始，由于宏观经济紧缩、企业资金短缺，整个国民经济进入了全面治理整顿阶段，企业并购和产权转让的势头也有所减缓。

这一阶段的主要特点是：随着治理整顿措施的展开，亏损企业数量增加，产业、产品结构调整压力加大。为此，政府加大了在产权转让中的作用，一些地区出现了行政性的“拉郎配”。在产权转让方式上，同地区、同部门内部无偿划转的方式有所增加。

4. 第二次并购高潮

1992 年至今，中国出现了第二次并购高潮。1992 年，中国经济确立了市场经济的改革方向，产权改革成为企业改革的重要组成部分，产权交易和产权交易市场的培育及发展越来越受到政府的重视，企业并购无论在规模上还是形式上都有了新的突破，企业并购的高潮又一次来临。据 1993 年1 月全国体改会议资料，到 1991 年底，全国已有 1 万多家企业被并购。1992 年后的企业合并事件更多。1993 年，上海、武汉、成都等 16 个城市有 2 900多家企业被并购和出售，转移存量资产 60 多亿元，重新安置职工 40 多万人。

在这一阶段中，中国的企业并购伴随着产权交易市场和股票市场的发育，其并购形式更加丰富，出现了上市公司并购、外商并购国有企业以及中国企业的跨国并购现象。具体说来，这一阶段中国企业并购的特点有以下几点：

（1）产权交易市场普遍兴起，在企业并购活动中起着重要作用。产权交易市场的兴起，一方面使企业并购和产权转让活动的有偿性原则得到了进一步体现，另一方面也有助于产权转让行为的规范化。

（2）企业并购的规模日益扩大，大型合并、收购增加，“强强”合并事件越来越多。

（3）上市公司股权收购成为企业并购的重要形式之一。进入 20 世纪 90 年代，随着中国股份制改革试点工作的推进，特别是从 1990 年 12 月上海证券交易所和 1991 年 7 月深圳证券交易所成立以来，中国股份制企业迅速增加，证券市场迅速发展，利用证券市场进行企业收购与兼并、反收购与反兼并的事例有所增加。1993 年 9 月，“宝延事件”拉开了中国证券市场反收购与兼并的序幕。深圳宝安集团在上海证券交易所通过购买股票的方式，收购了上海延中实业公司 16.8%的上市流通股票。继“宝延事件”之后，陆续发生了深圳万科集团试图控股上海中华公司、深圳天极股份有限公司试图控股上海“小飞乐”公司、一汽集团出巨资收购沈阳金杯汽车股份有限公司等事件。这些上市公司股权收购案表明：在中国，通过证券市场进行企业收购与兼并活动已经有了一定的市场基础，并且必将成为企业产权交易的重要形式之一。

（4）外商并购国有企业成为中国企业并购的新景观。20 世纪 80 年代，在中国境内发生的产权交易，其主体基本上是国内企业。然而，进入 90 年代后，一些外国资本和港、澳、台资本开始进入中国大陆的产权市场。最令人瞩目的是所谓“中策现象”——在 1992—1993 年短短的两年间，香港中策公司出资 33 亿元，获得了中国上百家国有企业的控股权，建起了 35 家合资公司，每家公司都由中策公司控股 51%以上。

（5）中国的企业并购市场开始与国际市场接轨，一批经营效益好、经济实力强的国有企业开始到国外收购兼并企业，或在海外“买壳上市”。进入 20 世纪 90 年代，中资企业的“买壳上市”收购活动异常频繁。

5. 第三次并购浪潮

自 2000 年以来，在我国经济摆脱了亚洲经济危机的冲击后，宏观经济的运行出现了重大的转机。特别是在 2001 年 11 月正式加入 WTO 后，我国企业的并购活动迅速升温。日本日产汽车以将近百亿元资金与我国东风汽车合资、中国移动（香港）用 800 多亿元兼并了8个省市的移动网络、美国百威啤酒参股了青岛啤酒……一股空前的兼并大潮正席卷中国企业界。这次并购浪潮不仅是企业因为竞争压力和市场需求而自发产生的内部变革，而且是政府从机制上引导、从方向上控制、从力度上促进的划时代经济变革。这场并购浪潮，一方面是全球性的第五次并购浪潮的组成和延续，另一方面也是我国在新的经济建设时期必然产生的历史过程。

第二节　国有企业并购中存在的问题

如果把中国的并购市场与西方发达国家并购市场相比较，我们不难看出中国并购市场的并购与其有显著的差异。西方国家企业并购有近百年的历史，经过了横向集中、纵向垄断、混合扩张、跨国兼并、金融火拼五个发展阶段。中国只有近20年的并购历史，处于企业并购的探索期，没有成型的经验可循，从而使并购具有一定的中国特色。中国的并购市场比较复杂，并购要涉及所有制，跨行业、跨地区，产权难以界定，政策性和动态性强，负债率高，效率低，社会保障制度不完善等都使中国的并购与西方的并购有很大的差别。

一、国有企业并购的动因

国有企业资本运营的最终目的是为了国有资本的保值增值和扩张。为了实现这一目的，国有企业在资本运营中可通过各种形式来谋求资本的高效运营。并购作为资本运营的核心形式在国有企业中实施，其动因与一般的企业并不相同，具有特殊的动因并通过各种不同的具体形态表现出来。

1. 国有企业并购可获得规模经济效应

并购是对企业资产和资本产权的获取，是资本的扩张和集中，通过并购后对企业资产的扩张和调整达到最佳经济规模，降低单位产品的成本，提高劳动效率和市场竞争力。施蒂格勒认为："随着市场的发展，专业化厂商会出现并发挥功能，在这一方面规模经济是至关重要的，一个厂商通过并购其竞争对手的途径成为巨型企业是现代经济史上的一个突出现象。"企业并购还有利于从市场营销、管理、科技开发等环节实现企业的规模经济目标。从全球经济一体化的发展来看，外国大企业进入中国市场并以雄厚的资本与国内企业进行竞争，无疑是对国有企业的一个挑战。国有企业点多面广，企业普遍存在资产规模小、产业集中度低、技术装备落后等问题，如不实行规模经济将会丧失国内外市场，而且在竞争中也会处于不利地位。

2. 从整体上搞活国有经济

国有经济不活不只是总量上的问题，更为显著的是结构问题，高负债伴随着低效率，使资本运营难以达到保值增值和扩张的目的。因此，国有经济必须解决结构问题。第一，并购的实施能够打破所有制的界限，在所有制结构上取得突破，使不同所有制企业之间发生重组，企业所有制主体多元化，从而使所有制结构得到优化调整，并保持国有经济在国民经济中的控制力。第二，调整国民经济结构。国有企业、基础产业支撑力小，满足不了国民经济发展的需求，传统的加工工业能力过剩且素质低，新兴产业弱，这与国内需求和产业结构升级还有很大距离，三大产业调整任务艰巨，增量调整难以胜任，只能以存量调整为主，通过市场竞争，推动资本向优势企业和产业转移。随着市场经济的发展，市场竞争进一步加剧，有些行业该退则退，收缩战线，有些行业必须优化结构参与市场竞争，抓大放小。开展并购使一些中小企业低效运作的资产存量向优势企业流动，强弱联合后，国有经济低效的存量资产被先进企业的优良资产所吸纳，与先进的技术和管理相结合。国有经济的并购将从整体上搞活国有经济，实现结构在动态中优化，国有资本在流动中保值增值。

3. 减少重复建设，扩展市场份额

企业的发展有两条途径：一是通过投资新建扩大生产能力；二是通过并购获取行业原有的生产能力，在竞争中以占有产品市场份额、追求利润为目标。由于新中国成立以来国有经济一直在数量、比重上占主导地位，直至改革开放后才遇到了其他所有制企业的市场挑战。又由于改革以来市场与计划关系处理不当，使各地方的重复建设屡屡发生，冰箱、彩电、洗衣机等家电行业泛滥发展也没有得到有效的控制。这些企业的竞争最终将出现优势企业对劣势企业的并购，使横向并购发展迅速。对并购方来说，通过并购获得企业，用自己的名优品牌占领异地市场，可以减少进入新地区的市场壁垒、扩展销售渠道，进而占领市场。实践证明，并购减少了重复建设，不仅有效地促进了企业和地区经济的发展，更能为我国国民经济持续、稳定、健康发展增添活力。

4. 国有企业并购可以获得经验共享和互补效应

国有企业并购不只是为了获取被并购方的资产，获取管理经验和新技术以弥补自己的不足也是其中一个动因。并购可以取得经验曲线效应，并以此来提高劳动者的熟练程度和技能，使经验—成本曲线效果显著、企业具有竞争优势。另外，企业可以在技术、市场、专利、产品、管理、企业文化等方面实现共享和取长补短，即实现互补效应。

二、国有企业并购中存在的问题

由以上分析可知，我国国有企业并购有其特殊性，由此也出现了一些特殊的问题。

1. 并购活动的非市场化

并购是一种市场行为，而市场是并购双方实现交易的场所，因此并购在交易机制上也应该是市场取向。然而，从我国国有企业的并购实践来看，并购活动的非市场化时有发生。并购企业对自身资金实力和管理能力缺乏充分的估计，对被并购企业的市场状况也知之甚少。一些企业对并购不积极，并购方和被并购方沟通的渠道少，难以在市场中见面。有的企业未经批准私自并购，为加快并购进度，仅以感性认识来接受被并购企业，程序不清、手续不全，致使假并购出现，使企业并购失败且不透明，易产生腐败。

2. 产权模糊

企业间的并购必须有明确的产权和产权主体。尽管国有企业的产权都归国家所有，但由于国有企业所在地域不同，又有各自的利益关系，而且其代表有法人财产权，所以必须明确产权。不论是并购方还是被并购方，都必须明确产权主体，只有这样才能交易。如果企业产权模糊，就会给企业并购带来一系列问题，并会给各方带来利益上的紊乱，使决策混乱、收益归属难定。因此，必须加快对国有企业产权主体的界定。

3. 政府行为不规范

国有企业并购的实施主要有两种办法：一是完全由政府出面组织的并购，其优点是速度快、成本低；二是由企业自行推动的并购，在市场中实现交易，速度虽较慢但效果好。在目前的情况下，政府作为所有者的最终代表，如果完全退出并购市场也是不现实的。要求政府在企业的并购中发挥引导作用、制定发展战略和产业规划、激励优势企业资本扩张欲望、促进资本向优势企业流动并从宏观上对并购行为给予指导、促成并购的成功是必要的，但在实际执行中还存在着直接的过分行政干预，有“拉郎配”的问题。

4. 并购企业职工的再就业问题

企业并购操作中的一大难题是如何安置下岗职工问题。企业改制不单单是一个经济问题，而且还是一个政治问题。“鼓励兼并，规范破产，减员增效，下岗分流，实施再就业工程”是国有企业改革的一项措施。多年来，国有企业的重复建设、盲目建设使用工量大增，而管理不善使企业停工停产，导致职工不得不下岗。特别是随着国民经济的发展和科学技术的进步，导致企业的产品、技术和组织结构发生变化，因而在并购后，一些职工必然要调整和转移就业岗位，也必然会引起原来国有企业的就业制度、就业模式的变化，进而对劳动力统统实行由国家（主要是国有企业）包下来的办法产生冲击。在这个问题上，我们要坚持减员增效与促进再就业相结合，职工下岗分流与社会承受力相结合，制定切实可行的办法，有步骤地进行安排，把下岗职工的基本生活保障和再就业工程搞好，通过建立再就业服务中心等进行培训，绝不能放任自流、推向社会不管。同时，要在各方面对下岗职工给予优惠，创造再就业机会，使其重新转岗、再创辉煌。

5. 企业资产评估环节薄弱

资本运营的重要一环是价格的确定，而科学的价格必然与资产评估相联系，从而科学合理地确定资产的真实价值。国有企业并购在资产评估上有很多问题需要解决：一是资产评估粗糙，基本上以清产核资对资产做以实物为主的静态反映，而对无形资产、动态市值注意不够。二是对债权债务的处理方式简单，大部分以废债或呆账的形式转嫁到银行。三是资产评估专业人才缺乏，很难胜任资产评估中所涉及的多学科知识，造成评估有失公正。四是对土地资产重视不够，缺乏相应的土地使用手续，以划拨实现转让。资产评估的真实、公正需要在国有企业的并购中予以重视。

以上几点都是我国国有企业并购中出现的、妨碍其正常发展的主要问题。这些问题是由于各方面的原因造成的，其中既有政府的原因，也有企业自身的原因，还有法律不完善、社会保障体系不健全等其他原因。本章后面部分将着重从国有企业并购中的政府行为和法律规范方面进行分析，并尝试提出相应的解决方法。

第三节　国有企业并购中的政府

中国企业的并购是在新旧经济体制的摩擦碰撞中产生的。这是因为，一方面企业有了一定的经营自主权和独立的经济利益；另一方面，我国资产存量逐渐凝固化，生产要素资源得不到合理配置，因此产生了企业兼并和产权转让的动力与压力。同时，我国市场化水平较低，特别是资本市场发展不成熟，各种金融中介机构的发育不完善，特别是投资银行体制不健全，都阻碍了企业并购的规范化发展。另外，传统的财税体制、金融体制和行业管理体制都对企业并购构成极大的障碍。在这种体制背景和经济环境之下，政府在企业并购中发生作用不仅是必然的，而且是必需的。

目前，政府的参与在很大程度上保证了国有企业并购的顺利进行，对其发展起着不容忽视的推动作用。但是，企业并购是一种遵循经济运行规律的企业行为，政府的作用主要应是引导和协调。在实际运作过程中，由于深层的体制原因，国有企业的产权不明晰，政府不可避免地对企业施加了过多的干预，因而束缚了企业的发展，这在一定程度上阻碍了国有企业并购的发展。如何摆正政府在国有企业并购中的位置，使其扮演适当的角色、发挥应有的作用，是目前迫切需要解决的问题。

一、政府干预在企业并购中的正效应

目前，政府发挥的正面效应主要体现在中介替代、部门协调、产业政策导向及保障相关者利益等方面。

1. 在中介机构不健全的情况下，政府发挥了中介替代的功能

对于企业并购而言，中介机构的主要职能在于评估、咨询、策划和组织，投资银行甚至还可以通过各种方式向国内外投资者筹集资金，注入需要改组和实施并购计划的企业中。鉴于国有企业与政府之间的密切联系，政府不仅掌握着对企业领导人的任免权，还能低成本地获得企业经营绩效的各种信息。对于企业并购中的双方而言，政府的引导、干预和牵线搭桥，正是政府充分利用信息资源，实现了对我国弱小中介机构体系的功能替代，这在一定程度上弥补了中介力量的不足。

2. 政府在地区、行业间的部门协调中发挥作用

由于企业条块分割、部门所有，跨地区、跨行业的并购往往带来利益上的重新调整，如纳税对象的改变，必然影响被兼并企业原来隶属政府的财政收入以及主管部门的既得利益。当被兼并企业是盈利企业时，必然遭到有自身利益的各级政府以及主管部门的强烈阻碍，只靠兼并企业和中介机构的“游说”行动，很难保证并购过程的顺利实施。并购过程中高昂的谈判成本往往导致并购行动的失败。若政府凭借其行政权力和经济管理权力，以同为“系铃人”和“解铃人”的身份，从优化产业政策的原则出发，协调地区和部门间的利益关系，则能极大地降低交易成本，推动企业并购跨地区、跨行业实现。

3. 政府从优化产业结构出发，对企业并购起导向的作用

我国经济效益低下的一个重要原因是“大而全、小而散”的产业分布格局。大量的资产存量凝固在低效部门和行业上，形成资产存量的结构刚性，使资金这种稀缺资源难以流向高收益的部门和企业。因此，优化产业结构成为经济发展中的一个关键问题。企业并购使生产能力过剩的产业部门的闲置资产存量流向资金短缺而又缺乏这些资产的生产能力不足的产业部门，在盘活资产存量的同时优化产业结构。但是，产业结构高度化不是一个市

场的自发过程，需要有政府的调控和干预。在企业并购过程中，政府通过对短缺产业、规模经济产业以及高新技术产业等的倾斜政策和优先原则，必然会引导这些产业中的优势企业增强并购动力、降低并购成本，促进规模经济水平和经济效率的提高，最终使各产业部门健康、协调发展。

4. 政府在企业并购中保障相关者的利益

企业的利益相关者除了所有者（股东）之外，还包括企业的债权人和企业职工。在社会保障体制尚未健全的情况下，如何对被兼并企业的职工进行安置是关系到社会稳定的大事。在企业并购、拍卖的过程中，银行债权的权益如何保障？尤其是在目前有相当多的企业通过兼并、破产等各种途径来逃避银行债务及国有银行本身状况不佳时，该问题就异常突出。另外，如何保障国有资产在并购过程中不流失，使国家作为所有者的正当权益在产权交易中不受侵蚀，是政府以及各界普遍关注的问题。政府作为社会管理者，有足够的动力来保障企业职工的权益；政府作为国有企业和国有银行的所有者，又有防止国有资产和银行债权流失的激励。因此，在保障企业利益相关者的正当权益方面，政府凭借其强大的信息和协调能力，通过制定、实施法规条款以及严格监督并购过程等手段，发挥着不可替代的作用。

二、政府干预在企业并购中的负效应

1. 不完全资本市场中的国企并购，可能既偏离政府社会目标，又偏离企业经济目标

当企业能够通过寻租影响政府决策时，结果总是政府目标与企业目标间的一个均衡。只要政府能对企业活动直接干预，只要政府公职人员的经济利益无法通过正常渠道得以满足，只要企业的寻租收益大于其所付成本，这种寻租活动还会一直进行下去。而社会目标与经济目标往往是冲突的，它们之间的调和，也往往是相互让步和对本意的偏离。例如国企并购活动中普遍存在的投机行为，政府一方面对进入资本市场的企业给予资格限制；另一方面又出于鼓励组建大型企业集团、搞活国有经济或甩掉包袱等目的，对并购活动实行一系列政策优惠，因而创造了极大的政策租金。一些企业为了套利，可能会争取特许，以低价进行并购，再伺机炒卖地皮等。这是政府政策对微观主体行为的一种误导，使企业热衷于寻租及套利等非生产性活动，进而可能导致偏离企业长期发展的并购。尤其是政府的强行干预，有时可能导致违反市场规律、损害并购企业利益的并购活动。更有甚者，将导致并购中的优势企业陷入困境。此时，企业可以做到的，只能是通过寻租减少或转嫁损失。

2. 国有资产的流失

政府在对企业法人进行监督的过程中，负责具体运作的官员，由于没有国有资产的剩余索取权，实际监督力度往往小于有效监督力度。同时，政府与企业法人间的信息不对称也降低了监督的有效性。这使企业法人（甚至可能包括一些相关政府官员与企业法人合谋）有机会在并购过程中运用各种手段低估国有资产价值，以便从中牟利，最终造成国有资产大量流失。

3. “拉郎配”式的并购，导致企业整合困难

政府出于减少国企亏损和安置职工就业的目的，常常把并购对象局限于效益差、亏损

严重，甚至濒临破产等问题最多的企业，使优势企业在选择并购对象时受到限制。同时，政府以信贷上的挂账免息、分期付款及税收上的税收减免等优惠政策鼓励优势企业并购亏损企业。在政府这种“拉郎配”、“以富济贫”式的撮合下，优势企业不仅要承担被并购企业沉重的负债，还要承担沉重的社会包袱，最终有可能使优势企业陷入困境，甚至被拖垮。

单纯并购行为的发生并不意味着并购活动的终结。兼并后，企业能否按预期真正地相互融合、优势互补、提高盈利，这才是问题的关键。以政府“拉郎配”方式施行的企业并购，由于主要以行政意愿、政治目标等为出发点，用来均衡各方权利与利益，但未从企业本身的发展战略及规划着眼，更未能深入考察并购双方的文化、观念、行为方式等兼容程度，从而极易导致双方人员间的对立情绪，使兼并后企业的日常活动更多地陷入权利纠纷的困境。再加上旧有人际关系网络的变动，使相关人员可能对新领导或下属心怀戒备，甚至设置障碍，从而进一步影响正常的经营秩序。

三、政府行为偏差的原因分析

1. 产权制度因素

企业并购的基础是企业产权制度，在企业制度的框架内，产权主体对企业产权的交易和流动做出决策。目前，中国国有企业仍不是真正的企业，没有自主权，在企业产权完全属于政府的情况下，政府以行政管理者与资产管理者双重身份出现，这两种职能的重叠，使行政管理权渗透到企业生产经营中，从而导致政企不分。企业并购这种本应通过市场竞争和市场方式的行为，仍由政府决定和控制。另外，按照国有企业的产权特征，国有资产归国家所有，政府作为国家的代理人行使国有产权，委托国有企业法人经营。由于国家是一个抽象概念，作为委托人缺乏行为能力，对政府行为的监督力较弱。而政府的目标函数又是多元的（包括社会目标和经济目标），与作为所有者的国家可能发生偏差。由于政府是履行国家管理职能的机构，它的首要目标是保障充分就业、维护社会稳定及抑制通货膨胀等。因此，当某些国有企业出现危机时，政府为担负社会责任（如避免因大量企业破产、失业率上升引起社会不稳定），可能会偏离单纯经济目标，利用行政权，促进效益较好的企业对困难企业施行所谓“挽救性”、“扶贫性”并购，并为原有职工提供工作机会。

2. 体制因素

从体制上看，中国政府参与企业并购的行为偏差首先产生于政府行为中的控制权与剩余索取权合为一体的弊端。由于政府官员有可能从并购中获得较大的控制权收益，从而造成政府的规模偏好，使低效率并购问题频繁发生。其次，中国现行财税体制及行业管理体制方面的影响。在财税体制方面，自 1994 年中国实行分税制后，企业增值收益的大部分以流转税的形式为中央政府收取，而企业所得税仍沿用传统的办法，即按企业财政隶属关系收缴。这样一来，跨地区、跨不同财政级次的企业并购重组必然导致各地政府间财政收入的变化。被并购企业所在地政府出于维护自身利益的考虑，对那些影响当地财政收入的跨地区、跨不同财政级次的企业并购必然采取反对或抵触的态度。虽然按目前财税制度规定，可以相应划转上一年度被并购企业上缴的财税基数，但这并不能从根本上解决问题。其原因在于，企业在以后发展中增加的所得税（也就是企业所得税的增量部分），原企业所在地政府无法获得。在此，既存在不同财政级次（如中央财税与地方财税之间）的矛盾，又存在同一财政级次（如省与省之间、市与市之间、县与县之间）的矛盾，也存在同一地区内不同财政级次之间的矛盾。在行业管理体制方面，中国现行行业管理仍然是部门管理。部门管理体制的特征是政府行政管理职能、行业管理职能、资本所有者职能合一。这种体制对企业并购产生了两种截然不同的影响：一是企业出于自身发展的需要，愿意被并购，但主管部门出于自身利益的考虑，不愿意放弃对企业的控制权，不同意其他行业的企业并购本行业的企业；二是政府主管部门出于政绩等方面的考虑，硬性“劝说”一些优势企业并购那些扭亏无望、濒临破产的企业。

四、政府在企业并购中应有的角色定位

从前面的理论分析可以看出，政府在企业并购中的作用是必不可少的，但问题是，如何界定政府在企业并购中的职能，如何从体制上和制度上规范政府在企业并购中的行为？这对于中国企业并购的健康发展具有决定性影响。

1. 政府在企业并购中应“有所为，有所不为”

首先，从宏观上，政府应从战略高度对企业进行引导与规范。这种引导与规范不是通过政府的直接行政干预来实现，而是主要通过政府制定和实施关于企业并购的公共政策来体现。我们将政府在企业并购中制定和实施的公共政策分为两类：一类是以产业政策为核心内容，纵向上一致、横向上协调的政策体系，包括产业政策、金融政策、税收政策及财政补贴政策等。产业政策一般包括产业结构政策、产业组织政策等内容。产业结构政策主要是对今后产业结构调整、优化及产业发展顺序做出规定，实际上给出了企业并购的有效范围。产业组织政策主要是对产业间协作、企业规模进行了规定，实际上给出了产业领域中生产集中度范围，无疑对企业并购起重要的引导与制约作用。第二类公共政策是指专门规范企业行为的法律法规。为了追逐垄断而产生的并购行为，是有可能在不公平和不利于整个社会的情况下发生的。正因为如此，需要政府的公共政策加以控制和调整。发达国家的经验表明，必须用立法形式对企业并购进行规范。政府应会同立法机构，构建企业并购的法律框架，包括对企业并购设置一套严格完备的法律程序，限制或防止企业滥用并购的法律法规等，使企业并购走上法制化轨道。

其次，从微观上，即在企业并购的具体过程中，政府又要“有所不为”。企业并购重组是企业在市场竞争过程中经常采取的一种自身组织行为，政府过多的行政干预，特别是在企业并购中渗透了过多的作为社会经济管理者的政策意图，企业并购会在很大程度上偏离规模与效益的预期目标。一些经政府行政“撮合”暂时成功的企业并购还不能证明政府干预的“英明”，因为并购成功与否是一个市场的检验过程。

2. 加快以政资分开为主要内容的国有企业产权制度改革的步伐

中国国有企业在产权结构上存在许多缺陷，其中最大的缺陷是政资不分。由于政资不分必然导致政企不分，只要政府还是国有企业的所有者，它就不可能不干预企业的生产经

营活动；只要政府还一如既往地干预企业的经营行为，企业就不可能成为真正的市场并购主体，也就不可能有真正的符合现代市场经济要求的并购行为。只有实现政资分开，才能切断政府直接充当运动员参与企业并购的渠道，为政府回到裁判员的位置创造条件。目前，可考虑配合现代企业并购的渠道，为政府回到裁判员的位置创造条件。目前，还可以考虑配合现代企业制度建设，建立国有资本投资运营主体，国家授权其运营国有资本，并由投资运营主体在国有经济框架内进行企业的兼并与重组。另外，投资运营主体向国家参股、控股企业派驻股东，以股东身份参与企业的并购决策。

3. 从财税政策与行业管理政策入手，为企业并购创造体制条件

现行企业所得税体制的根本弊病在于税权、产权、行政隶属权合一，即企业隶属哪一级政府，就由哪一级政府行使产权管理职能；相应地，企业所得税就上缴给哪一级政府。这种企业所得税体制既不符合市场经济的国际惯例，又严重阻碍了跨地区、跨不同财政级次的企业并购。为此，我们必须对现行财税体制进行改革，实行真正的分税制，使企业所得税成为中央政府和地方政府间的共享税。要改变企业按行政隶属关系缴纳企业所得税的做法，使税权与产权分开，不论产权主体如何变化，纳税主体不变。

调整行业管理政策的关键是打破部门间的割据。要将行业管理职能与资产所有者的职能分离开来。国有资产所有者职能由政府授权的投资运营主体来行使，由其决定企业的并购与否。行业管理职能则由行业协会等中介组织来行使。行业协会作为政府与企业间的桥梁与纽带，在行业内部发挥协调、服务及监督的功能。

4. 大力培植企业并购的中介机构

企业并购是一个系统工程，从目标企业的选择到并购的完成需要许多中介机构的服务和帮助。投资银行、会计师事务所、律师事务所及资产评估机构等都是企业并购活动中的重要角色，它们在企业并购活动中各自利用自身的经济法律人才等优势，为客户提供咨询服务。目前，中国的投资银行、会计师事务所及企业并购经纪公司等中介机构还处于初级阶段，它们的服务能力、水准远没有达到市场经济的要求。因此，政府要积极稳妥地发展这类中介机构，培养和训练这方面的专家，使之能真正发挥市场价格发现功能、信息积聚功能、资源优化配置功能和优质、高效、融资的服务功能，从而顶替政府原有的中介行为，为企业并购的健康发展创造较好的外部条件。当前，可先把各地现成的产权交易机构规范起来，正确引导它们逐步成为国有资产流动和重组的社会中介机构。

第四节　国有企业并购中的法律

随着我国社会主义市场经济的不断发展，企业购并在我国正成为一股方兴未艾的潮流。与风潮迭起的并购浪潮不相适应的是，我国有关企业合并的法律极不完善，导致并购活动无法可依，出现了许多扭曲的现象，致使企业并购应有的经济效益和社会效益无法实现，从而影响了市场经济的有效运行和健康发展。因此，若想使我国的国有企业并购得以顺利进行，就必须有完善、有序的法律环境作为保障。

一、我国国有企业并购立法的现状

总的来说，在企业并购立法方面，目前我国已经形成了由法律、行政法规、部门规章、地方性法规组成的法律体系。①

1.《中华人民共和国公司法》和《中华人民共和国证券法》

如前所述，1993年12月颁布的《中华人民共和国公司法》（以下简称《公司法》），在经历了1999年12月25日的第一次修订、2004年8月28日的第二次修订和2005年10月27日的再次修订后，目前的《公司法》第九章以“公司合并、分立、增资、减资”为题，针对公司制企业的兼并、收购进行了有关规定。

正如前面所提到的，1998年12月颁布的《中华人民共和国证券法》（以下简称《证券法》），在2004年8月和2005年10月分别进行了修订，新修订的《证券法》在第四章对上市公司收购的方式、信息披露、收购双方权责关系等方面做出了一系列改进，在一定程度上扫清了目前上市公司收购过程中存在的部分人为障碍，初步满足了包括民营企业、自然人等在内的多元化市场主体的并购要求。同时，《证券法》还首次以立法的形式对国有股、法人股的流通权做出了默许，为证券市场并购行为向市场化方向发展奠定了必要的法律基础。

2.《中华人民共和国全民所有制工业企业法》和《全民所有制工业企业转换经营机制条例》

1988年颁布的《中华人民共和国全民所有制工业企业法》对合并问题做了规定，包括三个内容：一是企业合并须经过政府主管部门批准；二是企业合并要经过债权债务清理；三是要进行变更登记，但未对企业兼并收购做出明确规定，只是对合并与分立在原则上进行了规范，而且仅适用于国有工业企业。1993年颁布的《全民所有制工业企业转换经营机制条例》对国有企业的合并做出了进一步规定，把合并与兼并做了区分，规定合并方案由政府主管部门或企业提出，在政府主管部门主持下，合并各方经充分协商后订立合并协议，原企业的债权债务由合并后的企业承担。同时，规定企业可以自主决定兼并其他企业，兼并是一种有偿的合并形式，企业被兼并须经政府主管部门批准。

3.《关于企业兼并的暂行办法》

1989年，国家体改委、财政部、国家国有资产管理局、国家计委4个部委联合下发的《关于企业兼并的暂行办法》（以下简称《暂行办法》），对企业兼并问题做了专门规定，这也是适应当时各地兼并改革的需要所做的一个总结性规定。《暂行办法》对兼并的含义、原则、形式、兼并的对象、程序、被兼并企业的资产评估、职工的安置、税收的管理等都做了具体规定，明确了兼并是一个企业购买其他企业的产权，使其他企业失去法人资格或改变法人实体的行为。

4.《企业兼并有关财务问题的暂行规定》

1996年财政部颁布的《企业兼并有关财务问题的暂行规定》明确了兼并的含义、兼并中的财务管理、被兼并企业资产清查范围、被兼并企业产权转让价格的确定以及被兼并

---

① 参见袁林三、李红英：《我国企业购并法律规范问题的思考》，载《济南大学学报》，2002(2)。

企业应付款的规定。这个规定也只适用于国有企业。

5. 政策性规定

1994 年，国家开始在 18 个城市进行优化资本结构的试点改革，其中一个重要内容就是企业兼并。为了配合这项改革，国家制定了许多政策，其中影响最大的是 1997 年《国务院关于在若干城市试行国有企业兼并破产和职工再就业有关问题的补充通知》，这是近年来改革力度最大的一个政策性文件，国家拿出很大的改革成本（300 亿元）用于兼并、破产和实施再就业，用于冲销呆账坏账，1998 年达到 400 亿元。这个文件对国有困难企业资产重组指出了三条路。第一条路是规范破产，主要表现在两个方面：一是要求破产企业关门走人，避免破产不停产现象；二是规定适用范围，凡是享受国家优惠政策实施的破产只限于 111 个试点城市内的国有工业企业，并且只限于市属以上的国有工业企业。第二条路是鼓励兼并，即加大兼并力度，其中包括政策支持。凡优势企业兼并连续亏损 3 年的困难企业，利息全免，承担的债务 5 年还清；如果 5 年还清债务还有困难的，可以逾期 2 年还本。第三条路是减人减息，对债务负担比较重但又缺乏兼并条件的连续亏损企业规定了一个原则，即以产定员，使富余人员下岗分流，进入再就业中心。然后，国家根据减员情况，适当减免贷款利息，以缓解企业困难。

6. 地方性规章

除国家制定的全国性法律法规外，各地方政府也制定和颁布了一系列地方性规章，如 1990 年福建省颁布的《关于进一步推进企业兼并的意见》、1993 年湖南省体改委颁布的《企业产权交易管理暂行办法》等。

二、我国企业并购法律体系存在的问题

尽管我国目前的并购已不是完全无法可依，而是部分有法可依，但在依法办事上，因法律法规零散、不系统，加之有些规定本身也存在某些缺陷，以致在执行规定的过程中产生了一些意想不到的问题。这些法律规定上存在的问题主要有以下几项。

1. 规定不尽一致，甚至互相冲突

在并购问题上，国家没有统一的规定，而是令出各门，再加上对不同性质、不同所有制、不同形式的企业又分别做出了不同的规定，以致规定本身不时产生冲突。例如，有关集体企业兼并是否要经过或如何经过批准这点上，有关的规定就大不一样。1989 年 2 月 19 日国家体改委、国家计委、财政部、国家国有资产管理局联合发出的《关于企业兼并的暂行办法》第三条规定："集体所有制企业被兼并，由职工代表大会讨论通过，报政府主管部门备案。"这里所说的"集体所有制企业"是个广义上的概念，是指任何形式的集体所有制企业。1990 年 6 月 3 日公布的《中华人民共和国乡村集体所有制企业条例》第十五条规定：企业分立、合并，须经原批准企业设立的机关核准，向当地工商行政管理机关和税务机关办理变更或者注销登记，通知开户银行。1991 年 9 月 9 日公布的《中华人民共和国城镇集体所有制企业条例》第十五条规定：集体企业的合并、分立、停业、迁移或者主要登记事项的变更，必须符合国家的有关规定，由企业提出申请，报经原审批部门批准，依法向原登记机关办理变更登记。上述两条虽然把集体所有制企业具体分为乡村与

城镇两类，但仍属集体所有制企业的范围，而“备案”与“核准……报批准”的要求显然是互相冲突的。法律规定本身就是制定一种行为准则、一种标准，这种准则与标准对一个特定行为应该是统一和一致的。

2. 规定不配套，出现空缺

在并购规定中，不时会有这样的规定，即“有关……的实施，由……另行规定”。例如，1992 年 7 月 27 日，国家国有资产管理局和国家体改委联合下发的《股份制试点企业国有资产管理暂行规定》中第十九条规定：将国有资产折股出售给外商，其办法由国家另行规定。然而，这种“另行规定”迄今未见出台，从而出现了不仅是国有资产折股出售给外商无法律规定，而且外资如何收购国内企业也无法律规定的情况。另外，《中华人民共和国公司法》第一百三十二条规定：“国务院可以对公司发行本法规定以外的其他种类的股份，另行作出规定。”第一百九十三条规定：外国公司在中国境内设立分支机构，必须向中国主管机关提出申请，并提交其公司章程、所属国的公司登记证书等有关文件，经批准后，向公司登记机关依法办理登记，领取营业执照。外国公司分支机构的审批办法由国务院另行规定。第一百九十四条规定：外国公司在中国境内设立分支机构，必须在中国境内指定负责该分支机构的代表人或者代理人，并向该分支机构拨付与其所从事的经营活动相适应的资金。对外国公司分支机构的经营资金需要规定最低限额的，由国务院另行规定。1993 年 4 月 22 日的《股票发行与交易管理暂行条例》第三十六条规定：“国家拥有的股份的转让必须经国家有关部门批准，具体办法另行规定。”这些“另行规定”也都是迄今未见，实际并无规定。法律规定中的设定框架有主次之分：主框架囊括基本的、主要的内容；附属的则将各个方面加以细化，作为配套。特别是在一些事情尚在探索时期、把握不准时，将已固定的规范做成主框架，将不宜固定的规范列入配套，以便不时加以调整改进，从而使主框架稳定不变，配套灵活调整，不断趋于完善。这原本是比较客观、科学、实用的做法，当然也是可行的，但既为配套，就要及时配上。主框架已出来几年，配套仍然没有，那就不完整，操作起来也就无所适从。

3. 规定过于原则、粗糙，不易操作

在我国并购法中，不少法律规定过于原则、粗糙，不易操作。例如，《股票发行与交易管理暂行条例》第四十六条规定：任何个人不得持有一个上市公司千分之五以上的发行在外的普通股。第四十七条规定：任何法人直接或者间接持有一个上市公司发行在外的普通股达到百分之五时，这里的“发行在外”一词显然是用来特别与“公开发行”一词做区分的。因为在此条之前的规定中已屡有使用“公开发行”这一概念，到了此条却突然改换概念，刻意使用了“发行在外”一词。“公开发行”之说，依条例第九章附则对“公开发行”概念的解释，是将发行人排除在外的，“发行在外”一词看来是将发行人囊括进来，从而使 5%的基数有所不同，但为什么不同样在附则中对“发行在外”的概念做出界定呢？否则，“发行在外”一词是不是又将内部职工股排除在外呢？理解上的不同，后果是截然相反的，而此处的理解不同源于规定上的模糊。要人们都正确把握立法者未讲清楚的行为准则，恐怕不太可能。

4. 规定与实际不符，缺乏可操作性

在我国的法律规范中，有不少规定与企业并购实际不相符合，缺乏可操作性。例如，

《股票发行与交易管理暂行条例》第四十八条规定：发起人以外的任何法人直接或者间接持有一个上市公司发行在外的普通股达到百分之三十时，应当自该事实发生之日起四十五个工作日内，向该公司所有股票持有人发出收购要约，也就是强制要约，无论该持有人愿意不愿意发出要约。但这条规定，目前在中国基本是不可能实现的。

三、如何构建我国企业并购法律体系

有关企业并购的法律构建是一个宏大的系统工程，如何解决这些问题，不仅涉及几部主要法律，而且关系到与企业并购相关的一整套法律保障体系。具体说来，应当抓好如下几项工作。

（一）尽快建立一个并购法律体系

并购活动涉及的内容非常多，面也很广，任何一个简单的并购活动都可能涉及竞争与垄断、土地与房产、证券与大宗交易、资产评估与交接、职工利益与安置、银行贷款与抵押担保、税收与债务、政府同意与政策优惠等。因此，不能单靠一部法律法规来解决并购的所有法律问题，而是要有一个法律体系。它应由诸方面的法律组成，其中的许多法律还会形成交叉，甚至在某一个问题或某一方面出现重叠，从而使这个体系不是一个平面，而是一个立体。在这个法律体系中，应该包括《兼并法》、《收购法》、《反不正当竞争法》或《反垄断法》、《禁止欺诈法》、《保护股东投资权益法》、《国有资产转让条例》、《信息披露条例》等，以及《公司法》、《证券法》、《银行法》、《税法》、《劳动法》、《行政法》等法律的有关部分和适时调整的有关国家政策。

《兼并法》与《收购法》应是两部独立的法律，具体内容也应有区别，但它们都应是并购法律体系中的主干。这个主干的内容规定最少应该包括并购的主体资格与要求、并购的方式与时间、信息披露与公告、产权界定、资产评估、并购合同或收购要约的内容、合同或要约的批准要求、转让费的支付、债权债务，以及职工的安置与待遇、保证与赔偿、税收、政府主管部门的控制、纠纷的管辖等。其他相关的法律规定形成对这个主干的补充、健全，使整个体系互相呼应、疏而不漏。上述法律体系的建立：一是要快，这是因为实践已先走了一步，不能让立法总是滞后。二是要客观可行。这里只能也必须是从中国的国情与实际情况出发，制定出适合我国并购活动的切实可行的相应规定。三是要及时修改。没有一部法律可以一成不变。客观条件或基础发生了变化，相应的规范就应该及时做出调整。特别是在现代社会，新事物、新情况不断地出现、发展，相应的法律规范也应该及时做出修改。

（二）加速培育企业兼并的中介机构

从目前看，我国企业的兼并大多是一对一地直接进行，企业不相信也不愿意依靠中介机构、投资银行去做。从国外的经验看，规范的兼并不可能在有形的兼并市场或直接一对一地去做，它们在兼并中至少是由投资银行、会计师、律师三部分组成的一个顾问团去完成。其中，投资银行负责确定合适的交易价格，会计师负责财务报表和财务处理，律师负责法律上的安全性和可靠性。其实，目前在我国培育企业兼并的中介机构更有其特殊意义。在建立兼并市场一时还有困难的地方，可以由银行或某些适当的中介组织担当产权转让的经纪人，专门从事牵线搭桥、搜集发布有关信息、居中协调以及组织有关活动的任务，使之实际上起到兼并市场的作用，这样做将有利于兼并市场的逐步形成。但是，为什么在我国中介机构的作用未能充分发挥呢？这主要有以下三个原因：一是行政性兼并的存在，使中介机构的生长空间受到挤压；二是观念上并未认识到中介机构的价值，觉得这是额外的高昂兼并成本；三是国家未在法律上给中介机构应有的地位。再加上我国中介机构刚加入兼并活动，难免有这样那样的一些问题，使之难以发挥作用。

要使中介机构有更大的活动空间，必须加速政府职能的转变，注意将中介机构的发展与政府职能的转变同步进行；有重点地扶持一批与政府职能密切相关，又是社会和企业十分需要的中介机构。例如，针对金融、财政和税收体制的改革，可以建立一批起中介作用的商业银行、会计事务所、审计事务所和资产评估中心。根据经济核算的要求，应当建立这样一种制度：凡未经法定会计事务所审核的财务账务，税务机关和银行系统可以不予受理。与此同时，要优先、重点发展一批与经济关系较为密切的中介机构，如项目咨询公司、资产评估事务所等。采取改造与发展同时并举的方针，拿出一定精力对已有的中介机构进行改造，比如对银行金融业的改造，注重对投资银行的培育、发展和完善等。此外，政府要善于依法对中介机构进行引导、监督和管理；要尽快建立《兼并法》、《审计法》等一系列法律，明确中介机构的性质、宗旨、地位和职能，确认其权利和义务，使中介机构在合法的条件下充分发挥作用。

（三）企业并购过程的规范化

为使企业并购能顺利推行，保护企业并购的合法性和规范性，需要使企业并购的过程依法进行。

1. 政府行为规范化

政府在企业兼并中要尊重企业自主权，在企业自愿的前提下，起到协调服务作用。对关系到国计民生的重要产业给予扶持，行将淘汰的产业和企业不予保护；对企业兼并中出现的问题和矛盾及时协调，为打破地区行政垄断创造必要的外部环境；对企业兼并中的不正当甚至违法的行为要坚决打击，用法律手段来保障企业兼并的顺利运行。

2. 国有资产管理法律化

要理顺企业兼并中的国有企业与国有资产的关系，应明确界定国有企业产权关系，使资产管理规范化。制定国有资产在企业中的评估方式和评估依据，划分国有资产的管理责任和管理权限，使国有资产在企业兼并中能公正、公平地进入市场。

3. 金融体制完善化

正确的金融信贷政策和法规，对建立完备的市场体系、推动企业兼并是至关重要的。应明确区分中央银行与商业银行的职能和作用，银行不是政府的管理机构，其主要作用有二：一是发挥银行的宏观调节作用。制定与产权交易相配套的金融政策，积极通过银行的宏观调控手段来促进市场健康、有序地发展。设立抵押保证金，建立清偿基金，发展产权市场、股票市场、债券市场等。二是发挥银行的导向作用。在信贷政策上支持企业兼并，可以设立专项贷款，对前景良好的企业以银行贷款的形式予以支持，对需淘汰的企业以金融手段施加压力，提高兼并效率，降低交易成本，加速存量资本的流动。

4. 兼并程序合法化

企业进行兼并活动，必须依法定程序进行，以便得到相应的法律保障。企业兼并程序主要包括：第一，确定兼并方和被兼并方。由双方共同提出要求，由主管机构、中介机构依法主持兼并。兼并双方可以向社会公开招标、投标，也可定向选择。第二，选定兼并形式，如购买式、承担债务式、参股式、控股式等。第三，可行性论证。根据兼并双方的要求，由主管机构或中介机构进行可行性论证，保证兼并行为在经济上可行并符合政策和法律规范。第四，通过具有资产评估资格的主管机构或中介机构，对被兼并企业的债权、债务等方面，进行公正、有效的资产评估，确定转让底价。第五，在兼并双方同意后，向有关部门办理产权转让的法律手续。

（四）明确法院的司法管辖权内容

法院的司法管辖是国家法制建设的一个很重要方面。依中国现行法律规定，法院的司法裁决也是终极性的。但中国法院司法管辖权行使的一个根本特点是，法律规定可以管辖的才可管辖，法律没有规定可以管辖的，法院不去管辖。现在的问题是，在并购问题上，相应的管辖规定不是不清楚，就是极度缺乏。另外，由于缺乏相应的管辖规定，法人或公民在遇到相关的并购争议或纠纷时，也不知道到哪里要求处理，这样不利于保护他们的合法权益。因此，作为并购法律体系中的一个方面，必须要明确规定法院司法管辖的具体内容。

（五）强化民事赔偿的实施

并购中的民事赔偿是指在并购活动中因受欺诈、虚假信息、不适当披露、不当干预、侵权等而遭受经济损失，要求予以赔偿的民事行为。这种行为既不同于刑法是以追究被告的刑事责任为目的，也不同于行政处罚是以行政制裁（包括罚款等）将事情了结。民事赔偿的归结点是要被告承担赔偿责任，从而使受损害方自身的经济利益不受侵害或得到赔偿。因此，民事赔偿就与当事人有着最为直接的经济利益关系。民事赔偿在西方国家的并购活动中不绝于耳。受损害的企业、公司或者股东们动辄提起民事诉讼，要求加害人或侵权人赔偿损失。这种赔偿可以使加害人倾家荡产、公司倒闭。但遍观中国的并购活动，因受害而提起民事赔偿诉讼从而得到补偿的尚未有所闻。实际上，在中国的并购活动中，确已出现了不少欺诈、侵权的事情，也给当事人造成了损失，有的甚至是巨额损失，但均未获得赔偿。这种奇怪的现象应该说是不正常的，尤其是以行政罚款来代替民事赔偿时更是弊病多多。民事赔偿恰恰可以矫正行政罚款的弊病。如果受害人能拿起法律的武器来维护自己的合法权益，追究侵权人的民事赔偿责任，就很容易形成一种社会力量，有效地遏制并购中的欺诈和侵权行为。

第五节　国有企业并购的典型案例[①]

中国第一汽车集团公司（第一汽车制造厂，以下简称一汽集团）具有 40 多年的发展历史，是集科研、生产、经营、外贸于一体的国有特大型汽车工业企业，被誉为“中国汽车工业摇篮”。从 1986 年以来，一汽集团兼并收购了 26 家地方企业，盘活国有资产上百

① 参见盛洪：《最新中国企业并购经典案例》，北京，中国轻工业出版社，1999。

亿元，使得十多家企业扭亏为盈。迄今为止，一汽集团的生产企业（全资子公司及控股子公司）和科研院（所）分布在全国13个省、市、自治区的17个城市。一汽集团的产业布局是从东北腹地延伸到渤海、胶东湾、长江三角洲、海南岛、广西、云南和四川，形成了东北、华北及胶东、西南三大生产基地，生产中、重、轻、轿、客、微、军多品种宽系列的整车、主机和零部件，形成了一个具有开发、生产、销售、融资、对外经贸等功能的大型汽车企业集团。一汽集团通过走联合兼并之路，使自身得到了巨大的发展。一汽集团的产品结构已从单一的中型卡车扩展到中、轻、轿、微四大系列上百个品种；企业结构已由单一工厂转变为拥有300多家成员单位的特大型企业集团，并通过与国外合资办厂的方式走出了一条跨国经营的道路。同时，一汽集团也为中国汽车工业的行业结构治理做出了巨大的贡献。

一、兼并方状况

截至2010年底，一汽集团拥有职能部门18个，全资子公司16个、控股子公司15个。其中，上市公司4个，分别是一汽轿车股份有限公司、长春一汽富维汽车股份有限公司、天津一汽夏利汽车股份有限公司、启明信息技术股份有限公司。一汽集团的主营业务板块按领域划分为：研发、乘用车、商用车、零部件和衍生经济等体系。一汽集团拥有员工12万人，资产总额1 725亿元。一汽的年产量已从建厂初的年产3万辆提高到2010年的产销255.8万辆。四十多年来，向国家上缴利税1 060 000万元。1992年以销售收入突破百亿元的佳绩，名列全国五百家大型企业第六位，居同行业之首；1994年全国重点城市千家经济效益最佳企业排名，一汽集团名列第十；CA1092中卡、奥迪轿车、捷达轿车荣获“用户满意品牌”称号；1994年国家大中型企业竞争力百强评比名列第二位；中国机械行业百家企业评选名列第二。

但是，改革开放前，一汽的基本特征是四个单一：单一产品结构——中型货车，“老解放”三十年一贯制；单一工厂体制——城堡一座，典型的“十而全”；单一企业功能——除了生产功能以外，产品开发、销售一概没有；单一投资主体——全靠国家，没有其他资金来源。

汽车工业技术密集、资金密集，要求有高强度的投入，建设一座具有经济规模的轿车厂，仅冲、焊、油漆、总装、发动机、传动器六大工艺一般就需要超过10亿美元。制约中国汽车工业发展的最突出矛盾是资金短缺。

一汽建厂初期，国家出资6亿元人民币，工厂设计能力是年产3万辆中型卡车。在以后的三十年中，新的投入很少，建设越野车、红旗轿车生产基地和把生产能力由3万辆提高到6万辆几项加在一起，总投资不过2亿多元。企业长期贫血，到1985年时，一汽的固定资产净值只有2.8亿元，产品老化、设备老化，在最困难的时候，“老解放”积压两万多辆，企业几乎到了无法生存的地步。一汽面临着严重的资金困难，而国家此时实行“拨改贷”的政策，形势要求一汽必须找到新的出路。1986年，一汽主要依靠国家给予的利润递增包干政策自筹资金和部分贷款，走出低谷。从此，中国一汽集团走上了一条联合兼并的企业发展之路。

二、兼并与资产重组的动机

1. 调整产品结构

在改革开放前，一汽一直靠“老解放”过日子，不但产品老化，而且品种单一。改革开放后，结合“六五”换型改造，一汽向市场推出了 CA141 新车型，同时派生出了几十种变型产品。但是，按照汽车工业的发展规律，像一汽这样的大型汽车生产企业，只生产单一的中型卡车是没有前途的。随着经济体制改革的不断深入，导致汽车市场的需求越来越丰富多彩，国内汽车工业“缺重少轻，轿车近乎空白”的状况也明显地暴露出来。这种生产和需求的突出矛盾，在客观上要求企业的产品结构调整应该向深层次发展。而在一汽产品结构调整的过程中，轻型车和中型车的发展主要得益于联合兼并。

此外，一汽在发展中型卡车的同时，还注意到这几年中型卡车市场的一个显著变化，就是基本型需求量日益减少，改装车、专用车比较畅销。因此，一汽先后兼并了四平专用汽车厂、四川专用车厂、东北齿轮厂、柳州特种车厂、山东汽车改装厂，这些厂并入一汽后，利用一汽新开发的各种底盘和总成进行产品深加工，生产改装车、专用车，形成了一汽的专用车、改装车基地。

2. 盘活社会存量资产，实现了规模经济，避免重复建设，产生营运效应

一汽建立的轻型车基地最为典型。“七五”初期，国家决定在一汽建设年产 6 万辆轻型车的基地，一汽原来没有轻型车，而国内从事轻型车生产的厂家有几十家，普遍规模小、水平低。为了扭转这种“散、乱、差”的局面，国家重点扶植几个企业上规模、上水平，一汽就是其中之一。从无到有需要巨额投资，一汽没有这笔钱，即使资金不成问题，也必然造成重复建设。基于这样的思考，一汽把目光转向了地方企业。他们首先看中的是吉林市的微型车厂，长春市的轻型车厂、齿轮厂和轻型发动机厂，经过与这些厂家及地方政府多次谈判协商达成协议，一汽先是以技术、管理软件投资，以参股分利的方式渗透进去，进而以效益补偿的方式把这四个厂全部兼并过来，并以这四个厂为基础，建成了一汽轻型车基地，这就是当时比较有名的“吉林模式”。此后，一汽又向北兼并了原属航天部的哈尔滨星光机械厂，把它改造成哈尔滨轻型车厂，向南控股了沈阳金杯公司和蓝箭汽车厂，从而形成了以长春轻型车厂、哈尔滨轻型车厂、吉林轻型车厂、沈阳金杯公司为核心的东北轻型车生产大基地，使一汽的轻型车生产能力由年产 6 万辆提高到 15 万辆，东北的轻型车生产也从此得到了规范和统一。另外，一汽又与北京海玉、安徽扬子、云南红塔组建了合资厂，四川地方政府也把成都汽车厂无偿交给了一汽，从而形成了一个从北到南的一汽轻型车生产体系。这些厂进入一汽后，在统一规划下，进行专业化分工，资产得到优化重组，技术得到改造，都有了不同程度的进步。

3. 实现企业上下游产品一体化

以中型卡车的发展为例，一汽正是充分利用了国内汽车工业已有的条件，通过兼并重组，使中型卡车实现了柴油化、平头化、专用化。一汽在建厂时和“六五”换型改造期间，都没有把柴油机生产列入规划。但是，进入“八五”以后，随着国家对农业的投入和重点工程建设的加快，社会对柴油车的需求越来越大。面对市场需求，一汽努力使中型卡车加

速柴油化，先后吸收了大连柴油机厂和无锡柴油机厂两厂，并对这两个厂集中投资搞改造，根据其实际情况，从生产到质量、从技术到管理全方位进行扶植，使这两个厂的生产能力由35 000台提高到100 000台，产值和利税每年都有较大幅度增长，不仅成为一汽柴油机的主要生产基地，而且成为全柴油机行业的佼佼者。

为了适应中型卡车平头化的趋势，一汽又兼并了青岛汽车厂。青岛汽车厂从日本引进了平头驾驶室，具备了一定的生产能力；而一汽的中型车迫切需要由长头向平头转化，如果重新引进或自行开发，之后再进行生产准备，周期太长，很可能丧失市场机遇。因此，一汽兼并了青岛汽车厂，并利用这个厂的平头驾驶室生产能力，使一汽有了平头车。1997年一汽平头车产量占中型卡车总产量的70%多，成为一汽具有竞争力的拳头产品之一。

4. 提高企业市场占有率，扩大市场份额，进入新的市场

中国幅员辽阔，产品从产地进入全国市场在运输上困难很大，最好的办法是在当地建立“桥头堡”。如四川专用车厂、成都汽车厂、蓝箭汽车厂，这三个厂最大的优势是地处西南，西南是一汽最薄弱的一块市场。为了占领这块市场，一汽兼并了这三个厂，从而把主要总成运出去，并利用一部分地产件和三个厂的总装能力生产整车。这样一来，一汽就由原来运送整车改为运送主要总成，运输费用大大节约，整车成本下降了；这三个厂就地生产、就地销售，由于是地产车，受到当地的大力支持，销量也提高了。

5. 通过兼并，提高企业声誉

例如，通过把原来名不见经传的四个集体小厂合并为一汽四环，捆绑上市，引起了媒体的广泛关注，大大提高了企业的知名度。现在，一汽四环的品牌价值已经相当高。

三、兼并后的策略

1. 企业兼并，最重要的是优势互补

一个企业兼并另一个企业，通常都期望收到一加一大于二的效果，但能不能收到这个效果，关键在于生产要素能不能优化重组，也就是能不能实现优势互补。沈阳金杯公司进入一汽之前，由于整车与总成不配套，能力发挥不出来，造成企业经济效益不好。一汽在对金杯公司进行了全面调查分析之后，认为一汽和金杯之间的互补性非常大，金杯的驾驶室和桥的能力很强，而一汽在底盘、发动机、变速箱、车轮、水箱等总成和零部件上优势很大。金杯公司进入一汽，可以充分利用一汽比较成熟和先进的总成和零部件，形成配套生产能力，提高产品质量和水平。在这方面，一汽可能成为金杯发展壮大的坚强后盾。因此，一汽收购金杯后对金杯进行了全面调整、改组和改造，不仅给产品，而且给人才、给管理、给市场。集团公司派出了高素质的领导者和管理人员到金杯开展工作；各职能部门综合组织各种专业队伍不断深入到金杯公司，加强对金杯的业务指导，帮助金杯向一汽的管理模式和管理水平靠拢；为了发挥一汽车轮厂的行业优势，同时带动金杯车轮厂，一汽组建了一汽车轮有限公司，从而与金杯公司车轮厂建立了包括产品、技术、生产、销售在内的协作关系。在短短两三年内，金杯公司很快出现了生机和活力，成为一汽重要的轻型车生产基地，其系列产品在国内市场迅速形成了竞争实力，从严重亏损变成了扭亏为盈，企业面貌发生了巨大的变化。在一汽连续兼并了几家轻型车厂家后，它们不但

用一汽的总成和零部件改造了这些厂家的产品，统一使用了“解放”这个品牌，而且把一汽总成和零件的生产能力充分发挥出来了，CA488 发动机年产量达到 10 万台，CAS5 系列变速箱产量超过 30 万台。它们不但提高了产量、降低了成本，而且取得了明显的规模经济效益。

2. 新产品、新技术、新项目的开发、应用和生产

一汽的另一个优势就是开发能力比较强，一汽集团拥有全国最大的汽车研究所和工厂设计院，具有很强的产品设计和开发能力，可以源源不断地开发新产品，支持被兼并企业的生存和发展。一汽之所以兼并大柴和锡柴，首先是因为一汽已经把 CA6110 柴油机开发出来了，产品是现成的；同时，大柴和锡柴有多年生产柴油机的经验，管理基础和技术基础都比较好，进入一汽后，很快就能把 CA6110 柴油机生产出来。因此，在这几年联合兼并的过程中，一汽的开发能力也受到了拉动，潜力得到了发挥。对于进入一汽的整车生产厂，像哈尔滨星光机械厂，一汽把 2 吨车这个成熟产品交给它们，而一汽本部的长春轻型车厂不再生产整车，专门生产底盘和桥。对于兼并进来的改装车、专用车和客车生产厂，一汽根据它们的需要，不断开发出各种底盘，然后提供给它们。对于经营状况比较困难的厂家，一方面一汽要在短期内给它一些吃饭产品，另一方面又要为它开发未来产品。比如金杯，一汽就把新开发的 3 吨车交给其生产。对于零部件厂，根据其整车发展规划重新进行分工，按车型系列重新为它开发新的产品。例如长春齿轮厂，一汽把 2 吨变速器开发出来后交给它生产，这个厂面向一汽和社会两个市场，发展步伐很快，目前在全国同类产品市场上的占有率已达 80%，成为名符其实的“小巨人”。

3. 关注集团成员的区域布局

例如在海南的兼并案中，一汽希望利用海南基地占领海南市场，然后生产轿车。海南特区有特殊的地理、政策、税收优势，可以低成本地引进先进零部件、技术，发展新产品。

四、被兼并方概况与动机

一汽资产重组与兼并最大的特点是走了一条先联合后兼并的道路，它的目标企业有三种：一些是原来紧密层的企业，如合并创立的一汽轿车由原属于一汽总厂的四个工厂（一轿、二轿、长春齿轮厂、第二发动机厂）组成；一些是来源于半紧密层、松散层的企业，如大连柴油机厂、无锡柴油机厂、沈阳金杯、柳州特种汽车厂等等；还有一些是以前与一汽没有合作关系的企业，如海南汽车制造厂。由于以前与一汽有合作关系的企业并购操作比较容易，所以并购的方式主要以前两种居多。

兼并的动机多数是摆脱企业困境、获取外在动力，如注入资金、输入人才、设备、品牌、信誉和先进的管理经验等等。

例如，长春齿轮厂原来没有好产品，最困难的时候连爆米花机都生产，濒临破产，几乎被邻近的皮革厂兼并。进入一汽后，这个厂主要生产一汽开发的先进的 S520 变速箱，然后一炮打响，年产量猛增到 20 万台，不仅为一汽配套，而且供应全国，占据全国两吨车变速箱市场的 70%，成为盈利大户，而邻近的皮革厂反而被它兼并。

五、资产重组与兼并的模式

在企业组织结构调整的同时，必须进行资本结构的调整。一汽这些年的联合兼并都是在国有经济范围内进行，进来的企业基本都是负债率很高的企业，一汽向这些企业投入资金进行改造，又加剧了自身的“贫血”，导致资本结构更加不合理。因此，这两年一汽结合产品结构调整、企业结构调整，逐步进行了资金结构调整，走了两条路：

第一条路是利用一汽的重要发展项目引进外资、引进技术，走了一条合资建设的路。

第二条路是以一汽的优质资产吸引、支配、控制社会资金为一汽的发展服务，走了一条股份制改组改造的道路。

一汽资产重组与兼并的模式主要有四种。

1. “有偿兼并”吉林模式

发展企业集团的根本目的是在更大范围内实现生产要素的优化重组和资源的合理配置，发挥集团的整体优势，实现规模经济效益。这就要求企业集团必须建立起以资产经营一体化为标志、作为集团中坚力量的经济实体。

中央企业兼并地方企业，其难度很大。为了解决这个问题，一汽进行了历时四年的实践和探索。1986 年，按照国家“七五”计划，一汽与吉林、长春、哈尔滨三市的五个工厂共同建设 6 万辆轻型车生产基地。其中，哈尔滨齿轮厂原隶属中央，财政比较顺利地划转了过来，进入了一汽集团的核心层；而吉、长两市的四个工厂由于隶属地方，要实现资产联合，处理好集团与地方政府的产权关系和利益分配关系就比较复杂。最初是采用松散联合，但这等于一汽把国家交给的轻型车任务又交给了地方企业搞，一汽要承担很大风险，同时利益不能集中到一汽，投资得不到报酬，并且干部由地方任命，一汽无法进行有效管理。与此同时，地方也认为辛苦搞的企业冠以“一汽”名难以接受，松散联合方式走入死胡同。后来进一步发展到“紧密联合方式”。当时采取的是“投资分利”方式，即地方企业加入一汽集团实现紧密联营后，经营管理权交给一汽，而企业原有的固定资产、自有流动资金和专项资金（不含福利、奖励基金）经过清点核实后，作为地方政府对该厂的投资，一汽则以技术、管理软件和补充资金投入作为投资，双方按各自投资比例参加利润分配，企业原税收渠道不变，双方按“先分后税”的原则向各自所在地缴纳税金。“投资分利”的方式比较适应当时的财政体制，保证了地方经济利益，利用了地方现有资产存量，避免了重复投资、重复建设，使轻型车项目能够较快地开展起来，在初始阶段起到了积极的作用。但是，这种方案不是规范的股份制企业组织形式，也很难实现资产经营一体化。由于产权关系维持原有形态，生产要素的优化重组和资源的合理配置也难以实现，“六统一”统不起来。例如，在企业发展规划上，地方往往更注重近期的效益，而集团则强调总体战略的实现；在利益分配上，地方有利就分，这几年汽车行业不景气，风险则压在集团肩上；地方企业本身也常为“两个婆婆”为难，甚至银行也因为还贷责任不清而不愿给企业发放贷款。这些矛盾逐渐使一汽和地方政府认识到实现资产经营一体化的必要性，吉林省委、省政府领导多次组织协调，决定采取承担债务、经营补偿的方式对吉、长两市四个地方企业实行有偿兼并——每年付给长春 500 万元，吉林 1 000 万元。也就是说，在兼并后，在一汽承担四厂全部债务的同时，对地方政府给予四厂的投入，由一汽用经营四厂实现的利润，按一定基数、逐年递增比例和起止年份偿还，当年创收不足部分由一汽用自有资金补足。这就是当年赫赫有名的“吉林模式”。

2. “行政撮合”——行政资产划拨

云南篮箭原先是西南军工企业，生产驾驶室，它原计划在贵州生产发动机，在重庆搞装配，但由于种种原因没有走成整体产品的互补之路。该厂位于曲靖的山沟里，因债务包袱沉重，企业已面临破产，谋求兼并。国家曾建议二汽兼并，但二汽到云南考察后，认为兼并债务包袱太重，不愿意兼并。吉林省原省长高岩到云南任省委书记，一心要撮合这门“亲事”。一汽经过调研，提出“三家抬”的方案，地方让51%的股份给一汽，红塔集团占20%的股份，地方占29%的股份，原有债务“挂账停息”，同时一汽派干部进厂；在产品技术上由一汽抓管理、生产，并将西南市场让给该厂。

在海南兼并案中，吉林原省长杜青林去海南任省委书记，在邹家华总理的支持下，云南篮箭通过资产无偿划拨，成为一汽集团的子公司。

3. 新设合并，股份改制上市

一汽股改的基本思路是“先小后大，先局部后整体，先境内后境外”。

4. 中外合资，引进先进的技术和急需的资金

国家把一汽建设15万辆轿车基地列为重点建设项目，而建成这样一个大基地的投资要上百亿元，在我国轿车技术与国外差距很大而资金又不足的情况下，一汽选择了与国外合资建设的方式。合作伙伴是德国大众汽车公司，注册资本为总投资的40%。在注册资本中，德方占40%，中方占60%，保持了一汽的控制地位。通过合资建设，这个大基地不仅在短时间内如期建成，而且在技术上十分先进，如焊装线由66台机器人组成，油漆线采用的是著名的杜尔公司技术，发动机生产能力为27万台等等。其主导产品捷达轿车已销售10万辆，以品质优良饮誉市场，特别是1997年推出的“捷达王”，装用了5气阀发动机、五速传动器，受到市场的极大欢迎。一汽在与大众合资建设15万辆轿车基地的同时，又把散热器、化油器、转向机等一批零部件厂推上了中外合资建设的道路，一汽先后与8个国家或地区建立了18个合资企业，利用外资总额达3.5亿美元，其中大部分项目（特别是重点项目）由一汽控股，保证了资本结构中公有制占主体的地位。

六、兼并重组后的策略

1. 集权——一汽四环股改的重要经验

一汽四环将合并后的5家工厂全部取消法人资格，集中统一核算。在利润上，各厂财产不属于工厂所有，而是属于股东所有，厂长只是受委托管理，将投资权、分配权、销售权、人事权、采购权集中到公司，即所谓的“集权”管理方式。

2. 继续推进“资本运营”

一汽四环改制上市不是“资本运营”的结束，而是“资本运营”的开始。一汽四环今后的主要策略是股本扩张，原因有两条：①股本小容易被控制；②与一汽关系密切，成为一汽“借壳上市”的工具（一汽总厂希望有更多优质企业上市，但额度有限，所以希望通

过具有较强股本扩张能力的四环来达到目的)。一汽四环股本扩张的大致方向是,因为一汽金杯(上市)是一汽客车的代表,一汽轿车(上市)是一汽轿车的代表,但一汽的卡车系列仍没有一家上市公司作为代表,同时上市公司强大的造血功能对企业具有相当吸引力。在完成对一汽轿车的改制以及兼并后,一汽集团又拟通过配股,将海南汽车制造厂纳入“一汽轿车”旗下。

3. 对被兼并企业进行重组

一汽兼并了金杯后,在对其进行生产、管理、文化整合的同时,还针对其内部组织架构进行了重组。

4. 技术嫁接与管理文化整合

一汽的一个优势是技术开发能力强,另一个优势是具有先进的管理经验和优秀的企业精神及文化。在兼并重组过程中,一汽通过“嫁接”和“整合”等方式将之引入被兼并企业。

十几年来,一汽十分重视产品开发和技术开发系统,曾先后投入2亿多美元资金,从20多个国家引进了40多项先进产品和制造技术,强化了产品开发和技术后方建设,形成了以汽车研究所和工厂研究院为主体,包括材料研究所、工艺装备研究所、轿车研究所、散热器研究所和车轮研究所在内的工厂设计、产品开发、工艺实验、装备设计等相互配套的科研开发阵地。此外,一汽在不断强化企业管理的基础上,基本形成了能够适应市场要求的生产组织和管理方式。在强化产品开发和市场营销体系建设的同时,一汽对企业内部的生产方式进行了一系列的根本性改革:在设计管理上实行了“滚动式”计划管理;在生产组织上采用精益式生产模式,以及“看板管理”、“经济批量”、“混流生产”等十几种现代管理方式,实现了从推动式管理到“拉动式管理”,取得了显著效果。在经销方面,一汽引入了大市场营销观念,建立了以市场需求为主,“从市场中来,到市场中去”的大循环营销系统。

七、兼并重组的法律规范问题的探讨

通过调查,我国的大企业集团一般都有较为完善的关于兼并重组的内部规定和办法。一汽制定了《关于一汽集团对各类子公司和参股公司管理的规定(试行)的几点说明》,《中国一汽集团公司对各类子公司和参股公司管理的规定(试行)》等文件。但是,由于兼并过程多数是通过行政手段进行的资产划拨,所以这些文件不规范,也缺乏有效的法律保护。例如在海南的兼并案中,一汽派了厂长和新领导班子,但由于地方上人事问题,海南省也招聘了人员,两方矛盾,第一次竟没有接管、进驻成。后来,海南汽车厂与广东三星联营搞汽车,但由于双方冲突较大不能协调,才又主动找上门来。此外,大连柴油机厂、无锡柴油机厂兼并案也给一汽很多启示。由于无锡柴油机厂效益好,曾一度“脱离集团”,但几年来看到原来没有自己效益好的大连柴油机厂在一汽的帮助下得到了迅速的发展,无锡柴油机厂又找到一汽主动要求被兼并。

在兼并重组的过程中,被兼并方竟然可以自动脱离“母企业”,这充分反映出我国企业兼并重组中缺乏法律法规保护的一面,也充分暴露出下述问题:

（1）企业领导和并购负责人普遍认为法律问题很重要，但不是最重要的问题，缺乏运用法律法规保护的意识。

（2）现行法律法规的内容较为粗糙，弹性较大，有些内容已被实践所突破。

（3）中国目前缺乏反垄断法和公平交易法。

（4）在法律执行过程中，地方保护主义色彩较浓。

【本章小结】

本章主要介绍了在当前我国经济迅速发展的大环境下国有企业并购的必然性、所面临的困难和并购过程中出现的问题，并从几个方面探讨了我国国有企业并购应采取的形式及未来发展的方向。同时，本章着重分析了我国政府、企业、法律体系在并购过程中的优势和不足，并尝试着提出了解决问题的方法和应采取的措施。具体地说，本章首先介绍了我国国有企业并购的原因、可采取的并购形式及发展历程。其次，介绍了我国国有企业并购的动因和并购中存在的问题以及中国的并购市场与西方发达国家的并购市场有显著的差异。再次，分别从政府的角度和法律的角度分析了我国国有企业并购中出现问题的原因，提出了相应的改善措施。最后，通过一汽集团的典型案例展示了我国国有企业并购的发展历程，说明只要采取了正确的策略，并购可以对国有企业的发展壮大起到促进作用。

【本章要点】

- 我国国有企业并购动因及所遇到的困难
- 我国国有企业并购中政府职能的合理界定
- 完善的并购法律体系对我国国有企业并购的重要性

【本章关键术语】

国有企业并购　　产权主体　　政府行为　　企业并购法律体系

【本章思考题】

1. 我国企业并购市场混乱的根本原因是什么？怎样解决？

2. 我国国有企业并购与西方国家企业并购有什么区别？西方的成功经验中哪些是可以借鉴的？

3. 政府在企业并购中应扮演什么样的角色？我国政府又扮演了怎样的角色？怎样界定我国政府职能？如何规范政府行为？

4. 我国并购法律体系存在哪些漏洞？怎样完善？你认为什么样的法律体系才适合我国国有企业并购发展的现状？

第十三章

上市公司并购

第一节 上市公司并购及其现实意义

一、概述

企业并购是资源重新配置的一种方式，它是市场经济有效运转的必要手段之一。由于上市公司的股权可以通过统一的证券市场低成本转让，同时上市公司的股权分散，控股所要求的比例相对较低，所以涉及上市公司的并购是企业并购行为的主要组成部分。

上市公司并购是指法人或自然人及其代理人通过收购一家上市公司的股份并获得该公司控制权的行为。随着我国经济产业结构重组的进程和资本市场的发展，以上市公司为标的的并购数量和总额也不断增加，2000 年和 2001 年分别为 104 起和 124 起。据不完全统计，2010 年涉及上市公司股权转让（包括当年已完成、正在实施、已获股东大会通过、预案通过董事会批准以及双方已达成转让意向等情形）的案例累计已超过 5 000 起，涉及的金额超过 3 000 亿元，涉及的上市公司超过 900 家（次）。从并购双方看，既有国有企业，也有民营企业，甚至还有境外企业。从发展趋势看，此类上市公司的股权并购数量还在不断增加。尽管如此，与资本市场发达国家相比，我国上市公司并购的外部环境与约束机制仍有很大的不同，进而导致并购的目的、动机、实现方式和对资源配置的效果等方面都有很大的区别，研究特定环境对上市公司收购行为及效果的影响就成为具有现实意义的事情。

二、并购的现实意义分析①

并购对目前我国经济的发展和公司改革的深入等有着重要意义，具体说来，主要体现在以下几个方面。

1. 产业结构调整的需要

当前我国经济面临产业转型的繁重任务，主要体现在两个方面：①由于长期注重第一产业、第二产业的发展，忽视第三产业的发展，以及注重重工业的发展，忽视轻工业的发展，导致我国的产业布局与市场经济的要求和消费者的需求不相匹配。消除现有经济结构的不合理状况需要我们进行产业调整。②在我国上市公司和国有企业中，传统产业占绝大部分的比例，科技含量高、知识密集型的产业发展缓慢，这极大地影响了我国国民经济竞争力的提高。因此，提升我国经济的国际竞争力，促进我国经济的进一步发展需要调整产业结构。

2. 有利于公司治理改革

首先，国有企业改革依旧是我国理论界和实务界面临的重大问题。理论界认为，产权不清晰是我国国有企业面临的主要问题。改革国有企业的产权结构，调整国有经济的布局，就是通过企业并购的方式实现的。在解决好产权的基础上，才有可能进行深入的公司治理改革，为建立良好的公司治理模式做准备。

其次，良好的上市公司法人治理结构是上市公司健康发展的保证。但是，我国由于上市公司股权结构的缺陷，所以股东大会普遍缺乏制衡的力量。因此，建立完善的法人治理结构存在众多障碍。上市公司并购重组可以形成控制权市场，这在一定程度上可以分散上市公司的股权集中度，从而弥补上市公司的股权结构性缺陷，同时形成市场约束和激励机制，促使上市公司治理结构的改善。

公司治理结构的改善也对并购重组的顺利进行有重要作用。最近，所罗门美邦关于公司治理的研究报告对公司治理涉及的热点问题进行了总结、阐释。该研究报告表明，独立董事在公司做出重大决策时能发挥关键的作用。比如在公司收购或反收购中，独立董事对公司的重大决议发表独立意见，有助于股东价值最大化。在监管实践中，国家制定的《收购管理办法》正努力发挥独立董事在公司做出收购或反收购重大决议时的关键作用，以维护股东的权益。

3. 市场经济有效运行的保证

我们正在进行的建立完善的市场经济体制改革是一项系统工程，需要各个方面的支

① 参见曹凤岐：《我国上市公司并购的回顾及建议》，新浪财经，2003-06-30。

持。上市公司的并购在现在和今后的经济活动中显得越来越重要。

企业优胜劣汰是市场经济应有之义。淘汰企业有两个重要的方式：一是破产；二是通过并购的方式使企业的控制权从失败的管理者转移到成功的管理者，这就实现了资源的优化配置。在我国特殊的社会制度下，让一个企业破产可能成本巨大，因为政府还承担一些社会责任，比如安排职工就业等。因此，并购应该成为我国市场经济优胜劣汰的最重要手段。

4. 保护投资者

一个破产企业的资产可能还会带来相当的现金流，但破产清算要求在短期内变现企业的资产，这将导致市场极大地低估企业资产，进而使投资者损失巨大，甚至血本无归。如果这个企业被兼并，而收购股权的市场价格能充分反映企业未来的现金流信息，那么企业原投资者（尤其是中小投资者）的利益就得到了保护。

第二节　上市公司并购发展历程分析①

我国上市公司并购开始于1990年，但在1997年以前，并购活动比较少见。1993年，深宝安通过二级市场收购延中的股票，其延中股票持有量从4.56%上升到18%，一举成为延中的第一大股东。深宝安后来虽未成功实现全面收购，但却开了我国上市公司收购的先河。1994年，恒通收购棱光又开创了另一种颇具中国特色的并购方式——上市公司的国有股协议转让和以自我交易为主的资产并购。恒通当时从棱光的母公司——上海棱光实业公司所持有的55.26%的国有股中受让了35.5%，并且得到了全面收购的豁免。尽管宝安收购延中和恒通收购棱光在当时令人瞩目，但由于客观环境的不成熟，步它们后尘的并不多。在1994年以后的几年里，由于宏观经济形势的恶化，我国一部分上市公司在1995年和1996年陷入财务困境，出现一批亏损企业，并产生了特殊处理（ST）板块。亏损公司和ST板块的出现，意味着一些上市公司将会失去配股资格，甚至有“摘牌”的危险。由于上市指标和配股资格对地方经济的重要性，因而地方政府要想方设法“保壳保配”，由此引发了地方政府主导的、以“保壳保配”为直接目标的上市公司并购浪潮。1996年，上海市政府在全国率先提出对陷入财务困境的上市公司进行并购以实现“保壳保配”，并筛选出一批“壳”公司名单，如众城实业、联合实业等。上海市政府主导的上市公司并购被各地纷纷效仿，因而从1997年开始，我国上市公司并购迅速升温，并购活动的数量和金额持续上升。1999年以来，由于结构调整的加剧和企业两极分化的加快，除了地方政府主导的并购以外，由市场力量推动的并购也处于方兴未艾之中。

上市公司的并购是随着我国统一证券市场的建立而产生的，根据不同时期我国上市公司的并购活动特点，我们可以把上市公司的并购历史分为三个阶段。

---

① 参见曹凤岐：《我国上市公司并购的回顾及建议》，新浪财经，2003-06-30。

一、从1990年到1993年为初始发展时期

在此期间，我国对社会主义改革的取向依旧存在争论，国有股和公有性质的法人股转让依旧是非常敏感的问题；同时，我国证券市场本身还处于初始阶段，上市公司的数量少，各地都选择优秀的公司上市，上市公司出现问题的不多。因此，并购活动总体上表现得不是很活跃，而且由于企业并购活动也处于初始摸索阶段，企业并没有把并购行为作为战略手段之一。这个阶段的表现是：①缺乏法律制度和市场规则，市场缺乏统一的行为规范，出现了在并购重组后管理者才参与的现象。同时，监管也表现为头痛医头、脚痛医脚的方式。②并购的对象主要集中在二级市场和三无板块（无国家股、无法人股、无转配股）。

二、1994年到1998年为快速发展时期

这个阶段是以1994年4月恒通控股棱光实业为起点。这个阶段的特征主要表现在以下几个方面：①并购的动机是利用“壳”资源融资。②目标公司多是处于衰退期的行业或产业周期低谷的行业，普遍业绩不佳。从被兼并方看，如果企业效益好，地方政府就不会出售，因为“壳”资源依旧是稀缺产品；从兼并方来看，这些企业由于面临退市的威胁而急于扭亏，因此在市场上会被严重低估，兼并这些企业可以得到潜在的收益。③由于并购双方经济性质的差异，支付方式有股权划拨，也有现金交易，更多的是以资产换股权。如果兼并方是国有企业，而收购的股权也是国有性质，则可能出现股权直接划拨的可能，这种股权的划拨其实是国有经济的调整和产业结构的整合。如果并购方是民营企业，则可能发生现金支付，或现金加资产换股权的形式。④并购后一般都会有优质资产注入、劣质资产剥离的行为。由于并购目标公司一般都是经营业绩欠佳，甚至发生严重亏损的公司，而且并购方的目的往往是以增发、配股来融资，所以并购方往往通过注入优质资产和剥离劣质资产来改变企业的盈利状况，以尽快使控股上市公司达到配股的盈利要求。⑤转让的股权绝大部分是国有股、法人股。

三、1999年到现在为规范发展时期

在这个时期颁布了《中华人民共和国证券法》，中国证券市场也逐步走向成熟、规范，上市公司并购重组的次数大大增加。

这个时期的特征是：①并购方呈现多元化倾向。并购方不再是清一色的实体经济部门或一些控股公司，一些投资公司、证券企业也纷纷对上市公司表示了兴趣，如1999年海通证券和深圳德庐投资发展有限公司的控股行为。②并购方注重挖掘被并购企业的盈利潜力，不再单纯只是为了融资，整合资源优势受到各方重视。除必不可少的不良资产剥离外，并购方开始注重对公司管理体制的改变，从制度创新、管理、业务转型、技术创新上增加上市公司的价值。③从单纯获取“壳资源”变为动机的多元化，战略性重组增多。例

如，产业结构的升级、市场力量的加强都成为一些公司并购的重要原因。④有关并购的法规（包括会计处理和信息披露等）都有了具体的规定，因此并购行为更规范。⑤被并购方呈现多样化，不再限于绩差公司，一些绩优公司可能也会由于特殊地位成为并购的目标。⑥政府在并购中的地位有所下降，但依旧占据主导地位。

第三节　上市公司并购中存在的主要问题分析

在我国上市公司并购中，存在很多的问题需要认真对待。

一、上市公司并购“壳”资源问题分析①

随着我国证券市场的发展，上市公司中陆续分化出一批经营困难、业绩很差的企业，这种上市公司因其保有上市资格，被誉为“壳”公司。在目前我国证券市场的制度安排下，“壳”公司因其拥有上市资格而成为其他意欲跻身证券市场企业的利用对象，因而“壳”公司成为证券市场中一种稀缺的资源，“壳”资源问题由此而生。

“壳”公司的出现是证券市场发展的必然伴随物，任何国家的证券市场都存在“壳”公司的现象。除了因行业生命周期、企业经营不善等一般性原因外，不同国家的证券市场还会有自身的特殊原因，比如制度背景。但“壳”公司并不一定是一种资源，只有当“壳”公司满足资源的一般特性——收益性和稀缺性时，“壳”公司才成为一种资源，这是以一定的制度安排为前提的。

（一）我国“壳”公司形成的原因和制度背景

为何我国上市“壳”公司是一种资源呢？

我国经济发展正处于转轨时期，即处于传统计划经济体制向成熟的市场经济体制过渡的历史阶段，这种过渡类型的经济体系使“壳”资源的产生具备了特定的制度环境和市场条件，从而使我国的“壳”公司成为一种稀缺资源。

20 世纪 80 年代中期至 1992 年是我国证券市场的初建时期，由于特定的制度安排，上市公司的质量不高、发行规模小、抗风险能力差、经营机制不规范、产权不明晰，在市场竞争中处于不利地位，这是我国证券市场“壳”公司形成的重要阶段。

1992 年以后，大批国有企业开始向社会公开发行股票并上市交易，由于管理制度的不完善，在证券市场发展的同时，管理严重滞后，这为“壳”公司的形成提供了新的制度条件。因此在中国，“壳”公司的产生并不是充分竞争市场制度的产物。政府作为公有产权的主要代表直接参与证券市场管理和市场资源的分配，为“壳”公司的形成创造了行政条件，主要表现在额度管理制、两级审批制。这种制度有利于规范证券市场，发挥地方政府和中央主管企业的信息优势，但在政府主导证券市场的制度条件下，非完全市场竞争行为直接导致了“壳”公司产生。

---

①　参见贾渠平、王庆仁：《上市公司“壳资源”的经济学分析》，http：//www.kaohao.com，2003-06-14。

第一，为了用足额度，有的地方政府在没有合适上市公司时搞“拉郎配”，在分配时将额度“蛋糕”切小，使许多不具备上市资格的企业挤进股票发行行列，而业绩较好的企业难以进入，有时还出现企业弄虚作假的市场欺诈行为。

第二，在控制方式上的额度管理和数量控制，使不同区域、不同行业的同样经营业绩的企业得不到同等的上市机会，出现了上市的不公平性和非市场竞争，“壳”公司应运而生。

第三，在证券市场发展初期，企业上市较易摘牌难，存在“上市公司”某种程度的终身待遇，隐性亏损扩大，从而最终形成“空壳”。

简而言之，政府行政干预证券市场是“壳”公司形成的重要原因。

（二）“壳”资源的特性

从“壳”资源的产生可知，它是以上市公司中的“壳”公司为物质载体的，“壳”公司是对经营业绩差的上市公司的一种形象比喻，是有“壳”无肉。上市公司被誉为“壳”，则意味着其经营业绩不佳，出现经营困难，甚至面临破产的危险。在国际证券市场上，“壳”公司是指拥有和保持上市资格，但相对而言，业务规模小、业绩一般或无业绩、总股本和可流通股规模小或停牌终止交易、股价低或趋于零的上市公司。在国外被称为“shell company”，通常分为“实壳公司”、“空壳公司”和“净壳公司”三种。

1. “壳”资源的一般特性——收益性与稀缺性

资源的最大特点是它的稀缺性和收益性。所谓稀缺性是指资源存量与增量相对于人类需求（市场需求）而言显得相对不足，而收益性是指对资源的占有和控制能带来货币或货币化的效用，满足并遵循投入产出原则。在我国企业进入证券市场存在准入制度的情况下，上市公司的上市资格成为政府授予的垄断权力，拥有这种资格可获得垄断收益。另外，能够在证券交易所挂牌上市的公司一般都是各地优秀企业的代表，许多还是行业的“排头兵”，而且上市公司是企业改革的先行者，在探索建立现代企业制度、转换经营机制、进行制度创新等方面取得的成功经验和失败的教训无疑都是十分宝贵的。一些上市公司由于前面所述的种种原因没落成为“壳”公司，它们被重新利用后能够为利用者带来巨大的收益，表现在：①可以继续利用证券市场的筹资优势，这是非上市公司所希望并梦寐以求的；②广告效应，公司挂牌上市可大大提高公司产品的知名度；③资产变现能力强，上市公司的股票以其标准化、可分性、流动性为资产变现提供了便利的条件；④资本放大效应，上市公司可以用较少的资本支配和控制较大的社会资本。在我国特定的制度背景下，由于股市处于发展期，国家对上市公司采取鼓励政策，各地政府对本地的上市公司无不给予政策扶植，为其提供税收等优惠。

由于上市公司具有垄断收益，因此上市公司都会尽量保住其上市资格，只有当企业经营困难无法继续时，才会考虑出让其上市资格。我国证券市场发展历史较短，上市公司为数不多，“壳”公司就更少了。自 2005 年以来，中国证券市场的规模逐渐扩大，上市公司家数日益增多。截至 2010 年底，沪深上市公司的家数超过 2 000 家，但中国上市公司总数占中国企业总数的比例仍然较低。据不完全统计，每年排队等待上市以及拟上市的企业有五六百家，而在 2001—2010 年间，平均每年新上市的公司也就 100 家左右。2010 年是新上市公司家数最多的一年，超过 300 家。同时，中国公司上市实行严格的核准制。在这样的制度安排下，公司发行股票并上市交易是相当困难的，通过借“壳”上市是多数意欲跻身证券市场的企业不得已的选择，而我国从政策上是鼓励企业资产重组的，尤其是对“壳”公司的重组。可见，市场对“壳”公司的需求是巨大的，因而在较长时期内，我国证券市场上的“壳”公司是稀缺的。

2. “壳”资源的特殊性——虚拟性与再生性

“壳”资源的虚拟性是指“壳”公司因其拥有上市资格而产生的价值，它并不与现实生产中的生产要素相对应，它与特定的制度相关。如果市场没有进入和退出壁垒，“壳”公司也就无法成为资源。“壳”资源的虚拟性是相对于实物资源而言的，一般的资源有实实在在的物质载体，是一种真实的生产要素，在人们的生活、生产中发挥必不可少的作用，它与社会制度并无必然联系，主要是满足人们的需要。但“壳”资源并不是人们生活和生产中必不可少的要素，它是一种虚拟资产，只在我国证券市场存在严格的准入限制下，才具有稀缺性和收益性。

“壳”资源的再生性在于，一般资源的使用通常是被消耗掉，发生价值转移；而“壳”资源在利用中却会产生巨大的价值增值，将无“肉”的“壳”公司变为有“肉”的优质公司，这正如劳动的使用价值一样，在使用过程中能够产生价值增值。如果对“壳”资源利用不当，可能使之继续为“壳”，或再次沦为“壳”。

（三）“壳”资源存在的客观性与长期性

首先，在我国现有的经济制度下，政府承担着宏观调控和管理国有资产的责任，这是由我国的产权制度和市场体系不健全所决定的。在资源配置上，市场的基础性地位还没有完全确立，政府仍保留对一些重要资源（特别是公共品）的处置权。事实上，就是在发达的市场经济国家，政府仍然拥有对公共品、公共资源的优先配置权。与此相联系，在经济体系运行过程中，宏观决策权就有了某些集权的倾向，加上制度、法律的约束弱化和低效，政府行政干预的某些非理性偏好，特别是在信息不全面的情况下（事实上，不可能达到信息的对称和全面），就表现出某种不确定性。因此，政府的行为选择存在着两难：一方面，它必须使市场稳定，避免大起大落对整个经济体系的冲击；必须强化市场控制，提高市场进入的门槛和防范可能的市场风险。因此，规范和数量控制方式便会出台，这对同样性质的市场竞争主体就不可避免地出现不平等。另一方面，市场化改革趋向又要求健全的市场体系，市场作为资源配置的基础主体要求减少政府非理性的行政干预，由此产生了政府与市场的相互博弈过程，“壳”资源的存在便有了政府与市场两方面的制度基础。

其次，资产收益并不是一成不变的。随着市场环境的改变、技术进步和制度创新，资产的收益性也会发生变化，出现了同样存量或增量的资产收益的差异性，产生资产流动的要求，而“壳”资源正好能满足这种流动性的某些需要，而且不同的资产在不同“壳”中流动也需要借助一定的手段，而“壳”资源的存在能减少资产流动的某些制度成本、风险费用和财务成本。因此，“壳”资源的存在具有客观性。

随着《证券法》的实施，我国证券市场将逐步规范，我国上市“壳”公司的供求数量也将发生变化。一方面，《证券法》规定，股票发行由审核制变为核准制，取消了额度管理的限制，这是向完全注册制转化的过渡措施。这样一来，公司发行股票的难度将会变小，对“壳”的需求将相对减少，但公司借“壳”上市的动机是多元的，只要直接上市的成本高于借“壳”上市，而收益低于借“壳”上市，则公司对“壳”的需求依然会增加。另一方面，随着大规模的企业兼并重组，必然会产生大量的规模庞大的企业集团，它们对企业的业绩、抗风险能力将会有所提高，这样会使部分“壳”公司脱“壳”而出，从而又减少了“壳”公司的数量。因此，从较长一段时期来看，我国“壳”资源依然是稀缺的。

二、上市公司并购外部环境分析

从广义上讲，上市公司并购的外部环境是指所有影响并购行为和过程的企业外部条件及状况。我们可以把对上市公司并购产生影响的外部环境分成法律环境、金融市场环境和经济环境三类。法律环境是指企业对上市公司进行并购时应遵循的各种法律法规和规章制度；金融市场环境是指企业开展并购活动时所处的资本市场和货币市场状况；经济环境是指企业进行并购时的宏观经济状况，包括经济增长状况、通货膨胀率、产业组织和产业政策等。

与资本市场发达完善的国家相比，我国企业在对上市公司进行并购时，面临着如下的特有环境约束。

（一）法律环境

1. 国有资产管理法律法规的制约

目前，我国上市公司以国有企业为主，绝大多数上市公司都是国家股或国有法人股占绝对控股地位，以上海证券交易所为例，上市公司股份中近三分之二为国有股股东直接或间接持有。我国上市公司特殊的股权结构决定了要真正获取一个上市公司的控股权，仅靠收购流通股份不能达到目的，必然牵涉国有股股东所持股份的转让问题。而根据我国《公司法》和有关国有资产管理法规的规定，以国有资产为主的公司企业在进行合并、分立或资产重组时必须经过上级国有资产管理部门的批准，这就使得整个过程掺进了行政色彩。由于比较大的并购案例都涉及跨地域甚至跨行业，因而企业利益和政府主管部门的目标在并购重组问题上常常存在冲突，所以部门和地方利益常常成为并购活动的障碍。

同时，上市公司股权过度集中于国有企业，而国有股股东也缺乏相应的“退出机制”，这制约了证券市场资源优化配置功能的发挥，使得公司治理机制失效。国有股股东控制的上市公司对董事、经理等高级管理人员的报酬和激励机制不够完善，进而可能会导致委托—代理问题，使得经理人员对有利于企业但不利于其自身利益的并购行为进行抵制，这也是我国上市公司治理结构无效的根源之一。此外，这极大地增加了并购的难度，限制了我国资本市场的企业并购行为。

2. 证券交易法律制度的制约

对上市公司并购进行制约的证券交易法律制度主要是《公司法》、《证券法》及相应的监管部门法规等。从内容上分，可分为对上市公司并购的主体、客体及其权利责任的规定、并购要约制度、信息披露制度和反并购的法律规定等。我国与资本市场发达国家相比，并购立法体系不够明确具体，对并购和反并购可能涉及的一些问题没有做出规定。此外，还有一些名词概念界定模糊，因此常常出现法律争议。例如，在要约并购的规定中没有对大股东规避强制要约做出直接规定，对“一致行动”的规定不明确，引发了“辽国发并购爱使”案例的法律争议；在并购信息披露制度中，对涉及内幕人员的交易未做明确具体的规定，而协议并购作为我国上市公司并购的主要方式（实际上在1997年后是唯一方式），其对信息披露的内容要求不明确等。上市公司并购法律制度的不完善必然导致众多的补充条例和行政介入，如果不同部门之间的法规相左，往往会引发争议，而这种情况在上市公司并购的过程中经常出现。随着《公司法》和《证券法》等基本法律的修改完善，为实现这些基本法律而制定的规章的内容也有了相当的进步。但与基本法律的完善程度相比，法规和规章问题突出。

首先，规章的实体规定存在的主要问题是规定不够具体、操作性不强以及有些内容没有及时反映法律的本意，不符合实际需要，也不符合法律理论。比如《中华人民共和国公司登记管理条例实施细则》中没有规定收购发生后所有权转移的时间起点，新《证券法》中某些规定与其他相关法规条文相互冲突等。

其次，程序规定不严谨，执法随意性大，时间成本难以预测。以强制性部分要约收购为例，根据规定，企业在发出要约收购前，要向证监会提出书面报告，但对证监会意见可以提出异议的期限没有限定。受调查的律师们表示，80%以上需要行政审批的案件存在执法随意性大的情况。

再次，在全国范围内的执法统一性没有有效实现。虽然有统一的《公司法》和《公司登记管理条例》及实施细则，但在新旧《公司法》规定不同或者法律规定冲突或模糊的情况下，会出现各地工商局自行其是，事实上执法不统一。

最后，对不当行政行为的处罚和监督力量不足。没有对行政部门执法的强有力监督和处罚，行政人员违法成本低，会加重行政执法行为的随意性和寻租情况。

调查发现，行政权力行使不完善是影响我国企业并购环境、降低效率、增加成本的最主要因素。有些原本为提高并购效率设置的制度因为行政权力行使不完善而成本倍增。被调查者表示，在他们承办和接触过的涉及企业并购的所有案子都遭遇过行政权力行使不完善的情形。

3. 税收法律的影响

并购的财务协同效应理论认为，上市公司并购过程中利用税法、会计处理惯例以及证券交易等内在规定的作用，就在于产生一种纯粹的财务效益。常用的方式有并购后以净亏损进行税务抵免，进行免税重组避税和利用杠杆并购设计延期方案等。我国为了推进产业重组，对并购、重组采取了适当的税收优惠，包括免税、减税和推迟纳税，但这些优惠政策主要是针对国有资产和国有企业的，这在一定程度上影响了民营企业并购的积极性。另外，由于我国在企业所得、资本利得、证券交易等方面存在着税收制度的非一致性、税法的非中性和不完备性等种种因素，税收制度并不严密，这导致了大量违背制度设计初衷的避税现象。税收制度的差别待遇和漏洞，不仅不利于资源的优化配置，还导致了并购市场的紊乱。

（二）金融市场环境

1. 金融资本市场筹资功能的缺失

对上市公司进行收购的收购方往往需要筹措大量的资金，特别是在用现金方式进行收购时，所需资金更为巨大。此时，收购方往往要求助于资本市场融通资金。综观发达国家资本市场的并购案例，几乎全部伴随着巨额外源融资，但我国企业在金融资本市场筹资方面就面临着严厉的制度制约。

资本市场由股票市场、债券市场和中长期信贷市场三大部分组成。从我国的情况来看，股票市场发展较快，而债券市场和中长期信贷市场的发展相对滞后。上市公司并购的收购方基本上都是未上市公司，无法公开发行股票或通过设计期股等方式融资。此外，在发达国家资本市场并购融资中常用的高收益债券融资（杠杆融资）方式在我国完全不可行。我国债券市场中的主要发行和交易对象是国债，企业债券的发行、流通和使用都有严格的限制。企业发行债券有很大的硬性约束，整个企业债券市场规模小、流通性低。我国的《企业债券管理条例》还规定，企业发行债券的所筹资金不得用于股票买卖等与本企业经营无关的风险性投资。在中长期贷款方面，由于银行贷款有严格的利率规定，用于并购融资很明显存在风险和收益不对称的问题，从而限制了其总体数量。其他的中长期信贷方式（如投资银行融资）在我国还不多见。综上所述，企业欲通过资本市场进行并购融资时，就面临着融资渠道不畅的问题。

2. 金融工具缺乏

金融工具实际上就是各种凭证。上市公司在并购的过程中要求金融工具品种丰富，能够满足各种并购活动的需求。但实际上，由于制度缺陷和发展滞后等原因，我国金融市场上流通的金融工具远不能满足市场的需要。例如，我国企业不能通过发行债券来筹集并购所需的资金，而其他的金融衍生工具（如股票期权、可转换债券和优先股等）在实际运用中也受到诸多的限制。

金融工具的缺少导致我国公司并购的支付方式单一落后，只有现金并购、资产折股和承担债务等少数支付方式，国外常见的换股收购、杠杆收购和综合证券收购在我国缺乏实现的基础条件。

3. 中介机构发展不成熟

在企业并购过程中，中介机构是为并购双方提供融资、咨询、信息等服务并收取一定费用的第三方当事人。从国内外的通常做法来看，中介机构主要包括商业银行、投资银行等金融机构和会计师事务所、律师事务所及兼并事务所等非金融机构。公司并购通常需要资金实力雄厚、业务水平高的中介机构介入，它们可为并购双方提供信息和咨询、牵线搭桥、筹划交易方案，甚至提供并购资金。同时，中介机构还要为公司并购的有效运作提供法律保证，为并购的合理化、公正化、公平化提供组织保证。

在我国，随着市场经济体制的逐步建立和完善，各类中介机构纷纷建立，但在公司并购中的参与程度却很有限，主要表现在：一是中介机构的主要业务局限在企业财务审计、资产评估和法律咨询上，而作为主要内容的企业发展咨询、融资服务等业务则参与程度不够，中介机构还没有真正成为连接企业与市场的中介。二是信息量少、咨询服务功能不强，从而决定了中介牵线搭桥的作用有限。很多希望扩张的企业找不到被并购的对象，也不知道如何并购，即使找到了并购对象，也由于缺乏有力的资金支持和专门的技术指导而难以实现。相反，那些生产经营效益差，希望被效益好的企业并购以改变现状的企业，也找不到并购企业。三是人员业务素质较低。现代市场经济中的中介机构应该是高智慧人才的集合，具有很强的市场洞察力和敏锐的预见能力，对不同企业、行业的成长周期和成长规律有深入的了解，才能有效、合理地撮合各种交易。而我国中介机构的执业者能具备这些条件和能力的很少，难以推进公司并购发展。作为中国特色发展起来的企业产权交易中心，只是作为一种列示具有交易意愿的企业名称的场所。

（三）宏观经济环境

任何经济活动的进行都受到宏观经济环境的影响，只是受影响的程度有大小之分。大量的实证研究表明，宏观经济状况与企业并购之间存在密切的相关性。在有利和扩张的宏观经济环境下，企业间的并购活动会迅速扩大，并形成规模；在不利和紧缩的宏观经济环境下，企业间的并购活动也相应会减少很多。企业并购活动的开展，在某种程度上也促使宏观经济层面发生改变。在新兴国家或地区的产业结构调整和产业重组过程中，并购也有利于以较低的成本优化产业结构，从而为宏观经济环境的好转起促进作用。

三、上市公司并购中政府行为分析

政府部门在企业并购中起着重要的作用。在我国企业制度仍存在政企不分、产权不明晰、资产交易不透明等情况下，政府同时扮演着资产所有者和宏观调控者的双重角色，使得政府对并购行为介入过深，甚至以其有形之手促成非等价交易的完成。政府作为资产的所有者在转让国有股的同时，地方政府为了吸引受让方将优质资产注入公司的动机所导致的地方保护主义倾向，有时也会对企业并购产生消极影响。

（一）原因分析

政府行为在中国上市公司并购活动中的频繁出现，有其深刻的经济和历史原因。因为绝大多数上市公司是由国有独资企业改制而来，虽然股权在一定程度上已经实现了有限分散，但国有股仍然在股权结构中占据绝对比例。作为国有股的持有人或所有者，政府具有推进并购活动发展的动机。

（1）由于国有资产也是一种市场化财产，具有营运性的属性，从而使政府这一国有资产的所有者同样承担着财产的保值和增值任务，同样以收益最大化作为追求目标。为了提高国有资产的利用效率，政府运用大股东的地位，通过并购等各种方式进行公司资源的重新配置，这在理论上是一种经济行为的要求，与市场化行为没有本质的冲突。因此，维护所有者权益是政府积极介入并购活动的主要动因之一。

（2）用带有计划经济色彩的政策规范证券市场、发展证券市场，将迫使政府介入上市公司的重大并购活动。中国证券市场从设立之初就带有浓重的“中国特色”，发行的行政选择色彩较浓以及由政府控制的国有股权占据上市公司多数份额这两种现象，从源头上弱化了证券市场的市场功能。发行的行政选择使企业上市不是市场竞争的结果，而是“公关”的结果。这样不仅放大了股票发行的社会成本，而且使政府信誉与上市公司信誉绑在一起，一荣俱荣、一损俱损，而且上市公司的多寡、融资额的数量都可能成为一届政府的业绩。另外，在上市公司出现经营危机时，各级政府为了弥补发行时留下的后遗症不得不出手相救。尽管在股权分置改革后，原有的非流通国有股已成为流通股，并且同股不同价、同股不同权的现象在形式上已逐渐消失，但在实践中，上市公司多数股权仍由国有企业直接或间接持有。只要国有企业控制的上市公司成为并购活动的目标公司，必然会由政府来选择并购方。也就是说，只要各级政府控制的国有上市公司占据证券市场的核心地位，就为各级政府在并购活动中发挥主导作用提供了条件，也使政府在并购活动中有了举足轻重的地位。

（3）在中国现行的管理体制下，上市公司对所在地区的经济发展具有重要意义，如上市公司的各类融资项目为地方经济的发展提供了推动力，大部分上市公司都是地方的税收大户，规模较大的上市公司还能较好地解决地方就业问题等。因此，上市公司作为并购方时，政府要求其更多地考虑本地区的企业，确保肥水不流外人田；作为目标方时，考虑到上市公司可能被其他地区的企业收购，导致税收流失、就业等问题，所以政府也不鼓励跨地域并购。这种并购的区域化特征严重阻碍了上市公司的发展壮大。

（4）由于上市公司发行的行政选择，使得上市公司经营行为和经营业绩与政府信用挂起钩来。特别是当上市公司虚假上市或由于经营问题、严重违规违法问题面临退市威胁、影响二级市场稳定时，政府不得不付出巨大的社会成本引导、鼓励上市公司并购，以维护政府信用、重整市场信心。

（二）政府调控方式分析

上市公司并购是权利主体之间的一种自愿的互利行为，是在企业财产权利主体及其行为得到明确界定的条件下，交易的最终达成取决于众多股东的一种共同意愿。政府只能作为调控者和产权的维护者，通过立法的形式介入公司并购活动。例如，政府为保护整个经济竞争力，制定反垄断法规来限制因并购而导致的生产过度集中；通过税收政策鼓励公司在交易中采取以股换股的方式等。另外，政府的功能还体现在通过司法程序对侵犯权利主体利益的行为进行制裁，以维护交易的公正性与合法性。具体说来，政府的调控方式主要有以下几种。

1. 政策引导

政府通过制定各种经济政策引导公司并购向健康方向发展，并发挥其在资源配置中的作用。一般来说，下列政策在引导公司并购正常开展中是必需的：①产业政策。产业政策一般包括产业结构政策、产业组织政策、产业技术政策和产业空间配置政策等。产业结构政策主要是对今后产业结构调整、优化及产业发展顺序做出规定，为公司并购提供指导性方向。产业组织政策主要是对产业间的协作、企业规模结构以及市场类型的调节进行规定，给出了产业领域中生产集中度的范围。这对公司并购来说，具有重要的引导和制约作用，因为公司并购一般会提高产业内生产集中度、改变市场类型。至于产业技术政策、产业空间配置政策也在一定程度上影响上市公司并购的展开。②金融政策。它包括货币发行政策、证券政策和信贷政策等，对公司并购有引导作用的主要是信贷政策，关键是信贷发放准则、利率优惠准则等。通过不同产业、不同项目、不同类型的公司并购享受不同信贷发放准则和利率优惠准则，起到引导公司并购在某一领域大规模发生和抑制并购在某一领域发生及发展的作用。③税收政策。税收政策中关键是税收累进幅度和差别税率的制定。对于不同的产业领域，根据其在产业政策中的地位给予不同的税率优惠。如果准许并购后企业的生产经营进入享有税收优惠的领域，则将推进并购的发生，反之亦然。④财政政策。财政政策表面上看似乎与微观经济行为相隔较远，实际上并不是这样。与公司并购相关的财政政策主要是财政补贴政策。对并购方在一定时期、一定范围内给予财政补贴的办法，可以减轻并购方在收购被并购方时的资金负担。

2. 市场调节

政府可以采取下列措施调节公司并购市场：①制定公司并购交易规则。制定合理的、公平的交易规则，有助于交易市场的规范化和交易的正常开展。在交易规则中，主要应说明上市交易企业的条件、资产评估的结论审定、交易方式程序、竞投标方法等。②经济杠杆操作。这主要是指价格、信贷、税收、贴现率等。在公司并购交易市场上，经济杠杆可以起到调节并购行为的作用。例如，贴现率的变动可以影响被并购方资产价值量的大小。因为在对被并购方进行资产评估时，若用收益现值计价准则的话，贴现率高，则收益现值将低；贴现率低，则收益现值将高。而贴现率的高低，不仅与政府对未来经济走势的判断有关，也与证券市场供求关系有关。③信息咨询服务。信息咨询服务有助于并购双方认清产业发展方向、技术市场状况等，有助于对被并购资产的认识和最终的并购决策。政府应该为公司的并购提供这种服务，通过这种服务可以引导并购双方减少盲目性，提高并购决策的正确性。

3. 法律制裁

对不符合政策和政府经济发展规划的公司并购行为进行法律制裁是必要的，它不仅能对已经发生的不规范公司并购行为进行纠正，而且对那些潜在的不规范公司并购行为起到一种威慑防范作用。具体的法律制裁并不由政府执行，而是由法院执行。政府在这方面的作用方式是会同立法机构制定经济法律，对并购行为的法律界定加以明确。

（三）作用分析

（1）政府的介入推动了上市公司并购的步伐，推动了市场和社会资源的流动及调整。政府或者直接决定转让国有股权，或者牵线搭桥帮助上市公司寻找并购对象，或者为上市公司并购提供补偿，以此来促进企业间的并购。

（2）政府作为国有股权的所有者，必然要参与上市公司的并购。在股权分置改革后，国有股权逐步实现了全流通。在这种情况下，让政府仅作为规则的制定者或股权的监管人并不现实，它必然会直接或间接地参与并购，甚至发挥主导作用。因此，在未来的很多情况下，并购活动的开展很可能是政府作为国有股权的所有人主动寻求变化的结果。

（3）政府对并购活动的参与在某种程度上有利于在证券市场功能缺损的时候替代市场发现重组价值，降低交易成本。我国证券市场发展还处于初级阶段，还有很多不完善的地方，很多市场机制没有能够很好地发挥出来。在这样的情况下，市场交易的成本是很高的，而政府的适当介入，有助于弥补市场机制不完善带来的缺陷，从而降低成本、提高效率。

（4）公司并购中出现宏观目标和微观动机相矛盾的时候需要政府的协调和干预。公司并购的宏观目标是优化国民经济结构。但是，在公司并购的实践中，宏观目标和微观动机并不一定是完全吻合的。公司在进行并购时，或是要取得新的生产经营优势，降低经营风险；或是要形成经营规模，取得规模经济效益；或是充分发挥管理资本的效率；或是为了在一定程度上取得企业在市场上的优势地位，实现超过社会平均利润的收益。总之，并购者着眼于企业的微观效益，这种微观动机不一定能够达到宏观效益最大、整体结构最优和长远效果最佳的目标。因此，一旦企业并购的微观动机与国家的产业结构政策和发展战略发生矛盾时，政府的协调和干预就变得十分必要。

第四节 完善上市公司并购的原则和措施①

上市公司并购是把企业作为一种生产要素整体，在市场上买进或卖出的市场活动。控制了企业的股权，就有权支配企业的生产要素，拥有对生产要素的经营权、处置权和收益权等权利。因此，上市公司并购是市场经济发展到一定程度的产物，是市场经济中资本集中的必然结果。上市公司并购应当遵循市场经济的各种运行规律，必须以“市场化、规范化、法制化、国际化”为准则，并采取针对性措施促进其健康发展。

一、完善上市公司并购的原则

由于我国目前正处于转轨经济时期，公司并购在实践中应该遵循以下原则。

1. 坚持主体平等、公开公平、自愿有偿的原则，减少行政干预

在市场经济条件下，企业作为市场竞争的主体，应当有权决定自身的经济行为，包括资产的运作和处置。并购属资产处置的范畴，应当是企业的经营行为，所以公司并购应当按照公开公平、自愿有偿的原则进行。

（1）主体平等。公司并购中的并购方和被并购方是平等的主体。在并购活动中，没有一方能够凌驾于另一方之上。优势企业兼并劣势企业、大鱼吃小鱼，都是市场竞争下的公平结果，各企业按照规则操作，在法律面前一律平等。

（2）公开公平。公开是指企业在公司并购当中，采取投标、公开拍卖或公开要约并购等市场化的方式进行。市场交易不仅能够准确科学地形成目标企业资产价值的价格，而且还可以保证企业在有偿转让中获得股权时实现机会均等，保证企业通过竞争使股权得到符合市场最佳价格的确认。公平是指并购活动应排除非市场因素的干扰，使企业在一个平等有序的环境中平等地参加竞争。现实的问题是，政府出于多种考虑，可能会强迫优势企业并购劣势企业，或者劣势企业通过并购投靠优势企业等，这些做法是不可取的。

（3）自愿有偿。公司并购虽然是市场经济优胜劣汰的结果，但只能在双方自愿的情况下才能成交。这种自愿又是建立在有偿的基础之上。在市场经济条件下，公司并购实际上是将企业作为一个商品推向市场，其产权在不同的所有者之间发生转移，公司之间完全是一种商品买卖关系。这就要求资产转让具有有偿性，不仅要有偿转让，而且在转让中还应该是等价交换的。自愿具有两层含义：一是优势企业自愿对另一个企业实施并购；二是劣势企业自愿被另一个企业并购。并购双方应该充分酝酿，提出双方的具体条件和方案，经过可行性分析，再做出同意与否的回答，并按照法定程序付诸实施。有偿是指并购双方企业需要通过承担债务、参股、控股或直接出资购买目标企业的股权来实现并购。

---

① 参见李光荣：《公司并购理论与实践》，北京，中国金融出版社，2002。

2. 以国民经济发展规划和国家产业政策为指导

为保证国民经济持续、稳定、健康发展，国家要根据经济发展不同阶段的要求，制定必要的经济发展规划和产业政策，这是整个国民经济发展的总体蓝图。公司并购作为一种微观经济行为，应当在总体规划蓝图的约束下实施。按照国民经济发展规划和产业政策，国家总要在一定时期鼓励、扶持一些产业的发展，同时也要限制一些产业的发展。公司并购是企业的一种扩张行为，如果这种扩张与国家鼓励扶持的产业相符和，不仅在宏观上有利于促进国民经济的发展，而且在微观上也会使并购产生巨大的经济效果；否则，这种扩张就不利于国民经济的发展。因此，应当鼓励公司并购向新兴产业、支柱产业等国家重点扶持的领域转移。

3. 既要促进规模效益，又要鼓励竞争

公司并购要正确处理好并购与垄断的关系。并购一般会提高市场集中度，并有可能走向垄断。但是，我们也应看到并购会降低成本、提高效益。因此，我们不能因为可能出现垄断就停止并购。公司并购的结果必然是企业规模的扩大，必然会使企业增加对市场的供应量。从发展规模效益的角度讲，公司并购是非常有意义的。但规模扩张到一定程度以后，市场集中度过高，就会形成企业对市场的垄断或独占，这种状况必定会抑制竞争、扼杀市场活力。竞争是企业发展的外在动力，是社会发展的推动力。保持一定程度的竞争，对于激发企业和社会的活力、促进经济效益的提高具有积极意义。公司并购既要促使企业扩大规模，又要鼓励适当竞争。我国目前的主要矛盾是企业规模过小，通过公司并购扩大企业规模、提高规模经济效益是现阶段的主要任务。

4. 打破地区、部门、所有制限制

从理论上讲，我国国有企业的终极所有权属于国家，但由于现行的管理体制，特别是财税管理体制的制约，企业事实上属于地区所有或者部门所有。这种地区所有或部门所有的现状，在很大程度上阻碍了企业资产在全社会范围内流动。要按照市场经济规律运作，按照社会化大生产要求运作，地区所有、部门所有的状况必须被打破，以使企业有更广阔的运作空间。这样一来，公司并购行为才会趋向合理。不同所有制企业之间的并购，不同部门、不同地区企业之间的并购将会越来越普遍。在产权清晰的前提下，通过有偿方式实施并购将有非常广阔的发展前景。

5. 坚持循序渐进的原则

现阶段，公司并购应该遵循循序渐进的原则。一方面，我国目前处于转轨经济时期，各种法规和配套设施还有待完善；另一方面，即使是十分充分的理论论证，也和实际中的具体操作存在一定的差距。复杂的资产空间结构、资产性质结构、资产形态结构以及多变的市场供求关系、行业发展态势和政治经济环境，决定了企业股权并购是一个有序的、渐进的过程，操之过急可能事与愿违。此外，公司并购本身也是一项技术性、策略性很强的经济活动，客观上也需要一个逐步摸索的过程。

二、完善上市公司并购的措施

为了充分发挥上市公司并购调整存量资产、优化资源配置的作用，根据上市公司并购市场发展的原则，进一步完善上市公司并购的措施主要有下面几项。

1. 完善证券市场自身的功能和架构，为上市公司并购的顺利开展清除障碍

（1）有计划地扩大股票市场规模，壮大直接融资市场。坚定不移地扩容，将是我国股市发展必须要走的道路。当然，在股市扩容的时候，必须与股市需求均衡地发展。

（2）适当放宽上市公司并购首次公告的比例。我国可以将上市公司并购的首次公告比例放宽到10%，这样可以把举牌次数减少到5次。对于并购方而言，操作要相对容易，成本也将有所降低。同时，举牌次数的减少也有利于防止股市震荡，保护中小投资者的利益。

（3）积极稳妥地发展养老基金、保险基金、信托基金等机构投资者。机构投资者的投资理念更倾向于长期性，更追求安全和稳定的投资回报，可以为资产重组的开展提供一个稳定的市场环境，减少资产重组的市场风险。

（4）逐步完善证券市场自身支持资产重组的功能和手段，如完善证券市场上大交易订单处理能力、股权代理收购能力、资产重组融资能力等。

（5）严厉打击上市公司重组中出现的内幕交易行为。上市公司重组活动中最典型的犯罪是内幕交易，由于内幕交易严重破坏了公平交易原则，损害了一般投资者的利益，因而必须予以严厉禁止。

2. 积极发展投资银行，规范证券市场中介组织，促进上市公司资产重组的健康发展

目前，我国证券市场中的中介机构很不完善，不能适应企业资产重组的需要，因而必须建立我国的投资银行体制，以适应上市公司资产重组发展的需要。当前，中国发展投资银行可以有以下几个途径：①对现有的一些实力雄厚的证券公司通过制度创新、功能再造，使其逐步发展成为投资银行。②对现有的信托投资公司通过规范、改组、功能复位，使之成为真正的投资银行。③组建新的投资银行，包括审慎地设立中外合资的投资银行。此外，会计、评估、审计、法律等中介服务组织的培育与规范，也是证券市场上资产重组顺利开展的必要条件。

3. 切实加强上市公司资产重组后的人事、管理、营销、企业文化等方面的整合，提高企业资产重组的成功率

实践证明，无论是股权转让还是优质资产与不良资产之间的置换，尽管资产重组能起到资源优化组合的作用，也有立竿见影的效果，但如果离开了重组后的整合，则难以取得真正的成功。具体说来，上市公司资产重组后的整合包括：①人事整合。上市公司资产重组后，为了实施统一管理，必须进行人事改组，包括选派精明能干的管理人员出任被重组企业的主管，全体员工的升任、去留、调动以及职务、职位的调整变化等。②营销整合。为提高市场占有率、增强企业市场竞争力，资产重组双方应充分发挥各自营销渠道和营销网络的优势，并加强两者之间在营销方面的互补与合作，以吸引更多的客户、获取更好的收益。③管理整合。资产重组双方企业在经营战略、价值观念等方面的差异使管理变得更为复杂，管理方法、管理模式等都会发生很大变化，这就对资产重组企业提出了加强统一协调管理的新要求。④企业文化整合。每个企业都有自己独特的企业文化，为了使资产重组后各企业的员工同心团结、步调一致，必须对不同企业的文化进行整合，形成统一的企业理念和价值观，以增强企业的凝聚力量。

4. 加快财税、金融等配套体制的改革，建立健全上市公司资产重组配套政策

推进上市公司资产重组应同时进行各项配套政策的改革：①财税体制改革。目前的国有企业所得税仍然是按企业行政隶属关系交纳的，因此跨地区、跨不同财政级次的企业资产重组必然导致政府间财税收入的变化。有些地方政府出于维护自身利益的考虑，往往会反对上市公司资产重组。为此，必须对现行企业所得税体制加以改革，实行真正的分税制，使企业所得税成为中央政府和地方政府间的共享税。②金融体制改革。完善上市公司资产重组过程中的金融政策，必须加快商业银行改革，建立现代商业银行体制，并按照效益原则、偿债能力原则、规模投资原则重新建立新的市场化借贷体制。③行业管理体制改革。现行的行业管理实际上仍然是部门管理，政府主管部门既行使行政管理职能、行业管理职能，又行使国有资产所有者职能。很显然，部门所有制必然会造成条块分割，严重阻碍跨地区、跨行业的企业资产重组。为此，必须将行业管理职能和资产的所有者职能分离开来，变现行的部门管理为真正的行业管理。

5. 加强法制建设，为上市公司资产重组活动提供良好的法制环境和法制保障

上市公司资产重组的法律环境问题不单是几部法律的问题，还应建立健全一整套法律保障体系。这种法律保障体系的内容包括产权交易市场秩序化、政策法规明确化、政府行为规范化、国有资产管理法律化、金融体制完善化和收购程序合理化等等。只有具备这些条件，才能使资产重组行为真正纳入法律轨道并健康发展。

6. 改善政府干预，通过规划、协调、监督、服务、扶植等手段，对上市公司资产并购重组进行积极引导与支持

政府作为社会经济活动的总协调人，必须对上市公司资产重组活动进行宏观调控：①规划。即政府根据经济社会发展总体战略及相关产业政策的要求，利用产业政策、金融政策、税收政策等，对涉及资产重组的所有制结构、行业结构、地区结构、产品结构等问题做出宏观规划，使之符合国家产业政策。②协调。即政府有关部门以协调仲裁机构的身份，对上市公司资产重组前期、中期和后期所发生的各种问题进行调解和仲裁，促进资产重组顺利实施。③监督。即政府对上市公司资产重组实行有效的监控，对于垄断性资产重组、欺诈性资产重组、强制性资产重组、违背企业发展总体规划要求的资产重组以及损害国家财产及其权益的资产重组等，给予必要的干预和制止。④服务。即政府通过规范证券交易市场、加强中介机构建设、提供信息咨询服务、建立社会保障体系等措施，对上市公司资产重组各环节提供尽可能完善的服务。⑤扶植。即政府对上市公司资产重组在债务负担、劳动力安置、税收、金融等方面给予必要的优惠和支持，促进资产重组活动的扩展。

第五节　上市公司并购经典案例

一、宝延风波——中国上市公司收购第一案

1993 年 9 月 13 日，深宝安旗下宝安上海、宝安华东保健品公司和深圳龙岗宝灵电子

灯饰公司在二级市场上悄悄收购延中实业的股票。9 月 29 日，上述 3 家公司已经分别持有延中实业 4.56%、4.52%和 1.657%的股份，合计持有 10.737%。由此，延中实业的股票价格从 9 月 13 日的 8.83 元涨至 12.05 元。9 月 30 日，宝安继续增持延中实业的股票，持股比例达到 15.98%。至此，宝安才发布举牌公告宣称持有延中实业 5%以上的股票，在一切准备就绪的情况下，向延中实业公开宣战。这是 1993 年国庆节的前夕。在 1993 年的宝延事件中，深圳宝安集团通过二级市场购买延中实业股票达 19.8%，从而成为公司第一大股东。由此开辟了中国证券市场收购与兼并的先河，成为中国证券市场首例通过二级市场收购达到成功控制一家上市公司的案例。后来，1998 年方正入主延中实业，延中实业改名为方正科技，随后又发生长虹、裕兴争夺控制权的收购事件。

宝延风波是中国内地第一例股权转移事件，标志股份制改革和证券市场发展迈出具有历史意义的一步。其后，万科参股申华、恒通控股棱光、康恩贝吃掉凤凰、恒丰举牌兴业、一汽买金杯等一系列事件，都可说是宝延事件激起的千层波浪，同时也催生了中国股市挖掘不尽的题材板块——资产重组。

二、中远集团收购众城实业

1997 年我国资本市场资产重组风起云涌之际，证券市场上发生一起著名的“登陆”案件，那就是中远集团收购众城实业。

中远置业、上海建行及上国投三方（上海建行与上国投是众城实业四大股东之二）在进行了多次谈判后，于 1997 年 5 月 27 日签署协议，中远置业一次性受让众城实业发起人国有法人股共 4 834.4 万股，每股转让价格为 3.00 元（为净资产的 1.5 倍），总共耗资 1.45 亿元。7 月 17 日，众城实业召开第三届第五次董事会，改选、调整了董事、监事和总经理。

8 月 18 日，众城实业召开股东大会。至此，中远集团掌握了众城实业的实质经营权。此举达到了中远集团在中国内地买壳上市的目的。此前，中远集团已在中国香港有两家大的上市公司，它一直想在中国沿海地区发展房地产业，以支持其日益发展的海上运输事业。这次收购是上海市房地产业第一起“买壳上市”案，同时也为大中型国有企业利用资本市场发展壮大探索了一条成功道路。

中远集团入主众城实业董事会后，在财务顾问上海亚洲商务投资咨询公司的协助下制定出缜密、切实可行的资产重组方案和众城实业中长期业绩及股本增长规划方案。经过两个多月的运作，众城实业的经营状况明显改善，在这种情况下，中远置业做出增持众城实业股份的决定。

因为众城实业基本面好转，第二次股权收购的成本也相应高于首次收购成本。经过多次谈判，中远置业、陆家嘴和中房上海公司签署协议，中远置业一次性受让众城实业发起人国有法人股共 6 681.4 万股，每股转让价格为 3.79 元，共耗资 2.53 亿元。至此，中远置业以 68.37%的众城实业股份持有量成为其绝对控股方。这两次收购均获得了证监会有关豁免其全面收购义务的批准。

三、南钢联合要约收购南钢股份——第一例要约收购

2003 年 3 月 12 日，复星集团及其关联企业与南钢股份控股股东南钢集团合资设立南钢联合有限公司。南钢集团以其持有的南钢股份（600282）70.95%的股权及其他资产作为出资，复星集团及其关联公司以现金出资 6 亿元，共持有南钢联合 60%的股权，实现了对南钢股份的收购。这一收购涉及金额超过 8.5 亿元，引发了中国证券市场上的第一例要约收购。

2003 年 3 月 12 日，南钢股份控股股东南钢集团公司，与复星集团、复星产业投资有限公司和上海广信科技发展有限公司联合组建南京钢铁联合有限公司。《合资经营合同》约定：南钢联合公司注册资本为 27.5 亿元。其中，南钢集团以其持有的南钢股份国有股 35 760 万股（占总股本的 70.95%）及其他部分资产、负债合计 11 亿元出资，占注册资本的 40%；复星集团公司以现金 8.25 亿元出资，占南钢联合公司注册资本的 30%；复星产业投资以现金 5.5 亿元出资，占南钢联合公司注册资本的 20%；广信科技以现金 2.75 亿元出资，占南钢联合公司注册资本的 10%。

由于南钢集团公司以所持南钢股份的股权出资尚需取得财政部、中国证监会等有关部门的批准，合资各方在《合资经营合同》中约定对南钢联合采取“先设立，后增资”的方案，即先行按前述出资比例设立注册资本为人民币 10 亿元的南京钢铁联合有限公司。其中，南钢集团以需取得财政部、证监会等有关部门批准方可投入的资产以外的其他经营性资产合计净值人民币 4 亿元出资，而复星集团等其他三方仍以现金出资；待南钢联合成立且有关各方履行完相关审批手续后再行由合营各方对南钢联合进行同比例增资，南钢集团以其持有的南钢股份国有股权及其他经营性资产（包括负债）出资，复星集团、复星产业投资、广信科技仍按前述出资比例以现金出资，以使南钢联合的注册资本达到 27.5 亿元。后三者的实际控制人是以郭广昌为首的四个自然人。

3 月 27 日，财政部批准了南钢集团公司以其持有的南钢国有股份出资成立南钢联合。这实质上构成了上市公司收购行为，且收购的股份超过南钢股份已发行总股本的 30%，依法已触发要约收购义务。

根据《上市公司收购管理办法》中要约收购义务豁免的申请条件，南钢股份此次要约收购不符合此条件，所以南钢联合将根据有关规定履行要约收购义务，向南钢股份法人股和流通股股东发出全面收购要约。

南钢联合要约收购南钢股份的意义在于，作为首例要约收购，南钢股份要约收购的案例将促进证券市场兼并收购业务的开展。上市公司的收购行为要完全符合《上市公司收购管理办法》所明示的可以申请豁免要约收购义务情况的，其实很少。有不少企业有意收购证券市场上的好公司，但存在种种顾虑，尤其是在操作细则出台以前，以至于收购几乎成了 ST 板块的专利。复星—南钢的合作模式如果成功，将会给市场一个参考，被许多潜在的收购者所复制，真正意义上的收购重组行为将更趋活跃，甚至可能会出现竞争要约收购的情况。

四、哈药集团与哈药股份的重组

2004 年 12 月 14 日，哈尔滨国资委与中信资本投资、美国华平投资、辰能投资签署协议，共同斥资 20.35 亿元对哈药集团以增资方式进行重组。随后，在 12 月 20 日，哈药集团以 5.08 元/股的价格向所有流通股股东发出收购哈药股份要约的公告，预计收购资金总额为 41.16 亿元左右。一旦要约收购成功，哈药集团将重新成为第一大股东，并至少持有 95％的股份。按照规定，哈药集团要约成功之后还需将持股比例减到 75％以下，否则将面临退市，成为国内证券市场第一个私有化案例。

同年 12 月 14 日，哈尔滨市国资委、哈药集团、中信资本、美国华平投资和黑龙江辰能哈工大高科技风险投资有限公司五方共同签署了《重组增资协议》。三家投资公司以现金方式向哈药集团增资扩股 20.35 亿元人民币，分别获得哈药集团 22.5％、22.5％和 10％的股份，成为哈药集团的新股东。原股东哈尔滨市国有资产管理委员会持有 45％的股权。

2005 年 9 月 20 日举行了哈药集团有限公司增资扩股庆祝仪式，这标志着历时一年之久、创黑龙江省单项引资历史之最的哈药重组增资改制工作圆满完成。重组后，哈药集团第一届董事会确定的“招商改制、内部整合、对外购并＝有国际竞争力的大公司”的发展思路进入实施阶段。

五、凯雷收购徐州工程机械集团

徐工机械于 2002 年 7 月 28 日成立，徐工集团以净资产 6.43 亿元作为出资，持股 51.32％，余下的股权由四大资产管理公司分别持有。次年 1 月，徐工机械无偿受让了徐工集团持有的徐工科技（000425）35.53％的股权，成为上市公司第一大股东。

2003 年，在改制中，徐工集团聘请摩根大通为出让徐工机械股权一事做财务顾问。此后，为了使股权转让交易顺利进行，徐工集团从四大资产管理公司手中回购了徐工机械的剩余股份。2005 年 5 月，在经历了两轮筛选之后，凯雷最终胜出。

为完成此次收购，凯雷亚洲投资公司专门成立了全资子公司凯雷徐工，在股权转让获批后将支付 2.55 亿美元的收购价款，购买 82.11％的徐工机械股权。同时，凯雷徐工将对徐工科技分两次进行总额为 1.2 亿美元的增资。第一部分的 6 000 万美元将与 2.55 亿美元同时支付，另外的 6 000 万美元则要求徐工机械 2006 年的经常性 EBITDA（指不包括非经营性损益的息、税、折旧、摊销前利润）达到约定目标方可支付。

“这是一项具有对赌内容的协议收购，在外资协议并购国内上市公司国有股权的过程中，以国有资产定价来对赌，十分罕见。”国都证券并购分析师吕爱兵表示。

由于徐工机械直接及间接持有徐工科技 43.06％的股权，为其第一大股东，因此凯雷徐工实际上也取得了徐工科技的相对控股权。

2005 年 10 月 25 日，美国凯雷集团与徐工集团签署协议，前者拟出资购买徐工机械 85％的股权，这是迄今国内最大一笔由私人股本公司参与的交易。在经过地方以及国家发改委的核准后，该收购已报至国务院国资委、商务部审批。

这一收购案例的意义在于，这是国内最大一笔由私人股本公司参与的交易。外资并购了中国机械行业的领头羊，被称为“斩首行动”，引发了关于国家经济安全的讨论。除了控股权的获得，凯雷徐工收购案的最大突破亦体现在由此触发的要约收购上。

六、中石化整合旗下 A 股公司——以退市为目的的要约收购

2006 年 2 月 15 日，中石化发布公告称，以现金整合旗下石油大明（已退市）、扬子石化（已退市）、中原油气（已退市）、齐鲁石化（已退市）4 家 A 股上市公司，以现金要约的方式收购旗下 4 家 A 股上市子公司的全部流通股和非流通股，其中用于流通股部分的现金对价总计约 143 亿元。

中国石化收购齐鲁石化、扬子石化、中原油气、石油大明流通股的价格分别为 10.18 元/股、13.95 元/股、12.12 元/股、10.30 元/股，相对于四公司此前的停牌价，溢价分别为 24.4%、26.2%、13.2%、16.9%。在要约期届满并生效后，4 家 A 股上市子公司将被终止上市。

这是继中石油之后，国内证券市场又一例以退市为目的的全面要约收购，其最终目的是为了完成上市时整合的承诺以及顺利推进股改。类似的中央企业还有中国铝业、中国电力投资等。

【本章小结】

上市公司并购是指法人或自然人及其代理人通过并购拥有一家上市公司的股份并获得该公司控制权的行为。随着我国经济产业结构重组的进程和资本市场的发展，以上市公司为标的的并购数量和总额也不断增加。上市公司并购是产业结构调整的需要，它不仅有利于公司治理改革，还是市场经济有效运行的保证，而且有效地保护了投资者利益。

我国上市公司并购可以分为三个阶段：从 1990 年到 1993 年可以称为“三无并购”阶段，1994 年到 1998 年可以称为发展时期，1999 年到现在可以称为规范时期。

目前，我国上市公司并购中存在着很多问题，主要有“壳”资源问题、外部环境问题、政府行为问题等，每一个问题的存在都有其特殊的原因，并会带来一定的影响。

解决上市公司并购中存在的问题应该按照一定的原则，从几个方面人手：完善证券市场自身的功能和架构、规范证券市场中介组织、加强整合力量、完善外部环境等。

【本章要点】

- 上市公司并购具有重要意义
- 我国上市公司并购经历了三个重要阶段的发展

- 我国上市公司并购活动中存在着诸多问题
- 解决上市公司并购的问题必须根据原则，从多个方面同时进行

【本章关键术语】

发展阶段　　“壳”资源　　外部环境　　政府行为　　完善措施

【本章思考题】

1. 如何理解我国上市公司并购对国民经济发展的重要作用?
2. 怎样认识我国上市公司并购中“壳”资源问题?
3. 怎样完善我国上市公司并购过程中的外部环境?
4. 如何在上市公司并购中有效地发挥中介机构的作用?
5. 简述完善我国上市公司并购应遵循的原则。

第十四章

跨国并购专题研究

跨国公司对外直接投资（FDI）的方式主要有两种：一种是新建，也叫绿地投资；另一种是跨国并购。所谓跨国并购是指一国（母国）企业基于某种目的，通过取得另一国（东道国）企业的全部或部分资产（或股份），对另一国（东道国）企业的经营管理实施控制的行为。跨国并购是国内企业并购的延伸，是企业间跨越国界的并购活动。

第一节　全球跨国并购的状况[①]

一、20世纪90年代以来全球跨国并购的特点[②]

（一）跨国并购的规模特点

1. 跨国并购的总规模不断扩大，成为外国直接投资的主要方式

在20世纪90年代之前，并购浪潮主要发生在美、欧等发达经济体内，跨国并购并未占据主导地位。进入20世纪90年代以来，跨国并购逐渐增多，1995年全球跨国

① 此章涉及的案例、数据取自《中国证券报》、《财经时报》。

② 参见叶勤：《跨国并购的动因及其理论分析》，载《国际经贸探索》，2002(5)。

并购总额达到1 866亿美元，首次超过绿地投资，成为外国直接投资的主要方式；2000年跨国并购金额为11 440亿美元，占外国直接投资流入总额的90%。自1999—2000年跨国并购热潮之后，以美国、日本和欧盟为中心的三大经济区经济出现不景气，导致全球范围内的外国直接投资大幅下降了51%，猛跌至7 350亿美元，其中跨国并购额急剧减少，只有2000年的一半。2002年世界经济仍未走出低潮，全球跨国并购数量继续减少40%，也是近年来的最低点。尽管近两年全球跨国并购明显下降，但这种外国直接投资方式仍是发达国家利用外资的主要形式。

2. 巨头间并购增多，单项并购金额不断扩大

在20世纪90年代以来的跨国并购中，单个并购的规模呈扩大的趋势。《世界投资报告》将金额达到10亿美元的交易列为大型跨国并购。按此标准，1995年的大型并购有35项，平均规模为17亿美元；1998年达到89项，平均规模为45.3亿美元；1999年达到109项，平均规模为50亿美元，其中并购金额超过100亿美元的就有21项。

1998年5月，德国戴姆勒—梅赛德斯公司与美国克莱斯勒公司以393亿美元的股票价值实现合并，创造了跨国并购的记录。同年下半年，英国石油公司出价550亿美元收购美国阿莫科公司。1999年，沃达丰公司以659亿美元并购美国Air Touch公司，再次将此纪录刷新。2000年出现了超过1 000亿美元的超大型并购——美国的传媒巨头美国在线和时代华纳两家跨国公司的并购额达到1 650亿美元。

通过合并，各行业都出现了新的“巨无霸”型企业。美国飞机制造业巨头波音与麦道正式并为一家，成为世界最大的军用和民用航空生产企业。世界最大能源公司美国埃克森公司并购美国第二大石油天然气集团美孚公司，从而诞生了世界最大的石油集团。法国宇航—马特拉公司与德国航空航天公司合并，成为世界第三大航空和军工集团。1999年，最大的十起跨国并购的交易额占全球跨国并购交易总价值的31%。

(二) 跨国并购的结构特点

1. 地区结构——发达国家（尤其是美、英、德、法等国）成为跨国并购的主角

从地区来看，全球FDI主要集中在发达国家，发达国家是外国直接投资的首选目的地。在2000年世界范围内发生的36 700起企业并购案中，欧洲占1.5万起，总额为10 001亿美元。另有1.1万起发生在美国，总额为18 330亿美元。而在发达国家内部，无论是流入还是流出，都集中在美、欧、日“三巨头”之间。2000年，“三巨头”占世界FDI流入的71%，流出的82%。跨国并购在其中扮演了重要角色。

从国别来看，在20世纪90年代，美国一直是最大的并购者，但从1998年开始，英国跃居首位，美国成为最大的外国直接投资接受国。在2000年跨国并购中，按并购方金额计算，英、美、法、德四国分别为3 824.2亿美元、1 592.7亿美元、1 687.1亿美元和586.7亿美元，四国总和占全球跨国并购总额的67.2%。尤其值得注意的是，很多大宗交易是在美、英间进行的，它们彼此既是并购者，又是被并购者。

2. 行业结构——跨国并购主要集中在服务业

按出售方所属行业计算，2000年跨国并购中第一产业、第二产业、第三产业的比重分别为0.8%、25.5%和65.2%，可见跨国并购主要集中在服务业。其中，服务业内部的跨国并购主要集中在电信、金融和商业服务领域，制造业内部的跨国并购主要集中在化

工、电子及设备和石油产业。按行业划分，2000 年列前几位的依次是电气和电子设备、食品、石油和核燃料、化学和化学制品、汽车和其他运输设备、木材及木材制品和精密仪器等。

2000 年以来，高新技术产业日益成为跨国并购的重点，其中最明显的行业是通信业和制药业。欧美通信业出现了跨国并购潮，规模较大的包括法国电信公司用 350 亿美元收购了英国第三大移动电信公司奥兰治公司、德国电信用 507 亿美元并购了美国声流公司、惠普与康柏的合并等。

（三）跨国并购的主体选择

1. 跨国并购的动机发生了变化

（1）并购的基本动机出现了新变化。从企业战略发展角度看，企业并购的核心是通过企业所有权的扩大来扩大经营权，跨国并购是跨国公司对外扩张的一种基本形式，是企业国际化经营的一种有效手段。当前推动企业进行跨国并购的主要因素是为了实现公司的全球战略目标，增强企业在全球市场环境中的竞争实力。跨国并购通常意味着要以最快的手段进入一个新市场并建立起强有力的地位，赢得市场霸权和市场主导，增大企业规模或是扩散风险。

（2）并购动机趋于长期化。20 世纪 90 年代中期，跨国并购中投机性并购占有很大比重，即并购的目的是为了以更高的价格将企业再出售，从而在行市变化中谋取产权交易利润。投机性并购往往选择价值明显低估或是成长性很好的企业，带有“泡沫经济”的特征，是一种短期的并购。

在当前的跨国并购中，基于长期战略考虑的主动合作明显增加，并购动机由投机式向战略驱动式转变。企业进行跨国并购更多的是出于企业长期发展战略的考虑，典型的包括：实现多元化经营战略，以便调整产品结构，增加国际市场占有份额；建立一体化的国际生产和销售网络，谋求公司长期稳定发展；获取他国高新技术，或者分担技术开发的风险与成本，增强国际竞争能力。并购动机的变化主要表现为：在经营管理战略上，由抢占产品市场向抢占要素市场转移；在技术管理战略上，由技术传播向联合开发转移。正是基于公司长期发展的考虑，当前的跨国并购中善意并购明显增加。

2. 并购的类型——跨国并购的类型以横向并购为主

并购的类型按并购双方所处的行业状况可分为横向并购、纵向并购和混合并购。在新一轮的跨国并购浪潮中，无论是从并购企业的数量还是从并购的价值来看，横向并购均占第一位，其次是混合并购，最后是纵向并购。2001 年横向并购的交易价值占跨国并购总交易价值的 70%。20 世纪 90 年代中期，混合并购在企业多元化经营战略的影响下曾经很活跃，但在 90 年代后期，随着国际市场竞争的日益激烈，公司经营战线开始收缩，混合并购开始下降，1999 年占跨国并购总数的 27%。纵向并购的比重在 20 世纪 90 年代一直处于 10%以下。

通过横向并购，在汽车、银行和制药等行业中，行业的集中度大大提高。十大汽车制造商在世界汽车销售总额中的比重由 80 年代的 60%左右上升到 2000 年的 80%。在银行业，1996 年按资产衡量的最大 25 家银行占最大 1 000 家银行资产的 28%，2000 年这一比例上升至 33%。在制药业，2000 年全球排行前 5 位和排行前 10 位的制药公司分别占世界医药产品销售总额的28%和46%。

3. 并购的交易方式——股票置换成为跨国并购的主要交易方式

换股方式是指并购企业增发新股换取被并购企业的旧股，它不仅比现金并购方式节约交易成本，而且在财务上可合理避税和产生股票预期增长效应。此外，它在两国的国际收支平衡表上可以相互冲销，不涉及巨额现金的国际流动。因此，随着20世纪90年代以来国际金融环境的日趋宽松，特别是金融服务贸易自由化的发展，以换股进行并购的交易方式逐渐取代现金交易，成为跨国并购的主要交易方式。

二、跨国并购的动因①

跨国并购的动因是指跨国公司实施并购行为的动机和目的。跨国并购的动因与企业并购的动因有许多相似之处，如目标公司价值低估、获取财务协同效应、获得规模经济等。但国际环境的复杂性，使跨国公司在进行并购决策时，不仅面临着国内并购所要面临的问题，而且要受东道国的外资政策、税收政策、行业结构、竞争状况的影响。因此，跨国并购的动因分析要复杂得多。跨国并购行为面对不同的东道国、行业和目标公司，其具体动因也存在较大的差别，跨国并购是多动因综合推动、动态平衡的结果。跨国并购的动因除了包括国内企业并购的动因以外，还包括其他几个方面。

（一）并购能使企业迅速进入新市场

（1）企业通过并购可以迅速获得新的市场机会，在不增加行业生产能力的情况下达到规模经济。通过接管一家公司，可以立即利用现成的当地供应商与顾客网络，并获得相应的技能。这种动机对于跨国公司具有特别重要的意义，因为当跨国公司进入新市场时，通常对当地市场状况并不了解。

（2）并购能增强企业的市场能力。在具有寡头特征的市场，追求市场力量和市场支配地位也是进行并购的推动力量。通过横向并购活动，跨国公司可以提高市场占有率，凭借竞争对手的减少来增加对国际市场的控制力。跨国公司的纵向并购可以通过对大量关键原材料和销售渠道的控制，有力地控制竞争对手的活动，提高企业所在领域的进入壁垒和企业的差异化优势。随着全球经济一体化的发展，各国资本的跨国流动日益频繁，国内市场竞争的加剧又进一步促进了资本输往国外，参与国际竞争，用以扩张自己在国际市场上的垄断势力。20世纪末以来一系列的大型并购很好地说明了，获取市场势力是跨国并购（尤其是一些大型跨国并购）的一个重要动因。日益国际化的市场和竞争环境要求跨国公司在世界范围内获取更大的市场势力，而跨国并购是短期内增强企业市场能力的最佳途径。

（二）并购能给企业带来协同效应

1. 动态效应和静态效应

协同效应可以是静态的，也可以是动态的。静态的协同效应包括：管理资源的整合，如合并后办公设施与人员的减少；利用彼此的营销和分销网络来增加收入；采购协同，即加强讨价还价的实力；生产中的规模经济效应导致成本下降；避免重复进行生产、研发或

---

① 参见唐任伍、王宏新：《全球跨国并购的特点、动因及影响因素》，载《经济管理》，2002（15）。

其他活动。动态的协同效应涉及互补性资源和技能的配合，以提高跨国公司的创新能力，从而对销售额、市场份额和利润产生长期的积极影响。对于诸如汽车等竞争压力强、价格下降、生产能力过剩的行业，追求静态的协同效应具有特别重要的意义；而在技术变化迅速的行业和由创新驱动的行业，如信息技术制药业，动态的协同效应是至关重要的。

2. 并购可以给企业带来经营协同效应

这主要体现在三个方面：

（1）企业的生产规模效应。跨国公司可以通过并购对企业的资产进行补充和调整，以达到最佳经济规模，降低企业的生产成本。并购也使跨国公司有条件在保持整体产品结构的前提下，集中在一个国家或地区工厂中进行单一品种生产，达到专业化水平。并购还能解决专业化生产带来的一系列问题，使各生产过程之间有机地配合，以产生规模经济效应。例如，日本麒麟啤酒收购珠海啤酒厂后，利用其全球化、批量采购的优势，不仅保证了啤酒花、小麦等原料的质量，而且降低了采购成本。

（2）企业经营的规模效应。跨国公司通过并购，可以针对全球不同的市场进行专门的生产和服务，满足不同消费者的需求；可以集中足够的经费用于研究、设计、开发和生产工艺改进等方面，迅速推出新产品，采用新技术。此外，跨国公司规模的扩大使得融资能力大大提高。

目前，跨国公司的研发支出较高，一般占销售收入的5%～15%，庞大的技术开发费用促使许多跨国公司通过跨国并购扩大生产规模，以便在更大规模的基础上分摊技术开发成本，实现技术的规模经济性。例如1998年12月，德国最大的商业银行——德意志银行动用101亿美元收购了美国第八大银行信孚银行的全部股权，合并后的银行总资产达到8 200亿美元，在世界各地的雇员达到96 000多人，在合并后的一年里大约裁减了其中的5 500个职位，从2001年起，每年大约能节省10亿美元的成本。

（3）传递或获取厂商优势。无论是传递还是获取厂商优势，其最终目的都是通过经营协同效应的发挥来提高效率。厂商优势主要体现为企业的先进技术、管理能力、知名品牌、组织能力等。通过跨国并购，具有厂商优势的外国投资者可以将这些优势移植到目标企业中，提高目标公司的产品技术和生产品牌的知名度，利用管理能力优势更加有效地组织企业经营，实现对原有内部资源的更加合理、有效的配置，从而实现经营协同效应。例如，日本本田汽车并购广州标致后，不仅引进了本田公司在美国最新推出的先进车型，改造了原来的生产线和发动机车间，而且引进了看板管理、零库存管理、质量控制等先进的管理制度，实现了厂商优势的有效转移。

由于受到更大的文化差异、东道国陌生的经营环境和东道国政治风险等影响，跨国并购面临更大的风险。为了减少这种风险，跨国并购对于传递厂商优势、获取经营协同效应的动因比国内并购更加强烈。例如，德国大众公司对英国劳斯莱斯汽车的并购，在很大程度上是其看中了劳斯莱斯公司强大的技术研究开发能力和拥有世界领先的发动机生产技术；美国强生公司收购瑞典德普伊矫正产品制造公司，其主要动因也是获得德普伊公司控制的矫正产品技术。

3. 并购可以带来财务协同效应

（1）由于税收、会计处理方法以及有关企业并购的法规不同，企业可以从一些并购中获得货币经济利益，这种收益是通过财务运作带来的，被称为财务协同效应。获取财务协同效应是企业进行并购的一个重要动因。获取财务协同效应最常见的情况是通过对亏损企业的并购，在合并财务报表时，母公司的盈利和被并购企业的亏损相抵扣，从而实现减少税收的目的；在并购盈利企业时，通过互换股权或股权和现金收购结合，也可以在企业扩张的同时减少开办费、投资收益所得税等，实现避税。

(2) 在企业跨国经营中，财务协同效应不仅体现在以上方面，还包括基于东道国和母国税率差异、会计政策差异给企业并购带来的影响。这是由企业跨国经营所特有的跨国性决定的。曼佐（Manzon)、夏普（Sharp）和特拉夫斯（Travlos）对美国海外并购的纵向研究表明，美国20世纪90年代以来实行的海外税收抵扣政策，促进了其海外并购的发展。对于跨国公司并购亏损企业，以实现所得税的税前抵扣这一理论问题，西方学者研究较深。这可能是由于跨国并购主要发生在发达国家之间，而且并购也大多发生在一些盈利和较大规模的企业之间。但是，在东欧、东亚和中国等一些处于经济转型和企业转型期的国家和地区，跨国公司兼并一些亏损企业是一个极为普遍的现象。

（三）适应国际环境变化

国际环境因素的变化是国际政治、经济、政策变化的集中体现，它推动了跨国并购的发展。影响跨国并购的环境因素主要有以下几个方面。

1. 经济全球化和地区经济一体化

20世纪90年代以来，经济全球化趋势不断加强，各国的生产、贸易与消费已经纳入一体化之中。跨国公司已经控制了全球40%的产出、60%的贸易、70%的技术转让和90%的国际直接投资，极大地推动了经济全球化的进程。另外，经济全球化要求各种生产要素在全球范围内配置，这使各国内部市场与外部市场的界限日趋模糊，跨国公司的外部环境发生急剧变化，它们不得不面对更多的竞争对手，在更残酷的国际竞争中生存。跨国并购是其拓展全球市场、在竞争中取胜的重要手段。

地区经济一体化也促进了跨国并购的发展，例如《北美自由贸易协定》签订后，引发了美国企业对墨西哥企业的并购浪潮；1998年欧盟成立，当年欧洲内部发生的跨国并购比上年增加了30%，并超过美国成为全球跨国并购最多的地区。

2. 技术进步

技术进步（特别是信息技术的飞速发展）对世界经济的发展起了重大的推动作用，同时，它也是影响跨国并购的重要因素。一方面，技术进步使跨国公司分散在世界各地的经营活动得到更好的协调和管理，从而为跨国公司进行跨国并购提供了有利的条件。例如，电子商务的应用极大地缩短了商品进入消费领域的环节；技术进步通过降低运输成本、信息与通信成本，大大缩小了经济空间等等。因此，跨国公司可以更有效地实施跨国并购，它们可以在国际生产体系内部进行更好的联络，更便宜地进行跨国界的商品和人员的转移，可以把生产和管理过程进行分解并在不同的国家重新布局，以实现成本的最低化。另一方面，技术进步反过来也使跨国公司面临着更大的竞争压力，促使跨国公司进行跨国并购。在大多数行业，创新的成本和风险与日俱增，而且还需要持续不断地吸收和发展新的技术和管理手段。跨国公司需要付出更大努力以保持其技术领先地位，开拓新的技术领域。在一个技术变化快、高风险研发项目开支不断增加的环境中，许多跨国公司有必要通过跨国并购来分摊创新成本、获得新的技术资产，以增强它们的创新能力。

3. 东道国对外国直接投资政策的调整

外国直接投资管理政策的调整主要包括贸易投资自由化和一些行业解除管制。贸易自由化的发展，一方面扩大了市场范围，从而吸引了企业设立子公司；另一方面，市场的透明度也得以提高，从而降低了跨国并购的成本，促进了跨国并购的迅速发展。外国直接投资政策既包括绿地投资，也包括跨国并购。在跨国并购方面，全球普遍的政策调整主要包括：取消必须成立合资企业的规定、取消对外资不能占多数股权的要求和取消对外商不能享有所有权的规定。同时，许多国家（尤其是发达国家）在诸如电信、运输、电力、金融服务等服务行业放松了管制。例如，1997 年亚洲金融危机以后，韩国、印度尼西亚、菲律宾、马来西亚和泰国等东南亚国家纷纷制定措施，在行业准入、审批程序、税收等方面鼓励跨国并购，以促进跨国并购的发展。1998 年，这些地区发生的跨国并购占整个亚洲并购总额的 73%；20 世纪 90 年代，美、欧等国相继放松了对电信、金融业的进入限制和并购监管，而这两个行业正是跨国并购发生最多的行业。

4. 资本市场自由化的推动

从 20 世纪 80 年代开始，大多数发达国家已经实现了资本账户的自由化，对跨国借贷和证券投资不再进行限制。自 20 世纪 90 年代中期以来，很多发展中国家也开始进行资本账户的自由化。资本市场自由化为跨国并购解除了制度障碍，从而促进了跨国并购活动更广泛地进行。另外，金融衍生工具的增加为跨国并购提供了技术上的保证，发行股票和债券在跨国并购中的融资比重越来越高，公司基金和风险投资的发展成为中小企业跨国并购的主要融资渠道。

第二节　外资并购在我国的发展历程

一、我国关于外资并购的政策变化

与一般的经济活动相比，并购所引起的经济和法律关系要复杂得多。如果并购主体来自于外国投资者（即外资并购），对东道国政府而言，其造成的影响更为敏感。正因为这样，改革开放后，我国利用外资主要是采取新建三资企业的方式，而对外资并购则一直极为谨慎，政策上举棋不定。直到 2001 年，外资并购在中国的序幕才真正拉开。

2001 年 11 月，证监会和外经贸部联合颁布了《关于上市公司涉及外商投资有关问题的若干意见》，其中允许外资非投资性公司（如产业资本、商业资本）通过受让非流通股的形式收购国内上市公司股权，实现买“壳”上市，从而在政策上实现突破。随后，财政部宣布取消 7 项行政审批权，为外资并购上市创造条件。

2002 年 2 月，中国证监会颁布了《外商投资股份有限公司在境内首次公开发行股票招股说明书特别规定》。4 月，新的《外商投资产业指导目录》正式实施，它将原先禁止外资进入的电信、燃气、热力、给排水等行业列为对外开放领域，限制类减少了近三分之二。7 月 1 日，《外资参股证券公司设立规则》和《外资参股基金管理公司设立规则》开始实施。8 月 1 日，《外商投资民用航空业规定》正式实施，扩大了外商投资范围和投资比例，明确外商可以通过购买股票参与投资等新的投资方式参与投资民航业。11 月 3 日，经国务院批准，证监会、财政部、经贸委联合发布了《关于向外商转让上市公司国有股和法人股有关问题的通知》，从而掀开了外资并购中国上市公司的新篇章，它对国有企业改革有着极大的推动作用，为市场有关外资收购上市公司进一步实现开放创造了条件，这是自 1995 年暂停国有股和法人股向外商转让后重新放开的重要举措。

2003 年 3 月 7 日，对外贸易经济合作部、国家税务总局、国家工商行政管理总局、国家外汇管理局联合颁布了《外国投资者并购境内企业暂行规定》（以下简称《暂行规定》），并自 4 月 12 日起正式实施。这是中国市场国际化程度提升的重要环节。长期以来，并购这种国际流行的企业成长模式在中国找不到相关法规，中国对外资进入仅仅做了共同组成企业、共同经营以及股权转让等规定，回避了产权交易的关键问题。《暂行规定》解决了外资并购无章可循的难题，将外国投资者并购境内企业明确分为“股权并购”和“资产并购”两种，消除了外国投资者进入中国市场的顾虑，同时也对加大国有企业改革形成了强有力的促进作用。《暂行规定》值得关注的另一个地方是突破了民营企业吸收外资的瓶颈。原来有关法律规定的“中资”并未包括民营资本，发展到一定规模的民营企业希望引进外资加强竞争力等在法规上没有明确保障。《暂行规定》将外资并购的对象统称“境内企业”，即在中国的所有“非外商投资企业”，解决了民营企业吸引外资的所有制局限。

2005 年底，为了规范股权分置改革后外国投资者对 A 股上市公司进行战略投资，维护证券市场秩序，按照《关于上市公司股权分置改革的指导意见》的要求，商务部、中国证监会、国家税务总局、国家工商总局、国家外汇局联合制定了《外国投资者对上市公司战略投资管理办法》（以下简称《管理办法》）。根据《管理办法》的规定，外国投资者可以对已完成股权分置改革的上市公司和股权分置改革后新上市公司通过具有一定规模的中长期战略性并购投资，取得该公司的 A 股股份。该办法规定了外国投资者对境内上市公司进行战略投资的原则、取得股权的方式以及处置股权时的限制等等，确定了外国投资者对上市公司进行战略投资时的基本规则。此后的 2006 年和 2009 年，商务部对原先的《外国投资者并购境内企业暂行规定》进行了两次修订，确定了有关外资并购境内企业一套比较完善的规定，分别规定了外国投资者并购境内企业的原则要求、基本制度、审批登记的相关程序、外国投资者以股权作为支付手段并购境内公司问题、反垄断审查程序及法律适用等问题，从而确立起以《关于外国投资者并购境内企业的规定》为核心的一系列法律法规。

二、我国上市公司外资并购的三个阶段

我国上市公司外资并购始于 1995 年的北旅股份，到目前为止，已经过去了十多年时间。在此期间，外资并购发生了很多变化，具体说来，可以将这段历程分为三个阶段。

（一）探索期

1995—1998 年是我国上市公司外资并购的探索期。在这一阶段，上市公司外资并购

这一市场化程度高、与国际接轨力度大的方式首次为人关注，而且相继出现了引人注目的具体案例，并以其独特的魅力成为证券市场上一道特殊的风景线。在此期间发生的外资并购案例有如下几个特点：

(1) 率先涉足外资并购的案例发生在制造业中。

(2) 外资方都是大型国际资本。参与北旅股份案例的是日本五十铃自动车株式会社和伊藤忠商事株式会社，而江铃汽车的合作方则是福特公司。

(3) 外资方都将目光瞄准了上市公司股权。

(4) 外资并购的操作模式。在此期间的外资并购有两种操作模式：一是股权协议转让模式，日本五十铃自动车株式会社和伊藤忠商事株式会社入股北旅股份就是采取了这种模式。二是定向增发B股模式，如福特对江铃汽车的并购。

但是，首度在证券市场亮相的外资并购并非一帆风顺。1995年9月23日，国务院发布暂停向外商转让上市公司国家股和法人股的通知，使悄然兴起的外资并购戛然而止。北旅股份在引入外资方后，公司业绩并没有大的改观。其后，上市公司连续亏损，外资方黯然退出。

(二) 培育期

1998—2001年是我国上市公司外资并购的培育期。在此期间，外资并购在实践中不断探索创新之路，呈现出以下特点：

(1) 并购范围迅速拓展。第一阶段所发生的外资并购案例基本是在汽车行业之中，而在此阶段已经拓展至电子制造、玻璃、橡胶、食品等行业。

(2) 在并购的模式上出现了两种新模式。第一，间接控股模式，如韩国三星康宁收购赛格三星。第二，资产收购模式。与股权收购不同，资产收购绕过了收购上市公司股权所面临的烦琐审批程序。通过这种方式，外资可以控制上市公司的核心资产，如法国米其林收购轮胎橡胶、达能收购上海梅林等。

(3) 第一大股东成为外资关注的焦点。例如2000年发生在两家外资股东之间的耀皮玻璃第一大股东之争。

(4) 这一阶段的外资并购已经将目光集中在实质性的操作之中。上市公司参与外资并购更多地带有积极改善经营的目的，而外资方进入上市公司一方面有战略性的考虑，另一方面则是希望通过并购直接进入中国市场。

(三) 发展期

2001年至今是我国上市公司外资并购的发展期。这一期间的外资并购呈现出以下几个特点：

(1) 在中国面对经济全球化和加入WTO的背景下，外资并购正在全方位地得到发展。一些垄断性较强行业，如银行业已经进入外资并购视野。

(2) 这一期间出台了一系列政策法规，前面已有所介绍。政策法规的不断完善有效地推动外资并购有力开展，使之迎来更为广阔的发展空间。

(3) 外资并购的操作手段更为多样。例如，青岛啤酒与美国著名啤酒酿造商安海斯—布希公司的并购案就明显带有金融创新的意味。随着相关政策的陆续到位，一些新的并购模式（包括要约收购、债转股、国内投资机构的替代性收购、支持内地管理层收购或自然人收购、外资上市公司换股收购或者融资收购等）也将陆续出现。

类似于国际市场，中国的外资并购也以横向并购为主。从目前表现活跃的制造业、食品业、电信业、银行业的外资并购来看，外资并购的介入点往往是与其处于同一产业或产业链的企业。同时，回顾外资并购历程可以发现，并购的行业呈现出从制造业向服务业发展的趋势。随着开放程度的加深，电信业、金融业、公用事业等行业将逐渐得到外资的青睐。

2003 年 2 月，中国华润总公司与华润轻纺（集团）有限公司（外资）签署《股份转让协议》，中国华润总公司将其持有的华润锦华（000810）股权全部转让给华润轻纺（集团）有限公司。该股权转让分别获得了财政部、经贸委和商务部的批准以及中国证监会的要约收购豁免，该事件是我国 1995 年“北旅事件”后首例外资直接收购并控股上市公司成功的案例。自此以后，外资通过协议受让法人股的事件层出不穷，如柯达收购乐凯公司 20%的法人股；新加坡佳通集团通过公开竞拍的方式受让 ST 桦林法人股权；韩国三星受让赛格三星国有法人股，与赛格集团并列成为第一大股东；新桥投资受让深圳投资管理公司、深圳国投、深圳城建、深圳市劳保局四家所持深发展的国有法人股，成为深发展第一大股东。

第三节　我国外资并购的对象分析

在经济全球化和中国加入 WTO 的背景下，外资进入中国市场的限制正逐步得到放宽。在这一背景下，外资进入中国市场，特别是通过跨国并购的方式进入中国市场，无论是从数量上还是从规模上，都增长得很快。中国正逐渐成为全球跨国并购最大的市场之一。本节介绍了我国外资并购的范围，并详细分析了外资并购的几个主要行业以及选择上市公司的几个标准。①

一、外资并购范围

(1) 外资并购是否在某个行业大规模出现，取决于两个因素：一是我国对外商投资的产业导向和相关的并购政策；二是并购双方的意愿和兴趣。

第一，从产业政策上看，未来我国吸收外国投资将以正确引导外资投向、优化外资投资结构为重点。《外商投资产业指导目录》将产业分为鼓励、允许、限制、禁止四大类。

鼓励类条目主要包括农林牧渔业、采掘业、制造业、电力、煤气及水力生产及供应业、交通运输和仓储业、信息技术业、批发和零售贸易业、房地产业、社会服务业、传播与文化产业等。但在鼓励外资对上述领域进行投资也仅仅限于合作或者不超过 50%的比例，体现在鼓励的同时仍有一定的限制。

限制外商投资的产业主要集中在批发、零售贸易业，金融保险业和电信业等服务性产

① 参见张扬、黄平：《透析外资并购的四大热点行业》，载《中国对外贸易》，2002(9)。

业。我国这些产业的发展还很不完善，需要借助国家政策予以保护。但由于加入 WTO 的需要，因而对这些产业在适度开放的同时均设置了一定的保护期限，以限制外商投资，但也只是在投资比例和时间上有所限制。

禁止外商投资的产业主要包括我国传统或者特色领域（如列入国家保护资源的中药材加工，我国稀有的珍贵优良品种的养殖、种植等）、国家基础性产业（如电网的建设、经营以及空中交通管制公司、邮政公司）、教育、文化艺术和广播电影电视业等。

第二，从并购双方的意愿上看，加入 WTO 之后，国内对外资的兴趣进一步加大，很多垄断行业都开始制定向外资开放的方案，甚至个别行业（如航空）的开放方案已经超越了 WTO 协议。外资的目标也在逐渐转变，它们对中国市场的重视明显增强，开始将中国视为其全球性市场和资源网络中的重要部分。外资并购主要是追求长期价值目标（如提高市场占有率、获得规模优势等），一般较少追逐短期性收益（如财务性并购、避税等）。

（2）根据以上分析，可以把发生外资并购的主要行业分成三类：

第一，受政策性限制，目前只能参股的行业。所谓政策性限制主要是一些敏感或者关键性行业。这类行业受产业政策的限制，目前只能允许外资参股，一般具有垄断利润，所以深受外资青睐。同时，这类行业是属于我国加入 WTO 承诺开放的领域，现在外资的参股将为未来政策松动后的整体收购创造条件。这类行业包括金融业、通信业、仓储、港口、运输业。

第二，有助于外资更快抢占市场的行业。外资并购的动因之一就是迅速占领市场，这类行业具有以下几种特征：行业具有较好的成长性，而且现有的外资规模相对较小；行业集中度比较高，或是进入壁垒比较高；竞争激烈或者供大于求；关税或非关税壁垒较高。对于这类行业，如果外资想迅速获得生产能力和市场份额，并购现有企业是外资进入的较好方式。这类行业包括汽车业、石油化工行业等。

第三，有核心竞争力，与外资资源互补的行业。在这类行业中，国内企业具有较强的竞争实力，包括在客户资源、销售能力、生产能力、研发能力上都具有一定的优势。外资并购这类企业，主要是希望并购后能够带来自身发展所急需的互补性资源。在这类行业中，最典型的就是零售业。

二、我国外资并购的主要行业

（一）汽车业

1. 外资参与中国汽车业并购的背景分析

加入 WTO 之后，汽车业被认为是受到冲击最大，而且外资并购机会最高的行业之一。从我国汽车业的现状来看，该行业规模小、劳动生产率低下、开发能力低的缺点非常突出。2001 年，我国 120 多家汽车生产企业的年总产量为 200 多万辆，仅为美国通用汽车公司的 1/4 左右，而且绝大多数企业不具备整车开发能力。但由于多年来政策的倾斜和保护，我国汽车业（尤其是中高级轿车）的利润率远远高出国际水平。2000 年国际汽车巨头的利润率在 3%～5%之间，年产销量规模在百万辆以上，而国内一汽大众 2000 年的产销量约是通用公司的百分之一，但利润率高达 16%，产销量 15 000 辆左右的一汽轿车利润率超过 8%。国内微型车和轻卡、轻客的利润率水平与国际汽车企业利润率接近，但产销规模远低于国际汽车企业。在世界规模的产业结构调整与发达国家生产能力过剩的大背景下，为赚取国内汽车业高额的利润、分享国内汽车业巨大的增长潜力，国际资本并购国内汽车企业的步伐将越来越快。

2. 中国汽车业前景展望

根据中国汽车工业协会发布的数据显示，2010 年我国汽车累计产销双双超过 1 800 万辆，分别完成 1 826.5 万辆和 1 806.2 万辆，与 2009 年相比，同比增长超过 30%。

一方面，产销均突破 1 800 万辆让中国汽车市场居于世界销量首位，这一纪录也超过了美国历史上销量最高的年份。但这个世界第一是中国的市场第一，中国消费者的需求是第一，而中国企业的规模和产销并不是世界第一，即使全部加起来也是这样。不仅中国企业的销量与占有率喜忧参半，由于汽车产量再创历史新高，也给能源、环境和交通带来了巨大压力。随着汽车产销量的激增，国内汽车保有量也迅速扩大。虽然中国千人汽车保有量还不足世界平均水平的一半，但已给国内的能源供应、环境保护和道路交通带来了巨大压力。近年来，国内新增炼油能力全部被新增汽车吃掉，汽车尾气成为许多大城市空气污染的主要来源，全国 600 多个城市三分之二出现交通拥堵，北京、广州等一些超大城市已经车多为患。另一方面，产销均突破 1 800 万辆的中国汽车市场，不仅在数量上，而且在质量上也有了很大的进步。2010 年，中国汽车工业延续了上年发展态势，在购置税优惠、以旧换新、汽车下乡、节能惠民产品补贴等多种鼓励消费政策叠加效应的作用下，汽车产销创全球历史新高，再次蝉联全球第一。各车型全面增长，自主品牌份额有所提升，汽车出口逐步恢复，大企业集团产销规模整体提升，行业经济效益明显提高。

在未来几年的发展过程中，中国汽车业仍将呈现较好的发展态势。一方面，宏观经济仍将快速发展，城乡居民生活水平稳步提高，城镇化、工业化进程加快，出口逐步恢复；另一方面，虽然一些大城市车多为患，但许多三四线城市的汽车保有量相对较低，还有巨大的增长空间。

3. 外资介入中国汽车业的情况

目前，中国汽车业生产格局已经呈现国际知名厂商与国内企业合资合作的局面。国内的一些汽车厂商，如上海大众、一汽大众、北京现代、东风日产、广州本田等都已是中外合资的汽车厂商，各地中外合资汽车制造商之间的股权并购、资产重组的案例不断涌现。

(二) 零售业

1. 外资参与中国商业领域并购的背景分析

按照中国加入 WTO 的承诺，中国将在入世后的第三年全部取消对外资特许经营的限制。随着零售业大门的逐渐打开，国际商业资本将会加快向中国零售业转移。而我国国有资本正逐步退出商业流通业，留下的空白需要大量新的商业资本进入填补，其中除了日趋活跃的民营资本外，客观上也需要国际商业资本加入。同时，我国大多数商业类上市公司仍然是国有股占控股地位，随着国有资本退出商业行业，适度减持商业上市公司国有股份是大势所趋，商业有望成为外资未来注资上市公司的优势行业之一。

2. 并购将取代新建，成为国际商业资本进入中国市场的主流方式

一直以来，外资零售巨头在中国市场的扩张大多是采取比较稳健的合资新建方式，这

是因为并购的风险大于合资新建。而随着市场趋向饱和，政策法规、税收体制、信誉体系逐步健全，一场零售业内的大规模资本并购将不可避免。外资并购商业上市公司将成为国际商业资本进入我国商品零售市场的主要途径。这是因为：

（1）并购可以实现优势互补。外资商业企业拥有资金优势，而缺乏自有资金正是限制中国零售企业发展的重要因素。许多国有企业虽然业绩不佳，但市场份额和影响力却很大，若能通过吸引外资改善资本结构并在管理方面进行改造，就能适应外资扩张的需要。

商业上市公司是我国商业行业中的骨干企业，它们所具有的行业竞争优势、地理位置优势和网点优势正是国际商业资本所欠缺的。外资并购商业上市公司有以下优点：一是可以省却新建销售网点和配送体系的时间和成本，迅速拥有领先的市场地位。二是可以迅速进入中心城市的中心商业区。在近年的竞争中，国内企业大量圈地，使好的商业用地逐渐成为稀缺资源，新进入的外资商业企业出于这一压力，会选择并购拥有该资源的国内商业企业。三是可以通过中国证券市场直接融资，拓宽融资渠道。

（2）我国的百货业早已饱和，不利于新的流通企业（包括外商流通企业）进入。零售业是目前中国所有行业中竞争最激烈的，不断下降的行业平均利润率，不仅给国内企业造成巨大的经营困难，对外商投资流通企业同样是难以逾越的障碍。在这种情况下，外资以新建方式进入中国市场将面临较大的风险。在一些中心城市（如上海、北京），超市业（尤其是普通超市）已基本接近饱和状态。对于相对饱和的商品零售市场，并购是国际商业资本介入的常用方式。

3. 外资并购的对象选择

（1）中心城市的老牌大型商业企业，特别是其中的上市公司。虽然这些企业由于各种原因已难现昔日风采，但毕竟还是行业龙头，在当地都有相当的市场份额和影响力，并且与政府关系密切。这一类上市公司包括王府井、第一百货、华联商厦等。

（2）连锁商业企业，包括超市、大卖场、便利店等。连锁企业所拥有的庞大销售网络无疑是吸引外资并购的主要原因，而且作为整个零售业发展的必然趋势，连锁商业将成为发生外资并购最密集的区域。相关上市公司包括华联超市、友谊股份。

（3）专业连锁企业。作为专业连锁的代表，百安居、宜家等外资家居装饰大卖场都已在上海迈出了登陆中国市场的第一步。而国内商业资本在专业连锁这一领域也开始有所作为，最著名的当属国美、三联等家电销售巨头，其余初具规模的还包括上海医药、商业网点等经营连锁药店的企业以及经营大型建材连锁超市的东方集团等。这类企业也可能成为外资并购的目标，相关上市公司包括上海医药、桐君阁、一致药业、东方集团等。

（三）银行业

1. 外资参与中国银行业并购的背景分析

中国银行业长期以来一直受到政府的信用支持和保护，四大国有银行垄断了银行业的绝大部分业务，银行业的竞争其实就是四大银行之间的竞争。但由于四大银行的国有性质和政府的管制，竞争水平一直比较低。近年来，由于股份制银行的迅速发展，银行业的竞争有所加剧。但由于股份制银行的规模相对于四大银行而言非常有限，还未对四大银行构成真正的威胁。

根据《金融服务贸易总协定》的有关规定以及中国入世文件中有关银行业对外开放的

承诺，入世后，外资银行将享受国民待遇，中国还将逐步取消对外资银行经营地域、客户对象和业务范围等方面的限制。2006 年 12 月《中华人民共和国外资银行管理条例》正式生效后，标志着中国银行业的全面对外开放，外资银行将在存款、贷款、中间业务等方面与国内银行展开竞争。在存贷款业务上，从目前来看，由于受营业网点规模以及新设网点速度的限制，外资银行的人民币存贷款规模难有较大扩张，因而外资银行在这个方面对国内银行的竞争压力不大，外资银行最具竞争力的业务是外汇存款业务。此外，因人民币不能自由兑换，外币贷款也难以快速增长。从外资银行的特点来看，外资银行技术先进、服务优良、效率高，在经营中间业务方面具有很大的竞争优势，并且中间业务很少受到营业网点的限制。因此，中间业务在未来也许会成为外资银行与国内银行的竞争焦点。

2. 外资参与中国银行业并购的前景展望。

在这种经营环境下，为尽快进入中国市场、提高经营人民币业务的竞争力，外资银行除积极筹备在华设立营业机构外，明显加快了收购国内银行股份的步伐，参股、控股国内银行已成为外资银行占领中国市场的重要手段和必然选择。2001 年 12 月，汇丰银行及中国香港的上海商业银行分别参股上海银行 8%和 3%的股份，世界银行旗下的国际金融公司（IFC）则在持有上海银行 5%股份的基础上增持 2%的股份。此前，IFC 已斥资 2 700 万美元购入南京市商业银行 15%的股权。随后，特别是在 2005 年国有大银行纷纷准备上市的时候，外资银行加快了入股国内银行的步伐，如美国银行斥资 25 亿美元购买建设银行 9%的股权，苏格兰皇家银行、新加坡淡马锡控股等机构联合购买中国银行近 20%的股份，汇丰银行出资近 144 亿元人民币购买交通银行 19.9%的股份等。

外资银行的参股、控股将给国内银行带来新的发展机遇。目前，国内银行与国外成熟的大型商业银行比较，在经营手段、风险控制能力、盈利水平上还存在较大差距。外资银行参股或控股国内银行后，将促使其在管理体制、经营理念和服务手段上得以提高，也必然会极大地提升被并购银行的经营业绩。未来几年，国内银行业的战略性重组将不可避免地迅速展开，而外资银行将在其中发挥极其重要的作用。

（四）港口业

1. 外资参与中国港口业并购的背景分析

为了弥补发展资金的不足，我国于 20 世纪 90 年代初就开始引进外资参与国内港口等基础设施的建设。同时，为了限制外资控制涉及国家经济命脉的行业，政府原则上规定：境外投资者不能控股我国公共码头，外资若要控股国内公共码头须经国务院特批。目前，港口运营商国际排名前两位的和记黄埔和新加坡港务集团（PSA）在内地投资最多，而丹麦马士基集团、美国海陆、招商局集团在国内许多港口也有参股。

2. 外资参与中国港口业并购的前景展望

入世为港口业外资并购提供了新的契机。根据规则，包括港口业在内的服务业开放程度将进一步加大，我国将向 WTO 所有成员国开放港口业市场。我国与港口业有关的入世承诺主要包括：国际海上运输（包括货运和客运）允许外商设立合营船舶公司，但外资比例不得超过 49%，合营企业享受国民待遇；允许外商设立合营企业从事船舶代理服务；允许外商控股的合营企业从事货物装卸和集装箱场站服务。外商船舶可以使用我国港口。WTO 正式实施三年后，我国仓储行业可允许外商独资经营；WTO 正式实施四年后，船舶检验行业将允许外商独资经营。在此期间，我国水运基础设施建设行业也将有条件地允许外商独资企业承揽工程。

随着我国港口业的进一步开放，外资进入将更为方便。除了设立新的港口及相关企业外，通过并购手段参股或控股已有的港口企业将是外资涉足我国港口业的首要选择。未来外资在我国港口业的并购、参股将会呈现两个趋势：一是涉及的港口数目将增加；二是外资并购或参股的领域将从港口集装箱业向其他行业扩展，具有较大盈利能力的油品码头业和大宗散杂货码头业将成为外资并购或参股的目标。

三、外资并购的企业选择

外资通过并购方式进入中国市场，除了要选择行业投向外，另一个很重要的方面就是目标公司的选择。而上市公司作为各行业中的佼佼者，不仅在企业规模、经营管理上相对于非上市公司具有较大优势，而且企业透明度和知名度更高，与当地政府也有很好的关系，所以必将成为外资并购的首选。在同一个行业板块中，不同的上市公司由于地域、股权结构、行业地位、市场份额、经营方式、财务结构等方面的差异，经营业绩可能相差很大，在资本市场上的表现也会大不相同。因此，选择适当的上市公司对外资并购的成功与否显得非常重要。从以往外资对我国上市公司进行并购的一些案例来看，以下几点是外资在选择并购对象时重点考虑的因素。

1. 是否已经与外资建立合资或战略合作关系

外资并购是从股权收购开始的，并且这种股权收购往往是从那些具有外资背景或有外资股东的上市公司开始的。从目前看，有不少上市公司中存在着外资股东，其中既有类似H股和B股中的外资流通股股东，也有一些持有一定比例的外资法人股的股东，而后者更容易触发外资并购。这类外资法人股股东持有上市公司股份，并不是为了投机套现，而是更注重长线的战略投资，比如青岛啤酒与美国著名啤酒酿造商安海斯—布希公司签署战略合作协议等。

针对中国市场环境的特殊性和复杂性，有着丰富海外运营经验的跨国公司在进入中国市场的时候，往往不会采取一步到位的做法，而倾向于采用先观望、后试探、再跟进的做法。而从长远战略角度考虑，与中国企业先进行合资、合作便成为“试水”的最好手段。

因此，外资会首先选择那些已经与之建立了合资企业或良好战略合作关系的上市公司作为收购目标，因为它们不但对这些企业有更多的了解，而且可以对收购后的发展战略和收购双方的资源整合早做设计。

2. 目标公司是否为国内同行业中的优势企业

目前的外资收购往往会选择一些在业界具有影响力的大型企业，它们往往具有产品、分销网络及规模等优势。由于外资进入的主要目的是想在中国进行产业渗透，通过参股或控股国内同业优势企业，尽快获得国内市场的产品或销售网络的份额，比如福特进入江铃汽车、米其林进入上海轮胎橡胶、阿尔卡特进入上海贝岭等案例。

其中，不管是直接收购还是间接收购，外资收购这类企业往往是以战略投资者身份入股上市公司，以“先合作后并购”的方式来收购上市公司部分股份，通过向被收购公司注入技术、资金和管理等做大被收购公司的主业，同时也就做大了外资想要得到的市场份额。因此，一些具有行业优势的上市公司往往会受到外资的青睐。

3. 是否同时发行B股和H股

由于我国上市公司独特的股权结构，所以目前我国对纯A股上市公司外资并购的政策性障碍还比较多。因此，相对于A股市场，外资在B股和H股市场上的并购更具有可操作性和可行性。同时，B股和H股与A股之间存在一定幅度的股价差异，这使得外资收购B股和H股的成本明显要低于收购A股。此外，具有B股和H股的上市公司在会计制度、信息披露、公司治理结构等方面更加规范并已与国际惯例接轨，这也是吸引外资的一个重要因素。

4. 公司治理是否规范

一般来说，股权结构分散、治理结构规范的上市公司更容易成为并购的目标。为了获取跨国直接投资的所有权，跨国公司在收购当地企业的过程中倾向于掌握公司的控制权。因此在收购国内上市公司的时候，在许多其他条件都相近的背景下，跨国公司通常会偏好股权结构分散、治理结构规范的上市公司。

5. 地方政府的支持力度

目前，对于国有企业（尤其是上市公司）在经营管理上的重大决策，地方政府往往起着关键甚至是决定性的影响。2002年以来，深圳、山东、四川等地纷纷通过引进外资对本地上市公司板块进行重组，伴随着外资并购概念的升温，这成为证券市场的一个热点。上海市上市公司的成功经验表明，有了政府的政策支持，并购的交易过程会容易得多，尤其是那些地域性强、在当地市场份额较大的行业（如医药、水泥、矿产、建材等行业内的公司），它们对外资具有特别的吸引力。

第四节　外资并购的模式分析[①]

一、外资并购的几种主要模式分析

一般认为，跨国并购从不同的角度和标准可以划分为不同的类型：按照投资主体与目标企业是否为同一行业还是上下游企业可以分为横向并购与纵向并购；按照投资主体并购的标的可以分为股权并购和资产并购。根据《关于外国投资者并购境内企业的规定》（以下简称《规定》），外国投资者并购境内企业，主要是指外国投资者购买境内非外商投资企业股东的股权或认购境内公司增资，使该境内公司变更设立为外商投资企业；或者，外国投资者设立外商投资企业，并通过该企业协议购买境内企业资产且运营该资产；或者，外国投资者协议购买境内企业资产，并以该资产投资设立外商投资企业运营该资产。这里所说的外资并购境内上市公司的方式，主要是指外国投资者为了获得境内上市公司的经营控制权可以采用的股权并购渠道。在目前的法律框架下，当前外资并购境内上市公司的模式

---

① 参见汪姜维、苑会祥：《外资股即将兴起的并购》，载《新财富》，2002(10)。

主要有以下几种。

（一）直接协议收购

由于以往对外资开放的证券品种限于B股和H股，所以外资并购可能先从B股、H股开始。但发行B股、H股的公司只占上市公司总数的很小一部分，而且B股、H股占总股本的比例较小，即使全部收购也难以达到控股的目的，所以暂时还没有外资通过直接收购流通B股、H股而成功并购上市公司的先例。

在股权分置改革以前，上市公司的股份多分为上市流通股和非流通股，其中非流通股包括国家股和国有法人股，并且中国上市公司的三分之二股份为非流通股，只有三分之一为流通股。在直接收购上市公司股权上，由于国有法人股的价格远低于流通股的价格，而且收购过程可以得到要约豁免，从而降低了收购成本、缩短了收购时间，所以协议直接收购非流通股一度成为外资并购的主要方式。

2001年底，作为世界三大新型制冷剂供应商之一的格林柯尔集团通过其旗下的顺德市格林柯尔企业发展公司一次性拿出5.6亿元现金，协议收购科龙电器20.6%的法人股，从而成为科龙电器新的第一大股东。此外，外资还可以通过协议收购外资法人股来收购上市股权。例如，耀皮玻璃第一大股东皮尔金顿国际控股公司是英国皮尔金顿有限公司的控股子公司，通过逐步受让外资法人股，皮尔金顿成为耀皮玻璃的第一大股东。由于这种方式属于外资股在外方股东间的转让，受到的限制较少，操作起来相对简便。

股权分置改革实施后，非流通股股东通过支付对价的方式取得上市流通权，实现了上市公司股份的全流通。因此，通过在证券交易所外与非流通股股东达成收购协议并在证券交易所外进行交易的方式将失去其存在的法律基础。《管理办法》正是基于这种背景，规定了对已完成股权分置改革的上市公司和股权分置改革后的新上市公司，外国投资者可以通过具有一定规模的中长期战略性并购投资，取得该公司的A股股份。根据《管理办法》的规定，外国投资者可以以协议转让的方式取得上市公司的A股股份，但对于如何进行协议转让的方式没有明确规定。我们知道，股权分置改革后，不应该再存在A股场外协议转让的制度，《中华人民共和国公司法》第一百三十九条规定："股东转让其股份，应当在依法设立的证券交易场所进行或者按照国务院规定的其他方式进行。"《中华人民共和国证券法》第三十九条有同样的规定。从目前的情况来看，除了证券交易所之外，经国务院批准且已经运作的其他证券交易场所只有代办股份转让系统。另外，根据《中华人民共和国公司法》第一百四十五条的规定"上市公司的股票，依照有关法律、行政法规及证券交易所交易规则上市交易"，既然上市公司的股票全部在证券交易所进行场内交易，应该按照证券交易所的交易规则来进行股票买卖；根据《深圳、上海证券交易所交易规则》第六十四条的规定"证券交易一般采用电脑集合竞价和连续竞价两种方式"，目前沪深证券交易所内交易的股票均是以上述两种竞价方式进行交易，其他的交易方式必须是交易所认为必要且经证监会批准才可以采用，而且也应该按照《深圳、上海证券交易所交易规则》第六十五条规定的"价格优先、时间优先"的原则竞价撮合成交。但到目前为止，两大证券交易所并没有制定且由中国证监会批准的其他交易方式。因此，在目前的法律框架内，场内的协议转让只能通过大宗交易的方式进行。

根据上述法律规定，《管理办法》所指的协议转让目前应指场内协议转让，即外国投资者和上市公司的股东（不论其是否为原非流通股股东）在履行了必要的法律批准程序后，双方达成的不少于上市公司股份总数10%的股份转让协议，并在证券交易所以大宗交易的方式完成操作的股份转让。

（二）定向增发

在该《管理办法》实施以前，外国投资者可以通过认购上市公司增发的B股、H股来实现对上市公司的收购。1995年9月，美国福特汽车公司以4 000万美元认购江铃汽车138 642 800股新发B股，占江铃汽车发行成功后总股本的20%，成为江铃汽车的第二大股东，首开外资通过上市公司定向增发实施并购的先河。1999年3月，华新水泥又以每股2.16元人民币向Holchin B.V.定向增发7 700万B股，使后者的持股比例达23.45%，成为其第二大股东。与股权协议转让相比，定向增发方式没有太多的法律障碍，易于实施，也易于监管。在《管理办法》实施后，外国投资者可以通过认购上市公司定向发行新股的方式取得上市公司的A股股份。根据《中华人民共和国公司法》的规定，股份公司在成立后符合新股发行条件的，可以发行新股，但对发行方式没有明确规定。一般来说，未上市的股份公司可以采取定向募集增资扩股的方式，也可以采取由原股东增资的方式，但对于上市公司来说，除了公开发行和配股，是否可以采用私募的方式发行新股属于法律上的空白。

2006年1月1日起生效的新《证券法》在第十条对“公开发行”做了明确界定：一是向不特定对象发行证券的行为；二是向累计超过200人的特定对象发行证券的行为；三是法律、行政法规规定的其他发行行为。《证券法》的第十三条又规定：“上市公司非公开发行新股，应当符合经国务院批准的国务院证券监督管理机构规定的条件，并报国务院证券监督管理机构核准。”因此，上市公司的私募增发已经有了明确的法律支持。从《管理办法》对外国战略投资者的主体资格和财务能力的要求来看，所规定的上市公司定向发行新股方式应属于非公开发行。

（三）其他方式

外国投资者除了通过协议收购和定向发行新股的方式之外，《管理办法》还规定了其他可以取得上市公司A股股份的方式。从以往的并购经验来看，除了上述两种方式之外，外国投资者要想获得境内上市公司的控制权，还可以通过以下几种方式实现：

（1）间接收购，是指通过上市公司的母公司或控股企业来间接控制上市公司。例如，2001年10月阿尔卡特通过受让上海贝尔有限公司的股权，以50%+1股控股上海贝岭的第二大股东上海贝尔有限公司，上海贝尔有限公司由中外合资企业改制为外商投资股份有限公司并更名为上海贝尔阿尔卡特有限公司。阿尔卡特因此成为上海贝岭的间接第二大股东。

（2）合资/合作方式，也称反向收购，即外资企业与上市公司合资组建由外方控股的合资/合作公司，然后由合资/合作公司反向收购上市公司的核心业务，从而达到并购的目的。成立合资/合作公司往往是并购的前奏，与独资公司相比，不仅外方可以减少投资额度，而且中方在本行业内的经验对合资企业未来的发展也能起到一定的作用。目前，国际大公司在并购上市公司时，采用最多的仍是合作/合资形式。采取成立合资公司方式的多为传统行业，合资的对象主要是国内影响力大、规模大的龙头企业。例如，2001年3月，我国轮胎生产龙头企业轮胎橡胶与世界上最大的轮胎生产企业米其林组建合资企业，由米其林控股的合资企业斥资 3.2 亿美元收购轮胎橡胶核心业务和资产，结果是米其林通过合资企业实质性地控股轮胎橡胶。采取技术合作方式的多为我国目前相对薄弱的高科技领域，技术合作的对象主要集中在高科技领域，合作的中方企业也是行业内的领导性企业。例如，广电信息与 IBM 公司在普及运算领域合作，开发信息终端产品；东方通信引进美国高通技术生产 CDMA 网络系统设备；大唐电信与朗讯、北电、高通等公司合作生产 CDMA 设备，与康柏、西门子等公司合作生产第三代移动通信系统等。

(3) 向外资定向增发可转换债券。这种方式由于是定向发行，无须聘请承销商等中介机构，所以发行成本低、效率较高。此外，转股是在几年内分期完成，名义上是债，实际上是股，既可确保债券按约定的价格转为股份，又不会造成公司迅速扩张。在转股完成时，公司投资可能已经见效，也就是利润增长可能超过股本扩张的速度，因而不会造成利润的稀释。比如青岛啤酒分三次向美国 AB 公司定向增发 1.82 亿可转换债券，7 年内根据双方的转股安排全部转为青岛啤酒 H 股。在股权转让完成后，AB 集团将持有 27%的股份。

根据《管理办法》的规定，股权置换方式将成为一种新的外资并购手段，它是指境外公司的股东以其持有的境外公司股权，或者境外公司以其增发的股份作为支付手段，购买境内公司股东的股权或者境内公司增发股份的行为。相对于上述并购方式而言，股权置换从购买者的角度来看是一种以股权作为支付手段的并购投资，可以在上述股份协议转让、定向增发新股等方式中作为一种对价手段。

另外，根据中国证监会和中国人民银行联合发布的《合格境外机构投资者境内证券投资管理暂行办法》（以下简称《暂行办法》）的规定，外国投资者可以通过 QFII 购买境内上市公司的股份。不过，根据该《暂行办法》的规定，境外投资者的境内证券投资应当遵循下列持股比例限制：第一，单个境外投资者通过合格投资者持有一家上市公司股票的，持股比例不得超过该公司股份总数的 10%；第二，所有境外投资者对单个上市公司 A 股的持股比例总和，不超过该上市公司股份总数的 20%。因此，在实务中仅通过 QFII 无法实现对上市公司的控制，QFII 制度更多的是作为其他方式的一个补充，使得外国投资者可以通过多种渠道对一个上市公司进行并购投资。

二、外资并购的新模式

根据《关于向外商转让上市公司国有股和法人股有关问题的通知》的规定，向外商转让上市公司国有股和法人股原则上采取公开竞价方式。公开竞价的目的是促使股权转让采取公开征集方式进行。因此，未来外资并购除了已有的模式外，还会出现更多的创新模式。

1. 通过拍卖方式竞买上市公司股权

外资除了可以通过协议收购国内上市公司的国有股和法人股之外，还可以通过拍卖和债权方式收购上市公司的国有股和法人股。目前，很多上市公司的大股东由于到期债务不能清偿而被诉讼，其所抵押的上市公司股权将通过人民法院的强制执行程序被拍卖。外资可以通过介入拍卖市场获得相应上市公司的股权。“华润”去年收购“ST吉发”案就是这一方式的代表。

外资介入拍卖市场需要具备一定的条件。根据我国《拍卖法》的规定，法律、行政法规对拍卖标的的买卖条件是有规定的，竞买人应当具备规定的条件。具体的条件包括：允许外资收购上市公司股份，特别是允许收购国企股权；符合《指导外商投资方向规定》和《外商投资产业指导目录》的规定，外资才可以参与对股权的竞买，以期实现对上市公司股权的收购。

2. 通过债权市场间接收购

未来可能发生的另一种模式是通过收购上市公司债权而间接获得其股权，即“债转股”。这种外资并购模式的可行性来自于以下几点：

(1) 有的上市公司尽管负债较重，但仍然具有一定的价值，有可能成为外资并购的对象。这种价值来源于两方面：一是上市公司具有的“壳”资源；二是部分上市公司的价值，特别是对于土地资源的价值被严重低估。

(2) 这种并购模式受到国内法律体系的支持。《中华人民共和国合同法》规定，债权人可以将合同的权利全部或者部分转让给第三人。《利用外资改组国有企业暂行规定》里面明确了国有企业的债权允许转让给外国投资者。

(3) 这种方式得到了政府的大力支持。对于一些债务负担较重的企业，如果通过债转股介入上市公司，无疑为政府减少了负担。国家几年前就推行了“债转股”政策，为国有企业减负，同时还成立了四大资产管理公司，对四大国有商业银行的不良资产进行剥离，其中大部分是企业的不良债权。资产管理公司将这些不良债权打包，向包括国外投资者在内的广大投资者出售。

(4) 这种并购模式广泛流行于国外的企业并购市场。很多投资公司都会低价收购目标公司的债权，然后通过重组，将债权转化为股权，在企业经营状况改善后再出卖股权，从中获利。

3. 外资机构征集代理权

此前，一般是国内机构征集代理权，而在未来，外资机构征集代理权的案例也将出现。因为在征集代理权的法律方面，我国对外资并没有特别的限制。外资企业可以先占有一部分股权，然后凭借股东地位发出征集委托权的要约。成功以后，再按自己的意愿改组董事会，贯彻自己的经营战略，并为今后实质性的收购奠定基础。

代理权征集的案例在国内证券市场已经发生了多起，比如1998年金帝建设董事会选举事件。当时持有“金帝建设”股份20.7%的第二大股东通过收集委托投票权的方法取得了董事会的全部席位，而持有“金帝建设”股份26.48%的第一大股东“上海新绿”却无一人进入董事会。

4. 吸收合并方式

随着中国资本市场逐渐对外资企业开放，预计会有外资企业上市的现象，因而可能出现一种新的并购模式，即外资上市公司吸收合并其他上市或者非上市公司。

上市公司之间的并购在西方国家非常普遍。一些大规模的并购，如美国时代公司与华纳公司的合并以及惠普公司和康柏公司的合并，都发生在上市公司之间。中国的上市公司之间尽管很少发生并购，但并没有法律障碍，吸收合并将有可能成为未来外资并购的一种方式。

5. 第三方代为收购

这种方案具有一定的可操作性。目前，已有外资公司开始采用这种模式收购非上市公司。比如上海的华企投资有限公司和资产新闻实业有限公司以4 250 万元的价格收购了女儿红酿酒有限责任公司，其中前者占 46%的股份，后者占 54%的股权。完成并购以后，资产新闻实业有限公司又将其中 25%的股份转让给一家香港公司。

6. 托管与期权方案相结合

股权托管并不是直接实现股权的转让，只是受托人受托以自己的名义，为了委托人的利益行使表决权等权能，其处理委托事务所得的利益归于委托人或者其指定的受益人。然而，受托一方可以参与公司管理，相对于委托人来说，有自己独立的地位，可以在公司发展中体现自己的意志，同时可以为将来进一步收购公司打下良好的基础。通过股权委托管理和签订《股权远期转让协议》相结合的方式，可以为公司增量资产的分配建立一种新的利益格局，为受托人处理委托事务提供了一种激励机制，从而实现一种双赢的局面。

目前，《中华人民共和国信托法》已经颁布，这种股权的委托管理有法可依。另外，证监会也在大力推动对上市公司管理层的期权激励机制，所以这种方式有一定的发展空间。其限制主要在于我国《公司法》对法定资本制的规定，从而使股权转让表面上表现为对存量资产的分配，不能充分发挥期权制度的激励作用。

7. 资产置换

这一模式与资产收购类似，只是收购方用于收购的不是资金，而是资产。资产置换模式由于操作简便，同时节约了收购方的现金，因而在国内外并购重组中都得到了广泛的使用。外资采用这种支付方式并购国内上市公司同样具有很强的操作性。比如，外国投资者可以利用国内子公司的资产直接与上市公司的资产进行置换。

【本章小结】

跨国并购是指一国（母国）企业基于某种目的，通过取得另一国（东道国）企业的全部或部分资产（或股份），对另一国（东道国）企业的经营管理实施控制的行为。本章分析了 20 世纪 90 年代以来全球跨国并购的特点、跨国并购在我国的发展状况以及我国外资并购的对象和模式。

20 世纪 90 年代以来，全球跨国并购呈现出一些新的特点：在规模上，跨国并购的总规模不断扩大，巨头间的并购增多；在结构上，发达国家成为跨国并购的主角，并购主要集中在服务业；在主体选择上，跨国并购的动机发生了变化，并购的类型以横向并购为主，股票置换成为跨国并购的主要交易方式。

跨国公司在进行并购决策时，不仅面临着国内并购所要面对的问题，而且要受东道国的外资政策、税收政策、行业结构、竞争状况的影响。跨国并购的动因除了包括国内企业并购的动因以外，还包括并购能使企业迅速进入新市场、为企业带来协同效应和适应国际环境变化。

外资并购是否在某个行业大规模出现，主要取决于两个因素：一是我国对外商投资的产业导向和相关的并购政策；二是并购双方的意愿和兴趣。短期内，我国外资并购的主要行业包括汽车业、零售业、银行业、港口业。

目前，我国外资并购的主要模式有直接收购、定向增发、间接收购以及资产收购。

【本章要点】

- 20 世纪 90 年代以来全球跨国并购的特点
- 跨国并购的动因
- 我国关于外资并购的政策变化
- 我国外资并购的几个主要行业
- 外资并购的主要模式

【本章关键术语】

跨国并购　　并购特点　　并购行业　　并购模式

【本章思考题】

1. 跨国并购的动因有哪些？
2. 影响跨国并购的环境因素主要有哪些？
3. 外资在选择并购对象时通常会考虑哪些因素？
4. 当前我国外资并购的主要模式有哪些？每一种模式的特点和适用性是什么？

第十五章 管理者收购

第一节 管理者收购概述

一、管理者收购的概念和历史沿革

管理者收购（management buyout，MBO）是指目标公司管理者或经理层利用借贷所融资本收购公司的股份，从而改变公司所有者结构、相应的控制权格局以及公司资产结构，进而获取相应收益的一种收购行为。管理者收购是杠杆收购（leveraged buyout）的一种形式，而管理者收购的特殊性在于，其主要投资者是目标公司的经理和管理人员，他们往往对公司非常了解，并具有相应的经营管理能力；通过实施 MBO，他们从单一的经营者变为企业的经营者和所有者合一的双重身份。

MBO 起源于西方发达国家，它在 20 世纪 80 年代成为当时并购浪潮的主要组成部分之一。19 世纪末至 20 世纪初的第一次全球并购浪潮、20 世纪 20 年代的第二次并购浪潮和 50 年代—60 年代的第三次并购浪潮，分别产生了横向一体化、纵向一体化和混合联合公司。在这三次并购浪潮之后，企业出现了多元化发展的趋势。而到了 20 世纪 80 年代进入全球第四次并购浪潮时，一些多元化经营的企业集团开始进行逆向操作，将非核心产业分割转让，集中发展核心产业，进行专业化经营。在这一过程中，为保持某种连续性和最大限度地减少分拆的影响，集团公司便把分拆部分卖给了原来的经营管理者。实际上，也只有经营管理者更清楚分拆部分的价值和潜在效益。

英国经济学家麦克·赖特（Mike Wright）在1980年研究公司的分立和剥离过程中发现了这种奇特的现象。后来，英国对此类收购进行融资的主要机构——工商金融公司（Industrial and Commercial Finance Corporation）把这种现象起名为管理者收购。在工商金融公司和诺丁汉大学（Nottingham University）的联合倡导下，1981年3月英国首届关于MBO的全国性会议在诺丁汉大学举行，引起了工业界和学术界的广泛关注，极大地促进了对MBO的研究。此外，英国还成立了专门的MBO研究机构，建立了庞大的数据库，定期出版刊物。

此后，在美国和欧洲大陆，这种新的收购方式也得到了很大的发展。在美国，MBO和杠杆收购在1988年达到了顶峰。1987年，美国全年MBO交易总值为380亿美元，而在1988年的前9个月内，美国MBO和杠杆收购的交易总值就达到了390亿美元。在欧洲大陆，管理者收购在20世纪90年代以后发展迅速，在1992年至1997年间增长了150%。1999年，欧洲管理层收购总额达251亿英镑。此外，一些由计划经济向市场经济转型的国家，如俄罗斯、东欧国家，也在某种程度上采用了MBO形式，以加快其转轨速度。

二、管理者收购的特征

管理者收购作为一种特殊的并购形式有其自身的特征，主要表现在以下几方面：

首先，管理者收购的主要投资者是目标公司的经理人员或管理层。在管理者收购中，管理层可能独自设立收购主体进行收购，也可能和职工、工会或者外部的战略投资者联合设立收购主体进行收购，但主要的投资者必须是目标公司的管理层，否则就成为了其他形式的收购，如员工持股计划（ESOP）或普通的杠杆收购等。目标公司的管理层对公司非常了解，具有相应的管理经验和能力。通过实施管理者收购，他们从公司的管理人员变成了公司的所有者，这有利于激发他们的工作热情，提高他们的工作效率，解决了由于公司所有者与经营者利益目标不一致所带来的代理成本问题。

其次，管理者收购主要是通过借贷融资来完成的。管理者往往只需要支付总价款中的少部分，其余部分则通过外部融资来弥补，即采用所谓杠杆收购的方式。实际操作中，管理者往往是以目标公司的资产或者股权为抵押，向银行等机构申请贷款融资来完成收购。

再次，实施MBO的目标企业要满足相应的条件，具体条件将在下面详细介绍，其中最重要的一条就是，目标公司处于成熟产业，有稳定的和可预期的现金流。因为管理者收购要通过大量借债来进行，收购完成后，要通过目标公司产生的现金流来偿还收购时所借本息，这一点对MBO的顺利完成十分重要。

最后，管理者收购是一种复杂且难度较大的交易活动，投资银行等中介机构在其中扮演了重要的角色。从目标公司的选择、并购交易筹划、交易谈判、筹集所需资金到企业重组、重新上市，都离不开投资银行等中介机构的参与和支持。按照2002年12月1日起实施的《上市公司收购管理办法》第五十一条规定，管理层、员工进行上市公司收购的，被收购公司的独立董事应当为公司聘请独立财务顾问等专业机构，分析被收购公司的财务状况，就收购要约条件是否公平合理、收购可能对公司产生的影响等事宜提出专业意见，并予以公告。由此看来，在我国上市公司实施MBO等收购形式时，聘请专业机构参与已经成为法定义务。

三、实施MBO的企业要满足的条件

并不是任何企业都适合实施MBO。通常说来，拟实施管理者收购的企业要满足一定的基本条件才有可能获得成功。当然，对于中国企业来讲，实施MBO又要根据中国的国情并满足一定的特殊条件。下面进行具体介绍。

1. 实施MBO的企业一般要满足的条件

（1）目标企业处于成熟产业，有稳定的和可预期的现金流。因为实施管理者收购后，通常要用目标企业产生的现金流来偿还实施MBO时所借款项的本息。因此，能产生足够的稳定现金流是实施MBO的必要条件之一。

（2）目标企业应有良好的财务状况、债务比例较低，尤其是拥有大量未被抵押的资产，这样才有可能获得较大的融资空间，有效利用财务杠杆来筹集足够的资金。

（3）目标企业应具有较大的潜在管理效率提升空间和企业重组空间。稳定的现金流量只能保证按时偿还本息，但实施管理者收购的最终目的是为了获取更大的收益。

如果目标企业具有潜在的管理效率提升空间，那么实施MBO后，企业所有者和经营者的利益目标变得一致，可以更为有效地激励管理层充分发挥其聪明才智，因而可以降低代理成本、提高企业管理效率，从而带来更大的收益。

如果目标企业具有相应的重组空间，那么实施MBO后，就可以通过剥离效率较低的非核心业务或部门，以便提高企业的竞争力；通过处理闲置设备以及裁员、控制管理费用支出等手段减少现金流出、降低生产成本；可以将核心业务或部门重组后重新上市，在证券市场上转手套现，从而获取收益。

（4）管理层经验丰富，有长期的行业经历和管理经验。目标企业的潜在盈利能力只有与强有力的管理结合到一起才能发挥出来。

2. 中国企业实施MBO要满足的条件

在中国实施MBO，除了要满足上面的条件外，最好还要满足以下条件：

（1）公司所处的行业为竞争性行业，属于国家显然要退出的行业之一，并且行业内竞争十分激烈，企业生存发展面临重大挑战，因此可以通过实施管理者收购，将公司管理层和企业绑在一起，使得企业的荣辱兴衰均与管理者个人密切相连。实施管理者收购可以给管理者足够的激励，从而提高管理效率、增强企业竞争实力。

（2）公司股本较小，国家作为第一大股东的持股比例不是太高，不需要动用巨额资金便可以实现管理者收购。我国法律法规规定，收购人持有目标公司30%股份后，如果选择继续增持，除向证监会申请豁免获批准外，必须要进行要约收购。因此，如果第一大股东持股比例过高，进行管理者收购可能会面临对上市公司实施全面要约收购的风险。

（3）企业创业之初国家没有投入资本金或者投入的资本金很少，企业发展壮大的过程中，管理层的贡献巨大。这类企业实施管理者收购容易得到有关各方的认同。

（4）获取政府有关部门的支持。在国有企业实施管理者收购时，获得有关政府主管部门（如地方政府、财政部门）的支持和理解十分重要。国内一些失败的 MBO 案例，大多是由于没有获得政府有关部门的支持。

四、当前我国管理者收购的现状

管理者收购源于国外，但近年来已成为中国资本市场上一道亮丽的风景线。从最早的四通产权改革、粤美的 MBO 到华立集团、洞庭水殖、特变电工、佛塑股份、胜利股份纷纷涉足 MBO。据不完全统计，仅 2001 年一年，公开披露实施或拟实施 MBO 的上市公司就有十多家。2002 年后，各种 MBO 事件更是不时见于报端。

与此同时，许多金融机构已经开始介入 MBO，如新华信托率先推出了 MBO 资金信托计划、上海亚商企业咨询股份有限公司准备发起设立国内首家公司型 MBO 基金。据估计，目前有近十家 MBO 基金正在筹建中。同时，中国的 MBO 热潮也吸引着国际投资者的目光，管理 135 亿美元资产的美国凯雷集团（Carlyle Group）准备与新疆德隆联手筹建 MBO 基金，美国国际集团（AIG）也表示，有意在国内联合中信实业银行提供 MBO 融资服务，花旗银行、梧桐基金等金融机构对中国的 MBO 也表现出浓厚的兴趣。国内外金融机构的大力支持，势必会对我国的管理者收购活动起到巨大的推动作用。

最近几年，我国管理者收购发展迅速，出现了许多代表性的案例，其中最具代表性的案例是宇通客车 MBO 和双汇 MBO。

2001 年 6 月 15 日，上海宇通就与郑州市国资局签署了《关于郑州宇通集团有限责任公司股权转让协议》和《股权委托管理协议》，约定由上海宇通受让市财政局持有的宇通集团 89.8%的股权并呈报财政部审批。在报批期间，宇通集团的这部分股权（含宇通汽车国家股 2 350 万股）由上海宇通代为管理。这就表示宇通 MBO 正式启动了。

2001 年 8 月，郑州市财政局收取了上海宇通支付的合同约定股权转让价款共计 9 687 万元，但由于管理层叫停，财政部对郑州财政局的报告一直未予批复，宇通汽车的 MBO 不得不延缓。不过，郑州财政局既没有向上海宇通合法转让约定股权，也没有返还已收取的股权转让款。

2003 年 12 月 3 日，上海宇通以申请支付令方式向郑州市二七区人民法院提起诉讼，要求财政局返还股权转让款并赔偿利息。2003 年 12 月 20 日，郑州市二七区人民法院裁定冻结郑州财政局持有宇通集团的 100%的股权，并委托郑州拍卖总行公开拍卖。通过拍卖，上海宇通的高管如愿以偿地得到了宇通汽车的控制权。

2003 年 12 月 21 日，郑州拍卖总行在《郑州日报》刊登拍卖公告。2003 年 12 月 29 日，郑州拍卖总行对财政局所持宇通汽车 100%的股权进行了公开拍卖。通过竞价，上海宇通以人民币 14 850 万元的价格拍得宇通汽车 90%的股权，宇通发展以人民币 1 650 万元的价格拍得宇通汽车 10%的股权。至此，宇通汽车完成了 MBO。

双汇 MBO 改制最早始于 2002 年，当时双汇公司的领军人物就曾与其他管理层等共 50 人共同出资成立河南漯河海汇投资有限公司（以下简称海汇投资）。

在此后的 3 年间，海汇投资先后投资入股的双汇产业链上下游公司多达 18 家。按照彼时的设想，海汇投资的设立主要是加强对双汇中高层的激励。通过一系列的股权运作，兴泰公司和雄域公司最终取得了双汇国际 30.23%的股份，而双汇国际直接和间接持有双汇发展 51.45%的股份。股权运作完成后，双汇管理层重夺公司实际控制权，而双汇通过境外公司曲线实现 MBO 的事实，也早已成为公开的秘密。

2010 年 11 月 29 日，双汇 A 股上市公司双汇发展结束了 8 个月漫长的停牌期，发布了《关于本公司实际控制人变动事宜致全体股东的报告书》，双汇 MBO 路径也正式阳光化。

从我国的大政方针来看，党的十五大通过的《关于国有企业改革和发展若干问题的决定》明确提出：在不影响国家控股的前提下，适当减持部分国有股。党的十六大报告提出了国有资产管理体制改革的新方略，意味着国有资产管理体制改革的步伐将加快。2002 年 6 月 24 日，财政部恢复了国有股向非国有股单位转让的政策，使得国有企业实施管理者收购成为可能。2002 年 12 月 1 日起实施的《上市公司收购管理办法》对要约收购、协议收购、管理者收购的有关问题做出了相应的规定。这些都为管理者收购提供了相应的宏观背景支持和法律保障。

但是，在我国实施管理者收购还存在着许多不规范，甚至违法违规的行为，主要表现在管理者收购的定价缺乏科学依据，有的企业故意压低企业净资产，进行低价收购，造成国有资产流失；用于收购的资金来源不明，令人怀疑其合法性；实施管理者收购的过程中，存在信息不对称等方面的问题。2003 年 3 月，财政部发至原国家经贸委企业司关于《国有企业改革有关问题的复函》（财企便函［2003］9 号）的文件建议："由于法律、法规的制定相对于实践活动有一定的滞后期，对这类交易行为现行法规和管理水平难以严格约束"，为了"防止一些当事人利用新的交易形式谋取不当利益"，"在相关法规制度未完善之前，对采取管理层收购（包括上市和非上市公司）的行为予以暂停受理和审批，待有关部门研究提出相关措施后再作决定"。

管理者收购作为西方发达国家成熟市场上的一种并购形式，有自身独特的优势，因而在国外发展很快。将其引入中国后，由于中国的市场经济尚不完善等多方面的原因，出现了各种各样的不规范行为，也造成了一些问题。但我们相信，随着市场经济的不断完善、资本市场的不断成熟与发展、我国金融市场管制的减少和进一步对外开放以及相应法律法规的不断健全，管理者收购作为一种新型的并购形式必将有光明的前途。

第二节　管理者收购的组织运作

在现实的经济生活中，MBO 的组织运作主要可以分成四个阶段：意向阶段、准备阶段、实施阶段和整合阶段，参见表 15—1。

表 15—1 MBO 组织运作的四个阶段

阶　段	工作内容	备　注
意向阶段	可行性评估	请投资银行等作为顾问
	征询对方及有关主管部门的意见	
准备阶段	组建工作小组	投行协助进行
	制定收购计划和融资计划	
实施阶段	确立收购主体	实施阶段由投行、会计师、律师、资产评估师等中介机构和人员协助办理。
	进行价值评估	
	确定交易价格与支付方式	
	进行融资安排	
	签订转让协议	
	进行股权、资产的交割	
整合阶段	组织结构的整合	专业机构或人员进行咨询
	公司财务的整合	
	经营管理的整合	

一、意向阶段

在意向阶段的主要任务就是进行实施 MBO 的可行性评估，并征询有关股东和主管部门的意见。在各方面均达成初步意向后，才能进入下一阶段，准备实施管理者收购。

首先，看该企业是否满足实施管理者收购的条件，如目标企业是否处于成熟产业，有稳定的和可预期的现金流；是否具有良好的财务状况，债务比例较低，可以有效利用财务杠杆筹集足够的资金；是否具有较大的潜在管理效率提升空间和企业重组空间；管理者是否具有相应的管理能力。

其次，在中国实施管理者收购还要满足一些其他的条件。例如，企业所处行业属于竞争性行业，国有企业需要战略退出；第一大股东持股比例较低，不需要动用巨额资金便可控制企业等。

最后，考虑相应的法律法规约束和目标公司股东的意见以及相应主管部门的意见。

由于实施管理者收购是一项复杂的专业工作，所以在上述过程中一般要聘请专业人士，由他们协助进行可行性评估等工作。如果双方在各方面均可初步达成意向的话，就可以进入准备阶段了。

二、准备阶段

准备阶段要做的工作主要是组建工作小组和制定收购计划。

工作小组主要由现有的管理层和一些重要的骨干员工组成，同时要剔除不愿参与 MBO 或者内部缺乏敬业精神和团队合作精神的一些管理人员或高级职员。考虑到管理者收购的专业性，要引入必要的外部专业人士（如投资银行家和律师等）协助完成相应的工作。

准备阶段的另一项主要任务就是制定收购计划。收购计划可以对实施阶段的各项任务进行指导和控制。当然，实施阶段可以根据实际情况对收购计划进行必要的修改。

准备阶段要制定的收购计划主要包括：

（1）如何进行目标公司评估。一般要聘请专业机构进行目标公司的资产评估，但在准备阶段，由于管理者了解企业的情况，大体上能够知道目标公司的估价，这可以为以后的收购方式和融资支付方式的选择提供参考。

（2）选择什么样的收购方式。一般可以分成收购资产和收购股票。就收购股票而言，在我国可通过与目标公司的大股东协商，协议收购其所持的股份。这种方式的成本较低，也比较常见。

（3）选择相应的支付方式。如前所述，并购支付方式分成现金支付、股票支付和综合证券支付。在准备阶段要对各种支付方式进行分析，以便在实施阶段根据有关情况及时做出支付方式的决策。

（4）预先制定相应的融资计划。我们在前面的章节介绍了债务融资工具、权益融资工具和混合融资工具，在准备阶段要根据各种可能的支付方式，预先制定出相应的融资计划。

（5）预先准备有关合同、协议草案以及相关条款，以便在实施阶段的谈判过程中占据主动。

总之，在准备阶段要针对上述内容制定出详细的收购计划，并估计完成各项任务所需的时间，以便控制实施 MBO 的进度，为实施阶段打下坚实的基础。

三、实施阶段

实施阶段的主要内容包括：设立收购主体，对目标企业进行价值评估，谈判确定交易价格和支付方式，进行融资安排，签订有关协议或合同，执行有关协议，进行股权、资产的交割等。

1. 设立收购主体

由于管理者作为自然人对公司进行收购存在诸多不便之处，因而他们一般要发起成立一家公司作为收购主体。有时，管理者也和外部的战略投资者一起成立一家公司，这样可以获得融资方面的便利。但是，管理者一般要与外部的战略投资者签订协议，保证在一定的时期内，以高于原购买价的价格回购该战略投资者所持的公司股票，实现战略投资者的退出。

通过设立公司来实施管理者并购可以带来诸多好处，比如以出资额为限承担有限责任可以进行风险控制。但是，此举在我国也存在一定的法律问题。比如《中华人民共和国公司法》规定，公司向其他有限责任公司、股份有限公司投资的，除国务院规定的投资公司和控股公司外，累计投资额不得超过本公司净资产的百分之五十。因此，设立新的公司来实施管理者收购所需的资金就大大增加了。

2. 对目标企业进行价值评估

最终支付的并购价款主要受两方面的影响：目标企业的评估价值和双方谈判的结果，但目标企业的评估价值是基础。对目标企业进行价值评估一般要聘请专业机构进行。至于具体的评价方法等，我们在前面的章节已经介绍过了，此处不再赘述。

3. 谈判确定交易价格和支付方式

进行谈判的主要焦点就是并购的价格和支付方式。确定并购价格时，主要应当考虑如下因素：

（1）建立在公司价值评估基础上的各种应当考虑的因素。比如企业无形资产价值、土地使用价值、企业被并购后预期经过重组可达到的价值、各种债权债务等。

（2）是否有其他竞争者参与收购目标企业？如果没有竞争者，价格一般会低一些。

（3）是否有足够的融资能力来支付该价格？并购后是否可以通过变卖目标公司的相关资产来支付有关借款？

支付方式可以分成现金支付、股票支付和综合证券支付。在管理者收购中，一般是进行现金支付，具体内容在前面的章节已有介绍。在谈判时，我们还要注意支付的时效性问题，一般管理者要力争分期付款。

4. 进行融资安排

在确定了交易价格和支付方式后，接下来的工作便是安排融资。前面曾提过，融资工具分成债务性、权益性和混合性三种。管理者通过对各种融资工具利弊的分析，再结合支付方式的选择，就可以采用最有利的融资工具进行融资。

在国外的 MBO 操作中，管理层通常只付出收购价格的很少部分，其他大部分资金都是通过各种融资工具筹措，而且通常是以目标公司的股权或资产为抵押向银行等金融机构申请贷款。但我国《上市公司收购管理办法》明确规定，被收购公司不得向收购人提供任何形式的财务资助。因此，在我国实施 MBO，其融资方式要进行一定的变通，以符合相应的法规要求。

5. 签订有关协议或合同

在上面的问题都经过协商、谈判确定之后，接下来的工作就是签订有关协议，将其落实到具有法律效力的文件上，主要包括收购协议（或收购合同）及安排融资的有关协议。

收购协议（或收购合同）应当明确双方的权利和义务，主要包括以下内容：

（1）收购双方的名称、住所、法定代表人。

（2）收购的性质和法律形式。

（3）收购完成后，被收购企业的法律地位和产权归属。

（4）收购的价格和折算标准。

（5）收购涉及的所有资本、债务的总金额。

（6）收购方支付收购资金的来源、性质、方式和支付期限。

（7）被收购公司的债权、债务及各类合同的处理方式。

（8）被收购公司的人员安置及福利待遇。

（9）违约责任。

（10）合同生效期限。

（11）其他事项。

根据不同的融资方式和融资来源，融资协议可以具有不同的形式，此处限于篇幅不再详述。

6. 执行有关协议

接下来，就是执行有关协议，进行股权、资产的交割等。

四、整合阶段

由于收购方是公司本身的管理层，所以实施管理者收购的整合阶段与通常的并购整合阶段不同，它具有自身的特点，主要包括以下几个方面。

1. 组织结构的整合

实施了管理者收购之后，管理者从单一的管理角色变成了管理者和所有者的双重角色。因此，在完成管理者收购之后要进行的就是整合原有的组织结构，以使其适应新的情况。首先应召开股东大会改组董事会，实现对公司的实际控制权，使公司按照其战略构想进行发展，体现其所有者的地位。

接下来的工作就是调整管理层。组成了新的董事会后，就要根据新董事会的要求组建对董事会负责的新管理层。由于原有管理层角色发生了变化，相应的职权、职位也会发生一定的变化，他们中的一部分可能会继续留任管理层；一部分可能会升任董事会成员，负责公司发展战略等较高层次的决策工作；另一部分可能在职位上保持不变，但会在其他方面体现其管理者和所有者的双重角色。

另外，组织结构调整还会涉及整个公司各部门的调整与重组，因为现在的企业所有者是原来的公司经营者，他们十分了解公司的情况，知道公司问题之所在。一旦他们成为公司的所有者，必将根据自身的利益进行相应的调整，以改变原有不合理的组织架构，使公司更好地运作，适应市场竞争的要求，谋求更大的利益。

2. 经营管理的整合

管理者收购的一个重要意义便是通过对经营管理的整合，提高企业的经营管理效率。管理者对公司的实际情况非常了解，也清楚公司各种问题根结之所在，只是由于在实施管理者收购以前，其目标函数与公司股东不同而不去下大力气解决这些问题，所以这些公司实际上存在较大的管理效率提升空间。在公司实施 MBO 之后，原来的管理者成为了公司的股东，公司的利益和自己的切身利益捆绑在了一起，因此他们愿意而且有能力去解决这些问题。

进行管理者收购后，经营管理的整合主要表现在以下几方面：

（1）减少管理费用，提高管理效率。原先由于管理者的目标函数与公司股东不一致，可能会出现管理者追求自身效用最大化的现象，如装饰豪华的办公室、使用高级轿车、租用专机等。现在公司被管理者收购了，费用和利润均由管理者承担，他们从自身利益最大化出发，便会降低管理费用，提高管理效率。

（2）改革公司人事制度，裁减冗员，降低人力资源成本。

（3）改变原有的激励和约束机制。管理者可能会根据自己以前的实践经验，制定一套有效的激励机制，使公司员工的自身利益和公司利益紧密结合，提高其积极性；同时，制定严格的责任承担机制等约束机制，防止出现原来的公司可能出现过的问题。

通过实施经营管理的整合，使公司的经营效率得到大幅度提高，从而降低成本，增加利润，实现实施管理者收购的目的。

3. 公司财务方面的整合

公司财务涉及的主要问题有投资决策、筹资决策和股利政策等。由于管理者收购通常要使用大量的借款，因而在完成收购后面临的一个重大问题就是巨大的还债压力。通过对公司股利政策的调整、负债及权益水平的调整以及公司投融资决策的调整等，就可以在保持公司财务稳健的基础上，实现如期、足额偿还借款。

第三节　管理者收购的几个重要问题

管理者收购在我国还是一个新兴事物，在其发展过程中还存在一系列的问题，其中最重要的几个问题集中在管理者收购的定价、融资、信息披露和法律风险等方面。这些问题如果不能得到较好的解决，就会影响到管理者收购在中国的健康发展。

一、管理者收购的定价问题

管理者收购的定价主要是指目标企业的评估价值和收购双方谈判的结果。目标企业的评估价值是基础，对目标企业进行价值评估一般要聘请专业机构进行。至于具体的评价方法等，我们在前面的章节已经介绍过了。在谈判中，由于管理者的内部人地位，他们对公司的信息十分了解，一般会占据比较有利的地位。

在我国实施 MBO 的收购价格一般是以公司的净资产价值为基础，甚至有相当一部分低于净资产。如表 15—2 所示，粤美的 A（现美的电器）两次收购价格分别为 2.95 元和 3.00 元；深方大 A（现方大集团）两次收购价格分别为 3.28 元和 3.08 元；佛塑股份的收购价格为 2.96 元；它们的收购价格均低于每股净资产。而表 15—2 未列出的特变电工的收购价格更是大大低于净资产。该公司 2002 年中期的净资产为 3.38 元，3 家股东的收购价格最高为 3.10 元，最低的居然只有 1.24 元。同时，2002 年 9 月胜利股份的 MBO 方案也是一个典型的例子。胜利股份原拟按 2001 年 12 月 31 日的每股净资产 2.24 元进行国有股权转让，这一转让价格低于该公司 2002 年中期的每股净资产 2.27 元。在财政部最终批准的方案中，收购价格被调高到每股 2.27 元。

表 15—2　　部分公司交易价格与净资产关系比较分析

公司名称	股票代码	交易价格（元/股）	与净资产比较
大众科创	600635	跨年度多次转让	基本相等，有部分溢价
大众交通	600611	多种价格	—
杉杉股份	600884	不详	不详
粤美的 A	000527	2.95 3.00	为净资产价值的 77.43% 为净资产价值的 70.42%
深方大 A	000055	3.28 3.08	为净资产价值的 95.07% 为净资产价值的 89.28%

续前表

公司名称	股票代码	交易价格（元/股）	与净资产比较
宇通客车	600066	不详	不详
强生控股	600662	不详	不详
TCL 通讯	000542	多种价格	相等（有部分政府优惠政策）
洞庭水殖	600257	5.75	为净资产价值的 100%
胜利股份	000407	2.27	为净资产价值的 100%
永鼎光缆	600105	不详	不详
佛塑股份	000973	2.96	为净资产价值的 92.79%
鄂绒 B 股	900936	不详	不详（有部分政府优惠政策）
宁波富邦	600768	1.6	为净资产价值的 181.82%
红豆股份	600400	不详	不详

说明：大众科创现为大众公用，粤美的 A 现为美的电器，深方大 A 现为方大集团，TCL 通讯（000542）已注销，洞庭水殖现为大湖股份。

资料来源：耿德兵，周建波：《中国上市公司 MBO 报告》，载《上海证券报》，2003－03－08。

一般认为，低于净资产价格实施 MBO 会造成国有资产流失。但是，按净资产或者稍高于净资产就不会造成国有资产的流失吗？这也不一定，因为不同质量的资产有不同的价值，仅按照历史成本计算的净资产，不能反映资产的当前市场价值，更不能反映该资产未来能够带来的现金流的折现价值。由于我国国有股权存在所有者缺位的现象，企业容易形成内部人控制，因而在确定企业收购价值时，管理者自己便具有了很大权力，这使得收购价格总是有利于管理者。

更有甚者，一些公司在实施 MBO 的过程中，为了获得较低的收购价格，不惜通过调剂或是隐藏利润的办法扩大账面亏损，甚至一些上市公司被 ST、PT；而一旦 MBO 完成，企业高级管理人员再通过调账等方式使隐藏的利润合法地出现，从而实现年底大量现金分红，以缓解管理层融资收购带来的巨大财务压力；更有甚者，一些企业的管理层在实施 MBO 的过程中伴随着大量的关联交易，致使资金严重外流，以达到自己灰色收益目的。这一切必然导致被收购公司资产流失、内源融资能力下降、财务风险加大，也就不可避免地造成对其他股东利益的恶意侵占与伤害。

要避免上述问题，关键是要在管理者收购的定价过程中增加透明度、引入竞争机制，并采用市场化的定价方式。我国 2002 年 12 月 1 日起实施的《上市公司收购管理办法》第五十一条规定，管理层、员工进行上市公司收购的，被收购公司的独立董事应当为公司聘请独立财务顾问等专业机构，分析被收购公司的财务状况，就收购要约条件是否公平合理、收购可能对公司产生的影响等事宜提出专业意见，并予以公告。

二、管理者收购的融资问题

管理者收购所需资金量很大，一般需要管理者自己支付收购总价的 5%～30%，这一比例的多少视收购的总体规模、目标企业的自身素质、管理层的个人信誉、企业与银行的长期合作关系来决定。其他资金通常会以目标公司的资产或股权作为抵押，通过相应的债务融资来获取收购资金，并在有关专业人员或机构的支持下完成收购。

在国外，不管是管理者自身出资，还是相应的债务融资，都符合相应的法律法规的约束，来源也是很清晰的。而在我国，由于长期计划经济体制的影响，管理者的正常收入水平并不高，而管理者收购涉及金额一般较大，即便是支付一小部分，也动辄成百上千万，如此巨额资金的来源，当事者一般都讳莫如深。

就债务融资部分而言，国内企业 MBO 的融资途径集中于银行贷款、信托投资、MBO 基金和风险投资等方面。银行贷款运作的最大特点就是操作相对简单、成本相对其他融资模式较低。但在我国使用银行贷款进行管理者收购也有一些障碍，比如我国《贷款通则》规定，不得用贷款从事股本权益性投资；2006 年 9 月 1 日起执行的《上市公司收购管理办法》第八条规定，被收购公司不得向收购人提供任何形式的财务资助。在这种情况下，通过抵押被收购公司的股权或资产，向银行等金融机构申请用于管理者收购的贷款便遇到了法律问题。

信托投资参与 MBO 运作是现在广受关注的一种方式，我们将在下面专门进行论述。私募的 MBO 基金和风险投资参与管理者收购，在我国也是刚刚起步，但发展势头很快。我们相信，随着各项法律法规的不断健全，有关运作将进一步规范起来，它们也将成为 MBO 的重要参与者。

三、管理者收购的法律问题

目前，我国始终没有对管理者收购行为做出法律层次的规范，只有《中华人民共和国公司法》（以下简称《公司法》）、《中华人民共和国证券法》、《上市公司收购管理办法》（下称《收购办法》）、《股票发行与交易管理暂行条例》（下称《暂行条例》）、《贷款通则》等几部法律法规中有关公司治理和并购的条款对此有所涉及。指导管理者收购操作的主要是财政部、国资委等部门的规章，如《企业国有产权转让管理暂行办法》、《企业国有产权向管理层转让暂行规定》（以下简称《暂行规定》），其法律效力低，在很多具体操作细节上，特别是在收购主体设立方面与现行法律法规存在一定的不符之处。

从我国已经或正在实施管理者收购的收购主体的确定方式来看，主要有四种：一是管理层以自然人身份进行收购；二是由职工发起设立职工持股会；三是由公司管理层出资组建投资公司；四是管理层联合信托投资公司作为共同收购者。

第一，以管理层个人身份完成管理者收购存在法律上的限制。

现阶段管理层以个人身份完成管理者收购的很少，主要受以下原因的限制：一是对人数的限制。如果管理者收购的对象是有限责任公司，就要受到《公司法》中有限责任公司的股东人数在 50 人以下的规定限制。二是对融资条件的限制。要取得企业控制权，管理层必须付出巨额的资金，单靠个人自有资金不能解决。我国融资渠道十分狭窄，银行对个人贷款的限制很多，个人要取得大额的银行贷款难度很大。此外，由于《暂行条例》第四十六条对“任何个人不得持有一个上市公司千分之五以上的发行在外的普通股”的规定，使得管理层以个人身份联合在流通股市场进行收购、取得控制地位根本不可能。

第二，以职工持股会完成管理者收购的合法性存在异议。

管理层和职工共同收购的案例多采用职工持股会的做法。但是，根据我国《社会团体登记管理条例》等法规的规定，社会团体是不以营利为目的的机构，职工持股会作为社会团体法人，自然也不能从事营利性活动。而职工持股会作为收购主体进行的投资收购行为显然是以营利为目的的，故其作为收购主体与前述规定是相冲突的。

第三，管理层组建“项目公司”作为受让主体存在法律障碍。

由管理层组成项目公司出面收购国有产权进而控制目标企业，是目前比较受欢迎的收购方式。但这种管理者收购方式在我国面临着以下法律难题：

按照我国《公司法》的规定，公司成立后无正当理由超过 6 个月未开业的，或者开业后自行停业连续 6 个月以上的，由公司登记机关吊销其公司营业执照。而一般情况下，收购的期限都超过了这个期限，使得为收购而设立的项目公司面临被吊销执照的危险。

此外，在税收方面，设立项目公司的唯一目的就是进行收购，其收益完全来自子公司，子公司的税后利润合并为投资公司的所得，这就使得作为投资公司股东的管理层的收益受到损失。

第四，管理层通过信托或委托完成收购的法律障碍。

《暂行规定》没有出台前，在实践中，有很多管理层采用向信托投资公司融资或将筹措的资金委托给信托公司，由信托投资公司出面收购目标公司，再按约定条件在一定时间内由管理层回购的案例。但随着《暂行规定》的出台以及现实中一些信托收购被叫停，以信托方式进行间接收购就被明令禁止了。《暂行规定》第九条规定：“管理层不得采取信托或委托等方式间接受让企业国有产权”，明确了管理层不得运用信托和委托形式间接收购。

四、管理者收购的信息披露问题

在管理者收购中，由于管理层了解公司的实际情况，具有充分的信息，加之我国国有资产管理体制尚未理顺，国有股代表缺位，管理层很容易利用其内部人的地位，谋求自身利益的最大化，从而损害国有股股东和广大中小股股东的利益，因而信息披露问题十分重要。

2002 年 12 月 1 日起施行的《上市公司股东持股变动信息披露管理办法》，对信息披露义务人、披露方式、监管措施和法律责任等方面进行了比较详细的规定。同时施行的《公开发行证券的公司信息披露内容与格式准则第 15 号——上市公司股东持股变动报告书》在第三十二条规定，信息披露义务人为上市公司管理层（包括董事、监事、高级管理人员）、员工或者上述人员所控制的法人或者其他组织，信息披露义务人应当披露如下基本情况：

（1）上市公司管理层及员工持有上市公司股份的数量、比例，以及管理层个人持股的数量、比例；如通过上市公司管理层及员工所控制的法人或者其他组织持有上市公司股份的，还应当披露该控制关系、股本结构、内部组织架构、内部管理程序、章程的主要内容、所涉及的人员范围等。

（2）取得上市公司股份的时间及定价依据。

（3）支付方式及资金来源，如就取得股份签有融资协议的，应当披露该协议的主要内容，包括融资的条件、金额、还款计划及资金来源。

(4) 除上述融资协议外，如就该股份的取得、处分及表决权的行使与第三方存在特殊安排的，应当披露该安排的具体内容。

(5) 如果该股份为通过赠与方式取得的，应当披露赠与的具体内容及是否有附加条件。

(6) 上市公司实行管理层持股的目的及后续计划，包括是否将于近期提出利润分配方案等。

(7) 上市公司董事会、监事会声明其已经履行诚信义务，有关本次管理层及员工持股符合上市公司及其他股东的利益，不存在损害上市公司及其他股东权益的情形。

《公开发行证券的公司信息披露内容与格式准则第 18 号——被收购公司董事会报告书》第三十条规定，在要约收购及管理层、员工进行上市公司收购时，董事会应当披露独立财务顾问对本次收购出具的独立财务顾问报告的主要内容：

(1) 独立财务顾问与本次收购无关联关系的说明。

(2) 独立财务顾问对被收购公司的价值评估、收购条件是否公平合理的分析，以及本次收购对被收购公司可能产生的影响；如收购人以证券作为收购对价，还应当包括独立财务顾问对收购人提供的对价所进行的评估。

(3) 独立财务顾问在最近 6 个月内是否自己或通过他人持有或买卖被收购公司及收购人的股份等。

另外，《公开发行证券的公司信息披露内容与格式准则第 16 号——上市公司收购报告书》等有关规定也对实施管理者收购的相关问题进行了规范。我们相信，随着我国各项法律法规、规章制度的不断健全和完善，管理者收购的过程将日益透明和规范，各方利益将得到有效的保护。

五、信托与 MBO

我国信托业历经五次整顿，从 2001 年起，随着《中华人民共和国信托法》、《信托投资公司管理办法》和《信托投资公司资金信托业务管理暂行办法》的颁布实施，中国信托业基本结束了长达三年的"盘整"格局，跃出谷底，步入规范运行的轨道，逐步建立起以法人信托市场、个人信托市场以及公益信托市场共同构建的信托市场体系。截至 2003 年 6 月末，经中国人民银行批准重新登记的信托投资公司共有 60 余家。经过重新规范登记后的信托公司在寻找新的利润增长点，而 MBO 在我国的迅速发展为其提供了施展舞台。与此同时，信托的加入也解决了 MBO 中存在的一些问题，反过来又促进了 MBO 的发展。

美国信托业权威斯考特有句名言为信托业经常引用：信托可以和人们的想象力相媲美。在我国，《贷款通则》对商业银行贷款有"不得用于股本权益性投资"的界定，企业债券发行等其他融资渠道也受到诸多限制，因而在目前的金融体系内，唯有信托业可以依据信托文件进行灵活投资，它们参与 MBO 在法律上不存在障碍。

信托参与 MBO 的方式大致可以分为以下几类：信托机构作为融资方为管理层提供资金，进行管理者收购；信托机构作为受托人，管理层筹措资金委托信托机构将资金用于收购目标企业，这种方式的好处在于，可以避免设立收购主体；信托机构作为主体收购目标企业的股份，再选择一定的时机由管理层回购；信托机构以战略投资者的身份与管理层共同注册成立新的公司进行管理者收购。

信托参与MBO的优点在于，它首先帮助管理层解决了资金问题，可以合法地提供收购所需的巨额资金，避免了向银行贷款可能违反《贷款通则》的风险；其次，信托参与MBO可以避免设立收购主体，从而简化整个收购方案，也解决了新设公司受到《中华人民共和国公司法》关于对外投资不得超过公司净资产50%规定的约束问题。同时，不设立新的公司来收购，也避免了有关税法对公司和个人分别征收公司所得税和个人所得税双重征税的问题。另外，《中华人民共和国信托法》第三十三条规定，受托人对委托人、受益人以及处理信托事务的情况和资料负有依法保密的义务。这也满足了一些收购方对保密性的要求。

当然，有关信托参与MBO也存在一些质疑的声音，主要集中在信托的保密性原则与《中华人民共和国证券法》的公开性原则相抵触，有关信托参与MBO不规范等方面。但我们可以预见，随着有关法律法规的不断完善，信托参与我国管理者收购将日益规范，并得到迅速发展，成为推动MBO的一支重要力量。

案例 15.1

康辉旅行社——公司紧缩型MBO的运作经典

公司紧缩型MBO又称反向MBO，是指母公司将一个下属的子公司出售给子公司的管理层，这从母公司的角度是实现了公司收缩，而从子公司的角度则是实现了MBO。作为一个大型国有集团公司，首旅集团并没有像很多企业那样选择扩张的道路，而是通过将下属的康辉旅行社出售给管理层，提高了国有经济的运行效率，其成功的经验值得参考。

中国康辉旅行社隶属于实力雄厚的首旅集团。首旅集团为北京综合性大国有企业集团，其董事长为北京市原副市长段强先生，拥有众多酒店、旅行社和金融机构。康辉旅行社为国内最具竞争实力的全国性大旅行社之一。笔者分析，首旅集团先拿该公司“开刀”，进行MBO的主要考虑是挑一个好公司进行试点，成功后再向其他子公司推广，而康辉旅行社这种人力资源为公司主要财富的公司无疑是最佳选择。另外，旅游行业既不属于关系国计民生的重要产业，也不涉及国家安全，是典型的竞争性行业，国有资本应该从这样的行业中退出。

2002年11月26日，中国康辉旅行社有限责任公司新的董事会、监事会和管理层产生，标志着公司历时3年的MBO终于尘埃落定。

其具体方案为：经评估，康辉旅行社净资产为5 000万元，每股作价1元，共5 000万股本。管理层出资2 450万元，持有2 450万股，占总股本的49%，其余股份仍由首旅集团公司持有。而在康辉总社内部，管理层持股被分为5级：总经理为第一级，需要支付60万元；第二级副总经理、董事长需支付45万元；第三级总经理助理与国际社分社的总经理，需支付35万元；第四级部门经理，需支付25万元；另外，负责出境游和国内游业务的部门处级经理支付10万元也可持股。

康辉的 MBO 有一个特殊规定：管理人员只有在相应的职位上才能占有相应的股份，比如总经理 60 万股份、副总经理 45 万股份。如果总经理退到副总经理的位置，则必须转让出 15 万的股份，而副总经理升任总经理，则要购买 15 万股份。一位 MBO 研究专家分析，康辉旅行社的 MBO 与国外 MBO 有相当多的不同，多少带有些股份合作制的影子。

案例特点：

（1）管理层直接收购。与大多数案例中管理层组建公司或持股会进行收购不同的是，康辉案例中的管理层实现了直接收购，这样做的最大原因是成立公司会受到《中华人民共和国公司法》中关于对外投资不能超过净资产 50%的限制。但自然人直接持股使股东人数分散，一旦管理层内部发生不和现象，这种分散的股东结构使管理层无法和其他大股东相抗衡。

（2）管理层没有选择贷款作为 MBO 的资金来源，主要是因为：一是额度不大，最多的总经理也只要出 60 万；二是不愿让公司的分红被银行利息挖走一大块。

（3）引进信托投资公司。康辉旅行社（以下简称康辉）的管理层直接采用现金收购方案虽然最为简单，但实施起来却有点麻烦——康辉参与 MBO 的有 78 人，而根据《中华人民共和国公司法》的规定，有限责任公司的股东要控制在 2～50 人之间。显然，78 人再加上国有股股东已经超过法定的公司股东人数，康辉的解决办法是引入信托。公司高层管理人员 38 人为直接持股人，余下 40 人通过华宝信托投资公司成为间接持股人——资金交由华宝信托管理，成为一个直接持股人。这样一来，公司股东人数就不会超过法定人数了。华宝信托代表 40 人参加股东大会，每年收取 3 万元的信托费用。

（4）设计中介基金为后来者预留持股通道。由于旅游行业中人力资本占有特别重要的地位，而行业内人员流动又比较频繁，为了吸引优秀人才加盟，必须设计成开放式股权，给新加盟者提供持股机会。为此，康辉在持股人中引进了一个中介基金，持有 500 万股份，当有新的管理人员加盟时，该基金必须按约定将股份转让给新股东，而平时则根据所持的股份参与分红。

（5）首旅集团仍然占控股地位，管理层没有绝对的控制力。但这样做的好处为，公司董事长仍由段强先生担任，康辉可以继续利用首旅集团的强大国有背景资源。

首旅集团董事长段强对外界表示，将 49%的国有资产卖给康辉管理层，不仅使国有资产成功变现，也有利于解决目前公司治理不完善、人才流失严重等问题。而对于经营者来说，持股经营可以时刻感受到企业业绩增长的好处，进而达到国家、企业和经营者“多赢”的效果。

资料来源：上海荣正投资咨询有限公司：《康辉案例——公司紧缩型 MBO 的运作经典》，载《证券时报》，2004-07-27。

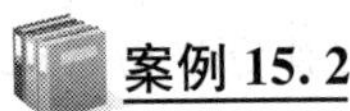

案例 15.2

京山轻机 MBO“绝技”

2009 年，京山轻机的 MBO 并购案例最引人注目，不仅因为这是国内首例利用并购贷款进行的 MBO，更因为其中种种让人迷惑的“高超”运作手法。

2009 年 5 月 26 日，京山轻机发布《简式权益变动报告书》。虽然称“本次权益变动尚须京山轻机股东大会批准”，但通过批准基本上已成定局，京山轻机 MBO 完美收官。

此时，人们可能才发现，京山轻机的高管们，特别是他们的董事长孙友元先生，是多么的深谋远虑、高瞻远瞩。

2005 年 5 月，京山轻机的高管们出资成立了京山宏硕投资有限公司（该次 MBO 的收购方，以下简称宏硕投资）。其中，孙友元出资 3 084.48 万元，出资比例为 63.10%。

很快，两个月后，京山轻机的原大股东京山轻机厂改制。京山轻机厂与宏硕投资共同出资设立了京源科技。其中，宏硕投资持有京源科技 9.2%的股份，京山轻机厂持有京源科技 90.8%的股份。由于京山轻机厂的出资中包括 14 550.08 万股京山轻机股份，因此京源科技就成为京山轻机的控股股东。

2009 年 5 月 22 日，京山轻机发布的《详式权益变动报告书》显示，宏硕投资将受让京山轻机厂持有的京源科技 41.8%的股份。收购完成后，宏硕投资将持有京源科技 51%的股权，对京源科技绝对控股，从而间接控制京山轻机 25.79%的股份，孙友元将成为京山轻机的实际控制人。

这不能不让人产生这样的联想：当初成立宏硕投资是为了参与大股东改制；参与成立京源科技，是为了日后收购，实现全面控制；这一切的最终目的还是为了实现对上市公司的控制。

多么巧妙的“连环计”，这足以成为 MBO 的经典教科书了，让人不能不由衷叹服。

这次 MBO 最大的受益者自然是神机妙算的孙友元了。

在长达 4 年的成功运作中，其拿捏精妙之处随处可见。例如，在大股东京山轻机厂改制之前两个月成立宏硕投资，时间把握得恰到好处；不多不少，只买 41.8%，加上原来的 9.2%，正好达到 51%的绝对控股比例，不浪费一粒粮食。此外，收购标的京源科技评估作价 21 723.78 万元，不但没有增值，反而减值 4.77%，如此的精打细算也是一般人所不能的。

而最后一项也是该次 MBO 中受到质疑最多的。看看同样成立 4 年的宏硕投资的经营业绩，就知道孙友元的能力还是不容质疑的。宏硕投资的业务以资本性投资为主，其控制的核心企业、关联企业有 9 家。在京山轻机 5 月 22 日公布的《详式权益变动报告书》中可以看到宏硕投资最近 3 年的财务状况：净资产已由 2006 年的 3 972 万元增加到 2008 年的 5 695 万元，净利润也提升至 808.78 万元，而 2006 年则为亏损 28 万元。

该次 MBO 最大的亮点是巧借并购贷款的东风，解决了一部分并购所需资金的来源问题。

有关公告显示，宏硕投资本次收购共需支付的资金总额为 9 100 万元，其资金来源为自有资金 4 600 万元，借贷资金 4 500 万元。5 月 14 日，宏硕投资与京山县农村信用合作联社签署了贷款意向协议。

在并购贷款开闸之前，由于商业银行信贷资金不允许参与股本权益性投资，更别说参与 MBO 了，MBO 所需的巨额并购资金来源一直是个讳莫如深的话题，也因此成为 MBO 容易引起争议的“灰色地带”。

而这次京山轻机 MBO 引入并购贷款，使 MBO 资金来源阳光化成为可能，值得后来者借鉴。与前面的那些质疑相比，这应该算此次 MBO 最大的亮点了。

资料来源：《京山轻机 MBO“绝技”》，载《中国会计报》，2009－06－05。

【本章小结】

本章主要分成三个部分对 MBO 进行了研究。在第一部分，我们首先介绍了管理者收购的概念和特征；然后，分别介绍了企业实施 MBO 要满足的一般条件和我国企业实施 MBO 的条件；最后，介绍了 MBO 在中国的现状。本部分的重点是掌握 MBO 的特征和要满足的条件。

接下来，我们重点介绍了 MBO 的组织运作程序，即意向阶段、准备阶段、实施阶段和整合阶段。在这一部分，重点是掌握 MBO 的主要运作程序和各阶段的主要工作内容。

最后，我们对 MBO 在中国当前发展中的几个重要问题进行了研究，分别是管理者收购的定价问题、融资问题、法律问题和信息披露问题。此外，我们还介绍了一个当前比较热门的信托参与 MBO 问题。这一部分和中国实际情况的结合比较紧密，大家要结合前面讲过的有关理论知识重点掌握。

【本章要点】

- MBO 的特征
- 实施 MBO 要满足的条件
- MBO 的组织运作程序
- MBO 的定价、融资、法律和信息披露问题
- 信托与 MBO

【本章关键术语】

管理者收购　　MBO 的运作程序　　信息披露
信托　　MBO 基金

【本章思考题】

1. 请简要叙述实施管理者收购所需满足的条件。
2. 请用自己的话叙述管理者收购的组织运作程序。
13. 你认为当前中国在管理者收购的实施中存在哪些问题，如何改进？

参考文献

[1] Peter F. Drucker, "The Five Rules of Successful Acquisition", *The Wall Street Journal*, Thursday Oct. ,1981

[2] Patrick A. Gaughan, *Mergers, Acquisition and Corporate Restructuring*, 3rd Edition, John Wiley & Sons, June 2003

[3] E. S. Hendrisksen, *Accounting Theory*, Homewood, Irwin, 1977

[4] Robert A. Mc Tamaney, *Hart-Scott-Rodino and Horizontal Merger Guidelines of the U. S. Department of Justice and the Federal Trade Commission*, Client Advisory, June 2002

[5] Oliver E. Williamson, "The Merger Guidelines of the U. S Department of Justice-In Perspective", June 10, 2002

[6] European Union, *Mergers & Acquisitions Yearbook*, 2000

[7] 陈丽洁. 公司并购法律问题研究. 北京：法律出版社，2000

[8] 丁向阳等. 企业兼并——政策、理论、实务. 北京：中国社会科学出版社，1996

[9] 国家税务总局所得税管理司. 税前扣除与投资改组业务所得税问题解析. 北京：世界图书出版社，2001

[10] 侯怀霞，钟瑞栋. 企业并购立法研究. 中国法学，1999(2)

[11] 宁宇新. 购买法与权益联合法的比较分析. 财会月刊，2002(12)

[12] 全球并购研究中心. 中国并购报告(2003). 北京：人民邮电出版社，2003

[13] 全球并购研究中心，全国工商联经济技术委员会. 并购手册. 北京：中国时代经济出版社，2003

[14] 苏聪儒. 公司并购之法律规范. 律师杂志，2000(252)

[15] 田明华，陈建成，王自力. 企业重组中的文化冲突、文化特征和文化整合. 科技与管理，2000(1)

[16] 王长征. 企业并购整合——基于企业能力论的一个综合性理论分析框架. 武汉：武汉大学出版社，2002

[17] 王晓晔. 企业合并中的反垄断问题. 北京：法律出版社，1996

[18] 项有志. 企业并购会计. 上海：立信会计出版社，2000

[19] 杨键，钟红英. 浅谈企业并购的税务筹划. 税务与经济，2001(5)

[20] 中国会计学会. 企业改组、兼并与资产重组中的财务与会计问题研究——价值评估、融资、会计处理. 北京：经济科学出版社，2002

[21] 张秋生. 企业改组、兼并与资产重组中的财务与会计问题研究. 北京：经济科学出版社，2002

[22] 王忠波. 高科技企业估值的理论与方法研究. 上海证券报，2001-11-14

[23] 廖理，汪毅慧. 实物期权理论与企业价值评估. 数量经济技术经济研究，2001(3)

[24] 石桂峰. 上市公司壳资源价值评估初探. 国有资产管理，2001(6)

[25] 唐任伍，王宏新. 全球跨国并购的特点、动因及影响因素. 经济管理，2002(15)

[26] 叶勤. 跨国并购的动因及其理论分析. 国际经贸探索，2002(5)

[27] 张扬，黄平. 透析外资并购的四大热点行业. 中国对外贸易，2002(9)

[28] 陈志刚，顾炯. 外资收购上市公司四大模式. 财经时报，2003-06-21

[29] 许崇正. 中国企业并购与资本市场发展. 北京：中国经济出版社，2002

[30] 曹永刚等. 并购策略. 大连：东北财经大学出版社，1998

[31] 林新. 企业并购与竞争规则. 北京：中国社会科学出版社，2001

[32] 叶厚元. 反并购六法及相关案例. 企业改革与管理，2001(11)

[33] 徐少伟. 世界经济中的兼并浪潮. 价格与市场，1996(7)

[34] 李肃，周放生等. 美国五次企业兼并浪潮及启示. 管理世界，1998(3)

[35] 小艾尔弗雷德·钱德勒. 看得见的手——美国企业的管理革命. 北京：商务印书馆，1994

[36] 郭吴新等. 90 年代美国经济. 太原：山西经济出版社，2000

[37] 鞠颂东等. 国有企业兼并重组：期望与偏差. 北京：社会科学文献出版

社，2000

[38] 国务院发展研究中心课题组．实现国有经济的战略性改组．管理世界，1997(5)

[39] 何旭强．国有企业购并过程中的政府功能及角色定位．财经问题研究，1998(8)

[40] 袁林三，李红英．我国企业购并法律规范问题的思考．济南大学学报，2002(2)

[41] 郭元晞．论政企分开与政资分开．经济研究，1997(2)

[42] 刘锴．并购交易特征、股权结构与市场绩效研究．北京：经济科学出版社，2011

[43]（美）S. M. 大卫杜夫．金融并购风云录．北京：机械工业出版社，2011

[44] 张金鑫．中国企业并购年鉴（2010）．北京：中国经济出版社，2011

[45] 田泽．中国企业海外并购理论与实践研究．北京：化学工业出版社，2010

[46] 陈小洪，李光熙．中国企业并购重组（国务院发展研究中心研究丛书）．北京：中国发展出版社，2010

[47] 廖运凤．中国企业并购前沿问题研究．北京：知识产权出版社，2010

[48] 胥朝阳．并购工程概论．北京：科学出版社，2009

[49] 李涤非，颜蓉，罗新宇．企业并购实务．上海：上海交通大学出版社，2009

[50] 高鹤．最新经典并购案例评鉴．北京：中信出版社，2009

[51] 黄中文，杜昱，陈易安．企业并购：理论与实践．北京：社会科学文献出版社，2008

[52] 梅君等．上市公司并购与重组．5 版．北京：中国人民大学出版社，2008

[53] 李铭．企业并购的会计税收问题研究．北京：经济科学出版社，2008

[54] 脱明忠，刘新来．企业并购流程管理．北京：经济管理出版社，2007

[55] 罗文志．上市公司并购法律实务．北京：法律出版社，2007

[56] 漆彤．跨国并购的法律规制．武汉：武汉大学出版社，2006

[57] 全球并购研究中心．中国并购报告(2010)．北京：中国经济出版社，2010

[58] 全球并购研究中心．中国并购报告(2009)．北京：中国金融出版社，2009

[59] 全球并购研究中心．中国并购报告(2008)．北京：人民邮电出版社，2008

[60] 全球并购研究中心．中国并购报告(2007)．北京：人民邮电出版社，2007

图书在版编目（CIP）数据

兼并与收购/任淮秀主编.2版.—北京：中国人民大学出版社，2011
经济管理类课程教材·投资系列
ISBN 978-7-300-14484-9

Ⅰ.①兼… Ⅱ.①任… Ⅲ.①企业兼并—高等学校—教材 Ⅳ.①F271

中国版本图书馆 CIP 数据核字（2011）第 242857 号

经济管理类课程教材·投资系列
兼并与收购（第二版）
主　编　任淮秀
Jianbing yu Shougou

出版发行	中国人民大学出版社		
社　　址	北京中关村大街 31 号	**邮政编码**	100080
电　　话	010－62511242（总编室）		010－62511770（质管部）
	010－82501766（邮购部）		010－62514148（门市部）
	010－62515195（发行公司）		010－62515275（盗版举报）
网　　址	http://www.crup.com.cn		
经　　销	新华书店		
印　　刷	北京昌联印刷有限公司	**版　　次**	2004 年 10 月第 1 版
规　　格	185mm×260mm　16 开本		2011 年 12 月第 2 版
印　　张	20.75	**印　　次**	2021 年 1 月第 4 次印刷
字　　数	462 000	**定　　价**	36.00 元
